# 明治維新

威廉・比斯利

William G. Beasley

目錄

# 譯者的話

英國學者W. G.比斯利於一九七二年出版的《明治維新》，可視作西方史學界研究日本明治維新的典範之作。該書出版一年後即獲美國歷史學會頒發的費正清獎，費正清獎一年只獎勵一本被美國歷史學會認定為有關一八〇〇年以來中國、日本、朝鮮和越南歷史的最佳歷史著作。

比斯利生於一九一九年。在倫敦大學學院獲得本科學位後，適逢第二次世界大戰，進入英國海軍服役。期間，他獲得了在美國海軍語言學校學習日語的機會。在戰爭的最後階段，他參與了對南太平洋島嶼日本戰俘的審訊工作。戰爭結束後比斯利來到橫濱，在橫須賀海軍基地和位於東京的英國聯絡團參與了盟軍對日的占領工作。因此機緣，比斯利選擇了日本研究作為自己終身的學術追求。

比斯利於一九五〇年以《英帝國與日本之開國，一八三四至一八五八》（一九五一年出版）為題的論文獲得博士學位，並於一九五四至一九八三年間在倫敦大學東方和非洲研究學院擔任遠東史教授。從一九五〇年代到一九七〇年代，比斯利發表了大量有關幕末和明治維新的學術論文，於一九五五年發表了《日本外交政策文件選編，一八五三至一八六八》，而他於一九六三年出版的《日本近代史》更是在西方知識界享有盛譽。因此，當他於一九七二年出版《明治維新》時，有學者評論道，這是「一個集四分之一世紀多的研究和反思的成果」。比斯利於一九六七年被任命為英國科學院院士，在一九八三年退休後仍筆耕不輟，出版了多部著作，《日本帝國主義，一八九四至一九四五》（一九八七）、《現代日本的興起》（一九九〇）、《日本遭遇野蠻人：在美國和歐洲的日本旅人》（一九九五）、《日本經驗》（一九九九）和自選集（二〇〇一）。比斯利於二〇〇六年去世。

比斯利的《明治維新》是一部史論結合的歷史著作。它的導論以簡明的方式討論至一九七〇年為止、與解釋和評價明治維新的性質、地位和歷史影響相關的主要學說及代表學者、著作。然後，它大致上按照歷史發展的時間順序，依次探討了維新政治的各個階段。第一至四章展現了日本政治的中心如何從幕府政權的問題（內憂）轉向對外政策的問題（外患），而這依次導致了「改革的大名」（第五章）、「不滿的武士」（第六章）、攘夷運動（第七章）、攘夷的失敗（第八章）以及恐怖主義的失敗（第九章），在這諸多嘗試失敗後，日本最終選擇了維新運動（第十章），其後的四章探討了明治新政府的主要改革。在結論部分，比斯利總結道，日本明治維新是一場「民族主義運動」。他認為，貫穿幕府末期到明治初年諸多政治事件始終的「紅線」，是從對外來威脅的意識走向國家認同的意識，並以要求國家統一和獨立的方式表現出來。伴隨這一進程的，是因經濟快速發展而產生的大量出自中下級武士的「有才之人」（man of talent）進入日本的統治階級。而正是這些「有才之人」選擇了「明治維新」，主持了明治初年的改革。所有這一切等於一場革命嗎？比斯利明言他不願意使用革命一詞來描述明治維新的性質，因為在明治維新運動中，武士扮演了統治的角色，而在運動結束之後建立的明治政權中，他們仍然占據統治地位。在明治社會中，「封建主義」和「資產階級」元素，在為國家富強而奮鬥的旗號下共生共存。有鑒於此，比斯利反對把明治維新定性為「資產階級」、「農民」、「絕對主義」或「右翼分子」運動。

中國是比斯利寫作這部著作過程中不時觀望的參照對象。它的導言也是全書的第一句話是：「在十九世紀中期的幾十年裡，中國和日本都面臨著來自西方擴張的威脅和壓力。」這些威脅和壓力使兩國都陷入政治和軍事的危局，對兩國的傳統政治文化都形成了致命的挑戰。兩國對這些威脅和壓力的最初的反應也多有相似之處：「不分青紅皂白地一概敵視、文化上盲目自大，不情願地承認自身在『財富和力量』上的劣勢」。然而，這些反應在中日兩國所引發的後果卻大相徑庭。在前者那裡，對內保守主義聯手，對外節節退讓，直至王朝覆滅和革命到來；但在後者那裡，「以夷制夷」卻獲得了成功，一系列建立

「現代」國家政策的實施使它最終成為一個與西方平起平坐的強國。「於是，與日趨貧困、內戰不已的中國不同，日本走向了帝國與發展工業之路」。緊接著這段話，比斯利斬釘截鐵地寫道：「明治維新乃是這一對比的核心所在。」

或許，僅僅衝著這句話，這本書就值得讀者駐足一覽。

張光

二〇一二年春天於廈大校園

# 致謝

在過去的十五年間，我一直——至少是斷斷續續地——就本書所涉及的話題進行研究。在這個過程中，我得益於許多人的幫助，人數之多，我在這裡遠遠無法適切地列舉出來。對於他們當中的許多人，我已在別的場合表示了我的謝意。因此，在這裡我不打算一一列舉他們的名字（除了少數例外），而是以更加一般的語言描述我的謝意。

首先，如果沒有許多日本學者的幫助，這本書的寫作是不可能完成的，這不僅是因為他們的著作和論文（儘管它們是非常重要的），還因為他們願意與我討論問題，回答我的提問，在史料上進行指導。我特別需要感謝我經常工作於其中的東京大學史料編纂所的朋友們，其中的幾位，尤其是沼田次郎教授和小西四郎教授，從我開始研究日本史起就是我的導師。另外，我還要向那些在我訪問高知和鹿兒島時提供了幫助的朋友表示特別的謝意，他們是那麼慷慨地讓我占用他們的資源和時間。

在英國，我也得到各種幫助：來自檔案保管員和圖書管理員（在公共記錄辦公室、英國博物館和亞非學院）；來自我所在學校的同事和學生，他們提出問題並參與討論（雖然有時僅僅是表示不解，但迫使我必須澄清我的思想）；來自亞非學院，它提供了財政和行政上的支援，並給予我充足的學術假。對於以上種種，我都不勝感激。我還要感謝我的妻子，她不僅以多種耗時費力的方式　明我的工作，而且，還不得不與我的工作共同生活，這是個遠超過一切的高標準要求。

W. G. B.

倫敦

一九七一年十二月

# 相關用法解說[1]

日文姓名按照一般的日文形式標示，即姓在前名在後，如 Matsudaira Keiei（松平慶永）。許多名字有多種讀法，例如，Keiei 也可讀作 Yoshinaga。再者，大多數藩主和武士都有多個別名，有時是同一類的，但用於不同的年月；有時則是不同類的，用於不同的場合。因此，Matsudaira Keiei 更常見的名字是 Matsudaira Shungaku（松平春嶽）。對於每個個人，我將在全書中使用同一個名字，儘管這樣做會付出時間錯置的代價。部分人物可見於書後附錄的「人名注釋」。

在一八七三年一月一日之前，日本使用陰曆來表示月和日，而年則使用年號加數字的方式表示。只要有可能，我會提供相應的西曆對應日期，例如，安政五年六月十九日為一八五八年七月二十九日。在日文文獻中只有年和月出現的情況下，我提供西曆年，接著是陰曆月份，西曆的對等月份用括弧標出，如安政五年六月變成一八五八年六月（七月十一日至八月八日）。

作者、著作名和出版日期的完整資訊可見書後的參考文獻。我在注釋中使用了兩個縮寫：F. O.用來指British Foreign Office documents（英國外交部檔案），BGKM指Dai Nihon Komonjo：Bakumatsu Gaikoku Kankei Monjo（《大日本古文書：幕末外國關係文書》）。

**註釋**

1 本書注釋中所出現的參考文獻人名及書名多為簡寫，詳細資訊請參考文末「注釋性文獻目錄」。——編者注

十九世紀日本地圖

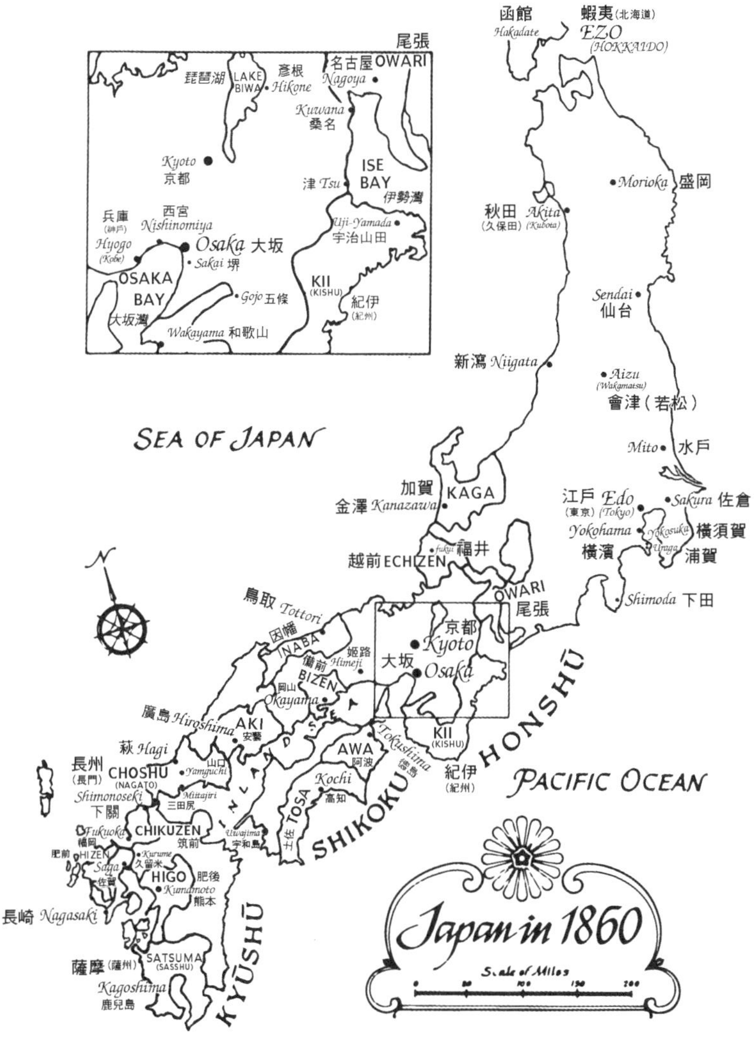
Japan in 1860
Scale of Miles
SEA OF JAPAN
PACIFIC OCEAN
函館 Hakadate
蝦夷(北海道) EZO (HOKKAIDO)
盛岡 Morioka
秋田 Akita (久保田) (Kubota)
仙台 Sendai
新瀉 Niigata
會津(若松) Aizu (Wakamatsu)
水戶 Mito
江戶 Edo (東京) (Tokyo)
佐倉 Sakura
橫濱 Yokohama
橫須賀 Yokosuka
浦賀 Uraga
下田 Shimoda
加賀 KAGA
金澤 Kanazawa
福井 Fukui
越前 ECHIZEN
尾張 OWARI
鳥取 Tottori
因幡 INABA
姬路 Himeji
備前 BIZEN
岡山 Okayama
京都 Kyoto
大坂 Osaka
廣島 Hiroshima
AKI 安藝
INLAND SEA
萩 Hagi
長州 (長門) CHOSHU (NAGATO)
山口 Yamguchi
Shimonoseki 下關
三田尻 Mitajiri
AWA 阿波
Tokushima 德島
Kochi 高知
土佐 TOSA
Uwajima 宇和島
SHIKOKU
KII (KISHU) 紀伊 (紀州)
HONSHŪ
福岡 Fukuoka
CHIKUZEN 筑前
肥前 HIZEN
Saga 佐賀
Kurume 久留米
HIGO 肥後
Kumamoto 熊本
長崎 Nagasaki
薩摩(薩州) SATSUMA (SASSHU)
Kagoshima 鹿兒島
KYŪSHŪ
尾張 OWARI
名古屋 Nagoya
琵琶湖 LAKE BIWA
彥根 Hikone
Kuwana 桑名
ISE BAY 伊勢灣
津 Tsu
Uji-Yamada 宇治山田
兵庫 (神戶) Hyogo (Kobe)
西宮 Nishinomiya
Sakai 堺
OSAKA BAY 大坂灣
Gojo 五條
Wakayama 和歌山

# 一八六〇年的主要藩國

這張表包含了所有二十萬石和更多石高的藩國（domains），以及明治時期政治上重要的一些其他藩國。它們大致從北到南，按照地理位置排列。第二列提供的是國（provinces）名，在提及那些特別大的藩時，通常使用它們來代替城下町的名字。不過，這是一種約定俗成的用法，因為藩和國的邊界並不必然重合[1]：金澤藩涵蓋了加賀、能登和越中國的大部分領地；名古屋藩則包括了尾張，以及美濃和信濃國的部分地區；和歌山藩包括了紀伊和南部伊勢國；鳥取藩包括因幡和伯耆國；廣島藩包括安藝和半個備後國；山口藩包括長門和周防國，合起來就是我們所知道的長州；鹿兒島藩包括了薩摩、大隅和日向國的部分地區。福井、岡山、德島、高知、福岡和熊本藩各自包括了對應的國或該國的大部分地區，而佐賀藩只有東邊半個肥前國。地圖上的邊界大致是藩的邊界，不是國的邊界。大名家名稱後面括弧裡的字母表示大名家的類型：S 表示御三家；K 是家門[2]；F 是譜代；T 是外樣。

| 城下町 | 別名 | 領地估計（石） | 大名家 |
|---|---|---|---|
| **本州東北** | | | |
| 秋田（久保田） | 加賀 | 20.5 萬 | 佐竹（T） |
| 盛岡 | | 20 萬 | 南部（T） |
| 仙台 | | 62.5 萬 | 伊達（T） |
| 會津（若松） | | 23 萬 | 松平（K） |
| 金澤 | | 102.2 萬 | 前田（T） |
| **關東和本州中部** | | | |
| 水戶 | 越前 | 35 萬 | 德川（S） |
| 佐倉 | 尾張 | 11 萬 | 堀田（F） |
| 福井 | 紀伊（紀州） | 32 萬 | 松平（K） |
| 名古屋 | | 61.9 萬 | 德川（S） |
| 彥根 | | 35 萬 | 井伊（F） |
| 津 | | 32.3 萬 | 藤堂（T） |
| 桑名 | | 11 萬 | 松平（K） |
| 和歌山 | | 55.5 萬 | 德川（S） |
| 姬路 | | 15 萬 | 阪井（F） |
| **本州西部** | | | |
| 鳥取 | 因幡 | 32.5 萬 | 池田（T） |
| 岡山 | 備前 | 31.5 萬 | 池田（T） |
| 廣島 | 安藝 | 42.6 萬 | 淺野（T） |
| 萩或山口 | 長州（長門） | 36.9 萬 | 森（T） |
| **四國** | | | |
| 德島 | 阿波 | 25.7 萬 | 蜂須賀（T） |
| 高知 | 土佐 | 24.2 萬 | 山內（T） |
| 宇和島 | | 10 萬 | 伊達（T） |
| **九州** | | | |
| 福岡 | 筑前 | 52 萬 | 黑田（T） |
| 久留米 | 肥前 | 21 萬 | 有馬（T） |
| 佐賀 | 肥後 | 35.7 萬 | 鍋島（T） |
| 熊本 | 薩摩（薩州） | 54 萬 | 細川（T） |
| 鹿兒島 | | 77 萬 | 島津（T） |

**註釋**

1 「藩」為歷史學上的學術用語，泛指江戶時代支配超過一萬石領地的諸侯領，實際上當時一般對上述地域稱為「某某領分」而不是「藩」。「國」是日本律令時代下，依據律令制來設立的地方行政單位的稱呼。——編者注

2 即親藩。——編者注

# 導論

在十九世紀中期的幾十年裡，中國和日本都面臨來自西方擴張的威脅和壓力。首先，這些威脅和壓力不可避免地置兩國於政治和軍事的危險境地，透過兩次鴉片戰爭以及其他多次的武力衝突表現，無不威脅著兩國的獨立；其次，它們還是外來文化對兩國傳統文化的挑戰，這些外來文化不僅在科學技術上遠優於中日兩國，在許多基本理念上也與兩國格格不入。中國和日本對於這些威脅的反應，無論是從情感還是從理智上都多有相似之處：不分青紅皂白地一概敵視，文化上盲目自大，不情願地承認自身在「財富和力量」上的劣勢。然而，這種反應在中日兩國所引起的效應卻大相徑庭。在中國，儒家秩序是如此之強，它能夠遏制政治上或觀念上的變革，結果形成對內保守主義聯手、對外妥協退讓的局面，最終導致（清）王朝衰落和革命時代的來臨。在日本，「以夷制夷」卻獲得了成功，日本人提出並實施了一系列建立「現代」國家的政策，這個國家最終將是一個能夠與西方平起平坐的強國。於是，與日趨貧困、內戰不已的中國不同，日本走向了帝國和發展工業之路。

明治維新乃是這一對比的核心所在，因為正是通過明治維新，日本獲得了一個願意並能夠實施改革的領導集團。因此，對於日本來說，明治維新的重要性有如光榮革命之於英國、法國大革命之於法國；明治維新可以說是日本近代史的起點。也由於這一原因，關於明治維新的研究甚多。同樣地，明治維新一直是一個爭議不斷的議題，關於它的歷史地位的問題，以及當以何種方式解釋它的問題，從來都是隨著人們對明治維新所造就之社會的態度變化而變化。

如何解釋明治維新的問題與如何定義它的問題密切相關。曾有一段時間，當人們提及明治維新時，覺得那不過是一八六八年一月八日發生在京都的一場武力奪取政權的政變，日本西部和西南部封建強藩的統治者們奪取了朝廷的控制權。在他們的強力要求下，一道法令得以頒佈。該法令終止了德川將軍世襲統治，重新賦予天皇以統治國家的直接責任，即「天皇統治權的恢復」或所謂「王政復古」。這個法令後來通過一場內戰的勝利得到確認。

然而，即便是在這個對「維新」最狹義的定義中，也蘊含著深厚的內涵。無論如何，從明治維新中嶄露頭角的領導者們正是新日本的締造者。正是在他們的生命週期之中，在他們的領導下，日本經歷了一系列重大變革：封建割據讓位於中央集權；社會秩序得以重構；徵兵制的軍隊取代家族武士，成為政權最終可以訴諸的工具；工廠得以開設，貿易得在，這符合作為一場成功革命的記錄者的身份。但是，我們不可由此便斷定他的態度只不過是出於對勝利的明治政府的奉承與順從。首先，他並非將德川幕府說得一無是處。[2]更重要的是，他對已發生事件的看法，毫無疑問是與其著作的通篇主題（如其題名所暗示的）相一致的：即人類從野蠻到文明的進步主題。明治維新對他來說，是邁向文明的關鍵一步，使日本在社會進化的階梯上上升到了下一個高級階段。

就其根本而言，田口對王政復古和明治維新都持肯定態度，認為兩者都是有益之事。其二十世紀早期的後繼研究者也持同樣的看法。井野邊茂雄（Inobe Shigeo）是他們當中最傑出的學者，他更深入地研究了天皇擁護者和排外主義者在態度上的性質，澄清了兩者之間的關係，闡明了改革的起源。但是他並沒有在任何基本理念上挑戰田口的理論。同樣的，對井野邊來說，「王政復古」和「維新」是對外國威脅最終不得不做出的反應，是他自己的（也是令人滿意的）理想社會得以創建的手段。[3]

這一點，甚至對那些在政治上採取更具批判性的觀點來評價明治維新結果的學者而言也是如此。舉個例子來說，《自由黨史》（日本最早的政黨之一的歷史）的作者們費盡心力主張維新運動是下級貧窮武士領導，並在富農至少是默許的支持下推進的。因此，明治維新全面地打擊了德川幕府的權力壟斷以及支撐該壟斷的門閥制度。他們說，明治維新的目的是既要「恢復天皇的統治權」，又要「恢復人民的自由」。[4]而第二個任務尚未完成。因此，像自由黨這樣的團體便被賦予了去完成它的使命，去實現最初下級武士在面對外來威脅時提出的願景。這種願景是什麼？它是建立一個天皇的權威和人民的自由得以緊密結合，使日本成為一個真正整體的國家；依靠這個國家，日本能夠以平等的地位和世界打交道。這個觀點雖然否認明治維新完全實現了其目的，但是在其他方面與田口的觀點並沒有太大不同。它絕對不是對明治社會中心價值觀的否定。

事實上，促使學者們對日本早先的事件——即明治維新——進行大量重新評價的力量，起初並非因為政治上的反對，而是工業的發展。在一九一四年到一九三〇年間，日本經濟進入了一個人們得以稱之為工業化和資本主義占統治地位的國家階段。於是，適應這種變化的明治維新相關學說適時出現了。這些學說的焦點不在政治結構和改革上，而在從封建社會到資本主義社會的轉變上。這些學說始自於如土屋喬雄等對德川時代的詳細研究。[5]這些研究證明了封建經濟是如何在商業增長的壓力下瓦解的。由此，日本學者發展了一套完整的經濟因果關係的理論。這一理論和當代西方歷史學家在對晚期中世紀和早期近代歐洲研究基礎上所使用的理論相似。

這一嶄新理論在高橋龜吉於一九二九年發表的論文中得到了恰當的歸納。[6]據高橋說，資本主義因素在十九世紀中期的德川經濟中就已經出現，但是其發展受到了日本經濟孤立的限制。在這一局面下產生的結果是封建主義被削弱，但並沒有完全瓦解；出現的是政治影響的性質和程度，存在著很大的區域差異。[10] 事實證明，「尊王攘夷」和「倒幕」之間的關係，已被確立遠比遠山所論要複雜得多。[11] 儘管如此，在左派歷史學家看來，遠山研究的基本觀點完全經得起時間的考驗。

然而，有一些學者堅決反對遠山的觀點。隨著日本擺脫戰後的長期蕭條，進入一個更富足和自信的時期，這些人的呼聲日益高漲起來。在他們之中很有聲望的是坂田吉雄，其作品的特徵是細節精準、忠於原文，而不偏好構建理論。[12] 坂田更大程度地從反抗幕府和排外的感情角度，而非社會變革的角度，追尋明治維新的起源。他強調左右天寶年間（以及之後）改革者行為的，是一種防範預期將要來臨的外來侵略的願望。他還強調對幕府的抨擊來自那些譴責幕府沒有能力使國家強大從而實現保衛國家目標的人們。正是出於這個理由，幕府的抨擊者尋求一種新的政治體制。坂田認為，這些人許多（如果不是大多數的話）來自下級武士並不奇怪，因為下級武士占武士階級的百分之八十以上；農村精英儘管在維新運動起了重要的作用，但他們並非作為農村精英，而是作為準武士、學徒劍客和持不同政見的知識份子參與運動。社會經濟因素也不是明治政策的主要決定因素。在坂田看來，一八六八年之後成立的官僚政治國家，其實是政治妥協而非社會壓力的產物。它的產生，是因為需要避免出現一個由薩摩或長州領導的新幕府；或者，是為了避免出現必然是無效率的封建藩國集合體。這個國家在其早期發起的一系列影響深遠的社會改革，代表了一群接受過西方教育的現代化推進者對一套已廣為接受的觀念的成功運作；在這套觀念中最重要的是國家必須強大。

於是，坂田主張我們必須區分兩種不同的發展。一種發展是因畏懼西方而激起的政治運動。運動所追求的目標，既有國家統一，為此須推翻幕府；又有軍事上的強大，為此需要採納西式組織和技術。另一種發展是意義更加深遠的改革運動。運動的靈感和動力源自西方，但唯有「天皇統治」方能實現。社會和經濟變動儘管作為背景對兩場運動都很重要，但並不是決定運動成功的因素。

近年來，許多學者都在關注外來壓力的論題。這些學者和坂田不同，認為外來壓力無論在性質還是在結果上自始至終都是資本主義，即西方通過軍事和經濟手段對日本的侵略，該侵略導致日本走上資本主義國家道路。[13]一方面，這一新視角部分是對現代世界的反映，在這個世界中，帝國主義被理解為一種經濟現象，而美國是其主要的支持者。另一方面，它也來自對日本成功創立一個工業國家自身成就的認可。這樣我們就必須從維新而不是「王政復古」的觀點重新評價明治維新的起源。[14]這兩種元素引起人們對二十世紀日本帝國主義進行批判性檢討，而很顯然，二十世紀的日本帝國主義乃是明治維新的產物。在這個檢討中，思想的禁忌越來越少，可用的史料越來越多，儘管明治維新發生的年代離我們越來越遠了。

# 第一章 德川的政治社會

欲知德川統治垮臺的原因，須先瞭解他們具有的優勢。他們最突出的特點，說到底，還是他們的生存能力，因為他們的統治，雖然不能說毫無變化，但就本質上而言，二百五十餘年間幾乎沒有發生什麼根本性的變革。其間，共有十五位來自德川家族的人相繼成為將軍，其權力之大令到訪的歐洲使者視其為日本的皇帝，而視日本的天皇為教皇。但這種權威在幕府統治傾覆之前就已露出破綻。

一旦幕府權威出現破綻，這個基本上是封建性質、等級森嚴、忠於儒教倫理與規範的國家，就出現了轉型為一個中央集權的、「天皇制」和官僚化國家的機會。這個新的國家以追求現代化目標為己任，並向它的公民開放生涯發展的機會。對新舊兩個國家做如此鮮明的對比，當然過於簡略。但它卻有助於我們認清舊政權的特徵，必須改變這些特徵，否則明治國家不能誕生。所以，我們需要從這些特徵開始討論。它們包括德川政治體系及其所體現的權力分配，以世襲地位為基礎的社會結構，以及支援整個政治經濟體制的意識形態。在本書的第一章中，我們將對這三個因素的性質做一簡要的考察。

## 幕府與藩國

幕府政治穩定與否的關鍵在於中央政府（稱之為幕府）與地方藩國的關係。[1]幕藩關係起源於一四六七年[2]至十七世紀初之間斷斷續續的戰爭時期。在這一時期，新一代封建領主即大名崛起，他們瓜分大片土地，並對所占土地以及在那裡生養的人民實行專制統治。勢力較強的大名，會依靠其根據地支援具有一定規模、由武士陪臣構成的軍隊，捲入爭霸全日本的戰爭。每一個潛在的霸主，都依次遭到敵對聯盟的挑戰並被他們推翻，如此循環戰亂不已，直到德川家康（一五四三至一六一六）先是依靠武力優勢，然後憑藉持久的制度安排，最終成功地終止了這一循環。

德川家康一生主要關注的是奪取權力和維持權力。為達此目的，他試圖通過天皇朝廷來使其地位合法化，從而將其武力所得合法化；他設計一定的制度機制來保持他對新近被擊敗的大名的優勢；他確保他的家臣始終是他自己及其家族意志的代理人，而不去追求他們各自的野心。德川家康設計的制度確立了統治日本長達二百五十多年的政體模式。

和之前的其他封建統治者一樣，德川家康於一六〇三年獲得「征夷大將軍」頭銜。這樣，德川家康成為名義上的朝廷命官、天皇的軍事代理人、武士階級的統領和日本真正的維持譜代大名和外樣大名的勢力均衡，並不單單依靠調整他們的封地大小。外樣大名儘管持有的封地[5]平均而言明顯高出譜代大名許多，但其封地均遠離政權中心，而且被排除於將軍政府的官僚體系之外。將軍最近的親戚（親藩大名）按規定不能在幕府做官，但是他們的封地位於中心地區，占據較好的戰略地位。最重要的三家親戚是御三家：尾張德川家（六十一萬九千石）、紀伊德川家（五十五萬五千石）和水戶德川家（三十五萬石）。與此相反，譜代大名各家的封地很少有超過十萬石的，但卻壟斷了幕府的高級行政官職。此舉顯然意在將譜代大名的利益和德川幕府政權的維持捆綁在一起。

所有的大名，不論是外樣還是譜代，都受制於詳細的規章管束。他們之間的聯姻需要得到將軍的許可。領地城郭修建、修葺等事宜，也需要得到將軍的准許。從一六四九年起，一則政令規定了每個大名依其封地規模可以擁有的軍力上限。另外，每次新大名繼位都需要呈遞誓言書重申忠誠，並由將軍頒發文書逐項確認大名享有的領地。每到新年或壽辰、婚慶的場合，眾大名均需按規定呈送賀禮以示臣服。不過，除了在德川吉宗短暫、失敗的改革時期之外，大名並不向幕府繳納稅賦。大名分擔幕府執政成本做出的唯一有分量的貢獻——它往往可以是懲罰性的——是完成分派的公共工程（如水利灌溉、防禦設施或修繕宮殿）。

然而，幕府對大名最有效的控制工具是所謂參覲交代，即「交替居住」制度。這個制度由德川幕府時期要求大名在首都履行封建義務並留下人質的實踐發展而來。[6]這些實踐於一六三五年得以制度化並強制外樣大名遵行，一六四二年擴及譜代大名。此後，大名每兩年中應有一年必須住到江戶，一年留守封地，並且離開江戶時須將妻子兒女留下作為人質。但也有少許例外：一些譜代大名每年中有半年住在江戶，有些大名因財政困難或緊急事務臨時延誤。

但是，在大多數情況下（除德川吉宗統治中八年的例外），這個制度保持不變，直到一八六二年。「參覲交代」讓江戶成為世界級的繁華之都。它還使大名以及眾多的大名家臣體驗到城市的繁華，由此產生重大的經濟影響。而且，在以地方分治、強調上下等級關係為特徵的社會中，「參覲交代」提供了為數不多的在領地之外思想交流和人際交往的可能。基於這些理由，如我們將看到的，「參覲交代」對明治維新的政治具有重要影響。

監督「參覲交代」的執行，更為一般地說，監督將軍與大名的關係，是江戶政府即幕府的職責之一。這些事務通常在四到五位參議官即老中的指示下執行，這些老中是從石高二萬五千到五萬石的譜代大名中選出。不過，在危機之際，攝政或大老可能會短暫地位居老中之上。大老通常由親藩大名或資深的譜代大名擔任。在老中之下，有許多官職分管財政、江戶城行政、長崎等幕府港口管理等事務，這些官職由旗本即地位僅低於大名的德川家臣擔任。此類職位往往出現真正的有才之人，因為它是出身一般的官員所能企及的最高分立效應很容易被誇大。實際上，在一般情況下，江戶的權威沒有挑戰者，它的示範做法，無論是政策還是制度，在日本各地都得到效仿追隨。這一狀況直到十九世紀的一場劇變才有所改變。儘管如此，大名確實在一定程度上擁有真正的自主性，在他自己的藩國內行使著類似將軍的權力，甚至到了迫使其勢力較強的陪臣也實行參覲交代的地步。大名的家臣和江戶的陪臣一樣，擔任相仿的職位，履行類似的職責。大名的親屬或最信任的家臣在需要時，出任與老中相似的家老一職。其下一級的武士則擔任重要的中層官僚職位；還有一幫身份更低的人，個個聲稱有至少跟武士沾邊的身份，從事出納、信差、守衛等職業。在行政管理上，幕府與藩國十分相似。而且，封建政府與平民事務的關係在大名的封地和將軍的領地上沒有任何差異：政府只管稅賦的收繳與秩序的維護。

幕府與藩國還有其他相似之處。十五到十六世紀內戰開啟了武士脫離土地的進程，儘管脫離程度因地而異，但日本各地無一例外均開始了這一進程。戰爭中大名若要建立一支常備軍，必然要求隨從住在統治中心的周圍。武士聚居的城下町，往往成為城郭中心地區。當和平在德川幕府的統治下得以恢復後，這一實踐部分因為行政管理的需要，部分因為它增強了領主對其臣民的控制而延續下來。因此大多數武士都變成居住在城郭或城郭周圍的城鎮居民，除非被派遣至江戶（江戶是一座更大更豪華的城下町），或受雇在農村做官。大多數武士甚至不再是任何意義上的土地持有者。在一六九〇到一六九一年間，僅有

人過剩，或可有助於解釋這些藩國的武士在明治維新時期所表現出的高度政治活躍性。

由於聲稱有武士身份者甚多，所以有必要分析一下這個階級的次級劃分。[22]當代人說到「上層」和「下層」武士時語義含糊；在他們那裡，這些術語並非始終指示同樣的東西，兩個術語之間的界限也未清晰界定。藩國政府則傾向於（通常是不言而喻地）把武士分作三個部分，我們可把它們稱之為「上」、「中」、「下」三級。這一區分，在某種意義上，使得討論變得方便起來，我們在此也將使用這一區分。但讀者需瞭解，不論是德川時代還是當代的學者都未曾就武士分類的標準達成一致意見。這個問題仍然疑問重重。

我們能夠有相當信心做出區分的是處於武士階級頂尖的那個集團，對於他們，大家都同意可歸為上層武士。如我們所期待的那樣，他們的數目相對而言很小。例如，在薩摩和長州，這個集團共計七十戶，其中一些是大名家族分支，另一些是大名的高級家臣。[23]他們大多數仍然保有封地。他們在和大名的關係中享有諸多儀式上的特權。在幕府前半期，這些家族壟斷了高級行政官職，而在十九世紀，他們仍然在大多數藩國保持接近壟斷的優勢。在這一點上，如同在其他方面一樣，他們的地位類似於上層旗本在幕府中的地位。[24]幕府中有大約五千二百名旗本武士（他們享有御目見[25]的資格），其中的少數即交代寄合和寄合持有三千石或更多的封地。大約三分之一的旗本石高達五百石或更多，幾乎全部都是以封地而非俸祿的形式獲得收入。這些武士可視為狹義上的上層武士。

其下處於中層的是平侍（「普通」武士），又稱兵士。平侍擁有完全的武士身份，亦可面見大名，但與上一段所論的武士有多方面的區別。在薩摩，有平侍近三千九百戶，並細分為三個等級。在長州有平侍二千五百戶，至少又細分為十一個等級。若嚴格依照幕藩各自體系中的地位進行比較，與平侍地位相當的幕府武士是中級旗本，即那些地位低於寄合的武士；但或許更為現實的是拿他們與人數較少的石高不足五百石的旗本進行比較，這些旗本人數約為三千五百。一個更為直接的比較是拿德川家系的尾張藩為對象。該藩按石高測量，規模與薩摩相當，是長州的兩倍。尾張約有二千五百平侍，與長州相當，而薩摩卻有平侍三千九百人。這個觀察支持了相對於藩國封地價值而言，德川封地的平侍通常較少的觀點。[26]

平侍家庭都在城下町社會中有一定地位，他們有時被相當鬆散地歸之為「上層」武士的一部分。平侍充任藩國中級官職，享有俸祿（偶爾為封地）三百石左右。有時，如在幕府和土佐，他們的俸祿可高達五、六百石。[27]平侍最低限度的俸祿，在長州和土佐為二十石，在尾張為三十石（後提高至五十石），在薩摩為五十石。我無法確定旗本武士的最低限度俸祿。

在平侍之下——撇開極其難以分類的某些準武士小群體不言，局面更為複雜。事實上，下層武士需要放在三個獨立的名稱下加以處理。最常見的是足輕，他們可視為上述武士系統的向下延伸：在戰場上為步兵；在政府的文職部門為信差和秘書。足輕數目各藩不一，但一般而言就像在長州那樣，足輕的數目與平侍相當。足輕俸祿在土佐大約三石到七石之間，在長州最高十石，尾張最高十二石。在幕府中相當於低級武士的陪臣中，除了旗本外，有一萬七千餘名御家人。由於御家人沒有面見將軍的權利，而且人們一般用適用於藩國低級武士的等級術語來描繪他們，所以，人們容易視他們與足輕同級。但是，御家人的俸祿少則十五石，多則二百三十石，這使他們在經濟上——從而也在一定程度上在社會上顯著優越於足輕。

餘下兩類與中層武士有所交叉。陪臣，即內臣，是那些仍然擁有封地的上層家族的家臣。他們或許包括某些地位略低於平侍的武士，也包括某些無疑屬於足輕的武士。例如，長州六千餘名陪臣中約有一半擁有完全的武士身份待遇，雖然他們的俸祿沒有超過一百五十石。[28]與此形成鮮明對比的是，薩摩陪臣人數眾多（約一萬一千名），也更窮（每戶約四石），這使他們與足輕的地位大致相當。關於其他地方的陪臣情況，我們所知甚少。

最後一類是鄉士，即「鄉村」武士。鄉士的類型、地位和收入差異很大。[29]所有的鄉士在名義上都居住在農村，而非城下町，因此得名。但除此之外，鄉士的特點很難概述。有的鄉士是早期武士和農民還未分化時的倖存者。大多數鄉士的家境比農民好不到哪裡去。薩摩藩提供了最有名的例子。它有二萬五千名鄉士（在一八二六年），加上家庭人口共計十萬人。雖然平均每家鄉士俸祿不過五石，但他們作為地方防衛力量和預備役戰士扮演重要的軍事角色，因而他們的地位顯然高於那些單純耕田的人。與薩摩鄉士相似的群體也存在於日本的其他地方，如大和藩，那裡的鄉士參與了一八六三年尊皇派叛亂。

土佐鄉士也同樣有名，但卻與薩摩和大和的鄉士類型十分不同。有的鄉士原本是前大名家庭的陪臣，被恩准以準武士身份定居鄉村。然而，最多數量的鄉士，是那些因開墾土地或對藩國財政做出貢獻而被賜予鄉士稱號的人。其中的一些甚至從位於社會底層集團、居住在城下町的商人那裡起步。所以，土佐許多鄉士收入頗豐。有關十九世紀土佐七個區域中六個區域的資料表明，七百四十九個鄉士家庭平均收入為五十四石。在這中間，又有八十九家的收入達一百石或更多，[30]這一收入水準大約與平侍持平。

由此可見，本章到此為止所使用的「下層武士」這一術語覆蓋了境遇迥異的一類人。事實上，藩政官員自己也發現這個群體難以界定。一八六八年之後，當明治政府要求藩國把人口劃分為三大類即士族、卒和平民（前兩者大致對應武士和足輕，第三者是「普通人」），然後又要求縮減為兩類（士族及平民）時，就因各地的現實差別很大而出現了許多分歧。[31]雖然當時在劃分過程中採取了對壓力群體適度讓步的做法，而且這一做法獲得了不同程度的成功，但它仍然表明即使對當時的人們來說，各級武士之間的界線已經模糊。

總之，德川時代日本的武士階級，比我們在歐洲——不論是中世紀的還是近代歐洲——貴族那裡可能發現的要大得多。武士分作三類：上層武士——占武士家庭的五十分之一，且包括大名；中層武士——或許占武士總數的一半；以及下層武士。[32]下層武士還須再細分為足輕（步兵）、陪臣（家臣的隨從）和鄉士（鄉村武士）。

現代學者有時曾試圖採用一個僅僅基於經濟標準之上的分類方式以簡化問題。他們主張把一百石封地或俸祿作為上層武士下限的標誌（在一個把這個階級分成兩個部分的分類中），這應當是合理的，因為德川時代以一百石為維持富足的最低標準，達到這一標準，一個家庭就不再有惱人的財務煩惱。但是這一分類也有其問題。一方面，一個人的收入不僅因地位而異，而且還因他大名藩國規模的大小而不同。因此，一個擔任家老（與幕府的老中相對）的人，如果在薩摩或尾張的話，俸祿將為一萬石或者更多；在土佐為二千石到一萬石之間，而在像柳河藩那樣的中等藩國裡或許僅一千石。在一個真的很小的藩裡，他將只有區區幾百石。同樣的差異，如前所述，在較低的等級那裡也存在。話雖如此，我們還必須承認收入對於衡量一個家庭在社區的真正地位是不可缺少的。例如：一個僅有微薄俸祿即約二十石收入的平侍，將發現難以讓他的家庭吃飽、穿暖和住好，更不用說支付與其地位相稱的儀式性支出和軍事開銷了。實際上，很有可能大多數平侍家庭都感到他們的地位受到財政風險的壓迫，因為只有相對少數的平侍達到了一百石的安全水準。在長州一八五八年總共約二千六百個平侍中，只有六百六十一個平侍有一百石或更多的收入。另有五百四十一人收入在五十石到一百石之間，四百七十二人在四十到五十石之間，九百二十五人低於四十石。長州並非最糟糕的個案。薩摩一六三九年的一份名單顯示，在近四千名平侍中僅有三百二十人收入達到或超過一百石。[33]

儘管如此，一個平侍所具有的可面見大名的權利，雖然與其收入無直接關聯，但其在真正的意義上，把他與那些在正式層級上低於他的人區分開來。它規定了他有資格出任藩政官職，包括那些重要性足以在藩政結構圖中得到標示的官職。它往往是不同俸祿或不同俸祿支付方式的分界線；它還影響到像繼承和過繼一類的問題。沒有這項權利，一個人無論多麼富有，也不能被劃入中層或上層武士。再者，當代人亦承認這一區別具有真正的意義。土佐平侍佐佐木高行在他的筆記中對這個問題做了相當長的評論。[34]出身於中津藩一個下層武士家庭的福澤諭吉也是如此。在自傳中，福澤評論說大多數人都接受這些社會分隔而不加質疑，「彷彿它們是自然之法，而非人為規定」[35]。

在這樣一種結構下，社會流動顯然微乎其微，雖然並非完全沒有。[36]一個人可因各種緣由向下流動：因貧窮或疾病不能陪同領主去江戶參覲；因缺乏男性繼承人，只得臨終收養以續家門；甚至因政治活動獲罪。向上的流動無疑更加困難，因為德川幕府的和平景象已經消除了流動的首要潤滑劑——內戰。有能力的非長子可通過聯姻、過繼實現向上流動。有野心的人可以通過政績攀爬晉升階梯，如果停留於正常的官僚等級制中則爬升緩慢，但若贏得領主或領主管家的賞識，則有平步青雲的可能。[37]個人的身份將上升至與他擔任的最高官職相應的等級已成常規。但是，在這些場合下，世襲等級往往滯後，甚至保持不變。在薩摩藩，祖孫三代的個人提升方可帶來家庭等級的永久性提升。[38]幕府中從御家人提升至旗本也按相似的章法處理。[39]事實上，從下層武士地位升至中層武士或從中層武士升至上層武士，通常要比在這三個等級的某個等級內獲得提升困難得多。

同樣的考慮也適用於從其他階級進入武士階級的問題。從武士轉變成商人或農民相對比較容易，儘管鮮有武士願意這樣做。相反的過程在理論上只能以例外的方式發生；而這一進程，即便只是在一個有限的程度上，因十九世紀為數眾多者的行為而成為事實，也仍被廣泛視作國家瀕臨大亂的證據。畢竟，它代表了日本社會最重要的界限的模糊化。我們須記住，理論上武士是構成「人民」的四個等級中的最高一級。在實際上他們是包括農民、工匠和商人在內的二元體中的統治部分。像明治法律將要規定的那樣，這些人構成了一個可稱之為「平民」的實體。因此，他們應該對武士統治表示順從。

不過，在這一點上，我們必須強調武士與其他階級的關係並不盡然是封建性的。如前所述，大多數武士已經脫離了土地。這削弱了每個武士個人相對其大名的地位，因為它剝奪了真正擁有封地而可能為他們所帶來的獨立自主性。但是，它極大地增強了作為一個集體的武士相對於其他人口而言的力量；對於這些人口，武士不是作為一群小莊園領主的集合體，而是作為一個強大行政機器的準官僚代表與之對抗。

因為這個身份，武士最關心的是作為稅收來源地的村莊。傳統上，村莊的核心是本百姓（hombyakushō），那些持有大約五石或十石（有時會稍多一些）土地、居住在村子並全額繳付村莊所欠大名租稅中分攤至其名下部分的自耕農。在自耕農之下是不持有房屋和土地的雇農或是佃農。在自耕農之上則是少數長者家庭（families of elders），村長就從這些家庭裡挑選出來。維護這一模式，尤其是鞏固自耕農的地位——這被視作維持鄉村秩序的基礎，乃是政府的目標之一。

然而，經濟的變遷使這一傳統結構的維持十分艱難。[40] 兩百年來，大量新的土地被開墾耕種，但開墾耕種者並不一定是那些在鄉村中享有最大既得利益的人。另外，新的經濟活動的出路，出現於地方貿易和製造業或準製造業。從這些活動中獲益的人們最終構成了一個「富農」階級，他們的世襲地位並不必然與其財富相稱：他們生活富足；他們教自己的兒子像武士一般地穿戴和行為；他們自然而然力圖獲得某些正式的特權，以使掙來的地位得到官方的認可。他們當中那些能夠證明自己是武士的後代，即使是遙遠的後代的人，能夠從很早時期開始就獲得鄉士身份。這種情形就發生在土佐和長州，在那裡這類人被任命為村長。[41] 其他的人，主要是在十八世紀和十九世紀初，通過慷慨認購每個大名都一而再再而三地發行的債券，而獲得象徵武士階級成員資格的基本徽章、佩刀和使用家姓的權利。更多的人則使用金錢，通過聯姻或過繼，賄賂出一條進入現存武士家族（通常是下層武士家庭）的通道。實際上，在某些藩國存在著明碼標價出售武士地位的市場。[42]

結果，一八五〇年的日本農村社會已顯著地不同於幕府掌權人和御用哲學家希冀的理想狀況。以後來政治發展的角度來看，最重要的一點是在全國的許多地方，都已存在著一個把「富農」和下層武士連接起來的網路。於是，土佐許多鄉士的朋友和親屬的名單中，有一些仍舊是農民，另一些在當村長，或許還有些是鄉村醫生或僧侶。另外，他們往往還有這樣的親戚：獲得了某種低微的武士等級，還在地方官的職員隊伍中占有一席之地，而這個地方官本身則是來自城下町的平侍。儘管身份卑微，他們以這樣的地位，卻並非不可能獲得作為領主的隨從去江戶參覲的榮耀。

這種網路往往亦會擴展到城下町的商人那裡。與德川日本的其他階級一樣，商人內部也有階層可分。有的商人擁有住所和建造住所的土地；有的擁有住所但建造住所的土地卻是租借的；還有的住所和土地二者皆為租借。廣義上來說，與這些區別相對應是參與城市管理的不同權利。但是，與日本封建統治者的情況一樣，官方的區分遠不及財富的差異重要。

對於商人來說，我們也可以期待經濟變遷同時發揮打破財富與地位平衡的作用。經濟變遷製造了富商（一如它製造了富農那樣），有的商人與幕府或他們所在的藩地形成了特殊的關係，成為後者財政、壟斷貿易的代理人。[43]他們常常因這些服務而受到獎賞，被授予武士身份。其他的商人則把他們的利潤投資於購買或開墾土地，從而獲得申請鄉士身份的資格。這樣，他們在官方意義上成為地主。但是，並不少見的一個情形是，他們仍然住在城下町，持續不斷地通過親屬或代理人管理他們在農村的家業。[44]

於是，在表面上農村的鄉士和城市商人之間就有了一種連結。然而，無論是在政治上還是在經濟上，這並不能說明這兩個階級具有一致的利益；或者他們會採取共同的行動。大城市如江戶、大阪的商人，在某些方面，是城下町商人的敵手，雖然兩者都對保持壟斷地位、應對來自農村的挑戰方面持有一樣的關切。鄉士可能來自這兩類商人中的任何一類，或者來自於其他群體。實際上，有的鄉士代表舊有的土地利益，對商業行為侵入鄉村充滿敵意。換言之，即便某些商人、富農，包括鄉士在內的下層武士可被放在日本社會等級結構中的同一位置看待，但這並不必然意味著他們會作為一個單一的階級行動，或者願意組成一個政治聯盟進行合作。

當然，對於任何關於幕末政治的討論而言，認識到社會結構現實不再與傳統說教相匹配這一點是至關重要的。幕府政權力量世世代代賴以為基的地位等級差序，變得不那麼清晰了，而幕府政權本身也隨著等級差序的模糊而虛弱起來。再者，為維持等級差序或重新強調它們所做的努力——那些感到自己地位遭到威脅的人不可避免會做出這樣的反應——勢必導致把反對派團結起來的結果，這些反對派來自那些自認其地位低於自身財富或能力所應得的人。不過，如我們將看到的，這一發展的結果並非簡單地把所有的武士集合在一邊，把所有的非武士集合在另一邊，無論這兩組人群之間的關係有多麼緊張。歸根到底，社會結構並不是決定政治聯盟的唯一因素。

## 政治態度

因為德川體系的主要目標是維持武士對農民、大名對武士、將軍對大名的權威，所以，毫不奇怪，幕府有一個與這些目的相適應的意識形態。這個意識形態的成分之一是忠誠——封建責任之首。然而，忠誠是一種高度個人化的束縛，如此，它未必一定有助於維持國家秩序，如早期封建史中大量的記錄所顯示的那樣。此外，德川政體的性質也帶來了它自己的一些特殊問題。舉例來說，如果對領主盡忠與對將軍盡忠出現矛盾，該當如何？更嚴重的情況是如果天皇與將軍政見不一時，該支持天皇還是該擁護將軍？這些矛盾成為幕府晚期政治的中心議題。

德川統治者通過發展一套等級制的政治結構學說部分回應了上述矛盾。用十九世紀學者藤田幽谷的話來說，這個結構表現為：「如果將軍（幕府）尊崇天皇，所有大名將尊敬將軍。如果大名尊敬將軍，各級官員將尊敬大名。如此上下等級有序，國家和諧安定。」[45]這種形式的忠誠與武士道即武士準則合成一體。[46]如上述引文的語言所表明的，這一學說受到了一套取自宋代學者朱熹的新儒家社會倫理的支持。朱熹的哲學在德川幕府初期傳入日本，很快獲得官方支持。朱熹哲學中有個成分與幕府意識形態高度相關，即強調服從：臣對君的服從，子對父的服從，妻對夫的服從，幼對長的服從。朱熹哲學中另一個與幕府意識形態高度相關的成分是孝道，它也同樣與服從的習慣相關。更寬泛地說，儒家提供了一套哲學框架，在這個框架中，武士在日本社會的新角色——即從事治理而非戰爭——得以確立；換另一種方式說，用倫理領導來取代赤裸裸的武力。中國的傳統主張「為政以德」[47]。

當然，有必要讓武士自身接受並信奉這種意識形態，這個任務愈來愈多地交由官辦藩學實現。在這些官辦學校裡統治階級接受儒家經典教育。[48]到十九世紀，大多數武士都進入藩校，儘管有少數上層武士在家接受教育，而在一些地區足輕等下層武士被刻意排除於藩校之外。事實上，社會等級區分也清晰地反映在學校裡面：反映在坐席的安排上，反映在不鼓勵不同等級之間學生的競爭上，反映在教學內容上。

儘管如此，教育是當時日本屈指可數的社會流動的工具之一。荻生徂徠等武士改革家認為應有官員任職的最低教育程度標準；幕府晚期少數藩國把教育測試運用於諸如過繼和家族繼承權等事務；甚至在幕府中出身寒微但有能力的學者，仍可擔任要職。這一過程被稱為「學而優則仕」。[49]因此，與大部分人不同，教師可以在國內自由遊歷，為不同的藩國服務。實際上，學生也可四處求學，而且，如果他們顯示出有前途的話，還被鼓勵這樣做，繼續到江戶、大阪、長崎深造。這些遊學的知識份子對日本文化同一性發展有重要影響，而文化同一性對十九世紀日本民族主義發展有重要作用。這些知識份子也讓大多數日本國民熟知源於中國儒學經典的政治術語。[50]

這些福利中的一部分也為一些平民分享，而且，這些平民也不是非武士階級邊緣群體（如村長、富商）不可。他們雖然極少有機會進入藩校，但卻有機會進入城鎮中具有較高學術地位的私校學習。[51]與藩校相比，這些學校的課程選擇往往更有活力，教學方法更具啟發性，但與藩校一樣，它們幾乎沒有任何意願去挑戰武士社會的信條。在藩校，包括老師和學生的多數成員覺得自己屬於統治階級，或至少以後有望成為統治階級。這使他們對社會底層接受過多教育感到警惕。一八一七年有人曾撰文道，若下層民眾「有些筆墨」，他們就會驕傲自大，「將瞧不起同伴，輕視長者和上級，並質疑權威的指示」[52]。

既存的價值更不可能遭到那些在幕府晚期由武士、僧侶、村長建立的眾多地方學校（寺子屋）的挑戰。這些學校僅提供讀、寫和算術等初級訓練，並稍微講授一些為社會所追求的服從和孝道美德。儘管如此，這些學校的工作從長遠來看有重大影響，甚至與其初衷相悖。一方面，它們為相當數量的人口掃盲：一八六八年，百分之四十的男孩和百分之十的女孩在寺子屋接受基礎教育。[53]這對明治維新時期的科技發展、公共意識提高有很大促進作用。另一方面，這些學校使政令和資訊的傳播變得暢通起來，同時也對民眾灌輸服從權威的觀念，使統治日本變得容易。在這個意義上，這些學校，無論是在一八六八年之前，還是在此之後，都充當了日本「絕對主義」的輔助者。

事實上，在德川時代的大多數時間裡，各種學校都是統治階級在社會宣揚其價值觀念的工具，從而使民眾，甚至包括那些富裕而且野心勃勃的平民，都接受武士規範。[54]我們已經看到，那些有實力的人，不論生活在城市還是鄉村，儘管有困難，還是有可能獲得一定級別的武士資格。這激勵了他們接受武士的行為準則。為此，他們繼而決定了那些身份地位更低之人的奮鬥目標。克萊格（Albert Craig）以論述西方科學的學者山片蟠桃（一七四八至一八二一）為例，儘管後者本人是富商，但依然在自己的著作中接受將商人置於武士、農民之下的階級結構。[55]甚至石田梅岩（一六八五至一七四四）亦是如此。他一直被認為是商人的辯護人，反對那些斥責商人為寄生蟲的人。但是，他的著作清楚表明，他以為商人只有忠誠服務國家，符合國家的準則，而非依據一套新的價值觀，才能獲得尊敬。[56]

事實上，令人驚訝的是，德川時代的著述中鮮見對政治和社會結構的公開批判。[57]顯然，諸如本多利明、佐藤信淵[58]等激進經濟改革家，和蘭學家（或「荷蘭」學者，其著作中不時頌揚歐洲政體及其先進科技）所宣導的觀念對現存秩序具潛在的顛覆性危險。神道復興的擁護者也是如此，他們對儒家思想腐朽影響的攻擊，伴隨著強調天皇神聖這一顯而易見的危險論調。儘管如此，可以認為，這些人都無意於推翻他們生存的社會。而且，他們不這樣做也非完全出於對幕府維安人員的恐懼，而是由於他們自己不會主動去爭什麼東西——至少在與政治問題相關的方面上。他們作為反叛者的名聲，完全是由於後人對他們學說的重新闡釋。

關於這些學者及其政治影響我們在本書的後面還將回頭論及。在此，作為本節的結論，對明治維新前的意識形態的影響，尤其是其中與幕府的衰落有最大關聯的方面的影響，做一簡短的考察，更有益處。因為，非常奇怪的是，從儒教學者那裡，從這群大家一致以為最願意維護現存社會秩序的學者那裡，出現了對早期維新運動產生最大影響的批判。

造成這個明顯悖論的理由之一可在把儒家當作封建階級正統的努力中發現。在中國，不管怎麼說，儒家是對由士大夫統治的社會和政治結構的理想描述，而士大夫的功能由官僚制的語言定義。儒家給士大夫的權力提供了合法性依據，同時也為他們是否適合統治提供了標準。攻擊儒家，就是攻擊傳統和現存秩序。但是，這些觀點無一可適用於日本。對於武士來說，儒家的用處不過是去強化一種在根本上基於其他理由之上的對權力的聲稱。

因此，在迫不得已之時，儒家可被置於僅僅是一個倫理學說的地位，因為它並沒有覆蓋整個社會的信仰。例如，在日本，儒家可以與西方科學思想共榮共存，而不至於像在中國那樣，使整個思想體系受到考驗。在中國，這套思想體系構成了社會框架所依據的基礎。

與我們的目的具有更加密切關係的一點是，儒學在日本被採納，帶來了種種無法令人一直視而不見的怪異結果。對於日本的儒者而言，如中國儒者一樣，哲學的內容是歷史。但那是中國的歷史。因此，日本儒者不得不時常處理如天命和朝代更替那樣的概念，即關於皇帝統治合法性和王朝興衰的中國理論。例如，天命觀認為君權受命於天，上天要求君主勵精圖治。若天下不治（依據儒家標準），上天則剝奪其君權。君主失去天命常以民眾起義和天讖為前兆。熟悉中國歷史典籍的日本學者難以迴避日本將軍和天皇各自的角色問題。他回應這一問題的方式可能有很多種。他可以像德川的支持者有時做的那樣，主張將軍是忠誠有能的治世良才，在一度的腐敗和衰敗之後「恢復」了天皇的秩序。[59] 或者，他可以用天命觀解釋將軍統治的根源，認為天皇在與將軍的關係中代表著天，授權將軍統治日本（但也可能收回天命）。如我們將要看到很重要的一點是，後來對幕府進行攻擊的水戶尊皇主義者（Mito loyalism），就起源於這類儒教學說。

德川時代的學者因其研究的性質，還都被迫承認日本與中國制度上有幾處根本不同。最顯然的一點是，日本是通過一套封建制度治理的，而中國很早就放棄了封建制，而採取了由皇帝任命官員治理國家的郡縣制。批評這兩個系統的優劣涉及到質疑中國文化整體優越性，或者質疑日本所作所為是否合乎道德的問題。對於任何一個同時既是武士又是儒學者的人來說，在這些選項之間做出選擇並非易事。[60]另外，這樣選擇的困難也延伸至對他自己在體系中地位的估量。在中國的理論中，權威和地位均繫於才學，至少是根據一系列決定官職歸屬的科舉考試所測量的才學而言。而在日本的實踐裡，儘管有儒家的裝飾，權力分配在規範上是由出身決定的。幕府藩國的儒教學者，無論他如何視自己為「有才之人」，基本上只有中級甚或下級武士的身份。他確實能夠有一定的影響力，但影響力鮮能達及最高層。他的武士職責使他樂於接受這一狀況。但是，以儒學學說衡量，可以推出這樣做是不對的結論，而到了這個地步，儒家對於幕府來說也變成顛覆性的東西了。確實，在十九世紀，當他們生活的世界遭到來自國內和國外壓力的威脅，從而迫切需要日本必須團結一致並讓能者當政時，許多武士痛苦地意識到了他們價值體系中這兩類成分之間的衝突。一類成分的作用是增強把社會合成一體的鏈結力量，另一類成分則就它們給予「有才之人」以權力而言，起到了削弱這些鏈結力量的作用。在這種情勢下，儘管對於一些人來說，儒家是在為反對新生事物做辯護，但對於另一些人來說，儒家成為一套改革性（如果不是革命性）觀念體系中的組成要素。

## 註釋

1 關於幕藩體制最新也是最權威論述的英文文獻包括：Totman, Politics，以及由 Hall 和 Jansen 主編的多作者論文集。在關於這個主題的眾多的日文研究成果中，我在這本導論性著作中用得最多的是金井圓的《藩政》及維新史料編纂事務局《維新史》第一卷。

2 西元一四六七年為應仁之亂開始的時間。——編注

3 Webb,Japanese Imperial Institution，pp.126-128。這些資料代表維持朝廷日常開支的估計數值，而非封地的實際產出。這是德川時代估算土地占有或土地權利價值的通用做法，同樣適用於朝廷、將軍、大名、武士和農民。在為官方目的進行估值時，行政官員對作物總產出進行估算，估計價值用稻米表示（其他農作物換算為稻米），並使用石（一石等於五蒲式耳）進行測量。如此形成的資料被稱為相關土地的石高。從一石高獲得的收入會因多種因素而不同（例如，收入獲得者對土地的控制程度，各地區地方農業條件的差異），但是對包括天皇和朝廷官員在內的大多數統治階級成員來說，通常的收入方式是從將軍或大名的財政收入中，按標準比率進行支付。這一比率一般為石高的百分之四十，也即推定百分之四十土地稅稅率產生的收入。

4 關白這一官職是從西元九世紀藤原家族掌控下的朝廷所設的首席執政官發展而來的。對於成年天皇來說，關白的作用相當於攝政。而當天皇年幼時，由攝政來實施同樣的功能。這兩個官職只能由五個顯赫的朝廷貴族（公卿）家族出任，這五個家族均是藤原氏的分支。此類技術性術語的簡要解釋見本書末《日文術語詞彙》。

5 儘管德川社會作為一個整體，能否被稱為封建的——在這個詞被運用於中世紀歐洲的完整意義上——尚有幾分疑問，但很顯然，它的某些制度可以使用封建制術語加以妥當描述。因此，大名的封地可以說來自於將軍的授權，即便他的藩國，在許多場合下，都更近似於一個公國，而且無疑不含有任何與歐洲莊園主相似的東西。關於這個問題的一般討論，見 Hall,「Feudalism」。

6 關於這個體系的詳細論述，見塚平利夫的《德川日本的封建控制：參覲交代制度》（Feudal Control in Tokugawa Japan: The Sankin Kōtai System）。

7 關於幕府行政管理的困難和複雜的論述，特別參見 Totman,Politics, pp.181-186，在該書中，作者描述「垂直朋黨」的出現。這個概念指的是在官僚機器中處於不同層次的若干官員，他們共同控制了政策制定和執行的主要方面。這樣的機制成為必要本身就說明幕府的政府決策和實施程式是何等的笨拙、拖遝、冗餘。

8 關於鄉村管理，參見 Befu,「Duty」。

9 但是，在一些譜代大名領地，其領地被用於支持高級官員而非舊有的、既有的私人采邑。在這些藩國，幕府的干預權力相當大。堀田正睦的佐賀藩就是一個好例。參見 Totman, Politics，第一五四到一六二頁。

10 關於一些藩國政府（文中挑選的都是對明治維新政治有重要影響的藩國）的詳細論述見以下著作：薩摩，《鹿兒島縣史》，2：95-119；長州，Suematsu, Bocho,1：49-68，Craig, Chōshū, pp.107-110。土佐，Kochi ken shiyo, pp.264265，Jansen, Sakamoto, pp.23-24。

11 關於這些藩國的名單，見金井圓《藩政》，第六十到七十四頁。關於武士采邑和津貼制度，參見新見吉治，《下級士族的研究》（下級士族の研究），第十五到二十一頁。

12 參見 Craig, Chōshū, pp.102106; 另見 Seki, Hansei Kaikaku, pp.15-19。

13 關於公家的論述，見 Fukaya, pp.92-101；Webb, Japanese, pp.89-99。

14 Webb 在 Japanese Imperial Institution 第七十七到九十九頁中指出大多數公家可以利用其政治地位贏得經濟收益，故其實際收入高於名義石高。例如，教授傳統書法或插花藝術；與富有但出身較低者聯姻；做商家的庇護人等等。

15 簡短的相關論述見金井圓的《藩政》，第三十到三十五頁，另見 Totman, Politics, pp.34-37,110-130,153-178。

16 詰所是大名覲見將軍時的房間地點。詰所分為大廊下詰、溜間詰、大廣間詰、帝檻間詰、柳間詰、雁間詰、菊間詰、無席八種。——譯注

17 以大名的領地大小、城的有無來劃分，大名分國持、國持並、城持、城持並、無城五級。國持背擁有城池，並領有一國以上領地的大名。——譯注

18 關於德川日本的人口資料，參見 Honjo, Social and Economic History, pp.145-158; Strayer（pp.6,9）。注意到當時的日本與中世紀英國的差異，當時歐洲官方供養騎士最高六千人，然而實際人數比六千還要低。由此，可以解釋日本較之歐洲更結構化、體制化、官僚化的統治特點。也意味著明治時期日本不需要在龐大的武士階級之外去尋找現代官僚。

19 Hall, Government, p.371.

20 Craig, Chōshū, pp.13-17. 這些資料未能覆蓋所有的武士，而我們將看到，這是由於分類的原因。因此，供養比率只能作為各藩武士數量相對於其總人口比率的變化的大致的知識。我在拙文「日本封建財政」第二六五到二六六頁中論述了這種百分比的地區差異。

21 關於一八二六年的完整資料參見 Sappan seiyō roku，一種薩摩官方手冊。另見《鹿兒島縣史》，2：十到

十七頁。把城下町武士和其他各類武士及其家庭成員加在一塊合計二四一一五七人，而當時薩摩的總人口（不包括琉球）為七二四五九二人。

22 關於這個話題一個很好的討論，見 Craig,「Restoration」, pp.363-367。

23 文中討論涉及的關於薩摩和長州的資料主要來自下述著作：薩摩，《鹿兒島縣史》，2：18-25；Hayashi 第二部，第十九到二十六、一一三到一四〇頁。Craig, Chōshū, pp.98-102,261；Suematsu, Bocho, 1：35-47。另外，在這個問題上《藩制一覽》也很有用，它提供了一八六八到一八六九年日本藩國的人口和稅收收入數據。

24 關於德川時代武士的論述，見 Fukaya, pp.50-55。Totman, Politics, pp.131-145。

25 御目見，是指江戶時代，大名、旗本能直接謁見將軍的這種資格。江戶時代的武士，分有御目見資格的上士和沒有御目見資格的下士。——譯注

26 關於尾張的論述，見《藩制一覽》，1：287；新見吉治，《下級士族的研究》，特別是第四十三到四十六頁。以三個藩國的表高，即公開的或正式的估算值為基準（薩摩藩七十七萬石，尾張六十一萬九千石，長州三十六萬九千石），則我們能夠計算出在尾張，每千石有四個平侍之家，在薩摩為伍家，在長州接近七家。但是，以內高（即由藩國稅務官估計的「私人」石高）為基準，則有截然不同的資料。根據《藩政一覽》提供的資料（薩摩藩八十六萬九千石，尾張八十五萬三千石，長州九十八萬八千石），每千石平侍比在尾張變成三家，薩摩四．五家，長州只有二．五家。這表明，武士分佈的不均勻，在某些場合下，是表像多於實質；或者說，這一不均衡因可徵稅產出的增加而緩解，而可徵稅產出的變動方式，不同於政治關係變動模式。

27 關於土佐武士的論述，見 Jansen, Sakamoto, pp.24-26; Kochi ken shiyo, pp.256-266; Irimajira, pp.111-129。

28 Kimura, pp.15.

29 關於鄉士最全面的研究見小野武夫的《鄉士制度的研究》（鄉士制度の研究）。關於薩摩鄉士的論述，見此書第七十三到九十頁。關於土佐的論述，見 Jansen, Sakamoto, pp.27-30。另見 Irimajira, pp.76-141。

30 基於 Tosa-han gōshi chōsha-sho 列示的資料。

31 新見吉治在《下級士族的研究》第三一〇頁中舉出劃分階層的不同做法。土佐在劃分士族身份時十分慷慨，尾張則相反。

32 Fuyaka 在 Kashizoku 第一五四到一五七頁提供了一八七二年初士族與卒的資料：士族，二五八九五二戶，共計一二八二一六七人；卒一六六八七五戶，共計六五九〇七四人。由於我們知道，至少在某些案例中，士族不僅包括了上層和中層武士，而且還包括一些曾為下層武士的人，因此，這樣看來很有可能下層武

士，即那些低於平侍等級的武士，在早先時候占武士總數的比重，要大於這些資料中的卒的數量所代表的比重。

33 長州資料來自 Suematsu, Bōchō,1 : 41-47；薩摩資料來自《鹿兒島縣史》，2 : 78-79。Sappan seiyō roku，第九十七到一〇二頁所列的表表明一八二六年薩摩只有一二五戶石高超過二百石。Totman, Politics, 第一三四到一三五頁所列的表表明德川幕府有二二五四七名旗本武士和御家人，其中只有六二三四人采邑或津貼超過一百石。Craig, Chōshū, 第七十五頁引用村田清風的家庭財務預算計畫表明，石高一百石的武士也入不敷出。

34 見《勤王秘史：佐佐木老侯昔日談》，第一三〇到一三八頁。佐佐木是當代為數不多的將平侍劃分為武士三級分層系統中的中層的學者。

35 Blacker, Japanese Enlightenment, p.2.

36 在此很難列舉出關於社會流動論述的文獻。主要基於我在撰寫以下論文所查閱的許多個人傳記。這些論文包括《早期明治政府中源於武士階層的首相，一八六八到一八六九》（Councillors of Samurai Origin in the Early Meiji Government, 1868-9）；《土佐的政治群體論述，一八五八到一八六八》（Political Groups in Tosa, 1858-68）；以及《薩摩藩政局與武士階層，一八五八到一八六八》（Politics and the Samurai Class Structure in Satsuma, 1858-1868）。

37 在此，依然需要注意面見大名權利即平侍階層能在大名家內獲得職位的重要性。沒有這項權利，個人連晉升階梯的最底端都難以觸及。

38 Hayashi，Part 2，p.138.

39 Fukaya, p.53.

40 關於這個問題的論述，見 Smith, Agranian Origins, pp.166-179。

41 Jansen, Sakamoto, pp.30-32；Seki, Hansei Kaikaku, pp.19-22；Jansen,「Tosa」。關於鄉村管理，見 Befu，「Village」。

42 《維新史》，1 : 337-341 提供了許多相關例子。亦參見本庄榮治郎，《日本社會經濟史》（The social and economic history of Japan），第二〇二到二一〇頁。

43 這個議題更深入的討論，參見 Sheldon, pp.25-63, 144-149。亦見第二章。

44 小野武夫在《鄉士制度的研究》第一五五到一五七頁引用日本北方酒田藩本間家族的例子來闡釋。本間用稻米貿易賺得的利潤購買土地，到明治維新前土地達十萬石。該家族之首因對藩國的財政貢獻而獲得鄉士身份；但鄉士身份意味著他不可從事貿易。然而，這個規則可以因允許他以他死去的父親的名義來做貿易而被繞過。

45 Webb，「Development,」p.177. 第六章中將會討論此種態度對於將軍與天皇關係的影響。

46 關於日本武士道的論述，詳見 Bellah, pp.9097。

47 Dore, p.42.

48 一七五〇年，僅有三十二個藩國有官辦學校。到一八〇〇年有藩校的藩國增至一〇七個，到一八五〇年在總共約二五〇多個藩中，有一七八個開辦了藩校。一般來說，強藩教育亦先行。一八六五年，石高二萬石以下的藩國中仍有半數以上沒有開辦學校。參見 Dore,Education, tables,p.71。

49 Dore,p.293. 也見於上書第八十四到八十九頁、一一五到一二二頁；以及 McEwan, pp.84-94,132-144。

50 Dore, pp.276-277，303-304.

51 Dore, pp.219-226.

52 Dore,p.217.

53 關於德川日本文化普及之難題，見 Dore, pp.317-322。

54 雖然此處論證學校教育使得民眾甘為被統治者，但很明顯學校也培養了十九世紀五〇年代和六〇年代的許多年輕的政治不安分子。然而，我不認為這一點與我的論述有矛盾，因為我相信那段時間的「危機」從根本上顛覆了許多日本人的世界觀。但是，為謹慎起見，我想強調一下我以上所談的德川教育的社會功用僅適用於一八五三年之前。

55 Craig,「Science，」pp.147-148.

56 Bellah, pp.157-160.

57 例如 E.H.Norman 提出他很難找到公開反對封建主義的著作，見他的《安藤昌益及日本封建制度的分析》（Ando Shoeki and the Anatomy of Japanese Feudalism），1：310。最終他很欣慰地發現一位十八世紀無名作家的作品有相關論述，儘管該作者的主要作品沒有完整流傳下來。

58 文中提到的這些人物在之後的章節會有深入探討。這些作者以及德川時期主要思想家的資訊可以參見角田等人的著述，第十六到十八章、二十一到二十三章。

59 關於新儒家對德川政治結構的影響，Harootunian 在 Toward Restoration 第八一四頁對此有精彩論述。

60 關於此點的論述詳見淺井清《明治維新和郡縣思想》（明治維新と郡県思想）一書中對於德川幕府的討論，第十六到二十八頁。

# 第二章 內憂

對於許多生活在十九世紀中期的日本人來說，他們的國家正經受著一種典型的內部動盪和外部侵略的共同困擾，在中國類似的局面則往往導致王朝的傾覆。「內憂外患」這個中國成語，經常出現在日本人的書籍和其他作品裡。關於內憂，他們指的是危及政治與社會秩序的經濟變化所帶來的日本社會不斷加劇的動盪。外患則意味著相信西方世俗強國在亞洲的擴張，遲早會達到企圖征服日本的巔峰。他們所熟悉的印度和中國的經驗已經表明，這些企圖能夠得逞。

正是這兩個方面的匯聚才賦予日本一八五三年以後的那段歷史一種特質。它們構成了本書的主題。然而，在研究二者之間的關係以及孕育這種關係的政治背景之前，我們應該分別觀察每條線索各自的背景和特質。因此，我們由內憂開始，首先將關注一個非常重要的現象，因為它發生於政治史和經濟史相互作用的節點之上，即武士作為一個階級和他們所效忠的政府都陷於貧困化。

## 財政危機

德川時期的日本是一個農業社會。武士自身原本是農民—戰士（farmer soldier）；他們正是從農民那裡尋得自己的收入和維持政府運轉的稅收；而且，國家大多的財富和人口中的大多數都來自農業。與之相對，儘管在德川幕府統治前幾個世紀就已經出現了貿易和商人，但是日本經濟中的商業成分卻是在德川時期發展到一定的規模。早在室町時代（一三九二到一五七三），它們的重要性就逐漸顯現。不過，貿易卻是在德川幕府的統治下受到了極大刺激並創造了巨額財富，這一發展被當時的人們視作國家種種弊端之根源。這也絕非偶然。商業的發展不僅是內戰後和平與穩定得以恢復的結果，也是德川體系的自然結果。

自從武士被要求住在領主主要的據點周圍，武士團體就往往成為城下町的核心，將工匠和商人吸引到身邊為他們這個相對富足的統治階層提供服務。[1]作為管理中心，城下町建立起與周邊農村的交流網路，成為該地的政治經濟中心。它也與江戶和大阪兩個大城市連接在一起，構成更大綜合體的一部分。

如上所述，參覲交代制度要求每個大名隔年在將軍首府居住。在那裡，大名隨從眾多，並要一直保有一定規模的建築為家人和官員們提供住處。結果，江戶變成了集城下町種種特色於一身的巨大的城下町。到十八世紀，它的人口已經遠遠超過一百萬，其中一半來自武士家庭，而他們的日常開銷使這座城市成為世界上最大的消費市場之一。由於他們的開銷來自於二百多個藩的稅收，所以必須找到一種合適的途徑來將這些資源從各藩運送到首都，最好是以現金的形式。而且，江戶自身也需要得到衣食及其他貨物的供應來滿足居民的需要，而這些已經遠遠超過了它臨近腹地的供應能力。因此，這座城市變成了兩個相離卻又相扣的經濟系統的中心。其一是將藩國的剩餘物資在大阪的批發市場上銷售，並以此換得可以在江戶使用的信用憑證。另一個則是一系列城市商店生產、運輸和配銷貨物的精心安排。最後，後者也被擴散到了藩國城下町，因為江戶的生活趣味很快傳到了那裡，為當地正在成長的商人階層提供了一個有利可圖的市場。

到一七〇〇年為止，日本的商人已經高度專業化了。其中一些主要經營藩國的財政業務，掌控著在大阪進行稅收稻米的銷售以及衍生的銀行業務。通常，他們要為未來的穀物墊付大量資金。另外有些商人成了批發商，從事各種商品的批發業務，或者經營大規模的交通和倉儲業務。他們之下是零售商和當地的經紀人，大多數與店主、當鋪老闆、熟練工、文書一樣，成為了武士的財務代理人。城下町中有與所有這些職業群體相對應的人，且其中至少有一部分人與農村有著聯繫。那時，農村的人們也已經開始投入部分時間從事貿易活動。事實上，城鎮居民的需求逐漸地給農村生活方式帶來了根本的轉變。肇端於為城市市場提供食物，很多地方的農民從自給自足農業轉向種植經濟作物：製作蠟燭用的蠟、紡織用的棉花和蠶絲以及印染用的木藍。不久之後，農村的企業家們就像城市裡的一樣，也接受了某些形式的製造業。釀酒是最有利可圖且分佈最為廣泛的製造業之一，菜籽油生產亦是如此，但用於紡織品交易的紡紗和織布早在這個時代結束前，就以家庭手工業的形式組織生產了。到十九世紀，在比較先進的地區，一些生產工序甚至是在車間裡進行的。

經濟生活複雜到了如此地步必然有嚴密的組織。居於社會結構底層的商人試圖通過集體行動尋求安全，組織起協會以保護自己免遭其武士領主的剝削。[2] 他們還嘗試對一定的商品或服務建立壟斷經營組織，往往以繳納年費為代價獲得官方對這類組織的認可。在大多數藩國，一兩個大的商家被任命為藩國的財政代理。其他商家獲得官方承包商和供應商的特權。事實上，無論在哪裡，商業活動不但涉及技術細節，而且涉及到處理一個複雜的個人或商家的「權利」網路。

這是武士不願進入商業這個行當的原因之一，並非僅僅出於對次於其身份等級的生活的本能反感，還在於他完全缺乏必要的知識。比方說，在不同的地方或者在不同的情形下，價格可以以稻米石、以兩金（ryo）、以匁銀（momme）或者銅文（mon）表示。為了記帳的需要，可能要給這些單位設定一套價值標準；在這一時代的多數時間裡，一石稻米約值一兩金，或者六十匁銀，或者一千文銅，其主要原因之一是鑄幣的週期性貶值。因此，稻米的價格經常在六十匁銀的標準上存在百分之十或二十的上下波動，並不時會受到更為劇烈的波動週期的影響。[3] 十九世紀在這個方面尤為「不正常」：在一八三〇年代，每石稻米值八十到一百八十匁銀；在四〇年代值六十五到一百匁；在五〇年代值七十五到一百二十匁；此後一場通貨膨脹的最終爆發將價格從一八六〇年的一百五十匁提升到了一八六四年的二百多匁，到一八六七年漲至將近一千匁。另外需要記住的是，還存在另外兩種對家庭和藩國的預算都有著重要影響的差異或變動：很大程度上由交通便利程度決定的地區差異，以及與收成相關的季節性價格變動。

稻米的市場價格對武士的生活水準至關重要。他們中的大多數靠固定的俸祿或者準封地上的微不足道的收益維持生活，與耕地沒有直接的聯繫。因此，他們難以通過改良農業生產管理的方式增加收入，也不能直接把他們從藩國得到的糧食用於食品，通過以物易物的方式來解決其他需求。所有城下町的武士都必須間或到江戶服務。在那裡，他們的工資只能以現金的方式支付，而江戶的貨幣經濟很快就傳播到了各藩國的城鎮與鄉村。在這種情形下，武士處於很不利的位置。由於對商業實務相對無知，從作為他們俸祿的稻米交易中產生的利潤往往進了他們代理商人的口袋。而且，其他商品價格比稻米價格上升得更快，城市生活給了武士新的生活品味和機遇，浸染其中成為他生活方式的一部分，儘管他已難以負擔得起對那些品味和機遇的消費。在「顏面」上的奢侈成為這個封建階層日益貧困的主要原因。對於武士而言，保存顏面，如荻生徂徠談及大名時所言，要顧及「他們在各種場合的穿著式樣，他們的服裝與飲食，他們的傢俱和住所，他們雇用的僕人，他們妻子的優雅，他們住所的規格，他們使者的地位，他們在城市中巡遊時隊伍的規模」。[4]在這些項目上的攀比使很多人落入高利貸者的手中。之後，高利率又使他們難以從債務中脫身。

大量證據表明，從這一時期的早些時候開始，武士就不僅僅是負債，確切地說，是貧窮起來。例如，長州於一六六九年准許那些俸祿低於二百石的武士住到農村以削減開支。明治維新領導人之一的井上馨的家庭似乎從中獲益，因為在井上馨小的時候，他的家人顯然在他自家的一些土地上耕作。[5]薩摩有時也允許武士返回耕地以重新累積財富。在十七世紀，大久保利通的先人延續這種做法長達七八十年。[6]並且，在很多地方，武士從事家庭手工業（比如，生產燈籠和傘）以彌補收入不足的個案屢見不鮮。有些武士甚至徹底放棄武士身份而變成了農民或商人。明治中期著名的財政大臣松方正義的家族就是這樣；他的父親是薩摩鄉士出身，卻放棄了自己的小封地，並在與南方島嶼的貿易上取得了事業上的成功。[7]

使相當多的武士家庭赤貧或者至少是帶來困難的因素，同樣也作用於大名和藩國的財務狀況，或許後者的過程要慢一些。參覲交代通過大量的現金開銷不可避免地捲入貨幣經濟，這一點對大名的影響甚至甚於對武士的影響。[8] 在一八〇一年，到江戶的一次旅行就花費薩摩藩一萬四千一百兩金，相當於三萬五千石封地一年的全部收入。誠然，這筆大的開銷稍顯例外——薩摩在所有藩中距離首都最遠。但即使是相當小的藩，其參覲交代的總開銷與其收入相比也相當龐大。除此之外，還要另算在江戶維護一處府邸的花費，也許還不止一處。最富裕的外樣藩主加賀，擁有四座總面積超過二五〇英畝的建築，幕僚達幾千人。

幕府實施在首都居住政策的目的之一，恰恰在於確保藩國的財政不斷流失以制止「過於強大的下屬」（over-mighty subjects）出現。這項政策顯然成功了。而且，除此之外，幕府還不時地要求大名承擔公共工程建設，以進一步削弱他們的財力。大多數這種工程既非常昂貴又難以預測，因而難以為之預算。同樣不可預測的是火災、洪水和地震所帶來的結果。雖然對於這些後果幕府不負有責任，但是，這些災難經常發生，所以絕不能忽略。

為了滿足如此超常的支出，藩國掌握的可支配收入相當之少，遠不及它們強制施行極高稅率的名聲所給人們留下的印象。到那個時候，大名土地的名義價值（石高）已經被調整，剔除了下一級封地（sub-fiefs）的價值，後者已不再向大名繳稅，一如大名不再向將軍繳稅一樣，且要考慮到日常的開銷，比如武士的俸祿和行政管理人員的薪酬，這樣一來，所剩的可支配收入少得驚人。一八四〇年，長州將常規的和額外的收入加在一起，扣除後只剩下七萬五千石多一點的純收入，而那裡土地的估值為八十九萬五千石。[9]十九世紀，在薩摩總估值為八十九萬石的土地上，年平均收入在十二萬到十三萬石之間，這還沒扣除薪金的開銷。[10]依照同樣的計算方法，加賀於一八六八年在價值為一百三十八萬石的耕地上得到了二十五萬石稻米。[11]大名們可支配收入與其擁有的土地產出石高相比，在長州那裡為百分之八・四，薩摩為百分之十四・六，加賀為百分之十八。

這些可支配收入的大多可以用於江戶的開銷。其他一些種類的收入也是如此，這些收入大多數實際上是以現金的方式籌集，通過對商業活動直接或間接徵稅獲得。事實上，藩國中那些以金銀形式獲得的收入和進行的支出，通常被記錄於獨立的帳戶之中，為此目的，土地稅收中那些無法轉化為金銀的部分是可以忽略不計的。一八三四到一八三八年土佐藩的資料就是一個例證。在這期間，該藩年平均稅收為十四萬一千七百石稻米，減去有特定用途的項目，結餘四萬五千六百石。這兌換成四千八百四十八貫目（kamme）銀，再加上各種應收項目，總額達六千一百七十九貫目。與之相對，支出達七千一百六十九貫目，年度赤字接近一千貫目。[12]

非常重要的是，土佐的這些錢財中有不少於四千四百六十五貫目被用作了在江戶的開支。塚平利夫（T. G. Tsukahira）的計算表明這一比例並非罕見。他以五個典型的譜代藩國為例，證明這些藩國在德川幕府後期花在參觀交代和相關項目上的費用大約占他們可用的現金收入的百分之八十。在同一時期，對於五大外樣藩國而言，如果加上他們主要用於同一目的的在京都和大阪的開銷，這個比例是百分之七十一。[13]考慮到這種現金資源的流失，便很容易理解為什麼那些讓大多數武士官僚推崇的財政政策，不僅僅能增加整體收入，還能增加金銀儲備。

不過，這些沉重的支出的影響，在一定程度上，被土地稅收收入的穩定增長抵消了。其主要原因在於所謂可徵稅價值的增長，而這又是因為新的土地被耕種並被登記在冊。所有的藩國都有兩套不同的土地估值（石高）體系。其一稱之為本高（「基本」價值）或者表高（「公佈」價值），是記入將軍分封采邑的價值，通常也是德川幕府時代初期土地丈量得到的結果。這種估值雖然最初相當準確，但最終因為不能根據耕地面積和產量的增加做出相應的調整而變得不切實際。另一種通常被稱作實高（「真實」價值）、內高（「私有」價值）或者草高（「總體」價值），是由稅務官記錄的價值。他的資料可以根據新增土地（新田）時時更新。它有時也能反映出丈量制度的變化或丈量過程中的效能差異。毫無疑問，它與幕府記錄的資料在很多情況下都有顯著的差異。

長州可能是所有記錄價值差異中最為極端的一例，因為它的表高從一開始就造假：在一六一〇年當其自我估值已經超過五十萬石的時候，其報告的估值僅僅為三十六萬九千石。一六二五年，新的測量使其自我估值上漲到六十五萬八千石；一八六八年，不低於九十八萬八千石。到一八六八年，後者已經超過了一六一〇年以來一直未變的表高的二・五倍。[14]在土佐，二者也顯示出巨大的差異，當時的實高超過四十九萬石，而與之相對的表高僅為二十四萬二千石。相比之下，薩摩是八十七萬石對理論上的七十七萬石，只增加了不到百分之十三，大大低於全國平均水準。

為了弄清楚全國範圍內這種差異的幅度，我們從名義上高於二十萬石的最大的藩國中選出十六個進行研究，因為它們在一八六八到一八六九年的資料可以在出版物中找到。那時，它們的「真實」價值（實高）與「公佈」價值（表高）的對比如下：三個真實價值高出百分之百；兩個高出百分之五十到一百；四個高出百分之二十到五十；剩下的七個高出不到百分之二十。[15]

加之於這些估值之上的稅率很高，但無論在全國還是在地方都有很大的差異。當時的作家提到，十九世紀的農民將收成中超過百分之五六十，甚至七十的部分交給了他的藩主。然而，這些數字的真實性是值得懷疑的。一八六八到一八六九年間明治政府土地收入的平均數顯示，在日本多數地方，土地稅收占實高的百分之三十五到四十五，但一些地區要比這個比率低一些，另一些地區略高一些。[16]這個觀點得到了一個事實的佐證：在大多數藩國，支付給武士的收入相當於他們的俸祿和封地石高的百分之四十，或者非常接近於這個數字。[17]來自某些藩國和鄉村的證據也表明了這一點，武士的實際收入就在這一範圍之內。[18]

總的來說，德川時代的各藩國，似乎不太可能大幅度地提高他們所獲得的、作為稅收的那部分農作物在農作物總產量中所占的實際份額，儘管地方官員為此做了很大的努力。[19]他們的統治，即便是在十七世紀，一直都不寬厚，以至於稅率上升的空間非常小。再者，稅收系統的實際管理也並未隨時間的推移而變得更有效率。而且，正如我們將看見的，對商業財富徵稅完全是通過其他手段實現的。例如，從來沒有哪個藩國會試圖通過人為提高商用土地估價的方式來對地方貿易的利潤進行徵稅。

然而，在藩國和陪臣的財務狀況中，前者確實屬於相對改善較多的一方。一方面，從藩國的常規收入中，相對於分配給武士的俸祿而言，藩國留下越來越大的份額用於自己的開銷。俸祿所值保持不變，唯一的例外是獎賞或懲罰所帶來的變化。因此，如果藩國整體的石高上升了（在大多數藩國確實如此），則藩主占收入的比重，而非武士俸祿所占比重，將隨著整體收入的增長而提高。這一效果可在薩摩看見。在一六四八到一八四九年之間，薩摩藩主收入占石高的比重增加了百分之六十左右，而用作俸祿的收入份額僅增長了百分之十五左右。[20]

除了這個長期的趨勢外，藩國還能動用其權威要求武士捐款。這些捐款往往以削減俸祿的形式出現。這些做法早在一七〇〇年就在一些地區發生，到十八世紀晚期已經變得非常普遍，儘管其程度在時間和空間上都存在差異。例如，薩摩是最早嘗試這一實踐的地區之一——在捐款於一七〇四年被規範化之前很久，它就已經在那裡被斷斷續續地實施了。同時，薩摩藩屬於那些捐款額度要求最低的藩國。它規定的官方額度是百分之八上下，但在出現財政危機的年頭裡有時也會上升到百分之十三或十五。[21]在加賀，捐款比例依俸祿規模大小而變動，貧窮家庭的捐款比例較低。從一七九四到一八六六年期間，其比率在最低的百分之五到十和最高的百分之八到十八之間波動。[22]土佐也實行捐款比例依俸祿規模大小而變的做法，但它設置的比例要高得多。它於一七二八年被制度化，形成了一個捐款比例最高者達百分之五十的複雜遞進體系。儘管武士們的反對有時使最高捐款比重降到百分之二十五，但是，原初的捐款體系似乎才是該藩國通常所圖的目標。[23]

從這些論述中我們可以很清楚地看到，大名，或者更準確地說是作為實體的藩國，在應付不斷上升的城市生活成本上，處於比他們的陪臣更加有利的地位。他們在相對和絕對兩個層面上，從實高的上升中獲益。他們還能向農民和武士施加壓力，這解釋了為什麼藩國負債是發生在武士負債之後。儘管如此，藩國負債早在一七〇〇年就頗具規模，並成為此後一百年內各級管理者主要關心的問題。諸如「政策」與「危機」和「改革」這樣的詞彙幾乎完全是在財政的背景下而言的，而財政也在十九世紀前半部分成了某些激烈鬥爭的焦點。

關於藩國所面臨的問題，我們並不難找到例子加以說明。例如，庄內藩，一個有十四萬石封地的譜代藩國，在十八世紀早期負債已經超過八萬兩，除支付利息不算，每年還有赤字一萬二千兩（大致相當於一萬二千石）。[24]加賀雖然有大得多的收入來源，但到一八〇〇年帳戶上保持經常的赤字；並在此後的五十年裡，經常年赤字高達三千貫目銀（大約相當於六萬五千石）。[25]薩摩在經歷了一段時期的緊縮財政之後，到一八一八年負債總額仍高達一百萬兩，並且很難從大阪得到貸款。到一八二七年，據說這個數字已經上升到了五百萬兩，[26]儘管我們難免懷疑這樣一個令人驚訝的增長真的能在如此之短的時間內實現。最後，長州一八四〇年的負債總額已達八萬五千貫目銀，其利息和本金的償付已經超過了藩國稅收所得的所有現金收入。[27]差不多就是在這個時候，當時的一位作者指出，那時全國各藩的負債總額估計可達六千萬兩金，僅利息等服務費一項就需要每年出售三百萬石稻米（即每年從各地運到大阪市場的數量的四分之三）。因此，他評論說大名已經變成金融鉅賈的管家，而後者才是日本真正的「主人」。[28]

幕府也被與藩國一樣的財政困難所困擾，雖然靠著將軍更大的權威和更多的土地財富，這一過程發展得更為緩慢些。[29]十七世紀下半葉奢侈與厄運的年份耗掉了他們繼承下來的儲蓄，並把政府拖入財政困境，因為這時以犧牲藩主利益來擴充幕府土地已不再容易。儘管如此，正如第八代將軍吉宗所證明的那樣，幕府的財政困境也絕非無可救藥。依靠細緻的管理，而非任何金融天分，吉宗同時實現了稻米與現金的年度結餘。然而，在他於一七五一年去世後，形勢急轉直下。在十八世紀下半葉，稻米收入下降了，而與此同時，現金支出的增加遠遠快於現金收入的增長。結果，到一八〇〇年，按兩金測算，幕府事實上已經出現小規模的年度赤字。十九世紀早期商業的異常增長進一步加速了這一傾向，以至於到一八三七到一八四一年為止，幕府的年度赤字已經超過五十萬兩。

在某種意義上，由於農業生產的長期趨勢，幕府似乎比很多強藩的境遇更差。在十七和十九世紀之間，估計稅收價值（實高）在外樣大名占統治地位的日本西南、西部和東北地區的增長，遠高於大部分德川和譜代大名封地所在的中央地區。[30]這反映了國家中心地帶和邊緣地帶經濟發展的不同特質。邊緣地區在德川時期財富增長主要得益於傳統農業生產的發展（實高的增長是耕種面積擴大的主要證據）。在稅收方面，這意味著很多有實力的外樣藩能夠運用經過檢驗並為人熟知的方法大量增加收入。相反，中心地區出現了典型的商業發展（包括商品農業），並在設計新手段向這種新的財富形式徵稅方面給幕府留下了諸多難題。而由於幕府未能有效地處理這些問題，一種反常現象出現了：儘管幕府控制著經濟最發達的藩國，但是最終幕府沒有比它的潛在對手在財政上占據更為有利的位置，反之甚至更差。[31]實際上，我們甚至可以說幕府的力量被那些居住在其領土上的居民的財富增長削弱了，因為隨之而來的社會變化帶來了政治的和管理的難題，耗費了幕府很多精力。這一現象在外交領域也同樣成立，在失敗的局面下對公共政策負責絕不會成為力量之源。

幕府和藩國使用了很多嚴格來說不算稅收的手段補充他們的日常收入，而這些手段的共同之處就在於它們盡可能地剝削經濟中的商業成分。對幕府而言，最重要的是重鑄貨幣，即貨幣貶值。這種方法於一六九五年被首次使用後便被經常地不定期使用。鑄幣收益巨大：例如，在一八四一到一八四二兩年內收益就超過一百六十萬兩。[32]由於鑄幣為幕府壟斷，藩國無法借此生財，但它們仍設法通過發行紙幣從貨幣貶值中得到一些好處。

不論是幕府還是藩國都強行徵集御用金（goyōkin）即「強制性貸款」。幕府在一七六一到一七六二年首次使用這一方法從大阪商人那裡徵集了七十萬兩金。但是在十九世紀這一做法成為常態。大山敷太郎記錄道，從一八五三到一八六〇年間，幕府積聚了一百四十萬兩御用金，其中將近九十萬兩來自於江戶和大阪這兩個城市。[33]在一八六五年，御用金的徵集更進一步，其徵集物件的範圍擴展到村長和農民，這表明它不僅向城市商業索取利潤，還把觸角伸向了農業。來自位於武藏某譜代大名領地血洗島的資料證明了這個觀點。在一八六八年之前的三十年裡，那裡澀澤家族中的兩支分別經營木藍和蠶絲的買賣，他們向藩主提供的御用金似乎要比整個村的土地稅估值還多很多。[34]從很多關於農村家庭以此方法獲得武士身份的歷史紀錄來看，這樣的事肯定也在別處發生著。

收入也來自於商人組織和壟斷經營，二者在德川時代的後半期越來越重要。[35]吉宗曾賦予一些商人集團以特殊權利，其主要目的在於控制他們的活動，而他的繼任者效仿這個做法卻是為了徵集錢財。而且，幕府自身也使用壟斷——比如，銀、銅和某些草本植物，而這些壟斷都是由一些特許商人為其經營的。大一點的藩效仿這種做法，運用政治權威抬高那些對財政貢獻大的企業的利潤。

有時，藩國直接給某些商人壟斷經營的特權並幫助經營壟斷業務。比如，在姫路，藩國用自己的紙幣從生產者那裡買來所有的棉布並將其銷往江戶，而財政便可以從這種現金交易中獲取利潤。在另外一些情況下，政府的干預更加直接，比如土佐和宇和島對紙的壟斷。[36]雖然在大阪的銷售由批發商經營，但是生產和運輸卻由當地的官僚控制。在這裡，藩國同樣是使用自己的紙幣支付，但當它收取收益時必須收到現金。這些是最常見的壟斷形式，但在少數情形下，包括銷售在內的整個過程都被置於藩國的直接控制之下。同時，在後一種情形下把商人當作官員使用也絕非少見。所以不論壟斷經營的外在形式如何，幾乎總會涉及武士與商人某種形式的合作。通常，他們還會拉村長加入壟斷行列，以確保對地方農作物如桑樹、糖，甚至稻米的控制。

在所有這些舉動中，都貫穿著重商的元素，因為它們的目標之一在於獲得可以在江戶使用的金和銀。[37]因此，往往是那些在藩外有現成市場的「出口」產品被壟斷。確實，在官員們看來，這是壟斷最有價值的功能。誠然，壟斷產生的利潤的相當大部分流入了幫助賺取利潤的商人手中。但是，在某些場合下，壟斷產生的利潤非常少，要麼因為壟斷很容易被打破，要麼因為壟斷的執行是如此之嚴，以至於使作為壟斷物件的貿易本身無法生存。然而，在壟斷系統成功運作的地方，它對藩國財政而言是極其重要的。比如，在十九世紀開端，薩摩的糖壟斷估計每年能產生大約十二萬兩金的利潤，非常接近於薩摩土地稅收減去俸祿支出後所剩的所有可支配收入的價值。[38] 有這樣的總量，難怪壟斷成了武士官僚們的當務之急。

## 批評與騷亂

與其他完全為了稅收收益而汲利於商業發展的政策一樣，壟斷制度的缺陷之一，在於它僅僅針對了經濟變化帶來的問題之一即政府財政問題。它沒有觸及到另一個同等重要的問題，即武士貧困的問題。事實上，雖然從某個角度看，為了徵稅而刺激商業發展符合政府的利益，但是，在做到這一點的同時，作為個體的武士依舊必須面對因在貨幣經濟中持有固定稻米收入而產生的所有不利條件。而且，似乎對很多人而言，當商人變得更加富裕時，他的財富不但勢必侵蝕武士的償債能力，而且動搖武士對社會的統治。於是，商人的財富是一個不僅事關私人利益，還事關公共利益的問題。

這並非對既有秩序的唯一挑戰。改變商人和武士之間關係的壓力同樣也在改變著農村的生活狀態，[39]因為隨著越來越多的農民開始為市場生產農產品，他們在應對價格波動或改良其土地生產力上的差別，使貧富分化愈發嚴重。稅收設計的笨拙，使那些使用肥料提高了產量或者種植產值較高的其他作物的人，得以大幅度地降低了他們的實際稅率，留在他們手中的收入被用於儲蓄與投資。[40]同樣的道理基本也能適用於從事地方貿易與生產的人，因為這些活動也從未被全額徵稅。[41]在天平的另一端，那些沒能抓住機會的人就被迫承擔封建稅收的全額負擔，並且往往成為其周遭富裕鄰人的債務人。這幾乎不可避免地使有的人變成佃農，有時甚至喪失所有的土地。因此，在少數人變富的同時，大多數變得更窮，生計只夠勉強依靠做兼職或全職農業勞動力，成為地方工業企業——比如清酒釀造企業——的雇員，或者逃難到城鎮中去。佐藤信淵曾於一八二七年寫道，已經有百分之三十到四十的農民以這種方式失去了耕地。[42]

這一貧富分化的過程，在那些與城市經濟聯繫最密切的地方（比如江戶和大阪周圍的藩國），以及那些土壤和氣候適宜特定的經濟作物生長的地方，進展得更為迅速。[43]但是，即使是在最偏遠的地方，這樣的分化也不罕見。因此，幾乎在每一個地方，中農即傳統的稅糧種植者，在數量上都開始下降。[44]同時，新的精英開始接管鄉村政府，有時是通過與他們行將取代的人進行鬥爭才得以成功。[45]這些新的精英出身複雜，且因地而異：例如，在熊本和土佐，商業財富或土地財富都能為獲得鄉士身份與鄉村官僚鋪就道路；在會津，則是由雇用勞動力耕作土地的地主掌權；在長州，有的鄉村由前商人統治，有的由靠收租獲得收入的地主支配，還有的受新興的中農階級控制。[46]

一八五八年後倒幕運動的普通戰士中，有許多來自這些人以及跟他們往來密切的人。他們參與商業與鄉村事務的管理，這使他們對國家需求和困難的實際認識，遠遠超過了大多數城下町中的武士，而他們相對較低的社會地位，使他們願意在依靠能力而非等級的名義下進行社會改革。同時，他們絕非代表下層階級的利益，他們害怕下層階級的騷亂。所以，一旦他們為統治階級認同就立刻站到當權者那邊。[47]與此相應，必須指出，在某些方面，他們的利益像他們的出身一樣多元。他們中有些人的收入主要來自於土地，以糧食或租金的方式進帳，因此主要關注土地稅收的水準。另一些人依賴他們與壟斷生意的關係致富，因此希望保持或者進一步發展壟斷。還有一些人則對壟斷充滿敵意，他們或者是處在壟斷圈子之外的商人，或者是欲尋求自由的（且更有利可圖的）市場的生產者。

對於我們目前的論題而言，這些人的重要性在於，他們的興起對農村騷亂起了推波助瀾的作用。在歷史學家所列日本德川幕府時期農民起義的眾多事件中，有些現在只能視作大眾抗議集會，其中的一些甚至顯然是由村長領導的。[48]但是，毫無疑問，在這一階段的後期，村民越來越傾向於訴諸暴力以表達不滿，不論他們的怨憤是源於徵稅者的苛刻，還是農村社會階級關係變化所致。[49]

在一八一三年到一八六八年之間，有記錄可查的事件就有近四百起，其中一些有成千上萬的農民參與。比如，有人估計（有點不太可能）有大約十萬人參加了一八二三年和歌山的遊行，這次遊行轉向了對稻米商人、當鋪老闆和鄉村領導的襲擊。高糧價是導致此次事件的主要原因。一八三六年發生在甲斐的事件有著相似的起因，幕府駐守該地的代表不得不從周邊藩國尋求武裝力量增援才得以恢復秩序。一八四二年，在幕府領地近江又發生了一次大規模起義，主要起因是當局試圖增加土地稅收。更令人震驚的是發生在一八三七年的一系列事件，這些事件是在大阪的一個幕府小官大鹽平八郎的行動被披露後發生的。據說，大鹽一直在密謀起義，以使他的上司受到人民的正義審判。大鹽被出賣並自殺，這件事只在大阪引起了小規模的騷亂，到此似乎就告一段落了。但是關於它的新聞卻推動了周邊地區的起義，其影響遠及日本海沿岸的越後國。而且，大鹽提出了一些在以後的年份中愈發顯示其重要性的問題。他自己入贅一個富裕的農民家庭，並召集這樣家庭的子弟進入他創辦的學校學習。在學校裡，他狂熱地指責幕府統治的道德邪惡性，呼籲用儒家倫理和天皇正義來反對它們，就像一八六〇年代「志士」將要做的那樣。[50] 換句話說，他的行為設立了一個新的模式，表明在幕府官僚與城市商人都備受質疑的背景下，農村的財富可以很好地與政治顛覆掛起鉤來。

在譜代藩中，豐後國的武田和丹後國的宮津分別於一八一一到一八一二年和一八二二年爆發了起義。在這兩次起義中，與壟斷體系有關的商人與地方官員都遭到襲擊。在外樣藩中，長州十九世紀早期發生的各種起義不下九起，並在一八三一年的大起義中達到高峰，這次大起義據說迫使藩主進行改革。

關於這次長州起義有大量的研究成果。[51] 事實上，它正好說明難以對這些起義的原因和性質做出概括。這次起義和很多其他起義一樣，肇始於一次反對藩國壟斷的抗議，具體而言，是反對延長一項一年前開始實施的計畫。然而，參與抗議的人所反對的絕非是同一件事。在騷亂源頭瀨戶內海沿線的經濟發達地區，怨憤之一在於稻米價格上漲。因為那裡的農民不再種植水稻，轉而種植油菜籽和木藍等農作物，所以稻米價格的上漲使他們生活艱難。另外，壟斷自身（它妨礙了這些經濟作物的銷售並限制了生產者的利潤）和壟斷執行過程中權力的濫用也是產生抱怨的原因。我們或許可以說在這些地區，起義具有「資產階級」性質。其他地方，特別是動亂迅速擴散到的落後山區，起義所反映的則更大程度地是農民對商人剝削之非正義性的模糊認知，表現為呼籲藩國減稅以緩解農民的苦難。

就整個日本而言，動亂的原因更加多樣。有時，就像在長州那樣，藩國的壟斷經營成為人們憎惡的對象。有時是因為稅收太重，或地方弊政，或官僚沒能很好處理收成特別差時的狀況。經常出現的情形是，一些相當瑣碎的地方性不滿，就可把那些被貧窮逼得走投無路的人推向暴力。毫無疑問，這些「騷亂」不是革命性的，因為，儘管在騷亂中官員經常遇襲，但它們並沒有導向推翻或改變政權的跡象。其實，如果要說存在某種線索貫穿所有事件的話，那就是農民的怨憤。無論這種怨恨最初的起因是什麼，通常都把它們最近的敵人——「富農」，作為直接的攻擊對象。這些富農往往是當鋪老闆和村長，後者或者是地主，或者是藩國壟斷的代理人。而起義農民為尋求公正或救濟所訴諸的對象不是別人，正是他們的藩主。

這一切——商人的富裕和武士的貧窮，農民叛亂與農村社會變革——所蘊含的危險，對於日本德川幕府的封建管理者來說已足夠明朗了。從十七世紀開始，他們就在探索既可以維持他們的階級特權又可以滿足他們領主的財政需求的對策；他們為此採取的措施，往往著眼於約束或者抑制商業的發展。而這有時是與將武士重歸土地的計畫聯繫在一起的。52 熊澤蕃山（一六一九到一六九一）是第一個主張這項政策的人，他視此為重振軍隊士氣並降低武士家庭開銷的手段。他指出，也應該同時放鬆參覲交代制度的要求以減少在江戶的花費。另一個武士階層改革者荻生徂徠（一六六六到一七二八）也支持這項政策，但卻比熊澤更清楚地看到了這為幕府控制藩國帶來的威脅。因此，他在主張恢復藩國經濟自給自足性改革計畫的同時，強調還須採取相應的措施重申社會中的身份差異，特別是武士之於商人和農民的優越地位。以後的文人大致追隨同一條線索，以至於此類「重農主義」成為改革文獻中為人所熟知的一個成分。

沒有證據表明有哪個「回歸農田」（back-to-the-land）的企圖完全付諸實施。[53]然而，真正發生了的是，對城市生活的敵意在這一階段的後期成為改革概念中的一個元素。人們覺得，如果武士不能回到農田，他們至少不能在城鎮中隨心所欲地消費。因此，禁奢令（sumptuary laws）成為普遍的現象。與此相應地，商人也應該被置於嚴密監視之下，以限制他們在武士身上牟利，而且要逼迫他們為武士和農民的利益貢獻部分財產。鄉村自身回歸自給自足農業。正司考祺在十九世紀曾寫道：「真正的好農民是不知道穀物價格的農民。」[54]事實上，任何用於限制城市發展、強迫人們回到農村以提高土地生產力的計畫，都被視為有助於社會問題的解決。正如山片蟠桃在一本於一八二〇年出版的書裡所言，「好的政府要鼓勵農業發展，而不要鼓勵工商業，以使城區衰退。」[55]

然而，並不是所有的武士都同意這樣做。很多武士喜歡城市的生活，沒有要去農村踐行節儉美德的欲望。而且，他們陷入了債務與付息、薪金與兼職（side-employment）的網路中難以自拔，與之共存似乎比摧毀來得容易。於是，他們支持那些主張讓封建階級更有效地剝削商業經濟以治療社會弊病的官員，而不支援以重農主義的名義來限制或者廢除商業經濟。[56]這也成為德川幕府後期改革的元素之一。

武士對那些號稱改善他們狀況的政策無一奏效、屢屢失敗而怨憤不已，這也成為幕府後期改革的元素之一。德川時代的文獻記載中充滿了他們對貧窮的抱怨，對商人的憤恨，以及對那些富起來就得意忘形的平民（既有農村的，也有城市的）的行為的輕蔑惡言。同時，有關這些局面隱含的政治危險的警告，包括武士不忠作亂的暗示，隨處可見，不絕於耳。

早在十七世紀熊澤蕃山就曾寫道：「如果大名破產、武士赤貧，他們從人民那裡強征的稅收就會加重，農民就會受難。如果農民赤貧，商人和工匠同樣會受損失，繼之出現的是大批饑寒交迫的無業武士（浪人）。於是，整個社會都將苦於貧困，而天亦將不佑將軍。」[57]這一段話的最後一句，含蓄地將中國的「天命」之說運用於幕府統治：對於統治者而言，不能匡濟子民則其權柄危矣。荻生徂徠作為一個堅定的將軍擁護者，不願意走得這麼遠。但他仍舊寫道：「當一個人貧窮到衣食難保的時候，他就會拋棄所有對規矩禮儀的顧慮。除非底層民眾尊崇規矩禮儀，否則必然發生動亂，最後便是內戰。」[58]

在另一個文人本多利明（一七四四到一八二一）那裡，可以看到極力批判當局以至於顯得頗有顛覆性的觀點。他說，農民被藩主剝削了收成中的大部分，只能眼睜睜地看著「他們一整年血淚和勞作的結晶」被直接交到了作為大名債主的商人手裡。[59]然而，其結果，即「農民因為饑餓而瀕臨死亡且良田正在變成荒地」的局面，卻並不是大名的責任，而是將軍的責任。[60]因此，最終必須面對後果的不是別人，正是將軍：「現在大名全部赤貧且沒有能力為他們的陪臣支付俸祿。農民被沉重的稅賦搞得精疲力竭，並要殺嬰以不增加吃飯的壓力。於是，可以肯定的是，領主和農民都仇恨統治者……除非商人被置於統治者的控制之下，否則武士和農民的憤怒以及被壓抑的怨恨將會噴發出來，任何事情都可能發生。」[61]

這種怨恨的產物之一便是德川幕府後期要求「提拔有才之人」的呼聲變得越來越強。選賢任能也是儒家的傳統信條，但與大多數其他儒家信條相比，它與日本這個以出身決定地位的國度相容性較低。[62]荻生徂徠在討論這個問題時比他在探討幕府將軍的統治權時更富激情（這可能是因為作為一個能力強但地位低的人，對此有更加切身的感受）。

他對上層武士做了如下刻薄的描述：「他們與地位不及他們的人相脫離，因而並不瞭解百姓的情況。他們一直生活在周圍人的諂媚之中，對自己事實上並不擁有的智慧沾沾自喜。」[63]

荻生認為有能者必然從上層社會中消失，因為能力只有在有實踐需要時特別是在逆境中才能提高。而且，如果社會上層中不再有有能者，而且沒有提升來自社會下層的有能者進行彌補，那麼政權將落入險境：

如果處在高位的人試圖推遲自己被他人取代的時間，並且愚蠢到企圖通過規定處在高位和低位的人永遠保持階級狀態來維持現狀，他們就違反了自然規律。這必將導致有能力的人在上層階級中消失，並且總有一天動亂的年代會到來，那時有能力的人會在下層階級中出現，並要推翻這個朝代。[64]

這一分析看起來像是中國歷史的教訓，如果它算不上一種威脅的話，那它更像是一種預兆。它提供了一個很好的例子，證明由那些對幕府政權滿懷忠誠之人鼓吹的儒家正統思想，在日本的情境下，卻成為革命理性的起源。

這類儒家著述導致的一個結果是，到十九世紀，「選賢任能」值得追求這一點，已經成為一個眾所周知的常識，儘管它可能與等級體系相衝突。[65]而且，隨著騷亂和政府危機的惡化，人們越來越傾向於把它付諸實踐。一些藩國的學校引進了實用的管理訓練，並給予才能超群者更多賞識。因此，長州一份一八四〇年的文件寫道：「一所學校的成敗完全取決於它出了多少能人。」[66]

而且，特別是一八五三年之後，大批武士被幕府和藩國提升到比其世襲等級重要得多的崗位。[67]另有一些武士得到支持去學習西方軍事科技以便進入那些通常為世襲「專家」預留的領域。正如細井平洲（一七二八到一八〇一）所觀察到的：「既有動亂也有和平……動亂時，不論其等級高貴與否，那些能派上用場且有助於贏得未來戰爭並促進藩國強盛的人會得到提升。」——[68]其實，對於多數武士而言，這正是政治的本質：「如果可以由能人擔任實職的話，不確定的明天自然會很好。」——[69]這其中所暗含的對「程序」缺乏興趣的特點，卻道出了未來維新運動的多項特徵。

## 天保改革

誠如上文所述，到十九世紀為止，日本的經濟變化已經衍生了很多具有重大政治意義，實際的和潛在的社會衝突。新的「資產家」（men of substance）、富商和農民——他們的利益既與武士不一致，也相互不一致——所從事的活動，使農村大眾在封建義務的負擔之上，又增加了租金、高利貸和商業利潤的新負擔。而且，雖然一些武士偏愛他們的安逸生活，願意與城市富人保持本質上共生的關係；但另一些武士則試圖恢復武士的統治地位，並認為這一地位必須建築在重農主義的基礎上。此外，在後一群武士中，又有必要做進一步的區分：一部分人鼓吹十七世紀的理想，即自給自足的農業；另一部分人則與新生的農村上層階級擁有共同的經濟野心。

這種狀態的後果之一是混亂。另一個後果是「改革」，即那些旨在改變日本現有的經濟和社會，而非僅是維持政府之平衡運轉的政策。在十八和十九世紀的多個場合下，幕府和很多藩國的行政官僚開始尋求解決那些可能威脅他們生活方式的這樣或那樣的問題，尤其是財政問題的方法。他們為此使用了不同的手段；給予若干不同的社會群體以支持，並為他們自己的行動提供各種理由，因此也給歷史學家提供了很多可供選擇的「解釋」。最後一次這種改革的嘗試發生在天保年間。[70]因為在後人看來，很多那時發生的事情所奠定的模式，對維新運動的本質有著重要意義，所以我們必須討論它。不過，在對它做概括論述之前，我們應該瞭解一下到底發生了什麼。我們從幕府開始。

於一七一六到一七四五年間擔任將軍的德川吉宗為其繼任者開創了很多「改革」的先例：削減開支、頒佈節制法、重鑄貨幣、控制價格、提高徵稅效率、鼓舞士氣，任何一方面可增加幕府收入，另一方面可限制武士消費的政策都在考慮之內。他的孫子松平定信是一七八六到一七九三年間的首席大臣，也是這個國家的下一個主要改革者。他將注意力放在了控制公共與私人開銷上，但這對於改善政府的償債能力和武士的習性並沒有產生任何長遠的影響。因此，當濱松的譜代藩主（六萬石）水野忠邦於一八四一年七月成為首席老中，並宣佈要在吉宗和定信的基礎上設法減少年度赤字的時候，他不僅僅是在宣佈改革的計畫，還指明了改革可能的特徵，即以各種名義打擊鋪張浪費。[71]

在接下來的兩年裡，各種法令絡繹不絕，規定了武士的衣食、髮型和禮物贈送的標準，劇院和妓院世界裡讓武士禁不住受誘惑的所有奢侈行為習慣均在管制之下。此外，還通過禁止新移民進入江戶、命令沒有固定工作的人回到農村務農等政策，限制流入江戶的人口；為德川的武士所欠的債務設置了最高每年百分之十的利率限度；發起了一場大規模的運動來降低城市裡的商店價格。這其中最後一項得到了一些空前的干預商業經濟運作的行動的支持，包括以壟斷經營迫使價格上升為由命令解散商人協會（株仲間）。

這些措施與那些直接針對武士消費的措施有相同的缺陷——治標不治本。無論商人們多麼關心他們的利益最大化，價格上升的根源其實在於產量相對靜止而需求上升了，而非江戶商會的操縱。因此，水野的政策能否達到他預期的結果從一開始就令人懷疑。事實上，他也沒有管理機器來保證恰當的政策執行。武士默許了超過法律規定的利率，因為沒有貸款他們無法生活。商人們逃避價格管制或者乾脆不把貨物帶到市場來交易。而且，幕府對江戶賴以獲得資金和供給的複雜系統的干預打斷了信貸和流通的正常過程，因此這幾乎使商業停頓下來。

所有這些都意味著失敗。水野基於重鑄貨幣和強制貸款的財政政策在短期內取得成效，卻不得人心。他嚴酷的節制法也同樣不受歡迎，因為它觸怒了江戶的大多數居民，特別是那些住在將軍城堡裡的人。而且，水野對特定問題缺乏判斷力，這使他與德川家族成員爭吵不休。如果水野是一個出身地位很高的人，或者是一個善於結交朋友的人，他與德川家族之爭或許無關緊要。然而，實際上他的個人出身地位並不高，也不善於結交朋友，所以他只能依賴於改革的結果；然而，由於他自身的能力不足，預期的結果並未出現。一八四三年十一月，天保改革以水野被解職而告終。

水野嘗試為幕府做的事，也被別人在藩國嘗試著做，有時候甚至連手段都是一樣的。例如，土佐的改革者直接受到了水野方法的激勵，並遭遇了相似的命運。[72]相反，在肥前，新大名鍋島直正的陪臣於早些年發動了改革。他們採用的是常見的節制政策，目的是為了限制武士和藩國的開銷。除此之外，他們還打擊鄉村的地主土地所有制，以鞏固自耕農的地位。這被認為既有利於封建制度的穩定，又有利於肥前主要經濟作物稻米的生產。而且，至少在短期內，它似乎也起到了維持農村傳統生活方式的作用。[73]

水戶，另一個註定要在十九世紀中期的政治中扮演重要角色的藩國，提供了一個可與肥前比擬的個案。那裡的改革是由新大名德川齊昭的繼位引發的，其改革措施包括通過土地調查來限制富足地主的財富。然而，與肥前不同，水戶保留且增強了藩國壟斷（在紙張和煙草上）；給那些參與壟斷經營和土地調查的村長以鄉士身份；開始將武士安頓於農村，用作民兵力量的核心，以承擔維持鄉間秩序的責任。此外，還照著水野忠邦——齊昭在幕府自身改革中的合作者——的樣子設法改善藩國的財政管理，並逐步地提高武士的教育和士氣。[74]

長州的天保改革是這個傳統派議題的另一種變體。在整個十八世紀以及十九世紀早期，在長門和周防（兩個組成長州的藩國），特別是在瀨戶內海海岸沿線，商業活動持續增長。[75]這導致萩的城下町中出現了有權的商人集團，並形成了不同時期對諸如紙、蠟、棉布和菜籽油等物品的壟斷；但是長州藩卻一步一步地陷入債務，到一八三〇年代欠了約八萬或九萬貫目銀，大致相當於一百五十萬兩金。在一八三〇年，長州藩試圖通過實行一個野心勃勃的壟斷計畫來削減債務，這個計畫將把眾多不同類別商品的所有貿易交予五個特權商人集團之手，以換取每年三百六十貫目的貢款。然而，這個計畫引起了大量的農民騷亂，不得不很快放棄。即使這樣，以後的幾年仍不斷有零星的農民起義爆發。

正是在這種情況下，新的大名毛利敬親於一八三八年指派了一個平侍村田清風實施財政改革。[76]村田的第一批措施很傳統，包括節約開銷，改善預算程式和改進財政管理。但在一八四〇年他發動了一場意義更為深遠的改革，包括廢除一些壟斷，並改變另一些壟斷的性質，也包括節制法和重塑武士軍事責任感的措施。總之，只要在藩國的財政利益所能承受的範圍內，村田就會支持傳統道德和自耕農，而反對「墮落」和壟斷商人。

誠然，村田並沒有顯著地減少藩國的負債。不過，顯而易見地，他成功地拒絕償付部分債務，並以應急基金的方式建立起了現金儲備，後來，這些儲備成為長州軍費開支的主要財源。[77]而且，取消藩國對多數壟斷經營的支持，在一定程度上減輕了農民的負擔。此外，行政節約的部分收益也惠及農民和武士：農民的附加稅從百分之五減到百分之三，藩國削減武士俸祿的程度也逐漸減小。這兩項措施有助於提高士氣並解釋為何長州在此後的四十年內只發生了四次農民起義。確實，村田留下的長州，在許多方面，都比他接手前的長州要強得多，不論它在嚴格的財政意義上會處於什麼地位。

同樣的評價也適用於薩摩的改革者調所廣鄉，雖然他與村田在政策方面大相徑庭。[78] 一八三一年，當調所開始改革時，薩摩不僅要為已有的債務每年支付大約三十五萬兩金的利息，而且還在經常帳戶上出現每年五萬兩金的赤字。大阪的錢屋對繼續向薩摩提供貸款躊躇不決。然而，其中的兩家最後決定支持調所，提供資金以供急用。此外，在他們的幫助下，一份主要以壟斷貿易收益逐漸償還對城市商人債務的計畫得以登場。調所的這個計畫扮演的角色是確保貿易有效運轉，而他成功地完成了這個任務。確實，對既有財源管理的改善是他總的來說獲得成功的關鍵。通過改善那些將運送到大阪市場銷售的稻米的品質，改進稻米的經營管理方式，調所把這些稻米的市場價格翻了一番。同時，更加細心地提煉蠟（這時也成為壟斷商品）也取得了同樣的效果。最重要的是，來自琉球和大島的食糖貿易被重組，產生了更多的利潤。

從十八世紀末之前很久開始，這些島上的糖就被當作稅徵收。到十八世紀末，大島上所有不被當作稅上繳的農作物都由藩國壟斷經營。[79] 調所的貢獻在於：強化了禁止私自交易的禁令，違令者犯死罪，要被處以極刑；調整了對生產者的付款機制和在大阪銷售農產品的方法，以使薩摩財政的收益最大化。武士官僚們密切監視著農產品的去向，所有農產品都必須以固定的價格賣給他們。反過來，他們以某種與糖的價格掛鉤的固定價格為島民提供所需的其他各種物品，以此確保糖的實際收購價格能維持在很低的水準。由於藩國是用自己的船將糖運送到大阪，並在那裡以招標的方式售出，所以很顯然收益的相當大部分歸藩國所有。雖然我們沒有關於真實收益的完整資料，但是從我們能找到的資料來看，調所每年取得大約十萬兩金獲利的估計並非不合理。他的繼任者沿用他所採取的措施，其成績遠遠超過了這一數字。毫無疑問，他的整個工作業績，包括從其他壟斷得到的收益，不僅在一定程度上減少了武士的債務，還積累了大量的現金儲備，這與長州村田所做的相似。薩摩後來的領導者可以將這些資金用於軍事改革，購買西方武器，進行一系列使用現代技術的昂貴實驗。

長久以來，這一直被看作是天保改革的重要政治影響之一，即通過自身相對成功的改革，一些藩國，特別是薩摩和長州，增強了自己對抗幕府的力量，並使自己能在時機降臨時挑戰幕府的權威。據說，水野失敗是因為幕府控制了這個國家富裕的核心地帶，這裡的商業發展更加充分，因此更難屈從於封建階級的需求；而村田和調所之所以成功，是因為他們的土地除了更加緊湊因而更加容易管理之外，還在經濟上處於相對不發達狀態，從而使武士的控制權得以在那裡被再次確認、商業發展可被用於為藩國利益服務。[80]

當然，這個論斷是有根據的。如果沒有相當規模的戰爭基金，薩摩和長州就無法把它們的軍備打造到了敢與幕府較量的水準。然而，這種論述過於簡單化了。在決定何者的軍力變強、何者變弱的問題上，採用西方制度和技術的意願與用於引入這些制度和技術的資金同等重要。而這一點不是天保改革的主要特徵，但卻是那些在安政年代（一八五四到一八五九）及其後發生的改革的主要特徵。[81]

在天保改革中，幕府與藩國之間出現的一個顯著的不同點是政治性的：即在藩國而非在江戶，中層地位的武士獲得了權力和管理經驗。甚至在薩摩這個在這些方面保守的藩國，調所仍然能夠以平侍身份，經由任職於藩主宅內，最後升為家老（首席諮議），俸祿達一千石。繼他之後成為薩摩政治中心人物的武士（儘管不可否認是大名家族的遠親）也有相同的經歷。[82]阿爾伯特．克萊格（Albert Craig）證明，一八四〇年左右以後的大多數長州政治領袖，從村田開始，都是俸祿在四十石到二百石之間的平侍。[83]齊昭在水戶主要支持者的身份等級也大致如此，儘管他們的俸祿更高一些（二百石到三百石之間）。[84]而肥前的改革亦由大名隨員中的平侍發動並實施。[85]

鑒於藩國政治結構的特徵，這些人晉升的關鍵自然是他們與藩主的關係。無論實際上藩主是怎樣的人，在理論上他總是個獨裁者，因此多數職位需要他來任命。因此，他個人的偏好（或許通過提名其家臣擔任要職體現出來），乃是那些出身卑微的人克服世襲身份局限或者一個集團把它所反對的另一個集團趕下臺的最常用的方式。主要出於這個原因，繼承權紛爭成了派系鬥爭中最常見的情況，而這在缺乏明確長子繼承規則的情況下更容易發生。因此，水戶身後無嗣的藩主德川齊修於一八二九年去世後，他的弟弟齊昭在中層武士改革集團的支持下，贏得了與上層武士保守集團的鬥爭才成為其繼承人，這些上層武士欲立家齊將軍的一子為水戶藩主。[86] 薩摩的島津齊彬是一八五〇年代另一個偉大的改革藩主，他也是在一場政治紛爭後掌權的，這一政治紛爭與他批評調所的政策有關。[87] 在這場鬥爭中，其對手為他的同父異母兄弟久光。齊彬得到了大久保利通的父親所屬的中層武士的支持，也牽涉到幕府領導阿部正弘的干預。

在包括我們剛剛討論到的某些藩國中發生的政治事件表明，上層武士與中下層武士之間存在著相互鬥爭的關係。這種分裂並不奇怪。大多數上層武士，因為掌握政權，所以對政治和經濟事務的態度都很保守。因此，改革的計畫，或者任何其他群體試圖分享權力的嘗試，都包含打擊上層武士的成分。然而，我們切不可由此推論所有身份較低的人會團結起來要求改革，或者對改革作同樣的理解。例如，在長州，村田清風及其作為「開明」派領導人的繼任者周布政之助都鼓吹回歸重農主義理想，而他們「保守」的對手坪井九右衛門和椋梨藤太則鼓勵城下町中的武士與特權商人互利合作。然而，這四個人出身平侍，經濟地位大致相當。村田的俸祿是九十一石，周布的是六十八石；坪井的是一百石，椋梨的是四十六石。由此可見，至少很難得出結論說上述政策之爭是階級鬥爭的表現，甚或為一個階級內部上層和下層之間鬥爭的表現。[88]

然而，故事到此並沒有結束，有關天保改革的社會背景，尚有一些重要的問題仍然懸而未決。所有的現代研究者都同意，天保改革中的一個要素是官方對壟斷以及從中漁利之人的仇恨；而這一敵意或者導致壟斷被廢除，顯然是為了達到降低價格和利率的目的；或者導致對壟斷更加嚴厲的控制以服務於封建財政。研究者們還一致認為，天保改革是對十九世紀上半葉所形成的局面的反應，正是在這一時期，壟斷貿易增長迅速。從這裡距離做出如下的斷言只有一步之遙：天保改革是藩國與農村中反對壟斷的群體（如中農——在像長州這樣的地區為經濟作物生產者）結成「同盟」的產物，而這個同盟取代了此前存在的藩國與特權商人之間的同盟。

關順也提出了此說的一個版本。他認為當封建階級發現它的商人盟友變得過於強大時，就產生了尋找力量較弱而無法挑戰其權威的替代性支持者的需要。堀江英一提供了另一種解釋。在他看來，天保改革是藩國拋棄與舊的農村領導者的同盟關係，而轉向與那些開始以經濟自由為名攻擊舊同盟的人結盟的過程。兩種解釋都將下層武士視作新同盟自然而然的代言人，因為正是他們，同中等農民一樣，因商人階級壯大而受損最多。出於不同的關注點，芝原拓自和遠山茂樹認為改革意味著農村和城下町中懼怕農民起義風潮的人走到了一起。[89]

這種研究方法所提出的問題，不是關於武士階級內部分化的問題，而是關於武士與非武士群體的關係在多大程度上給予城下町政治以階級鬥爭意義的問題。這是一個難以解決的問題。我們或可從質疑在此背景下「同盟」一詞的適用性入手，因為這個詞意味著在具有自我意識和彼此獨立的實體之間，存在著一定程度的合作，而這些合作並未在相關史料（它們只描述了武士的主動行為）中反映出來。更重要的是，如我們關於天保改革的概述已經證明的，在改革中幕府和各藩國所處的環境和實施的政策有相當大的差異，為此，對於任何聲稱可運用於整個日本的普遍性解釋，我們都必須持懷疑的態度。實際上，天保改革的研究之缺乏共識，也體現在日本歷史學家的分歧上。他們的分歧往往是因為他們研究的是不同的藩國。因此，在這裡，田中彰的看法基本是正確的。他認為，儘管所有的天保改革都志在維持或恢復封建權威，但是由於各地封建權威受到挑戰的本質各異，因此各地封建權威做出的反應也不一樣。[90] 以我們現有的知識，幾乎不可能再找到一個比此說更為周全的學說，它確實適用於所有的藩國模式。

儘管如此，以社會經濟因素解釋天保改革的方法也不可完全拋棄。鄉村社會正在變化，而且是以可能影響政治力量平衡的方式變化著。封建制度正面臨危機，因為它的政治形式已經落後於經濟基礎。隨著經濟商品化而發生的價格革命，已經製造出一系列在一個井然有序的德川社會毫無生存空間的現象：受債務逼迫的武士，或成為野心勃勃的求官者，或成為窮困潦倒的製傘工；富裕的城市商人享有封建庇護，並在某種程度上享有封建身份；農民要不抓住新的機會，變身為生產者與經營者走上致富之道，要不沒能抓住機會而淪為佃農和雇農。

這些現象都和既存的規則格格不入。它們意味著實際與理想的脫節。而這一脫節遠則具有潛在的革命性，近則立即引發了不滿與動亂。這些現象未必能證明「同盟」說是解釋德川幕府倒臺的合理假說，但它們與明治維新後才可能發生的若干主要政策行為有顯著的關係：廢藩、地稅改革和新的社會結構。因此，任何關於維新的概論都應該把它們納入其中。

## 註釋

1 關於城下町的發展和特徵，參見 Hall,「Castle Town」。

2 參見 Sheldon, pp.25-63。

3 關於這個時期一直到一八二五年的詳細價格表可見於《讀史備要》（読史備要），第七四三到七七三頁，另有一個一直到一八六六年的不太詳細的表見於 Borton（pp.208-209）。最為新近的價格可見於《地方史研究必攜》（地方史研究必携），第一五七到一五九頁。這些價格表有細節上的差異，但是大致的模式是一樣的。

4 McEwan, p.40. 關於十八世紀早期武士的貧困問題可見於第三十五到五十六頁。《維新史》，1：321-333 也提供了關於這一主題的有助益的描述。

5 《世外井上公傳》（世外井上公伝），1：910。然而，必須澄清的是，有了平侍的身份和一百石的石高，這樣的家庭很難說是貧窮。關於長州武士貧困的大致情況可見於奈良本辰也，《近世封建社會史論》（近世封建社会史論），第一一一到一一三頁。

6 Katsuda, Ōkubo，1：68. 也可見 Hayashi, Part 2, pp.127-129。

7 Tokutomi, Kōshaku Matsukata, 1：59-64. 這可能既是為了脫離貧窮也是為了追求富足。

8 這個主題曾被細緻地考察，見於塚平利夫，《德川日本的封建控制：參覲交代制度》，第八十八到一〇二頁。關於這個環境中的藩國財政的最好的一般性討論可見於土屋喬雄，《封建社會崩壞過程的研究》（封建社会崩壊過程の研究），第四五一頁。

9 Craig, Chōshū, p.39. 這裡所說的估值是指內高（uchidaka）或者實高（jitsudaka），也即長州自己用於管理的資料，而非報告給幕府的資料。

10 《鹿兒島縣史》，2：68-77。同樣，這裡提供的總估值也是實高。

11 Tsuchiya, Hoken shakai, pp.41-47.

12 Matsuyoshi, pp.41-47. 貫目是一個重量單位，一貫目等於一千文目。

13 Tsukahira, pp.96-102.

14 Craig, Chōshū, p.42；Seki, Hansei kaikaku, pp.210；Naramoto, Kinsei hoken, pp.202-205.

15 土佐和薩摩的數據見於《藩制一覽》，1：151-152。其他可以在我的文章《日本的封建收入》（Feudal Revenue in Japan）第二五六到二六一頁中找到，當時我也考慮到了地區差異。

16 Beasly,「Feudal Revenue,」pp.261-265.

17 比如，關於這個在一六九〇到一六九一年的資訊可見於 Kanai, pp.60-74。

18 Ōe, 第十五到二十二頁提供了熊本在十八世紀稅率低於百分之四十的例子。Naitō, pp.292-296，提供了同時期備中農村稅率在百分之五十到五十五之間的例子。Chambliss, pp.47-56，估計武藏的一個村莊在一八二五到一九七三年間的平均稅率在百分之二十七到二十九之間。亦可參見 Smith 在「Land Tax」中提供的例子。Smith 考察了在德川時期的大多數時間裡從分佈在日本不同部分的十一個村莊得到的稅收收入，發現除了有三例高一些的稅率外，其他都分佈在百分之三十五到四十五之間。

19 Ōyama（pp.300-328）提供了一個九州在這一階段末期，在幕府控制的土地上這麼做沒能成功的例子。

20 《鹿兒島縣史》，2：68-81. 有趣的是在這整個時期內城下町中武士的俸祿只增長了百分之八，且都發生在一七七一年之前，而鄉士的俸祿卻增長了百分之三十六，且非常平穩地分佈在這段時間裡。這表明前者因與土地分離而嚴重受損。

21 《鹿兒島縣史》，2：87-90, 250-254.

22 Tsuchiya, Hōken shakai, pp.113-123.

23 Matsuyoshi, pp.114-147.

24 Tsukahira, pp.84-85.

25 Tsuchiya, Hōken shakai, pp.18-25,123-162.

26 《鹿兒島縣史》，2：243-247, 250-254。

27 Naramoto, Kinsei hōken, pp.110-111. 亦可參見 Craig, Chōshū, pp.38-42。

28 Tsuchiya, Hōken shakai, p.41.

29 關於幕府財政的最有助益的討論見於堀江保藏的《三大改革》一文。亦可參見 Totman, Politics, p.79。

30 我在「Feudal Revenue」一文討論了這一點，特別在二五七到二六五頁。亦可參見 Hall, Government，pp.357-359。

31 Totman 也指出到十九世紀，幕府的土地已經變得相當分散且支離破碎，為此舊的「中部地區城堡」（central fortress）幾乎都被摧毀。這一局面因其引起行政管理的困難，在軍事和經濟上削弱了幕府。參見 Totman, Politics, pp.62-63.

32 Sheldon, p.128.

33 Ōyama, pp.350-374，有關於捐款的形式和總額的詳細分析。

34 Chambliss, pp.56-57, 61.

35 關於藩國壟斷的一般性描述見於堀江保藏，《我國近世的專賣制度》（我国近世の専売制度），第十六到一〇四頁。

36 Matsuyoshi（pp.224-278）提供了關於土佐紙壟斷的詳細描述。

37 長州的村田清風曾說：「財政的第一原則是將長州生產的所有產品銷往其他藩國以交換金銀，並且不讓長州生產的任何金銀流出去。」（Craig, Chōshū, p.74）

38 Tsuchiya, Hōken shakai, pp.354-360. 薩摩的稻米收入中，只有大概一萬石可以在江戶使用，但到一八三〇年，銷售糖、蠟和油菜籽等將這個數字提高了六倍。同上書，第二十六到三十三頁。

39 關於這個主題的一般性論述，尤其可參見 Smith, Agrarian Origins, pp.157-179；亦可參見他的「Japanese Village」。Smith 新近發表了一項珍貴的關於這一時期的一個農業改革者的案例研究：「Okura Nagatsune and the Technologists」。

40 關順也在《藩政改革》第五十六到六十六頁中指出，出於這個原因長州在山口和三田尻附近的經濟發達地區的實際稅率不超過百分之四十，而在其他地方的稅率為百分之五十或百分之六十。更為突出的是，古島，「成立期寄生地主制的性格」，第十八到十九頁舉證說一個在河內藩（Kawachi）從事棉花種植的家庭只需為他們自己種植棉花所用的耕地（以區別於出租給佃戶的土地）繳占收入百分之十一的稅。

41 比如，儘管澀澤榮一從事木藍貿易的父親所擁有的土地不到兩町，但他卻可以認捐大量御用金（這是一種財富的標誌）。兩町只能產出二十到三十石，因此從土地的角度說他只能算是中農，或略高於中農。參見 Chambliss, p.36。

42 Tsuchiya, Ishin keizai-shi, pp.11-14. 沒必要去接受這個實際的數字，但是它作為一個精明的並去過很多地方的觀察家的估計是具有重要意義的。

43 Naitō（pp.296-314）寫到，在十八世紀末期的備中的一個種植棉花的村莊那裡，「富」農（三十石）和「貧」農（三石以下）之間的差別已清晰可見了。

44 然而，在一些地區，商業性種植行為導致村子裡富農和無地農民雙雙消失殆盡，剩下的幾乎全是一種新型的中等農民—生產者。例如，可參見芝原拓自引用的關於水戶一個生產紙的村莊的資料，芝原拓自，《明治維新的權力基盤》（明治維新の権力基盤），第一二〇到一二三頁。

45 例子可參見 Smith, Agrarian Origins；Naitō, pp.314-330。亦可參見 Furushima，pp.310, 21-27。

46 熊本和土佐的情況參見 Ōe, pp.2732; Jansen, Sakamoto, pp.30-32；會津的情況參見 Nagakura, pp.107-117；長州的情況參見 Seki, Hansei Kaikaku, pp.80-89,110-119。

47 Tōyama, pp.37-39. 在後面我們還有必要回到這個問題，尤其見於第六章。

48 我們不應過度強調這個事實，因為村長在官僚和大眾之間處於兩難的位置，前者要求他對打破安定的動亂負責，而後者則把官員的行動歸咎於他。參見 Befu，「Duty」, pp.28-46。而且，有證據表明到十九世紀，事實上有很多村長對他們的處境不滿。參見 Jansen,「Tosa」, pp.331-347。

49 關於起義的頻率和地理分佈以及它們所表達的不滿的總結，是建立在日本史學家的工作基礎上的，最方便地可見於 Borton, pp.17-28, 39, 88n, 121n, 205-207。這裡很多的關於這方面的資料引自 Borton。亦可參見 Tōyama, pp.25-32。

50 關於大鹽的其他資訊參見 Najita。

51 Borton, pp.84-86 ；Craig, Chōsh, pp.55-57 ；Naramoto, Kinsei hōken, pp.114-116 ；Seki, Hansei kaikaku, pp.89-101 ；Tanaka Akira, pp.31-38.

52 參見 Ono, pp.39-61 ；Tsukahira, pp.106-113, 119-203 ；McEwan, pp.57-74。

53 Ono（pp.12-18）援引了在佐賀（肥前）、熊本（肥後）和米澤的有限實驗的例子。很清楚，在薩摩和長州貧困的武士都被允許在某段時間內返回農地。然而，所有這些例子都是為了解決無法償債的問題而為特定的群體設計的解放武士的策略，並沒有任何一個設想要分散整個城下町的人員。

54 本庄榮治郎，《經濟理論與德州時期日本歷史》（Economic Theory and History of Japan in the Tokugawa Period），第 101-102 頁。

55 同上書，第一〇五到一〇六頁。關於山片對商業懷有敵意的其他方面，參見上書第九十八到九十九、二〇五到二〇六頁。

56 例如，可參見上書第一〇八到一一〇頁所引的海保青陵（一七五五到一八一七）的論斷。民族主義學者本居宣長（一七三〇到一八〇一）儘管譴責無限制地唯利是圖，但卻也認識到了貿易的重要性，並認為減少農民起義的策略不僅僅在於鎮壓，還在於去除怨憤的根源。同上書，第九十六到九十八頁、一〇三到一〇五頁。

57 Tsukahira, p.105.

58 McEwan, p.31.

59 Keene, p.189 ；修訂版（一九六九），p.199。

60 Keene,p.182 ；修訂版（1969），p.193。

61 Keene, pp.197-198 ；從修訂版（1969）刪去的部分。

62 參見 Harootunian，「Jinsei」，pp.87-94。那裡指出，正統信條與實際狀況的明顯對比與選賢任能成為一個政治問題有莫大的關係。關於這個問題亦可參見 Dore, pp.190-193，198-213。

63 Tsunoda et al., p.433.

世紀之後，另一位儒家學者會澤正志齋在寫作《新論》的序言時宣稱：「位於世界之巔，將使日本成為世上其他國家的標準。」[6]

經歷了一段鎖國時期的日本產生這種態度並不奇怪。在這段時期日本已經自我封閉地發展了好幾個世代了，它的制度，除了曾經受到與中國的制度進行比較的壓力外，沒有經歷任何其他外部的考驗。然而，這個事實必須加以強調，因為它對理解十九世紀的危機至關重要。一旦鎖國政策遭到那些不僅擁有壓倒性的軍事優勢，還有著與日本的思維基礎完全相反觀念的國家的挑戰，[7]那麼，像中國一樣，日本將捲入到一場不但事關政治存亡而且事關文化興衰的鬥爭中。對於這雙重威脅的意識，一種畢竟是軍事統治階級的屈辱感所引起的意識，使外交政策一度成為日本政治的焦點。可謂外患壓倒內亂。

## 對鎖國的挑戰

日本的閉關鎖國很長時間都沒有受到挑戰，主要是因為它的鄰國專注於其他地方，歐洲的擴張又是通過其他管道進行的。然而，在十八世紀的後半葉，這些條件不復存在了。在北方，俄國開始探索現在已是它最東國土的可能，並將它的權力逐漸延伸到北太平洋的島上。在南方，英國已經在印度建立了自己的殖民地，進入了馬來西亞並打開了中國的貿易大門。新建立的美國也開始在中國沿海尋求貿易利益。所有這些對日本都是不祥的預兆。日本人對它們也很熟悉：既借助於中國書籍的描寫，也借助於荷蘭人每年在長崎提交的報告。並且，這些傳聞也被日本港口出現的越來越多要求開展貿易和建立外交關係的外國船隻所證實。[8]

俄國的問題最先出現，它在很多方面對於日本也最為熟悉。它源於俄國人在蝦夷（即北海道）島北方島嶼的定居，而蝦夷島乃是那時日本政治權威的地理極限；並且它提出了防禦和劃定邊界的問題，對於所有這些問題，德川幕府的官員們都沒有直接的經驗。歷史記錄了太多的例子。一七九三年來到松前（Matsumae）的一位俄國使節和一八〇四年另一位來到長崎的使節都遭遣返，不留任何餘地。俄國人在一八〇六到一八〇七年間對那些島上零星的日本哨所的攻擊，遭到了日本於一八一一年逮捕一支俄羅斯勘探隊的報復。為了確保合適的軍事監管，蝦夷島被置於幕府的直接管理之下長達二十年之久。

隨著時間流逝，這些措施，儘管非常微小，卻足夠防止俄國極具試探性的蠶食，其結果是在一八一三年之後，俄日之間幾乎沒有發生什麼衝突事件，這樣的局面一直持續到十九世紀五〇年代。英國的行動屬於另一類型。一方面，它們是海洋和貿易型的。另一方面，它們的言語威脅遠多於實際行動，至少在早先時候是這樣。一八〇八年英國的驅逐艦——一隻混在荷蘭商船中的商用快艇——駛進了長崎港，並以蠻橫方式要求獲得食物和水的補給；一八一三到一八一四年，史丹福．萊佛士（Thomas Stamford Raffles）——英國占領下的爪哇島副總督——試圖將長崎與荷蘭的貿易置於英國的控制之下，結果以失敗告終；一八三七年一支由商人和傳教士組織並帶有半官方背景的英美聯合艦隊藉口將一些遭遇海難的日本人送回家時，試圖趁機進入浦賀。而且，英國（和美國）的捕鯨者會不時與日本村民發生衝突，如他們一八二四年在水戶海岸發生的衝突一樣。儘管這些事件加深了日本人的恐懼，但從這些事件中看不出那些印度的征服者有染指日本領土的跡象。

確切地說，這種跡象直到一八三九年才終於開始顯現。從那一年開始，導致了香港的割占，以及北至長江的通商口岸被迫開放的中英鴉片戰爭改變了整個格局。英國海軍調查艦隊開始出現在日本海附近。關於英國人——以及法國人——覬覦琉球群島的報告，早在一八四三年就開始在日本流傳了。一八四四年，日本官員收到了一封來自荷蘭國王的信。該信很顯然受到了這些事件的鼓舞，敦促日本對發生在它周邊的事件給予關注，並在外部世界強迫日本採取措施結束閉關鎖國政策之前，主動開國。兩年以後，一個由詹姆斯·貝特爾（James Biddle）准將率領的美國官方使團到達江戶灣，並要求日本開放通商口岸。確實，貝特爾像荷蘭人一樣，毫無異議地接受了幕府對其示好的無禮拒絕；但是就在這幾年之中，就有兩次類似的外國政府與日本的正式外交交涉，這清楚地表明，外國政府能安然接受這樣的答覆的日子已經不多了。實際上，當時的日本尚不知道，英國政府已在一八四五年批准了一項派遣使團到日本建立貿易條約關係的提案，一旦一支足以支持這個使團的海軍力量部署完畢，這項提案就將付諸實施。

因此，美國將派遣培里將軍率領艦隊遠征日本的計畫——該計畫於一八五二年由荷蘭人公開宣佈並報告給江戶政府——絕對不乏先例。在日本也不缺乏關於如何應對培里到來必定帶來的更多問題的討論。從一七九〇年開始，已有為數不少關於外國事務的書和小冊子出現，漸成常規，它們或被出版，或以手抄本形式流傳。誠然，瞭解並關心這些問題的人仍十分有限，一般局限於官員、學者和封建大名。儘管如此，他們都是有影響力的人，在一些情況下還是握有權力的人；如此，當日本最終需要做出抉擇的時候，他們的觀點便舉足輕重，儘管這些觀點互不相同而且經常衝突。

在這些年形成的觀念中，有一大部分是建立在對西方技術和軍事科學的興趣之上的。這部分觀念主要興起於十八世紀的最後二十五年，是對當時的正統觀念和不加質疑而接受的中國模式的部分反應，從這裡產生了諸如「神道復興」（一種恢復日本本土宗教的純潔和地位的嘗試）和對「荷蘭研究」（蘭學）的新興趣。[9]這兩個運動都棄中國而欲在另一個不同文化傳統中尋求啟迪，一為古代日本傳統，二為歐洲傳統。兩個運動都小心翼翼地聲明，它們對其他根源的尋找絕非意在攻擊既有的秩序。然而，兩者在對某些個人思想的影響上，都起到了革命性作用。尤其是蘭學，它迅速超越了對西方醫學、語言學、天文學以及鐘錶的研究，而進入那些具有更直接政治影響的事務，如將科學運用於戰爭以及社會的本質。這樣做就使人有機會走出受傳統羈絆的環境[10]或個人的不得志，也使人有機會改變這個環境本身。

早期傑出的荷蘭專家有林子平（一七三八到一七九三）和本多利明（一七四四到一八二一）。[11]一七九一年，林子平撰寫了一本書，敦促有必要使用西方軍事科學來保衛北方島嶼，抵禦俄國蠶食。在書中，他認為國內改革，包括鼓勵農業和貿易，放寬參覲交代制度以及武士的再教育，都與防禦息息相關。對於這種明顯無害的觀點，幕府卻下令逮捕了他，並搗毀了印刷這本書的房屋。也許是由於林子平的經歷，本多利明不敢把他更為激烈的建議公之於世，而只在私下流傳。作為一個地位非常低下的武士，本多利明直言不諱地批評上層武士官員的無能。「因為規定必須從出生高貴者中挑選行政官員，」他寫道，「他們中缺乏有能力的人就是一件很自然的事了。」[12]因此，他認為醫治國家弊病的一個解決之道是從低級武士階層中提升有能力者。另一個解決之道是在經濟上大力利用西方技術。他特別建議用火藥炸開河道以利航行、發展航海技術以及將對外貿易置於政府的嚴密監管之下，以便限制甚或扭轉貴金屬貨幣流失的狀況。這一計畫將因殖民地建立而得到增強，首先在附近的島嶼，然後擴展至阿留申群島和北美，充當防禦前哨和原材料供給基地。他甚至設想最終把首都遷移到堪察加半島，以此作為日本控制北太平洋的自然中心。

二十餘年後，另一位學習過西方科技的日本學者佐藤信弘（一七六九到一八五〇）設計了一套相似但卻更加宏偉、通過征服在東亞建立帝國的計畫。[13]這個計畫從侵略中國開始：「只要我們自己擁有適當的精神和紀律」，佐藤認為，「中國將在五到七年內瓦解並像沙做的馬一樣倒下。」[14]在這之後，緬甸、印度乃至整個中亞都會迅速地臣服於日本。更令人吃驚的是與這個計畫相應的政治專案。儘管本多利明已經承認封建社會需要進行改革或強化，佐藤卻將之視為需要被完全取代的東西——而且是被一個恐怖的現代集權結構所取代。政府將由許多專門的部門和機構來管理，它們將控制所有的經濟和軍事活動以及相當一部分人民。課程包含西方學問的大學將負責培養填充這些官僚組織職位的官員。而地方學校網路——每二萬石土地上應建一所學校——將訓練其餘的人獲得與他們世襲功能相適應的技能和態度。

雖然佐藤的思想與明治領導人之間，是不可能找到任何直接的傳承關係的（儘管這樣的嘗試是很誘人的），但是對另一位「蘭學」學者佐久間象山（一八一一到一八六四）而言，這一連結則是確證無疑的。[15]通過他兩位同樣著名的學生勝海舟（後成為其妹夫）和吉田松陰，佐久間象山對於明治政策的形成做出了重要貢獻。作為一名武士官員，他擔任過他的藩主即松代藩主真田的顧問，並以此身份成為大名和幕府的參議。也許因為這個緣由，佐久間像許多在一八六八年以後身居高位的人一樣，在社會和政治態度上傾向保守，在對西方文明的研究上注重實用和軍事層面。他親手製作相機，親自製造大炮，並編纂了一部字典。在他看來，這一切都與日本的國防相關（即使編寫字典也是如此，因為它有助於滿足一項軍事需要，即學習「蠻夷的」語言）。

與此相反，儒家學問無論對道德行為問題有何等的重要性，佐久間都認為它於軍事無補。中國在鴉片戰爭中被打敗，他說，「是因為外國的學問是理性的，而中國的學問不是。」[16]日本自己最初的準備也不比中國更有成效。如他在一八五四年，即在簽訂培里條約不久之後所言：「現有的沿海防禦設施都缺乏章法；那些排列整齊的大炮品質低劣，而與外國人談判的官員都很平庸，對戰爭一無所知。」[17]因此，在他看來，學習西方技術，唯有在採用了相應的政治措施以確保所學能夠恰當實施的情況下，才是有效的。「在軍事戰略、規劃和行政管理上有才能的人」，應該被任命到需要負責任的位置上。大多數武士確實太無能了，以至於應該成立特別的軍隊，並從「非軍事階級家庭中那些有歷史、有建樹的家庭」中招募成員。[18]

這一思想中蘊含了後來首先由勝海舟和吉田松陰，而後由高杉晉作和大村益次郎所發展的計畫的種子。這些計畫對武士在社會中地位的打擊之激烈，大大超出了佐久間所願意看到的程度。從長遠的觀點看，一種新的軍事科學勢必涉及到向新的軍事組織和募兵方式的轉變，而這一轉變到徵兵制實施才告結束。這些轉變將有助於摧毀武士階級的世襲特權。

然而，佐久間對這個問題並沒有想得如此之深。對他而言，正如他在一八四二年在一本關於沿海防禦的文章中所披露的[19]，問題的本質在於技術，有技術含量的威脅需要有技術含量的防禦加以應對。他要求建造沿海炮防工事，停止銅金屬出口，留為己用；建造西式艦船，向藩國加徵特別稅來為建造西式艦船籌資；創建海軍（像彼得大帝在俄國大張旗鼓做的那樣，這是他經常援引的一個例子）；由幕府對海上運輸與對外貿易進行嚴密監管。設立新學校以訓練日本人民，實施能「統一他們的思想」的公正的行政，從為將軍服務的藩國中聘用「有才之人」，所有這些都是必需的；但是，佐久間的這些要求所反映的，與其說是一個有意識的激進的社會變革計畫，倒不如說他作為一位出身卑微的中層武士，因自己的觀念不被人接受而產生的挫敗感。他的有才之人畢竟仍舊是武士。他們的道德訓練仍將是儒家的。在他看來，日本經過幾個世紀「採用了中國之長處」，從而使自己的力量足以抵禦任何可能來自中國的攻擊[20]，現在，為了同樣的目的，必須轉向西方學習。「今天的蠻夷，」他評論道，「到目前為止，已經在科學和技術兩個方面遠遠超過了中國。」[21]

這些觀念之所以能夠產生長遠的影響，除了歸功於那些學習西方的人，諸如像林子平、佐藤和佐久間——他們對外國威脅的反應，把破壞性要素引入晚期德川幕府政治；還應歸功於一群與水戶藩關係密切的儒家學者。其中的第一人當屬藤田幽谷（一七七三到一八二六），他對防禦問題的評論為十八世紀末的水戶思想指明了一個新方向。他提出的許多觀念和口號，在其後的八十年間成為日本人辯論的焦點。[22]例如，用「內憂外患」這個詞來專指日本的處境，正是出自他之手。對於這個詞的前半部分，他的意思是指藩國的財政困難和這些困難帶給農民的種種苦楚；對於它的後半部分，他指的是俄國在北方的行動。他說，解決這兩個問題的途徑是「富國強兵」，儘管他賦予這個詞語的含義與後人所講的不是同一回事。在他那裡，富國指的是一種重農主義：限制貿易，馴服商人，摒棄城市生活，讓人民重返土地。強兵則要求重建武士士氣，恢復軍人之德。這個要求由於包含了回歸節儉的含義，從而不但是治亂而且也是富國的關鍵。於是，這一解決之道的兩個部分實際上可合二為一，正如它要解決的問題的兩個部分也是如此。

藤田幽谷的學生會澤正志齋（一七八一到一八六三）繼承和發展了這些觀點，這尤其體現在他在一八二五年寫的《新論》一書。[23]與他的導師相比，會澤對外部威脅的感受更為深切。在他看來，英國和俄國（或許聯手共謀）正利用貿易、基督教，最終靠武力來征服中國和日本。他也不相信「蘭」學者的計畫能夠拯救日本。在他看來，這些學者迷失於把「我們文明的生活方式轉變為野蠻的生活方式」的研究。[24]相反，拯救日本必須依靠強軍備戰（包括使用西式武器）和「攘夷」即「驅逐蠻夷」的政策。這首先意味著灌輸抵抗意志。日本的衰弱不僅是幾個世紀和平的結果，會澤正志齋寫道，而且只有在它的人民能夠團結起來、下定決心之後它才會強大。團結和決心又唯在如下情況下方能出現：日本必須從一開始就清楚地表明，它若受到攻擊必將戰鬥到底：「『置之死地而後生』，正如諺語所說……所以，我說，首先必須做出或戰或和的抉擇，從而置整個國家於死地。」[25]

做出這一重大決定——一如其他使國家強大的舉措（如提拔有才之人、放寬參覲交代的條件）的責任——在會澤正志齋看來，完全落在幕府的身上。畢竟，將軍頭銜的第一部分不正是征夷即「征服蠻夷」嗎？因此，這就需要將軍展現領導力，通過證明這一特殊的義務超越了所有較低層次的忠誠，對領主、家族或大名的忠誠，來指明實現國家團結的方式。最重要的是，將軍必須顯示德川幕府已經準備好把他們的「私」利，包括將軍權威的存續，置於全體人民更廣大的利益之下，而這將體現為全心全意接受尊皇即「尊崇天皇」的理念，這就可確保天皇——「國體」之象徵——將再次「統治這片土地，治理他的人民……把整個國家置於他的意志之下」。[26]

對於對外事務的這類反應，會澤正志齋就其政治意味的解讀遠超過前人。儘管他的著述中有把德川幕府置於天皇之下的字眼，但他並沒有真正想到過要推翻德川政府，恢復天皇統治。然而，即便如此，他無疑是播下了這類思想的種子，等待他人培育。這樣，他就完成了維新運動的政治詞彙。尊皇和攘夷將合併成一個口號：「尊皇攘夷」，一個概括了一八六〇年代尊皇主義武士目標的口號。國體，國家之體，以其天皇與人民為神秘統一體的含義，將成為一個憲政的理想（設計政治行動的目的是把這個理想實體化），成為攘夷力圖保衛的核心。

把這些泛泛而談轉化為一種馬上就可用來對付外國要求日本開港的主張，是幽谷的獨子藤田東湖（一八〇六到一八五五）的成就。在一本瞭解中國鴉片戰爭的情況下，寫於一八四五年、名叫《常陸帶》的書中，他考察了同代人就新形勢下外交政策提出的不同方案。[27]第一，有一種觀點認為，通過給予外國人通商的權利來向他們示好，藉此給日本以時間武裝自己，進而驅除他們。在東湖看來，這是一種沒骨氣的政策，把本該今天做的事情推給了下一代。而且，它還是一種自毀江山的政策，因為它將給貿易和基督教提供一個消滅日本人鬥志的機會，果真如此，攘夷將永遠無望。[28]第二，有人鼓吹日本向世界開放的計畫。它著眼於學習並採納西方文明中那些能使日本變強從而在國際舞臺求得平等地位的元素。同樣，在東湖看來，這個計畫也有腐蝕日本精神的危險。它最有可能的結果是軟弱無力、缺乏經驗的日本落入外國人設下的陷阱。最後是一種直截了當的驅逐政策，用戰爭來保衛「神土」。甚至這個方案也遭到東湖的拒斥，因為它是否定性的。與這個方案不同，東湖主張攘夷（在這種情景下最好翻譯為「驅除蠻夷」），但一旦它完成了團結人民、保衛國家的關鍵任務之後，就應被開國即「打開國門」政策所接替。換言之，「驅除蠻夷」本身不是目的。它是日本以平等姿態面對世界的第一步：重整武裝、政治改革、培養對天皇的忠誠，在這樣的忠誠的基礎上，一個真正團結的國家就可以建立起來。

這些態度，儘管是在一種非常地道的儒家概念和術語框架下表達出來的，但在當時絕非我們今天回過頭看那樣屬於一種典型的武士思維，正如像佐久間象山那樣的「蘭學者」的觀點絕對不屬於一種典型的武士思維一樣。事實上，大多數武士幾乎都更願意同情儒學者中的保守之士，高羅佩（R.H. van Gulik）把這些保守人士精闢地描述為「枯燥乏味且毫不妥協」。[29]儘管這些學者的原則最終深植於明治國家的社會準則和教育體制之中，但他們確實對明治維新運動的歷史和思想了無貢獻。然而，我們不能據此完全忽略不談他們的觀點，哪怕僅僅是因為他們對西方文化尖刻的攻擊——這一攻擊部分源自中國的文化沙文主義（通過中國書籍在日本的流通而為人熟知），部分因為他們意識到西方科學對自己的職業飯碗形成了威脅——在很大程度上幫助塑造了當時圍繞外交政策進行爭論的情感氣氛。

他們中間最有名的一位是鹽谷宕陰（一八一〇到一八六七），他曾經是推行天寶改革的水野忠邦的一位幕僚。在一本署名時間為一八四六年的著作中，宕陰預測英國很快就會把它的注意力從中國轉向日本——通過派遣探測船、要求提供倉儲地、在沿海劫掠，事實上包含所有通過「恐嚇使其臣服的藝術」手段[30]——直到可以派遣艦隊並要求開放通商口岸的地步。到那時，進行有效抵抗已為時已晚。在他晚年的著作，一八五九年出版的《隔韡論》（Kakkaron）中，宕陰斷言，中國的錯誤就在於最初同意西方在澳門獲得一立足之地。一旦做出這個讓步，貿易和基督教就共同利用這個機會，而在整個過程中，蠻夷又得到了「吃裡扒外之徒」的協助。中國國力虛弱在很大程度上可歸咎於那些目光短淺、疏於職守的官員之流的所作所為。

中國不僅沒有意識到這些外患，沒有進行軍事反擊的準備，而且，它也沒有把國內的秩序整頓好。宕陰寫道，要是它的統治者能夠繼續擁有人民的支持，「那麼，即使外國侵略者用盡各種誘惑手段，他們也不會有征服中國的機會。如果一個國家有窮人，這就好像家裡有生病的小孩一樣；如果一個國家有反叛的人民，這就好像家裡有個揮金如土的浪子。現在這個生病的孩子沒有得到治療，這個揮金如土的浪子沒有遵守命令……究竟應當歸咎於誰？」[31]從這裡得出的道德教訓一目了然：日本不僅需要軍事科學，也需要儒家倫理，一個穩定的社會基礎；因為中國的失敗不可歸咎於儒家，而應歸咎於沒有按照儒家要求的方式生活。

這個觀點在大橋訥庵（一八一六到一八六二）那裡得到了進一步的增強，而他的著作大都是在培里到來的時期寫下的。[32]在他看來，西方文明執迷於利潤而排斥責任，重科學即外在形式而輕道德本質。它忽視了人與人之間的當然區別，一如它挑戰了「文明」與「野蠻」間當然的等級劃分。無論從哪個方面看，它對社會秩序都是破壞性的。確實，甚至對它的學習和研究也是破壞性的。因此，儘管西方毫無疑問地有巨大的力量，但是將「西方科技」與「東方倫理」相結合的嘗試（佐久間象山的口號）只能導致毀滅。「當我們說儘管我們把西方道德教育視作邪惡與謬誤而加以拒斥，我們仍舊能夠接受西方科技時，」大橋寫道，「就等於告訴人們，儘管幹渠的水被下了毒，他們仍能安全地飲用來自它的支渠的水。」33

大橋在一八五八年後成了一名政治積極分子，因在獄中所受的折磨死於一八六二年，這證明了他信念之強烈。與此形成鮮明對比的是，佐久間象山在一八六四年被一位排外狂熱分子刺殺身亡。我們難以找到更好的例證，來說明這裡討論的意見與實際政治之間具有何等密切的關聯。儘管如此，必須指出，那些一味強調把他們區分開來的觀念是危險的，如果這意味著忽略他們共有的觀念的話。確實，對於西方文明，在日本有人表示尊崇，有人表示鄙視，就像有人願意與之周旋待變，有人意欲立馬拒之門外。他們之間的爭執，如我們將看到的，沾滿了血腥和痛苦。然而，這一爭執發生在一個具有相當高共識的概念框架之下。日本正處於這個或那個西方列強武力攻擊的危險中，為了自救，它需要在國內重整武裝、進行改革，而在做這些事情的時候，它必須意識到它們對傳統信條的毀滅性影響。這些觀點，到培里於一八五三年到來之時，已經為許多（如果不是大多數）有識武士所認同，不論他們在幾乎所有的其他事項上如何各持己見。而在培里到來之後的五年裡發生的事件，又將把這些信念延伸至更大的圈子；因為此時，所謂外患，到此為止尚是預期性的，後來因外國實際要求而成為現實。

## 培里遠征

最終是美國艦隊打開了日本向外國船隻開放大門的事實，從日本早先全力應對的是英國和俄國的角度來看似乎頗令人驚奇，但實際上並非如此。美國對日本持有長久的興趣。這興趣雖然或許談不上濃烈，但足以促成在一八四六年派遣貝特爾到日本。而且，在這次與日本建立外交關係的失敗嘗試之後，發生了一系列促使美國關注太平洋地區、與這個地區的接觸迅速升溫的事件：俄勒岡領土的轉移，加利福尼亞的獨立及其後加入聯邦，一八四九年的淘金熱。在這些事件的刺激下，人們開始談論橫貫美國大陸的鐵路和從舊金山到上海的汽船航線。日本因此被美國賦予了新的重要意義。在美國人的眼裡，日本不僅僅航海風險大，還是煤炭源地。因此，一八四九年四月，為接一艘失事的美國捕鯨船船員回國而訪問長崎的美國軍艦普雷布林號（Preble），就試圖獲准建立跨太平洋的煤炭貿易航線。這一請求，像貝特爾的請求一樣，被嚴辭拒絕。

我們必須在這一背景下來考慮一八五二年馬修．培里將軍受命率領艦隊前往日本時所接受的命令。他要確保美國的船員得到保護，要獲得進入日本港口獲取補給和煤炭的許可，要爭取獲得通商權，哪怕僅僅是基於臨時約定基礎上的通商權利。但是，在做這些事的時候，他需要謹慎對待日本的敏感事項。正如美國總統在給日本「天皇」的信中所說：「我特別叮囑培里將軍，不做任何可能會擾亂您的帝國神聖權力之寧靜的行為。」[34]然而，培里自己看來並不特別在乎這一克制的必要性。毫無疑問，這部分是因為他在一八五二到一八五三年冬季從維吉尼亞州的諾福克（Norfolk）到香港的航海經歷，證實了他關於擁有受美國控制的煤炭供給基地具有壓倒一切重要性的觀點，因為他的此次航行沿線大多數煤炭基地都被英國先占這一事實，給他的艦隊帶來了極大的不便。這部分是因為他與其他某些西方人一樣持有或者迅速地知曉了所謂中國沿海成見，即在東方外交中要靠武力或武力威脅說話。

可以肯定的是，當培里於一八五三年七月八日，在兩艘護衛艦和兩艘驅逐艦的陪伴下到達浦賀的時候，他已經準備好了採取堅定的立場來應對日本人的拖延或迴避動作。他告訴試圖說服他前往長崎的日本官員，如果他們不做出適當的安排來接受他攜帶的國書，他將「以強大的武力」登岸，並親自呈送國書，「不管這會帶來什麼後果」。[35]而且，在他寫給日本人的信中，他表達希望「日本政府看到避免兩國不友好衝突的必要性」[36]，而要做到這一點最好的方式就是接受他提出的方案。如果他得不到立即答覆的話，他說，他願意在一八五四年春天，「與一支更為強大的艦隊一起」，為了一個答覆再度來到日本。

培里的行動在日本引起了軒然大波，儘管在之前幾十年或更早之前已經有相關的討論，已經預料到早晚會有這一天。一本寫於一八六四年的日本編年史，以如下方式描述了這些反應：

日本的武士階級在長期和平時期疏忽了軍事技能；他們貪圖享受和奢華生活，而且這麼多年已經很少有人再重拾盔甲。所以，他們對於即將爆發的戰爭的前景感到恐慌，開始四處搜尋武裝。江戶城及其周邊村落已經陷入極大的混亂之中；預期戰爭一觸即發，人們帶著自己貴重的東西和家當四處逃避，把這些東西藏在住在偏遠地方的朋友家中。[37]

官僚圈以外的人士同樣感到震驚。七月十日，幕府召開了一系列會議來決定是否要堅持讓培里前往長崎。會議爭論激烈異常，一直持續到次日即七月十一日晚上獲悉培里艦隊已經到達江戶灣才終止。對敵對行動的懼怕使最後一批猶豫不決者接受了不可避免的現實：授權浦賀的長官接受（培里攜帶的）國書，並承諾在第二年春天做出答覆。這些文件於七月十四日在久裡浜通過適當的儀式正式移交。

當然，這與同意培里提出的要求不是同一回事。在這個問題上，幕府官員仍有巨大的分歧。在政府內部關於是否同意這些條款仍然意見不一。一八四五年以來一直擔任幕府首席老中，以其一八四六年秘密同意薩摩通過琉球與法國人進行談判而著稱的阿部正弘[38]，深信日本不可能長期拒斥西方國家的通商要求，但他也認識到，如果江戶毫無保留地接受美國的提案，將會在日本國內激起倒幕情緒的高漲。為了克服這個困難，他採取了前所未有的方式，呼籲所有官員和大名都就此問題提出意見書，並相信這樣做的時候，大多數人哪怕只是出於對自己意見的尊重，都會建議避免採取敵對的政策，從而為找到一個妥協方案提供「民意」的基礎。關於這一點，後來的發展證明他錯了。儘管幕府對這類事務具有做出決定的權威，但有些被諮詢的大名和官員做出的答覆，表明他們更願意推薦甚至堅持的，是他們自己的政策。

美國國書的翻譯件從一八五三年八月初開始被傳閱，幕府其後的三個月內收到了關於這些信件的評論。有六十一份來自於大名的答覆保存到了今天。井野邊茂雄對它們做了如下的總結：十九件表示願意接受某種形式的通商和開港；十九件敦促徹底拒絕培里的請求；十四件反映了需要避免戰爭這一主要關注；七件主張以拒絕為最終的目標，但同時也設想了採取權宜之計的可能性；還有兩件簡單地表示服從幕府的命令，不管這些命令是什麼。[39]誠然，我們不可斷定其他二百多位封建領主的意見也會照這六十一位的區分方式分佈。然而，從我們所持有的回復中可以清楚看到的是，阿部沒有找到任何共識，甚至連一個如果諸藩國真的都接受幕府的決定權而可能產生的「公開的」共識也不存在。更有甚者，在上述區分的主要集團中的每個集團，都包括阿部不得忽略其建議的人物。

例如，在那些同意開放日本港口的人中有堀田正俊，一位將在兩年後接替阿部任首席老中的譜代大名。他持有與阿部相近的傾向，認為日本不僅無法對西方進行軍事抵抗，而且它還可發現通商於己有利。[40]

最有權勢的譜代領主井伊直弼則並不像他那樣直截了當。他說，如果日本只是消極地等待外國進攻，註定將被打敗。「當我們被包圍在一個城堡中，拉起吊橋就等於監禁自己，城堡遲早會失守。」[41]正確的應對之道與其說是開放日本的港口，倒不如說是建立船隊，使用它們進行海外貿易，從而獲得為建造海軍所需要的經驗和技巧。如果完成了這項工作，日本就可以保衛自己的獨立，並能「揚威四海」。[42]

筑前的黑田長溥，一位在九州擁有五十萬石的外樣大名，提出了相似的方案。他認為通過巧妙的外交——使用「以夷制夷」[43]這樣一種傳統的中國方式——來避免做出大的讓步，將使日本擁有足夠長時間來建立彼得大帝的俄國一樣的帝國。他寫道，「使用大量從荷蘭和美國購買的大炮和戰艦，我們必須讓它們承擔建設大任並培訓日本的技術人員，直到這些工作可以由日本人自己開展。」[44]

擁有封地近八十萬石、面積僅次於加賀的前田且為黑田親戚的薩摩藩主島津齊彬也強調西方軍事科學的重要性，特別是與海洋防禦相關的技術，因為，就本質而言，日本面臨的顯然是從海上來的攻擊。然而，對於外交事務的政治方面，他則更加謹慎，他敦促幕府推遲任何關於該條約的決定——他認為三年應當足夠了——一直到防禦準備完畢為止。[45]

與此相反，通過聯姻成了德川幕府親戚的外樣大名土佐藩主山內容堂（二十四萬二千石）建議聘用荷蘭專家建造船隻和大炮，但同時完全反對培里的提案。他說，一旦外國人強迫開放貿易得逞，他們將會利用他們的優勢，「通過展示善意來引誘無知者，直到最終使日本完全臣服於他們的意志」[46]。解決的方法是根本不讓他們進入國門一步，至少在日本強大到可以泰然處理外國人之前都應如此而行。

山內的觀點與水戶藩主德川齊昭（三十五萬石）的觀點相去不遠。他在一八五三年八月十四日發給幕府的信件可視為水戶學派的「驅除」論在與美國談判這個特殊問題上的一次經典運用。[47]齊昭簡要地闡述對基督教和貿易的傳統式反駁，並強調了如果幕府屈從於威脅將導致的恥辱——外國人「自大、目中無人，行為粗暴野蠻」。但是，他相信有一條路可走，只要江戶決意走的話。因為如果沒有使用武器的意願，武器將毫無用處，所以日本防務的第一要件是，政府要明確表示它將會戰鬥到底。追隨妥協者和崇外者的建議只會帶來災難：「如果我們決意進行戰爭，那麼，全國的士氣將為之一新。而且，即使我們在最初會遭受戰敗，我們最終將把外國人驅逐出去；然而，如果我們決意維持和平，即便似乎會有一度的安寧，整個國家的士氣將極大地下降，而我們最終會徹底潰敗。」[48]失敗也可能威脅到德川家族的聲譽和權威。可以想見，「幕府對大片土地的控制自身將難以為繼」。而另一方面，成功則可以使日本「走出去與列強戰鬥，並揚威於四海」。

對於阿部這個負責制定政策的人來說，德川齊昭建議中的關鍵要素，是它完全拒絕了把與培里的妥協作為一個手段，使日本獲得完成防禦體系的時間的做法。水戶對與外國通商的種種反對意見，儘管不乏強有力的支持，[49]但就這些反對意見本身而言，它們畢竟沒有排除與培里達成協議的可能。美國總統不過是建議日本暫時取消鎖國禁令，要是試驗證明不成功不是仍然可以重新啟動貿易禁令嗎？同樣，齊昭關於海防的觀點也沒有問題，因為它們同幕府或其他大名的觀點之間並不存在根本的衝突。齊昭並不否認西方軍事技術的價值——他自己的藩國，就像薩摩和肥前一樣，已經在荷蘭學者的指導之下，在西式艦船製造和大炮鑄造上取得了很大的進步——他否定的僅僅是要海防必須開港的政策。

事實上，儘管貿易和防禦的關係是當時人們激烈爭論的物件，眾說紛紜，出現了種種根本不同的觀點，但開港才是迫在眉睫的問題。在這個問題上，德川齊昭獲得了一些非常強大的外樣大名的支持，他們和他一樣反對美國的締約要求。他也得到了其中一位年輕的旁系親戚越前藩主松平春嶽（三十二萬石）的支持。與齊昭一樣，春嶽也認為妥協將危及日本和德川幕府。在權宜之計的名下做出與培里締約的決定，他說，「將給人們以僅僅因懼怕外國的軍事力量就陷入外國人的圈套的印象」，從而使人們「懷疑我們統治的能力」[50]。

於是，幕府的職業官員發現自己處於一個非常艱難的位置。一方面有像阿部正弘、堀田正俊和井伊直弼那樣顯赫的譜代大名，他們都屬於那個常常主導幕閣群體的成員。他們推崇一種「現實主義」外交政策，這意味著某種與培里的妥協安排，緊接著通過利用與西方新建立起來的關係來採取積極措施以增強日本的實力。反對這些觀點的是少數很有權勢的德川家族自己的成員，他們由德川齊昭領導並得到一些更為積極的外樣大名的支持。他們堅持認為與培里妥協的方案的弊害遠遠超過利好，換句話說，他們堅持認為長期的軍事需要使短期的外交妥協難以成立。這一局面又因譜代大名和德川親屬之間長期存在的緊張關係而複雜化。作為幕府參議，譜代重「行政當局」之利益，甚於「德川家族」之利益。而德川旁系作為雄藩大名，幾乎和外樣大名一樣，為不受中央控制的獨立所吸引。

也許是出於這個原因，德川齊昭發現，他在幕府最高級以下的官員中幾乎找不到支持者。這些官員中的一些人，特別是那些直接受到阿部提攜的更有才幹的人，[51]鮮明地表示了支持他們上司的開國政策，同時他們自己對這些政策的形成做出了很大的貢獻。甚至有少數人要求推行更為激進的方案，其中尤為引人注目的是向山源大夫（他的兒子在十九世紀六〇年代為一名主要的外交事務專家）的方案。在一篇寫於一八五三年夏的長篇文章中，向山把兩種元素融合在一起，從而遠遠走在了他所處時代的前面：元素之一是認識到外交危機使國內政治團結和經濟改革成為必要，且兩者在一定程度上互相依存；元素之二是呼籲開放對外貿易，因為它可成為財政收入的來源和引進科學知識的手段，從而成為國家財富和力量的基礎（富國強兵）。他寫道，事實是「來自於貿易的利潤超過了占領〔另一國〕土地和增加〔農業〕產量的利潤……如果我們現在想要追求一種『富國強兵』的政策，沒有什麼比建立貿易關係更好的方式了」[52]。

這根本不是那種用來吸引占江戶官員多數的保守派的提案。他們正全力尋求一種兩全其美、無需在兩個極端之間選擇的解決方法。這清楚地反映在一份一八五三年八月二十六日由江戶市地方長官（町奉行）領導的一個有影響的小組提交的文件中。[53]這個文件一開始就指出要拒絕培里的要求，除了那些關於救助遇險者的要求之外。然後，它進而認為拒絕的方式應儘量友好，因為日本沒有招惹敵意的本錢。假設培里仍然頑固，而他也確實如此，該文件繼續寫道，那麼剩下的問題就是如何在盡可能長的時間中避免戰爭，給幕府足夠的時間來完成防禦準備。這個問題的答案在於微妙的外交，也即向美國提供貿易特權，但條件是美國須確保從其他所有國家那裡獲得它們都承認美國這一壟斷地位的承諾。這顯然將是「非常不可能完成的事情」。然而，它會贏得時間。

人們從所有這些發展中得到的印象——無論如何，絕非是最後一次——是許多幕府官員在這個階段最為關注他們所處的國內政治困境，而非所面臨的對外關係現實。可以肯定的是，他們花了一八五三到一八五四年冬天的大部分時間在阿部正弘和德川齊昭之間尋求一種妥協的基礎，而他們關切的問題不是政策，而是措辭。然而，德川齊昭仍然不為所動，即使在私下討論中也是如此。其立場正如他在一八五三年九月十三日寫給松平春嶽的信中所描述的一樣，希望「對內戰爭，對外求和」。[54]這意味著在日本國內進行大張旗鼓的備戰，而與此同時，在處理與外國的關係時，要追尋一條精心算計的道路，以推遲敵意風險出現的時間。從表面來看，這個觀點與支持阿部觀點的官員所採取的立場相去不遠，他們認為日本就是傾全國之力，在幾年之間，也難以達到可以一戰的狀態。要不是因為僵化的地位要求，使得相關人員之間無法親身當面爭執，否則上述雙方之間是有可能達成某種妥協的。[55]而事實上，雙方的交流是通過交換信件並佐之以中間人傳話進行的，這導致雙方總是彼此猜疑。這些幕府官員認為齊昭魯莽輕率，也許就是一個好戰分子。水戶則認定幕府既軟弱又猶豫。即便允許藩國建造戰船的命令（這部分是幕府對齊昭願望的一個讓步）也沒能讓齊昭改變立場。[56]

這些交流的結果是幕府於一八五三年十二月一日發表的聲明。該聲明試圖在幕府官員和德川齊昭的鴻溝之間架起橋樑，但這一努力徒勞無功。[57]這份聲明宣稱，在日本目前的防禦狀態下，必須做出一切努力以避免培里回到日本後與他發生衝突。然而，如果談判破裂，則所有的日本人都必須做好準備保衛他們的國家。這份聲明產生的結果，是把江戶大多數人都贊同而與德川齊昭的希望恰恰相反的慎戰求和的告誡公佈於眾。新年伊始，齊昭在給松平的信中評論道，他一直擔心的事現在就要到來了，日本將進入一場沒有準備的談判。[58]

齊昭擔心的原因是培里重返浦賀了，這次隨行的還有他全部的八艘戰艦。正如培里在他的官方報告中表明的，他已經「做好了一切準備，通過一切必要的軍力展示，來彰顯他的第二度登陸日本的與眾不同。因為，他的所作所為表明他知道，對於日本人這樣一個如此重視儀式和場面的民族而言，炫耀武力的重要性及其對日本人士氣的影響」。[59]在從一八五四年三月八日開始的一系列會議中，他不遺餘力地要讓日方談判者明白，他已下定決心非要簽訂條約不可。日本人對此也沒有做多少反駁，因為幕府已經命令它的談判代表接受美國的多項要求，尤其是那些有關救助海難者和停靠港的要求。

令人奇怪的是，貿易問題也迅速得到解決。培里根據美國與中國的條約提出了一個貿易協議；日本拒絕了這個協議；培里則轉向了其他事項。[60]事實上唯一真正的困難在於開放港口的選擇上，主要是因為培里決意完全不考慮長崎。最終選擇的是下田和函館，前者需要立即開放，後者在一年之後開放。隨著這個問題的解決，談判幾乎就接近尾聲了。這個用英語、荷語、中文和日語正式擬定的條約，於一八五四年三月三十一日在談判舉行地神奈川的一個特別建造的大廳裡，經過一個簡短的儀式後簽訂。[61]

雙方似乎都對他們的收穫感到滿意。培里的報告直接宣稱「日本已經向西方國家開放了」。[62]報告對未來也抱以樂觀態度。報告寫道：「毫無疑問，日本人和中國人一樣，都是富有模仿力、適應力且溫和順從的民族。從這些特徵中，可以發現外國風俗和習慣——如果不是一個更高文明所擁有的更高貴的原則和更美好的生活——可能具有比較順利傳入的希望。」[63]而從日方的觀點看，日方的談判者也能有一些微小勝利值得炫耀，例如：「這份協議是以四位使節的名義簽訂的，而沒有任何來自於老中的官方文件。」[64]他們還有一個堅實的成果可稱道，即條約中排除了任何明確的貿易權利。而且，這一點是在沒有激化敵意的情況下做到的。誠然，德川齊昭及其追隨者對在他們不瞭解的情況下做出的讓步的範圍，特別是在諸如領事代表權等事項上的讓步，感到震驚和憤怒；[65]甚至佐久間象山那樣一個富有遠見的開國論者，也嚴厲地批評江戶屈從培里的威脅為恥辱性的示弱。[66]後來，日本很快不得不與俄國和英國簽訂相似的協議，[67]而這進一步增加了使用日本港口的船隻數量，並因此增加了衝突的機率。然而，幕府成功地做到了它預期要做的事情，即贏得時間。剩下的問題是日本該如何利用這段時間。

## 註釋

1 Tsunoda et al., p.602. 關於閉關政策的總體介紹，參考岡義武《近代日本的形成》中簡短而有益的討論，第十四到十七頁。

2 Beasley, Select Documents, p.104. 這種邏輯最初來自於中國，關於它的經典表述可以在林則徐一八三九年寫給維多利亞女王的著名的信中看到：「中國所行於外國者，無一非利人之物……而外來之物，皆不過以供好玩」（Teng and Fairbank, China's Response, pp.25-26）。

3 中國和日本的態度又一次非常接近。一八四一年在廣州一張反對外國侵略者的佈告中，有關英國人的部分這樣寫道：「你們無視我們法律和制度，無視我們的合法原則……你們除了船堅炮利之外還有什麼能力可言？」（Teng and Fairbank, China's Response，p.36.）關於中國態度的簡短討論，參考 Hsu, China's Entrance, pp.312；關於日本態度的討論，參考 Blacker,「Ohashi Totsuan」, pp.166-167。

4 Tsunoda et al., p.544.

5 Earl, p.46.

6 Tsunoda et al., p.595.

7 例如，我們或許難以找到比《愛丁堡評論》（Edinburgh Review）（October 1852, p.383）的陳述更強烈地道出日本關於貿易的本質和重要性與西方的看法背道而馳的表述了：「日本人的強制性閉關不僅對他們自己來說是錯誤的，而且對於文明世界來說也是錯誤的……日本毫無爭議地對它的領土擁有獨占的權利，但是它不可濫用這個權利到了禁止其他所有的國家參與分享它的富裕和美德。」

8 關於在一八五三年前的時期內，俄國、英國和美國的活動影響日本的記錄，參考 Lensen；Beasley, Great Britain; Sakamaki。

9 關於蘭學，可以參考兩部最近的作品：Monumenta Nipponica（Vol. 19, No. 34〔1964〕），它由日本學者關於這個主題不同方面的文章組成；以及 G. K. Goodman 的 The Dutch Impact on Japan，其在第一二二頁中引用了其中最著名的一位蘭學者杉田玄白如下的話：「直到現在〔一七八三年〕，中國仍被視為最文明的國家。然而，荷蘭卻更優越，因為除了文學外，它還擁有科學。」

10 福澤渝吉在離開他的城下町到長崎學習「蘭學」時提到了他的決定，他說：「我會歡迎任何事物，文學或藝術或任何其他的事物，只要它給我一個逃離的藉口。」（Blacker, Japanese Enlightenment, p.4.）

11 關於這兩位最好的研究是 Keene 的 Japanese Discovery。關於 Honda，也可參考 Tsunoda et al., pp.553-561。

12 Keene, p.196; 1969 年修訂版中略去。

13 關於佐藤，參考 Tsunoda et al., pp.561-578；Tsuchiya,「Bakumatsu shishi,」pp.161-162；Inobe,「Mito,」

pp.134-136。

14 Tsunoda et al., p.577.

15 關於佐久間象山，參考 Tsunoda et al., pp.603-616；Earl, pp.149-153；Inobe，「Sakuma Shozan」。最近兩部有價值的研究是 Harootunian, Toward Restoration, pp.136183; Chang, pp.99-186。

16 Sansom, p.258.

17 Tsunoda et al., p.610.

18 Tsunoda et al., p.611.

19 Chang, pp.141-144.

20 Chang（pp.172-173）轉引了一封一八五八年早期的信。

21 Chang, p.178.

22 水戶學者已經有大量的研究了。英文方面的研究，特別參考 Tsunoda et al., pp.592-603；Earl, pp.86-106；Harootunian, Toward Restoration, pp.47-128。

23 這部著作最初是以手稿的形式流傳的。它在會澤完成寫作三十年之後的一八五七年才最終印刷出版，並成為學校通用的教科書。據說，在一八五〇年代晚期和一八六〇年代，一個人如果不手執一本《新論》，就沒有資格成為一名志士。參考 Earl, Emperor and Nation, pp.91-92。

24 Tsunoda et al., p.601.

25 Tsunoda et al., pp.593-594.

26 轉引自 Earl, pp.95-96。Web 在 Japaneses 一書中也討論了江戶的忠誠概念，見第 182-195 頁。忠誠這個主題我們隨後還會討論，參考第六章。

27 Inobe《水戶》一文第一四二到一四四頁總結了《常陸帶》一書的觀點。像那個時期的其他許多書的標題一樣，這本書的標題翻譯出來並沒有什麼意義——「常陸帶」，是水戶藩控制統治的一個省名。對於這類書名，我建議不必譯出。

28 關於東湖對基督教的看法，參考 Chang, pp.54-59。

29 高羅佩提供了一個有價值的關於日本儒家學者的總體看法的介紹討論。也可參考 Blacker, Japanese Enlightenment, pp.17-19。

30 Van Gulick, p.488.

31 Van Gulick, p.534.

32 關於他的研究，參考 Blacker,「Ohashi」；Harootunian, Toward Restoration, pp.258-278; Tsuchiya,「Bakumatsu

shishi」, pp.162-163。
33 Blacker,「Ohashi,」p.165. 一八五八年中國的保守派學者反對《天津條約》的主張，與此非常相似。參考 Hsu, pp.57-66, 111-112。
34 Hawks, 1 : 256. 這封信的內容也可參見 Beasley, Select Documents, pp.99-101。
35 Hawks, 1 : 238.
36 Hawks, pp.258-259.
37 Satow, Japan 1853-1864, p.4.
38 Sakai, pp.214-219.
39 Inobe, pp.348-365. 也可參考 Kanno, pp.382-389。
40 關於這個時期的堀田正俊的觀點的史料，現存於世的只有一份未標明日期的總結。它可見於 BGKM，3 : 591-592。這個文獻選編包含了一八五三到一八五八年的談判的所有日語的備忘錄文本。它們的英文翻譯見 Beasley, Select Documents（以下再引用時只提及英譯本）。
41 Beasley, Select Documents, p.117.
42 Beasley, Select Documents, p.118.
43 這個短語來源於對中國在中亞的邊疆政策的描述，但是在十九世紀，像魏源這樣的學者將其應用到利用一個西方國家來對抗另一個國家的外交。參考鄧嗣禹和費正清，《中國對西方的回應》，第三十四到三十五頁。日本學者同樣用來描述使用西方科技來對抗西方。
44 BGKM, 1 : 575. 該書（第 566-578 頁）提供了黑田一八五三年八月二十一日備忘錄全文。
45 他的備忘錄的英譯文見 Beasley, Select Documents, pp.112-114。關於島津的態度的討論參考第五章，第一二四到一二七頁。
46 Hirao, Yamauchi, pp.20-21.
47 文本見 BGKM, 1 : 509-522。我在 Select Documents 第一〇二到一〇七頁中已經翻譯該文的大部（省略了關於軍事提案詳細的長部分）。
48 Beasley, Select Documents, p.103. 參考上面會澤正志齋的觀點，第八十三到八十四頁。
49 仙台藩主伊達慶邦（六十二萬五千石）以一種與齊昭非常相似的語言譴責了貿易，把它描述成把日本的真正的財富與「不過是奇淫巧計的外國之物」交換，這就使「外國人靠我們國家之失而牟利」（BGKM, 1 : 639-642）。他的這一觀點得到了其他一些有影響的藩主的應和，特別是長州藩主毛利敬親（三十六萬九千石），肥前藩主鍋島直正（三十五萬七千萬石），他們的文獻分別見於同上書，2 : 260-262 和 104-

106。

50 Beasley, Select Documents, pp.114-117, at p.115. 松平春嶽也名為慶永。

51 它們包括水野忠德、土岐賴旨、川路聖謨、井上清直、岩瀨忠震、永井尚志和筒井政憲。他們在一八五七到一八五八年的外交政策決策中都扮演了重要的角色，對此在下一章中將會討論。關於一八五三到一八五四年間這些人的活動和態度，參考 Tabohashi, Kindai Nihon, pp.494-511, 535-547。

52 BGKM, 1 : 686-724, at p.722.

53 文本參考 Beasley, Select Documents, pp.107-112。

54 文本見於《昨夢紀事》，1 : 83-84。也可參考 Chang, pp.82-86。

55 Tabohashi, Kindai Nihon, pp.506-507. 關於阿部和德川齊昭在這一事件之前的關係，參見 Totman,「Political Reconciliation」。

56 這個法令於一八五三年十月十七日頒佈。參考 Akao, 2 : 780。

57 文本見於 BGKM, 3 : 221。

58 一八五四年二月十二日的信，見《昨夢紀事》，1 : 105-106。

59 Hawks, 1 : 345。

60 培里的報告中將此轉向描述為他試圖以此確保「與小心翼翼的日本人達成他們能夠做出的讓步下的交易」（Hawks, Narrative, 1 : 38）。然而，根據一份日本的記錄，培里特別闡述了通商應從屬於其他事情，他做了如下的表述：「商業為國家帶來利潤，然而它並不關心人民的生活。我不會強求」（參考「Diary of an Official」,p.106）。因為 Hawks 在這點上試圖為培里辯護而反對對他的批評，他沒有提到這句話並不奇怪。

61 這個條約的英文文本見 Hawks, pp.377-379；Beasley, Select Documents, pp.119-122。日文和中文文本可見於 BGKM, 5 : 449-460。

62 Hawks, 1 : 388.

63 Hawks,p.359.

64 日本談判的官方報告見於 Beasley, Select Documents, pp.122-127, at p.123。

65 Ishin-shi, 1 : 609-610. 阿部的確在五月六日提出辭職，部分是因為這個原因，但他的辭職沒有被接受。同上書，2 : 107-108。

66 Inobe,「Sakuma Shozan」, 1 : 474-479, 484-486.

67 在研究日本政治的情境下——這是我們主要的關注——這兩個條約的談判故事對於它的價值增色甚少。細節見 Lensen, pp.311ff；Beasley, Great Britain, pp.113ff。

# 第四章
# 不平等條約

培里將軍於一八五三年抵達浦賀，標誌日本與西方的關係以及圍繞這些關係產生的政治進入了一個新的階段。誠然，他通過談判達成的協議，較之列強在打敗中國後得到的通商協議相比，或者與實際上將要在一八五八年同日本簽署的通商協議相比，都不是那麼苛刻、那麼不平等；儘管如此，當時許多日本人仍然認為條約不可接受，並認為培里協議印證了他們的憂慮。因此，日本人對預期將要到來的危險的討論（關於這些討論我們已在上一章做了考察），轉變為關於現實世界事件的辯論。學者之間的分歧轉變成掌權者（包括官員和大名）之間的鬥爭。最重要的是，爭論的地域和社會邊界大大擴展，使與列強的關係問題成為真正的「國家」問題，並且帶有濃厚的感情色彩。

這一進程可分為三個階段：在第一個階段，如前所述，培里的要求促使幕府召集藩主協商，從而使他們得以參與政治決策。在本章將要討論的第二個階段，在基本沒有徵詢藩主的情況下，幕府的態度逐漸改變，並在一八五八年夏天與列強簽訂的全面通商協議——

所謂不平等協議——那裡達到頂點。這個變化在某種程度上反映了江戶通過外交實踐學到的「現實主義」。然而，在政治上，它卻揭示出幕府的主張與封建階級大部分人的看法之間的鴻溝，一個將要帶來強烈不滿的鴻溝。因此，在最後一個階段，對條約的反對變成反對制定條約之人、甚至他們所屬政權的理由。結果，外交事務成為此後十年中大多數時候國內政治鬥爭的關鍵。

## 談判

培里條約以及那些以它為範本達成的協議難以滿足西方列強的胃口，這一點在條約協議簽訂後不久，很快即被包括日本人和外國人在內的相關各方認識到。事實上，假如英國和俄國這兩個在遠東具有最大利益的國家，一八五四年沒有在克什米亞交戰，而緊接著克什米亞戰爭的英國與中國的衝突即所謂第二次鴉片戰爭也不存在的話，下一步會來得更早。這兩個事件一起使列強——包括那些沒有直接介入衝突的列強（美國於第一個衝突、俄國於第二個衝突），把注意力投向歐洲和中國而非日本，這就使幕府通過培里條約贏得的喘息空間拉長了好幾年，一直到一八五八年，可以基本免受外國干涉。

但這並不意味著其間的幾年可以萬事太平，或者對日本來說無足輕重。一方面，幕府和藩國在此期間都發起軍事改革，以期當下一次衝突來臨時，能夠更好地應對。例如，幕府在長崎建立了一所由荷蘭人擔當教官的海軍訓練學校，在浦賀建立了一個造船廠；包括水戶、薩摩和肥前在內的強藩也都創建了修造艦艇、製造大炮的西式工廠。與此同時，官員們開始尋求一種能夠接受的外交政策，這種政策更大程度地著眼於國際情勢的現實考量，而較少顧及日本內部意見分歧的調和。

這一切發生在德川會議的高級成員堀田正睦（一八一〇到一八六四）領導下——堀田正睦的提拔顯示了江戶權力平衡中一個微小但影響重大的轉變。阿部正弘發現，在一八五四年三月之後，面對幕府內部兩個集團不斷加劇的衝突，維持自己在幕府的領導地位變得愈發困難。這兩個集團之間的分歧，在他們對去年的外交政策的反思中已經顯現：一邊是與井伊直弼相近的高級譜代大名，他們冀望日本的對外關係朝著既有利於幕府也有利於日本全國的方向發展；另一邊是由齊昭領導的若干德川家系，他們力推一種比較強硬、更加符合他們作為半獨立君主利益的外交政策。

阿部在觀念和背景上都傾向於井伊的支持者，不過，他認識到，齊昭對於任何決策之實施都很重要，而井伊的支持者卻顯然沒有意識到這一點。不過，阿部不是一個能夠長久抵抗譜代大名壓力的人，更不是一個敢於以決斷克服這些壓力的人。一八五五年十一月他任命堀田為老中，並辭掉首席老中職位由堀田接任，開始逐步把決策權轉交給後者，到一八五六年底，兩人之間的權責轉接完全結束。

幕府權力的這一變動帶來的一個結果是德川齊昭完全被疏離於幕府決策核心之外，從而排除了形成某種比較「自由的」外交政策的制約。但是，這一變動沒有使當權者的觀念發生任何重大改變。堀田和阿部一樣是個改革者。當他還是佐倉的年輕大名（十一萬石）時，就於一八三三年在那裡發起一場改革。這場改革和當時的眾多改革一樣，以改善藩國財政經濟為目的；除此之外，他還推出種種措施鼓勵醫療和軍事訓練領域中的「蘭學」研究。一八五五年六月，在日本與西方首次的外交活動的影響下，他授權對藩國軍事力量進行重組：在保留封建指揮結構的同時，他的軍隊裝備了西式武器，並被分為騎兵、炮兵和步兵三個部分。[1]所有這一切都對堀田將要把幕府的政策引向何方做了清晰的暗示。

另外，堀田還從阿部正弘那裡繼承了一個能幹有為且觀點相近的中層幕府官員班子。[2]其中有土歧賴旨、水野忠德、川路聖謨、井上清直和岩瀨忠震。土歧賴旨從一八四三年底起在阿部老中手下擔任多個職務，並在一八五五年九月被任命為大目付（大監督官）；水野忠德曾在浦賀和長崎任職，然後於一八五五年二月被任命為勘定奉行（財政長官）；川路聖謨出身卑微，是一個德川家族醫生的養子（後繼人），只有九十石的年收入，但卻爬升到非常高的地位，並於一八五二年成為勘定奉行；井上清直是川路聖謨的兄弟，他也是養子，他從一八五五年五月起擔任下田行政長官；岩瀨忠震年紀很輕，與幕府官僚圈子過從甚密，從一八五四年二月起擔任目付（監督官）。

土岐、水野、川路和岩瀨在江戶官僚體制中都掌管關鍵職位。這是因為，儘管大目付和目付名義上的職責是追究失職濫權，但卻經常被當作處理特別政務的特派人員，而勘定奉行則控制政府財政收支，這個職位使他們能在政策實施中扮演極為重要的角色。此外，在此後的幾年中，憑藉工作經驗，他們成為日本最早的外交專家。除了土岐外，其餘三人在一八五八年夏天通商條約簽署後，都被任命為新設的外國奉行（外國事務專員），從而成為當時英國觀察家所稱的「外務次官」。

他們積極參與塑造日本外交政策的第一個機會出現在一八五六年。這一年，荷蘭駐長崎代表丹克．克秋斯（Donker Curtius）寫信給幕府，力促幕府對日本的對外貿易問題重新徹底考察。[3]他說，一成不變固守陳規遲早要招致戰爭。以屢次要求與日本談判通商協議而著稱的英國駐香港貿易總代表約翰．鮑寧爵士（Sir John Bowring），絕不是一個善罷甘休、惜用武力之人。在克秋斯看來，日本避免衝突的最佳機會是與荷蘭達成協議，而且，是以能夠說服鮑寧接受的條件達成協議。

這個主張迅即在首都得到回應，因為那裡的官員經過過去兩年的辯論，已經形成了接受此類建議的氣氛。這年九月初，中央政府的主要官員同長崎、浦賀、下田和函館的行政長官同時收到了徵求他們意見的通知。該通知的措辭表明，對徵求意見的問題的討論，真的是開放的，而這樣的做法是前所未有的。另外，在十一月十七日，儘管有來自德川齊昭的不斷反對，幕府成立了一個專門研究通商協議的委員會。這個委員會由堀田領銜，而在它其餘十個委員中，有六個是阿部手下的「有才之人」。

如果沒有克秋斯建議的刺激，完全任由通商協議委員會按其步調開展工作的話，其工作進展將會如何，實乃一個難以判斷的問題。毫無疑問，幕府在通商協議問題的決策上，一直因前景不樂觀而猶豫不決（也許還受到齊昭反對的影響）。在這種局面下，委員們因來自中國的消息而迅速行動起來。一八五七年二月，克秋斯聞知英國在廣東的行動及其引發的第二次鴉片戰爭的消息。當他把這個消息告知長崎奉行時，並沒有忘記提示要害。他提請日本人注意，如果日本不改弦更張的話，在中國發生的事情必然也會在日本發生。

江戶對此並非視而不見。三月，官員們又收到另一份諮詢意見的通知。這個通知明白無誤地指出：為了免於「日本遭受廣東的命運」，「我們遵循至今的政策必須改變」。[4]堀田本人在附在通知上的備忘錄中對這一論點做了闡發。首先，他認為，貿易是不可避免的事情，為此，日本最好決定以於己最有利的方式開放貿易。其次，國家的拯救取決於在危機產生前而非產生後的決策：「如果我們既沒有計劃，也沒有目標，最終將發現自己不得不接受外國提出的全部方案。這將使國家陷入萬劫不復的境遇。」[5]

此後的爭論主要出現在幕府官員的核心圈子裡，特別是在那些負責處理國防和外交政策的官員中。這些爭論的出發點不是日本該不該與西方貿易，而是如何進行貿易。不過，儘管如此，巨大的分歧依然存在。一派官員（包括土岐賴旨和岩瀨忠震）認為，日本應當全面利用遇到的機會，建立不受政府干預的自由貿易體制，並在幕府和大名的領地都開放自由貿易。這樣做，這派官員認為，江戶「就能把全國置於自己的控制之下，從而奠定富國強兵的基礎」[6]。另一派官員（以川路聖謨和水野忠德為首）則更加謹慎；他們視貿易為迫不得以而非理想之舉。這派官員指出，世界大勢的變化確實已經使日本開放港口成為不可避免之事。然而，仍有一些強有力的理由可以為閉關鎖國的傳統辯護。其一，放棄這個傳統意味著改變國家結構之根基，而試圖撤換基柱、重塑立國之基的做法，究竟會在多大程度上削弱幕府的權力，難以預測。其次，放棄傳統重塑基業，要獲得成功，需要統治者有雄才大略、富創新精神。然而，幕府扮演的是繼承人和守成者的角色：它合適的政策是「保持清明之治，唯有在充分諮詢之後方可下達命令，藉此上下團結、細心維持歷代將軍傳承下來的體制」[7]。於是，無論改弦更張是如何必須，也不可據此拋棄傳統態度：「它的觀念和內在思想〔必定〕植根於先前的體系之中。」

有意思的是，從這兩派觀點中，我們看到，從相似的前提——即現行制度已經不合時宜了——出發，能夠導向如此不同的結論：一方認為唯有激進的改革才能拯救幕府的權力；另一方以為幕府自身的不足決定它無法進行真正的改革。不過，我們應注意到兩者的共同之處：它們都致力於維護幕府的政權，都意識到決定對外政策與維護幕府政權息息相關。從長遠的觀點來看，兩者的共同之處比它們的分歧更為重要。但是，在當時，兩派的分歧使得它們在與荷蘭談判的問題上，採用了兩種相反的方法，一方小心謹慎，另一方樂觀激進。堀田很圓滑，從兩派中各挑一人，派水野忠德和岩瀨忠震代表自己去長崎談判。

儘管兩位代表的正式任務是就貿易問題進行調查，並就此問題諮詢丹克．克秋斯，但是，隨著他們在一八五七年夏天的討論的進行，情況很快變得很明朗：他們所起草的是一份通商條約。再者，克秋斯和岩瀨的共同勸服慢慢打消了水野的疑慮，使得他們最終形成的協議稿，與過去的實踐大不相同，儼然是一個新體制的開始。協議稿開放長崎和函館為不受官方干預的自由港，在那裡進行貿易不受價值數量的限制，向所有的日本商人而非少許壟斷集團開放。儘管協議稿仍然對荷蘭商船和商人有許多限制，對所有「私人」進口貨物課百分之三十五的關稅，但同古老的「出島」規定[8]相比，雙方都認為改進幅度如此之大，其他的列強沒有理由不接受。

這當然才是問題的關鍵。雖然有岩瀨及與他觀點相近的官員的支援，這個協議在江戶得到通過的唯一機會，是把它陳述為預防某種更糟糕情況發生的手段。水野和岩瀨在他們尋求支援八月底簽署協議的信件中表明瞭這一點。[9]他們說，必須有緊迫感，因為英國艦隊可能隨時出現並要求締約，而它絕不會接受一個僅為草案、尚未簽署的荷蘭條約，作為與日本締約的範本。他們對這一事實的信念如此之強，以至於向幕府建議，在萬不得已的情況下，如果英國特使在幕府的指示下來之前到達的話，授權他們代表幕府簽約。

在江戶，只有岩瀨一派的官員全盤支援協議草案，其他官僚都對它表示這樣或那樣的保留，大多數官員或者表示無法完全接受由同外國人直接打交道的官員們得出的結論，或者表示要提出自己的方案。[10]這就使決定最終取決於堀田個人。在十月初他批准了岩瀨和水野草案。

與此同時，俄國特使海軍少將普提雅廷（E. V. Putiatin）到達長崎要求與日本締結通商條約。水野和岩瀨旋即通知幕府，因為俄國如英國一樣可怕，如果有必要的話，他們也將同俄國簽訂協議，這樣，當英國特使到來之際，能向他提出兩個而非僅僅一個協約範本。事實上，由於克秋斯和普提雅廷加大了要求締約的壓力，水野和岩瀨很快就不得不這麼做了。在沒有得到堀田批准（該批准到達長崎的時間很慢）的情況下，由於水野和岩瀨通過私人通信瞭解到他們在首都得到了有力的支持，他們仍舊照自己的計畫行事。與荷蘭的條約於十月十六日簽署，八天後相似的與俄國的條約也得以簽署。水野寫道，這是「一個需要巨大勇氣的舉動」，因為它們是在沒有得到幕府具體指令的情況下簽署的，唯有他們面臨的危機的性質能夠為他們的簽約行為辯護。畢竟，「沒有什麼比給幕府造成更大困難更為糟糕的事情了」[11]。

毫無疑問，一八五七年的荷蘭和俄國條約，已經代表了幕府在常規壓力下所願意做出的讓步的極限。實際上，甚至這也是通過堀田使用他個人的權威解決幕府內部分歧後取得的。考慮到在之後幾年內發生的事件，這一決定能否加諸於幕府之外的大名和武士之上並為他們所接受，仍是一個需要存疑的問題。然而，我們無須對此做出進一步的推測，因為這兩個條約很快就因另一個條約（與美國）的問世，而顯得無關緊要，與美國的條約把日本推到一條「中國式」條約的道路上，使對外關係問題再度成為公開爭論的焦點。

這進一步的發展，幾乎完全是由美國首任日本公使湯森・哈里斯（Townsend Harris）一手導演的。哈里斯於一八五六年九月在下田安營紮寨。[12]在他到達下田後的幾個星期內，哈里斯即告知日方他要進行貿易談判的意願。他向下田奉行提交了一份美國與暹羅（今泰國）協議的荷語譯本。這個協議以列強與中國的貿易協議為範本。同時，哈里斯還要求允許他前往江戶呈遞美國總統國書，就「一個最重要事務」開啟會談。江戶的反應很冷淡，因為它明白哈里斯要的是什麼，在江戶只有岩瀨忠震一派官員願意接受。哈里斯被告知只能同下田奉行交涉，即便是在重大的問題上也是如此。至少在幕府於一八五七年做出與克秋斯進行談判的決定之前，幕府對哈里斯的要求一直充耳不聞。

即便到那時，幕府對哈里斯提出的要求也是遲疑不決的。唯有下田奉行井上清直（川路聖謨的兄弟）在土歧賴旨的支持下提出言辭強硬的請願書以後，幕府才做出同意哈里斯訪問江戶的裁決。[13]在日本人看來，這個讓步非同小可。它在一八五七年八月二十七日傳達給哈里斯，而訪問日期的初步確定則是在一個月後才做出的。當這個消息最終於十月一日公佈後，立即招致一群雄藩大名的抗議。對此，堀田視而不見。不過，就是這樣，哈里斯仍然是到十一月底才離開下田前往江戶。在那裡，他於十二月七日與德川家定將軍進行了短暫的正式會面，這為其後的嚴肅的外交交涉鋪平了道路。

幕府有意於向哈里斯（以及鮑寧，如果他來的話）提供一個以荷蘭條約為範本的條約。然而，在十二月十二日與堀田的會面中，哈里斯斷然拒絕了這種可能。他要的是更為自由的貿易安排，增加開放港口的數量，有權在江戶派駐使節。他說，英國所要求的肯定不止於此。因為鮑寧將帶著那些為中國戰事而集結的艦隊來到日本，而且他絕不會在使用這些艦隊武力上有絲毫猶豫，日本將不得不在接受要求與接受戰爭中選擇。哈里斯強調，在「一份與隻身一人前來談判的人簽訂的條約，和一份同率領五十艘戰艦前來談判的人簽訂的條約之間」[14]有天壤之別：在武力面前公開屈服，「將使政府在日本人民的眼前蒙羞受辱，而這實際上是在削弱政府的力量」[15]。

在兩個小時的會面中，哈里斯給堀田上了一課，告訴他世界的局勢，現代工業的發展如何改變了世界局勢，英國的威脅（對此他表示可以拿出鮑寧的私人信件加以證明），以及與美國談判帶來的好處。他有一個願意受教的聽眾，如幕府處理荷蘭條約事宜所表明的那樣。他還接觸到了一個具有決策權的人物，這就使哈里斯的處境與同年早些時候克秋斯的處境非常不同。幾天之內，堀田就會談寫了一個說明，發給幕府高官。這個說明清楚地表明他認為哈里斯的主張是令人信服的。

堀田指出，因為日本的虛弱而接受外國的要求最終將召來災難。但若出於虛驕以武力對抗武力也同樣愚蠢，因為這將導致經濟和軍事崩潰。因此，日本不但必須簽署條約，而且必須要用好條約：「我們的政策應是用足眼下的機會。廣結友邦，派遣輪船到世界各國進行貿易，學習外國之長，彌補自身不足，增強國力，整飭軍備，從而逐漸把外國人置於我們的影響之下，最終使我國完美之政治、和諧之社會昭示全球。」[16]

這一政策想必絕非哈里斯自詡為「向日本人傳授政治經濟學基礎之教師」[17]時所認為的日本應當採取的政策。而且如未來的發展所顯示的，它也未必與江戶大多數官員的意見相合。不過，它仍然意味著談判是在可能達成某種能夠接受的結果的希望中進行的。

不過，在談判過程中，幕府仍在幾個細節問題上堅持不讓步。哈里斯在一八五八年一月十六日與堀田再次進行會談。在這次會談上，堀田原則上同意了哈里斯的三個主要要求，雖然在外交使節的駐紮地點和開放港口的數量問題上仍舊有所保留。第二天，井上清直和岩瀨忠震被任命為談判全權代表。但是，當實質性談判於一周後開始時，哈里斯又驚又怒，發現他不得不重新為擺脫荷蘭條約「範本」而戰。日方反對開放江戶和大阪，反對開放京都的態度更為強烈。日方提出建議，美國公使應駐紮在品川或神奈川，而非江戶。日方堅決反對給予外國人自由旅行於日本內陸權利的建議。由於「全權代表」因向其上司請示而從談判桌上撤退，加之論爭和反論爭反覆出現，談判一再延遲休止，這使得哈里斯在日記中這樣寫道：「我應當把自己的注意力集中於具有實際交涉意義的主要事實上，而忽略日方糾纏不休的言論（同樣的論題可能被重複幾十次）。此外，日方對某些事項的斷然拒絕，我也應採取不理睬的態度，因為這些事項後來得到了日方的認可，或者無論如何他們都將認可。日方還提出許多荒謬的提案，連他們自己也自認無望或者不期待被接受的提案。對於這類提案，一概不予理睬。」[18]

儘管有這些問題，哈里斯仍然成功地得到了他要求的大多數東西。他關於開放京都的要求沒有寫進條約；除官員外，外國人自由旅行於日本內陸的權利也不在條約之中。但是，雙方同意外國使節駐紮江戶。江戶自身與大阪、神奈川（橫濱）、長崎、新潟和兵庫（神戶）一樣，將於一八五九年七月四日到一八六三年一月一日之間開放貿易；大多數進口貨物的關稅被定為貨值的百分之五或二十；在日本的美國公民受制於美國領事法庭而非日本法律。[19]事實上，這本質上屬於中國條約模式，僅在禁止鴉片和關於容忍基督教（雖然局限於外國居民）的特別條款上有所修正。接受這些條件，意味著日本將註定被納入西方通過與中國打交道而建立的經濟和政治關係網。

## 簽約

從二十世紀的觀點來看，並根據我們關於在亞洲其他地方發生的一切的認識，我們不難看到日本若是簽署了哈里斯草擬的一類協議，所可能遇到的風險。如果貿易要求打亂了日本的經濟，則可能在日本人中出現敵對性政治反彈，或者引起日本內亂，而這些都可能導致西方為保護其經濟「權利」而進行干預。從這裡到變成歐洲的殖民地或受保護國只有一步之遙。另一種可能是：如果日本的經濟被調整得完全適應新局面，它可能作為與外部力量共生關係中較弱的一方，成為從屬於外部力量控制的「半殖民地」。換言之，外國在經濟上的優勢，加之治外法權和受約束的關稅之類制度設計的支持，將逐漸侵蝕國家的經濟獨立和政治獨立。而在這兩個不幸的可能即殖民地和半殖民地之間，留給落後國家的秘密頻道窄之又窄。

當然，當時的日本人並不是這樣看問題的。但是，他們當中仍有許多人確實從條約中看到了危險並為此感到震驚，而這就足以使接受條約變成一件不可能迅速達成或實現的事情。這一點在一八五八年二月二十五日擬向幕府提交的最終草案完成的那一天已經變得很清楚了。這引起井上和岩瀨受命向哈里斯建議推遲條約簽定的日期，以使堀田有時間通過取得朝廷的同意來平息不滿。

一八五七年十一月底，堀田決定在幕府官員和封建大名中傳閱哈里斯與他的談話概要，一如阿部在一八五三年對美國信件的處理一樣。這一步使參與締約問題的爭論者的範圍大大擴大了。在此之前，爭論基本上限於幕府內部的核心圈內。而如前所述，就是在這個核心圈內，已經有人對日本可能具有的選擇餘地持悲觀態度。在他們看來，日本似乎只能在開放國門並無可避免受西方腐蝕，和必敗無疑的奮起抗爭之間進行選擇。如果悲觀者尚屬少數，那麼大多數官員的反應可謂麻木喪志。[20]甚至數月前參與了荷蘭談判的水野忠德也對現在的條約所具有的風險感到不滿。他認為，允許外國使節進駐江戶將使他們有機會接觸大名，而這在政治上十分危險。另外，允許他們在城裡傳播基督教，勢將陷政府於軟弱無為之責難，「而那些素來心懷不滿的鬧事者可能利用這個機會製造事端」，危及德川幕府的統治。[21]不過，他能夠提出的唯一可行的建議是拒外國人於像江戶和大阪一類的地方之外，想方設法把他們限制於紀伊半島上偏遠的港口內。[22]

這種態度在大名中也很常見，雖然在許多場合下他們的震驚是出於對西方的無知而非認識到日本別無選擇的困境。有幾位大名在過去的四年間態度毫無變化。例如，仙台藩主伊達慶邦仍然拒絕開放貿易，一如他在一八五三年的認識一樣；為此，他表示不接受哈里斯所要求的任何東西。[23]更富戲劇性的，由一些譜代大名和德川家旁系共同簽署的請願書建議原則上接受美國人開出的條件，但應設法推遲其實際執行。[24]津山藩主松平美智（家門[25]，十萬石）實際上提出了一種達到這一目的的思維，而這個思維與幕府將在一八六二年付諸實施的做法竟然差不多。他說，因為開放港口將鼓勵貿易，傷害農業，農民將放棄土地而事商業，使國力衰落。這依次又會導致動亂，進而最終出現攻擊外國人的暴動。但是，如果我們能夠讓外國人明白這一切都是他們所作所為的後果的話，他們或許會因此意識到他們的要求是不理性的，應當予以取消或者修正。[26]

或許最大的變化是現在德川齊昭不再要求決死抵抗到底了，儘管他仍舊反對開放更多港口、允許外國在江戶建立領館。但是，他對下一步政策的唯一貢獻是提出一個沒有任何現實意義、幾近妄想的方案。他建議，幕府可派他以德川家族長者的名義，率一支由浪人、罪犯和商人農民的次男組成的隊伍，到美國建立一個貿易港，這樣做或可助幕府度過難關。因為它使外國人得到他們想得到的，即貿易，同時又把他們拒於日本的國門之外。他覺得，要是把同樣的做法也在其他國家實行一下，就算是在現在這亡羊補牢的時刻，也會給日本爭取時間來增強軍備。[27]

因此，那些主張既要避免無謂的軍事冒險，又要爭取緩和他們認為威脅最大的美方要求的幕府官員，在封建大名中不乏強烈的支持者。但是，另有一些採取非常不同觀點的幕府官員也得到了一些大名的支援。在這些官員中，岩瀨忠震再度充當了領袖的角色。他在一八五八年一月提出了一份陳情書，對幕府的猶豫不決做出直率坦白的批評。岩瀨也承認當下的局勢蘊含著對日本獨立和德川政權的威脅。然而，他不認為這一危險能夠靠耍猴一般的伎倆，或靠「一些細枝末節的瑣碎之法」來加以應對。在他看來，僅把偏遠的港口向外國貿易開放的嘗試，或者遲遲不做決策，都是徒勞無益甚至是無端的挑釁。最合理的做法是抓住關鍵，即立即宣佈幕府願意以寬鬆的條件開放橫濱為外貿港口。這樣做，將使幕府在與哈里斯的談判中獲得先發制人的優勢，向世人證明江戶是負責的全國政府。通過採取這一步驟，「幕府實際上再次顯示了它統治全國的權威，執行了一項將給我們帶來持久利益的政策，從而奠定國家富強的基礎」[28]。

這個以積極姿態解決問題的方法得到了家門大名松平春嶽的熱情支持，他的思想自一八五三年以來有了很大的發展。雖然他曾經堅決反對與培里簽訂條約，現在卻這樣寫道：「統治他人抑或受他人統治，這是一個完全取決於誰掌握主動權的問題。」[29]在日本對外關係的背景下，就意味著採取積極措施發展貿易——「富國乃強兵之基礎」，而最終的目的是能夠「粉碎蠻夷的叵測居心」。為此，幕府必須接受哈里斯要求中的合理成分。但是，幕府還需要在國內進行改革，因為只有國內改革才能使日本利用條約開啟的機會。

春嶽絕非鼓吹走這條路的唯一一人。德川家族的另一位親戚，會津藩主松平容保（家門，二十三萬石）論證說，當下不但是危機的時代，而且是機會的時代。在這個時代，在開放港口等事宜上的決斷行動將使「富國強兵」成為可能。[30]薩摩藩主島津齊彬（外樣，七十七萬石）和柳川藩主立花鑑寬（外樣，十一萬九千石）也都為了增強國力而贊同開放貿易，並認為同時應當進行國內改革。[31]筑前藩主黑田長溥（外樣，五十二萬石）提出了一個具有同樣想法的秘密的私人陳情書，該書是在沒有與家人或家臣商議的情況下寫成的（這一做法在他看來是如此出格，為此他要求陳情書閱後即銷毀）。[32]

這些記錄清楚地表明，堀田在一八五八年所面臨的局勢，在某些方面已經同阿部在一八五三年所處理的局面相當不同了。那時，衝突發生於兩個小集團之間，一個力主開放港口，另一個要求排外，而其爭論的背景是不加區分的傳統排外心理。現在，至少在接近權力核心的官員之中，對開放外貿和外交的不可避免性已經有了相當的體認。[33]在統治階級中權勢較大者之間所出現的分歧，是這一不可避免性究竟應當走多遠，或者如何做才對保持他們看重的東西——不管是傳統還是權力——最為有利。

然而，官員圈內對局勢的這一新認識並沒有使哈里斯條約變得容易起來。有人譴責這個條約是在威脅面前示弱，有人則批評它與日本新生的計畫毫不相干。實際上，「革新派」和「守舊派」一樣批判這一條約。當崛田於一八五八年二月十二日和十三日在江戶會見譜代大名說明自己的政策時，他很快就發現了這一點，因此，在十八日，他寫信給哈里斯建議推遲簽訂協議，並誠懇地（如我們所能判斷出的）強調他意欲請天皇批准條約，而天皇的批准將平息條約所有的反對者。這些反對者，他相信，是由於誤導而非出於惡意。

用井上清直在與哈里斯會談時講的話來說，大多數反對都是出於偏見，來自於那些拒絕聽從理性的人，「一如更加開化的國家中的頑固派」。[34] 取得他們同意的唯一途徑是借助天皇的傳統威望。而一旦幕府要求，天皇拒絕同意的危險根本不存在。按照井上的觀察，幕府「已經誓言不會從天皇那裡得到一個『不』字」[35]。

在對局勢的這一估量上，事實證明江戶大錯特錯了。[36] 當堀田在川路聖謨和岩瀨忠震陪伴下於一八五八年三月十九日到達京都時，朝廷內部已經就他的建議做了某些討論。在得到諮詢的二十餘位朝廷貴族（公家）中，五位持完全反對態度，約有一半認為在權威大名們明確表示同意之前不得輕舉妄動。天皇本人贊同後者觀點，並說他已經做好準備，一旦需要，將授權「驅除」外國人。[37] 結果，四月六日堀田接到天皇的一道敕令，言明在進一步諮詢大名之前，必須凍結條約。

這之後的幾周，堀田拼命做工作，以改變朝廷敕令。通過他對時任關白（天皇朝廷最高官員）九條尚忠和前任關白鷹司政通的影響，堀田最終使朝廷準備了一個新的承認江戶在條約事宜上負有最高責任的敕令稿。九條和鷹司把這個敕令稿強壓於其朝廷同事和天皇，取得了後者於四月二十四日的正式批准。可是，在這時，天皇卻私下讓人知道他不贊同這個修改的敕令稿。結果，由大原重德和岩倉具視組織的八十餘位較低級朝臣的會議，通過了一個譴責修正的敕令稿的決議。這個行動促使九條把有爭議的關於幕府責任的段落從敕令修正稿中刪掉。因此，當這個文件於五月三日送達堀田處時，它對堀田的幫助減少了許多。據說，條約如果按照堀田提出的條件簽署的話，則「將使國家榮譽遭受汙損」[38]。幕府必須與大名商議後再行提交。

導致這一落敗的一個原因是許多朝臣（公家）都深受水戶學者在過去幾年著述的影響，以為他們這樣的行動能夠增加德川齊昭在幕府中的影響。另一個原因是多個大名，包括齊昭本人和松平春嶽在內，一直染指於京都的宮廷政治（詳見第五章）。誠然，這些大名的目標與其說是要確保拒斥美國條約，倒不如說是為了增強國內的改革力量。在他們看來，如果通商條約真能起到使日本復興的作用的話，國內改革必須進行。然而，或許是因為這個思維的微妙不為天皇朝廷中那些缺乏政治鬥爭經驗的朝臣所理解，他們的宮廷政治活動導致條約被拒絕。

事實上，這些大名所取得的，不是幕府政策的轉向，而是堀田的下臺。在離開京都之前，他同關白等宮廷高級官員達成一個秘密諒解：在危機發生的緊急情況下，他將不管天皇敕令自行簽署條約。因此，從外交政策的角度看，事情並沒有到無可挽救的地步。儘管如此，堀田仍舊遭到公開的反對，而這嚴重地削弱了他的權力。當他於一八五八年六月一日回到江戶時，已經發生了一連串把他從首席老中趕下臺的活動。三天之後，井伊直弼被任命為大老即攝政者，堀田則降格為次席老中。

領導層的變動並沒有使幕府的外交政策方向發生任何重大的變化：與美通商條約的簽署仍然是幕府的頭等大事。七月，岩瀨和川路開始為重新獲得天皇同意簽約而在大名中爭取支持。這次，一個由眾多外樣大名共同簽署的陳情書於六月二十五日提交，以助他們一臂之力。這些大名包括備前的池田、米澤的上杉、安藝的淺野、久留米的有馬、宇和島的伊達、土佐的山內。他們的封地合計接近一百五十萬石。在陳情書中，他們坦言哈里斯協議不該不簽。除了這批大名，還有很多人的言論透露的資訊至少可以理解為幕府可以自由地聲稱得到他們的支持。實際上，只有齊昭固執己見，主張天皇私下表示的意見就是對他自己觀點的終極肯定。

當堀田及其同僚好幾年前就開始準備的危機終於來臨時，幕府也有這樣的想法。在七月二十三日那天，一艘美國軍艦到達下田，並通告湯森·哈里斯和平在中國得到了恢復，英國和法國的全權大使即將啟程來日本談判。哈里斯馬上趕到神奈川，把這個消息傳達給井上和岩瀨。後者隨即趕回江戶請示，力促立即簽訂條約。大多數擔當外交事務的官員都同意井上和岩瀨的要求。

然而，仍然有一些幕閣成員（他們在七月二十九日開了會）難下決心。甚至連井伊直弼也念及他面臨的政治風險，而對在沒有得到朝廷同意的情況下做決定表示疑慮。結果又是一場漫長而艱難的辯論。這場辯論最終依靠井伊作為攝政者對幕府所承擔的責任感（外加對堀田在京都的秘密談判的知曉）而以積極的方式告終。井伊最終這樣說道，與其打一場必敗的戰爭，倒不如違背天皇的意願。同時，幕閣還強調這樣做是他們的職責所在：「執行國策是幕府的責任，而在緊急情況下，幕府必須相機做出適當決策。」[39]在這些理由的基礎上，井伊指示井上和岩瀨返回神奈川，並且，如果繼續拖延的可能性不再存在，應即行簽約。井上和岩瀨在同一天的晚些時候即啟程前往神奈川。

為了證明這次英國的威脅行動不僅僅是流言，額爾金公爵（Lord Elgin，他取代鮑寧擔任英國在中國的全權代表）於兩周後到達江戶，儘管並沒有如報告所說的一支大艦隊會與英國特使同來。到八月二十六日，在哈里斯的秘書亨迪克·赫斯肯（Hendrik Heusken）的幫助下，額爾金公爵得以簽署了一個反映了哈里斯要求的條約。在這之前幾天，類似的條約與克秋斯（代表荷蘭）和普提雅廷（代表俄國）簽署。與法國的條約隨後在十月簽訂。哈里斯的要求迫使幕府——或者更確切地說幕府中那些較具開放眼光的官員——做出的決定，使日本做出了在未來十二個月內開放港口的承諾，從而使它與五個西方列強建立了完全商業關係。與中國不同，日本是在沒有遭受任何公開武力使用的情況下達到這個狀況的。與中國的另一不同點是日本立即對那些強加於它的不平等做出反應。於是，一八五八年乃是日本與西方真正鬥爭的起點，而非終點；同時，從這一年開始，一場具備許多革命印記的國內政治衝突掀開了大幕。

## 註釋

1 關於崛田在佐倉推行的政策，參見 Kimura and Sugimoto, pp.196-205, 262-279。

2 Sakata 在 Meiji ishin shi（一九六〇）第八十八到九十五頁對此作了有益的討論。

3 關於他的兩封信，寫於八月十日和八月二十三日，見《維新史》，2：192，232-233。關於與荷蘭談判的總體情況，參見上書，第一九二到一九八頁、二三二到二四九頁。

4 一八五七年三月十九日老中的諮詢信，見 Beasley, Select Documents, pp.130-131。

5 崛田一八五七年三到四月備忘錄，同上書，第一三一到一三四頁，見第一三三頁。

6 崛田一八五七年三到四月備忘錄，見 Beasley, Select Documents, pp.134-136, at p.136。

7 崛田一八五七年三到四月備忘錄，見 Beasley, Select Documents, pp.137-139, at p.138。

8 一六四一年，幕府為了實施其鎖國禁令，防止西方的影響，在長崎附近海面上建造了一個叫「出島」的人工島。該島有圍牆，僅有兩個出口，嚴密把守。日本人只有翻譯可以上島。荷蘭東印度公司的司令只被允許每三年離島一次，後改為每年一次離島，到江戶表示對幕府將軍的尊敬。其餘的時間裡他必須和島上的其他荷蘭人一樣呆在出島上。——譯注

9 崛田一八五七年三到四月備忘錄，見 Beasley, Select Documents, pp.139-194。

10 一八五七年九到十月的各種備忘錄和指示草案，見 BGKM 17：466-504。

11 一八五七年十月十四日信件，見 Beasley, Select Documents, pp.146-149, at p.148。

12 哈里斯在他的日記中相當詳細地記載了談判過程。他的秘書亨德里克．休斯肯的日記也已出版，不過它沒有提供什麼新的史料。使用幕府文件的日文相關論述，見《維新史》，2：251-261。

13 關於幕府在一八五七年八月對這個問題的討論的文獻，可見於 BGKM 16：437-440, 497-501，506-511, 653-661。

14 Beasley, Select Documents, pp.163-164. 關於哈里斯在這個場合下說了什麼，有兩個記載。其一見於 Harris，pp.485486；另一也即本段引文的出處，是對一則日本記載的翻譯，見 Select Documents, pp.159-165。兩個記載在內容上並不一致，不過後者的語氣更具威脅性也更詳細。

15 Harris, pp.485486.

16 Beasley, Select Documents, pp.165-168, at p.167.

17 Harris, p.490.

18 Harris, p.505. 哈里斯指的是一月二十五日到二月二十三日的日記（同上書，第五〇五到五五五頁）。在那

裡，他記錄了當天的談判，不過其中的評論可能來自於他此前在下田的經歷。他的感覺一定能夠引起許多當時在中國沿海地區擔任領事的英國人的共鳴，他們會把哈里斯的評論當作對中國官員行為的評論。確實，此類評論在當時的遠東外交界屢見不鮮。

19 一八五八年七月二十九日簽署的條約文本見 Beasley, Select Documents, pp.170-174。

20 兩個陳情書的例子，參見日期標為一八五七年十二月十九日和十二月二十五日的陳情書，見 BGKM, 18 : 249-251, 345-346，該書記載了為一類眾多官員持有的觀點。這些官員覺得條約需要簽署，但僅僅是因為別無選擇。

21 轉引自 Beasley, Select Documents, pp.170-174, at p.171。

22 水野反對允許外國人在江戶居住的觀點，與同年晚些時候埃爾金公爵在天津談判時中國保守主義者反對外國外交官進駐北京的論調如出一轍。見 Hsu,China's Entrance, pp.57-66。

23 BGKM, 18 : 399-401。關於他在一八五三年的態度，見第三章注 42，第四五一頁。

24 Beasley, Select Documents, pp.176-179.

25 江戶時期「三卿」之外的德川家旁系。

26 BGKM,18 : 866-892. 這與幕府在一八六一到一八六二年試圖說服英國同意推遲開放更多港口的論證是很相近的。見 Beasley, Select Documents, pp.208ff; 本書第七章。

27 BGKM, 18 : 360-368，齊昭的建議的一部分已被翻譯為英文，見 Beasley, Select Documents, pp.168-169。

28 Beasley, Select Documents, pp.174176, at p.176.

29 Beasley, Select Documents, pp.179-180, at p.180.

30 BGKM,18 : 884-886.

31 分別見於上書，第七五〇到七五二頁和第四一五到四一九頁。在此，兩人都在此時比他們在一八五五年更有遠見。那時，立花贊同繼續閉關鎖國的政策（同上書，2 : 264-266），島津主張在軍備整飭後建立貿易關係。

32 BGKM,18 :: App., pp.47. 黑田（島津齊彬的兄弟）在一八五三到一八五四年間表達了類似的觀點。

33 但如我們將看到的，這一判斷不適用於更廣泛意義上的「大眾輿論」。實際上，長溥在他個人的意見和藩國的觀點之間所做的區別，已經透露了還存在著另一類分析的資訊。

34 Harris, p.543.

35 Harris, p.539. 幕府的翻譯森山表示即便其他各種方法都失敗了，總是可以賄賂朝廷的（Heusken, p.191）。

36 關於其後於朝廷的討論的詳細記載，見《維新史》，2 : 320-346。又見於 Inobe 的《安政條約》一文和本書第五章。

37 天皇公明致關白，一八五八年三月十一月，見於 BGKM,19：App., pp.47。

38 Beasley, Select Documents, pp.180-181, at p.181.

39 Beasley, Select Documents, pp.181-183, at p.183，轉引自井伊秘書的日記，它對這次老中會議及其討論做了記錄。

# 第五章
# 改革的大名

一八五八年簽署的「不平等」條約立即在日本引起軒然大波。畢竟，條約的內容無法嚴守於為官者或高社會地位的人中。許多中級和某些低級武士以各種方式捲入條約決策過程中的商討和密謀。他們有的為政治上很活躍的少數大名（如德川齊昭和松平春嶽）充當密使，但更多的是因為各地大名在撰寫對幕府徵詢的答覆時，必然會向家臣諮詢意見。當這些諮詢發生於江戶時，由於參覲交代制度，當時在那裡的大名和武士都為數不少，因此，對於武士們來說，在諮詢過程中，獲得有關談判和正在形成的條約的資訊並不是件難事。事實上，只要幕府自身覺得有必要諮詢大名的話，幾乎沒有什麼秘密是可以守住的。而且，消息的傳播也不限於江戶。所有的大名在江戶都有常駐機構，所以即便是在大名及其隨從不在江戶的情況下，仍有管道把消息送到藩國。

這些消息傳播的方式——通過在江戶的武士們之間的私人會合，寫信給那些留在城下町的朋友和同事，經由在不同中心城市穿梭的旅人的口口相傳——決定有關事態發展的可靠資訊首先限定在具有武士地位的人群之中，因為這些交流方式均發生於那些社會地位大致相當的個體之間。慢慢地，像鹽谷宕陰於一八五九年發表的《隔韡論》那樣的著作以及宣傳材料的出版，為知識人——無論他們有無武士地位——加入討論奠定了基礎。[1]

但是，加入條約爭論的社會邊界，擴展很快，儘管局限依舊存在。許多出身相當卑微的武士，包括鄉士和步卒，以及村長甚至豪農富商的兒子們，經常從全國各地到江戶或其他大城市完成他們的教育。[2]他們在那裡所形成的社會圈子，與官方的統治者圈子相當不同：等級不那麼嚴格，交流更加開放（因為成員來自全國各地），觀點更為靈活（由於不為等級地位所縛）。這個社會圈子中，在一八五三年之後的多年中，關於對外事務的討論吸引了大量的注意力，群情為之激昂。因為這個圈子的成員一方面與瞭解情況較多的中級武士有接觸，另一方面又與鄉村或城下町准武士或非武士上層階級有交往，他們對條約的批評，一旦流傳開來，即可產生遍及全國的影響。

這一點的展開，我們將在以後的各章逐步展示。這裡只須強調當時所謂的「公共輿論」是反對哈里斯條約，反對條約的簽訂方式，反對條約簽訂人的。例如，佐久間象山即傾全力譴責條約是向外國威脅投降，儘管他所贊成的日本開國並接受西方影響的程度，遠非當時絕大多數當權者所能設想。[3]他的門生吉田松陰（其思想對一八六〇年代的年輕的激進主義者產生了革命性的影響）譴責幕府將軍為喪失職守、「向野蠻人屈服」的將軍：

「無視國家之困苦，不知國之恥辱，違背朝廷之命。」[4]還有人使用更為粗暴的語言，而且其激烈程度隨著時間流逝有增無減。一八六〇年，一群水戶的武士寫道，此乃「玷污我神聖國土的恥辱」[5]。《源氏夢物語》在一八六四年提到「神對外來野蠻人造訪導致的國之腐敗憤怒至極」[6]。武士積極分子平野國臣譴責幕府屈服於野蠻人的威脅，把日本變成「一個仰外國人之鼻息的附庸國」[7]；平野的朋友武市瑞山亦責難江戶的官員們完全置日本的利益於腦後：「只知一味屈從於外國人永不滿足的勒索，而對國之窮困、民之疾苦視而不見。毫無愛國之心。」[8]

這樣的例子舉不勝舉，從政府文件到私人日記都有大量記載。它們之所以重要，不在於它們反映了某個政策，而在於體現了某種激情。當一八五八年與英國的條約締結時，額爾金公爵的秘書勞倫斯．俄理范（Laurence Oliphant）精闢地說道，出於恐懼而簽訂的條約難以實施。日本的官員「以為印度的命運懸在日本之上。對此，他們相信免於步印度之後塵的唯一出路是對我們做出我們已經從中國那裡得到的讓步」；然而，一旦恐懼之源被移除，這些官員勢必遭到國內的壓力，並在壓力下，「甚至不惜放棄常識、毀約棄信，巴不得他們從未經手那些約定」[9]。然而，俄理范沒有預見到，幕府也沒有預見到，壓力不但以大人物政治爭論的形式出現，而且出現了威脅和暴力等「民眾」抗爭的形式。這些因感性壓倒理智而導致的抗爭，構成了此後數年日本政治的一個關鍵因素。

然而，它並非唯一的因素。與攻擊國人和那些與外國人打交道的人交織在一起的，還有另一類非常不同的政治鬥爭。如前所述，許多日本人預見到了同西方再度發生關係必然把日本拖入險境，而對此他們做出了號召國內改革的反應。但是，對於國內改革究竟包含哪些要素，則是眾說紛紜（也許唯一的例外是他們都認為應當建立一支新型軍隊，這意味著須採用西方武器和技術）。有人覺得國家的復興能夠在現有的社會框架下完成，只要稍加調整，使之能容納比目前的幕府更加有效的領導者。另一些人因為出身卑微，或者對改革任務的規模有比較清晰的認識，或者兩者兼而有之，而堅持走一條更加激進的改革之路，要求根本制度的轉變，認為非如此不可，否則無法達到國家統一強盛的目的。第一種態度即保守主義的改革路線是與一群相當有為的大名及其陪臣聯繫在一起的；他們要求「公武合體」即「朝廷和幕府團結」；該主張要求對將軍的權力做出某些限制，但並沒有打擊幕府體制本身。第二種態度構成了尊皇主義者的行為特徵。尊皇主義的大多數成員來自草莽的下級武士，他們對水戶口號尊王攘夷即「尊崇天皇、驅除外夷」的解釋，給予這個口號以一種全新的革命意義。

從一八五八年到一八六五年的日本政治史（本書下面幾章要加以討論）就是圍繞著這兩個群體之間的衝突以及他們與江戶的關係而展開。在這個階段，幕府的反對者，無論是低級封建貴族還是下層武士，都沒有完全達成目的。在一八五八年危機震動中興起的尊皇主義者，在一八六二和一八六三年一度占據上風，但在一八六四年底卻被擊敗並分崩離析。相反，主張「公武合體」一派大名儘管在尊皇主義者成勢和擊潰前後一度勝算在望，但事態發展表明，他們無法在幕府堅決不放棄權力，和激進主義者不斷攻擊他們溫和的現代化努力之間，長期保持一條中庸之道。我們需要對圍繞著這些故事產生的衝突以及它們對幕府命運的影響做詳細的考察。但是，在此之前，讓我們先分別研究兩個群體運動的性質和目標。我們首先從改革的大名談起。

## 技術與改革

雖然一八五四年和一八五八年的外交所引起的日本人情緒性反應，大多來自於水戶學派的攘夷即「驅逐蠻夷」學說，但許多務實的反應則來自於那些希望開放港口的「蘭學」學者及其同盟的努力。而正是從這些務實的反應中，形成了一套政治改革的方案。如薩摩大名島津齊彬於一八五六年所言：「當前的一大要務是建設抵禦蠻夷的防護網。值此之際，所有武士，不論地位高低，都負有共同學習外國事務的責任，從而使我們能夠採用他們的優點以彌補我們的不足，增強軍備，置蠻夷於我們的控制之下。」[10]因此，毫不奇怪，他的領地素來就有宣導「蘭學」的長期傳統，現在也在向外國學習的進程上，領先眾多藩國：送學生到長崎、江戶和大阪，在專家的指導下學習和工作；翻譯出版西方著作，內容包括科學與航海；在藩內官辦學校中講授這些方面的課程。

其他的大名也採取了類似的行動，但是其規模要小於薩摩。這些大名包括水戶的德川齊昭、越前的松平春嶽、肥前的鍋島直正、長州的毛利敬親。[11]他們的學習往往從介紹荷蘭醫學開始，向民眾提供如接種牛痘（在一八五三年前就已在多個地方實現）之類的方便，進而發展到具有明顯的軍事傾向的研究，因為學習荷蘭醫學刺激了相關語言的學習，並使人們得以掌握有關科學方法的基礎知識。有關數學和天文學的學習也是如此，它們使日本人能夠把興趣從曆法轉向航海。在幕府末期，此類學習遍佈日本，規模可觀。有估計認為，到「王政復古」時期，講授「西方」知識的藩校數目多達六十個。[12]幕府本身也在一八五六年開辦了一個翻譯局，而它很快成為研究荷蘭、英國、法國和德國以及軍事科學、冶金學甚至西方藝術的中心。[13]因此，當俄理范於一八五八年做出如下觀察時，確實頗有幾分根據：「中國仍然在倒行走回頭路，而且所有的跡象都顯示它還將一直這樣走下去，直到帝國崩潰。與此相反，日本人如果不是已經走上了進步之道的話，至少也處於能夠從即將到來的知識大潮中獲益的狀況。」[14]

但是，把新知識運用於日本的軍事和經濟需要，雖然並非罕見，卻不如新知識在教育中所扮演的角色那樣迅速和廣泛。在一八二〇年代，幕府駐長崎官員高島秋帆就以個人之力，發起了從荷蘭人那裡學習射擊學和軍事組織學的運動，但在鴉片戰爭之前卻未曾得到來自其上司們的絲毫鼓勵。唯有等到培里到來後，高島的上司才對他的建議予以較大的重視。[15]不過，在這期間，高島的方法已在一些藩國造成影響，尤其是通過曾在高島門下學習過的另一位幕府官員江川英龍的教學活動。薩摩再次提供了一個好例子。一八四七年，薩摩藩建立了一所訓練學校，用來傳播高島的射擊學和炮兵學方法。同時，薩摩藩開始在海岸線修築新炮臺。一八四八年，薩摩藩對其軍事組織方式進行改革，目的是要增強高級軍官的指揮權，並對各城堡武士的武力配備做更有效率的配置。在一八五〇年島津齊彬成為大名後，這一工作得以延續並擴展。炮兵部隊得到重組，為此採用了西方的訓練方法。來福槍隊得以成立；一支新式騎兵隊得以創建，而這支騎兵隊的建制，依照了一部荷語版的法國騎兵手冊的指示，而這部手冊又是由在長崎的一位幕府翻譯官翻譯為日文的。[16]

薩摩還積極參與海軍訓練，雖然在這方面起領導作用的是幕府的年輕官員，特別是水野忠德。[17]一八五四年，這些官員租用了荷蘭戰艦斯姆丙（Soembing）號，暫用於海軍教學。然後，在下一年他們買下了這艘戰艦[18]，並雇用了二十名荷蘭教官，使海軍教學能夠長期持續進行。如此建立起來的海軍學校不但接受幕府的學生，而且也接受來自藩國的學生。許多學生抓住了——或者被命令抓住——這個機會。最大的學員隊伍來自於傳統上負責保衛長崎的兩個藩國越前（二十八名）和肥前（四十八名），不過也有十六名學員來自薩摩（齊彬向來承擔了這一責任的較低級武士平侍提供了小筆補助），十五名來自長州。學校在長崎開辦了五年。在此期間，它向日後的日本「現代化」論者提供了非常有價值的關於西方的海軍和科學的初步知識。這些人包括年輕的幕府家臣勝海舟和薩摩武士五代友厚。它還組建了一個船舶公司。這家公司的一艘船，如福澤諭吉自豪之言，「在沒有外國專家的幫助下」，在一八六〇年航行到了舊金山。[19]

我們或許不必把到此為止所論述的視作驚人之舉，因為日本有一個把武力視為命根子的封建統治階級（與此形成鮮明對比的是，中國素有強烈的文官占優傳統，足以抑制這一傾向）。在這種意義上，封建制甚至可以解釋日本對工業和製造的初始興趣。有這麼一則故事：一八五四年，島津齊彬知曉培里贈送給將軍的禮物中包括一把騎兵來福槍，請求見識一下，按照他的解釋，是出於好奇。拿到槍後，他帶回他的江戶官邸，並叫人連夜拆卸畫出詳細的部件圖。然後，第二天做出一副原封不動的模樣還槍。他的目的據說是設法在薩摩製造類似的武器。類似例子不勝枚舉。薩摩、長州、肥前、幕府自身都在一八六八年前創辦了西式工業，主要是具有軍事意義的工業。其中的有些個案甚至創辦於一八五三年之前。[20]例如，一八五〇年，經過多年的實驗，肥前藩成功地修建了日本第一座反射爐，這一成就使肥前藩的工匠們在其後的幾年中能夠大量鑄造大炮。在肥前的幫助下，薩摩和水戶也建成了反射爐。長州和土佐嘗試建造但未成功。幕府具有某種分享肥前技術秘密的政治權利，也建造了一個反射爐，雖然這個反射爐不過是因為江川英龍發揮主動性在其轄區內建造的。

在造船上首次使用西方技術，是由薩摩和水戶藩嘗試的。為此，兩者都在培里條約簽訂之前就進行了相關的初步研究。幕府於一八五三年十月解除對此類行為的禁令（值得注意的是，這主要是在德川齊昭和島津齊彬的督促下實現的），使得兩藩得以完成它們在鹿兒島和石川島的船塢建設。在一年多的時間裡，它們製造的第一艘西式船隻從這兩個船塢中下水。薩摩建造的是一艘蒸汽船，但製造適合航海的引擎的問題一直沒有得到令人滿意的解決。肥前在這個領域的起步比它在大炮製造上來得晚，卻更加野心勃勃：它在一八五六年從荷蘭引進了一個完整的造船廠，一八五八年到貨並組裝完畢。但是，財政困難（或許還有引進的技術過於先進，超出日本工匠的能力）致使該項目在組裝完畢後即被放棄。

肥前藩進口的機器被移交給幕府，用於幕府在長崎的船塢。後者在地方官員的建議下，於一八五五年開始建造。儘管這個船塢在一八五七年也生產了一艘小型的木製蒸汽船，但它與其說是一個船塢，倒不如說是一個從事船舶修理和槍支鑄造的鐵工廠。當時，幕府還在下田和浦賀有小型船塢和有限的造船設備。但是，唯有在將近十年之後，幕府在法國的技術援助下，在橫濱和橫須賀建造了船塢時，日本才具備了在規模和設備上可以同歐洲比高下的造船廠。而在此之前，日本的船塢，同其所製造的船一樣，用赫斯肯的話來說，是「相當老式的」。[21]

而且，在某些方面，「老式」一詞也可用於那些贊助新式技術的大名們。像島津齊彬那樣的人物——考慮到他的地位——竟也是一位傑出的創新者，確實令人吃驚。他會照相，使用一台進口照相機和一本從荷語翻譯過來的照相手冊。他在他鹿兒島城堡住處的兩座房子之間架設了電報線，並在街道安裝了煤氣燈。他創辦了一所集工廠和技術研究於一體的機構，即集成館。在那裡，除了製造槍炮，還進行金屬鑄造，火棉、硫磺酸、酒精蒸餾以及玻璃、陶器和農業用具的生產。到他於一八五八年去世時，該機構雇用了約一千二百人。

更重要的是，毫無疑問在如松木弘安（他在明治時期以寺島宗則的名號擔任外務卿）那樣的蘭學家的鼓動下，島津齊彬在外交事務上也表現出相當的想像力。[22]在這方面他最可行的想法是關於琉球的主張。薩摩對琉球早有瞭解，因為它一直宣稱琉球是薩摩藩的一部分。當日本與荷蘭和美國在一八五七年夏天談判時，島津齊彬在與其隨從交談時說道，如果兵庫和大阪不能開放——由於朝廷的反對，這兩個地方當時不太可能開放——那麼，開放琉球與外貿對日本和薩摩都有利。他認為，這樣的事情實際上在一八四四年荷蘭首次敦促日本開港時就該做了。在這次談話後不久，島津齊彬命令他的一位隨從採取試探性步驟與琉球的法國人建立聯繫，並擴大琉球列島經福州與中國的貿易。[23]在另一個場合下，島津齊彬談到離他的藩國非常遙遠的事情。他主張開發北海道，以抵禦俄國。他認為這不

沒有在幕府為官或負有直接的責任，他們仍舊試圖在一系列問題上影響幕府的官方政策。阿部正弘和堀田正睦在克服封建階級保守勢力的反對上，都從這些改革大名那裡獲得不小的支持。同樣地，更加開明的幕府官員如水野忠德和岩瀨忠震都能獲得這些大名的支持，並得到他們的尊敬。[35]

然而，「自由」幕府官員和「改革」大名之間的這一關係在一八五七年開始破裂。這部分起因於改革者越來越相信幕府在與外國人的談判中屈從於後者的威脅，而不是在為國家的復興奠定基礎。而在江戶這邊，也逐漸開始懷疑這批大名是在為自己的領地利益而非日本的共同事業奔走。例如，大名們力圖降低參覲交代的要求，其理由是幕府對大名的控制做此溫和之減弱，實為大名將資源改用國防之必須。再者，他們還提出了一個涉及面甚廣的改革軍事和行政的計畫，聲稱這個計畫是為了「富國強兵」。正如松平春嶽在一八五八年一月十日的信中寫道：「必須從全國選拔賢能；和平時期的奢華生活必須縮減，軍事體系必須修正；導致大名和低級領主窮困的惡行必須停止；（國防）準備必須在陸地和海上全面實行，不僅在日本的本島，還要在蝦夷（北海道）進行；全體人民的日常生活必須得到守護；教授各類手藝和技術的學校必須建立。」[36]

這是一個對幕府權力構成威脅的計畫，因為它就幕府控制大名的權威、幕府官職的世襲以及幾乎所有政策決定權的來源提出了質疑。橋本左內（春嶽的陪臣並深得其信任，代表春嶽處理政治事務）在一八五八年一月寫的一封信中，更加明確地道明瞭這一挑戰的性質。他說，現在不應把領導權委託給幕閣，而應委託給德川齊昭、松平春嶽和島津齊彬。這三位雄藩大名應被委任為首席大臣。肥前（外樣，三十五萬七千石）藩主鍋島直正應被賦予管理國家外交的職責。唯有如此，方能保證有才之人得到擢升，才能（在外國顧問的幫助下）追求富國強兵，才能造就有效的國防。[37]

在這樣一個計畫之下，齊昭及其同仁從說服轉向密謀。他們首先嘗試通過操縱朝廷和皇室的影響力，以擊敗他們已不再信任的幕閣。而當這個計畫幾近失敗之時，他們力圖把天皇朝廷也捲入鬥爭，從而從外部對幕府做工作。正是這些行為給他們帶來危機。

導致危機的是無子嗣且病弱的家定將軍的繼位者提名問題。在正常的情況下，紀伊德川家藩主、十一歲的慶福極可能沒有爭議地被挑選為將軍的繼承人，因為按血統他是最有資格的候選人。但是，在德川的實踐中，如紀伊的敵手很快指出的那樣，血統並非唯一的標準。在危險動盪的年代，或許更重要的是選擇這樣一個將軍，更年長、能力已為人所知，能夠給人堅定的行動方向。齊昭之子一橋慶喜就是這樣的人選，二十歲的他已經因有培養的前途而頗具名望。無論如何慶喜的父親和他的改革盟友們在一八五七年末就是這樣主張的，這也使他們被稱為「一橋派」。

松平春嶽為這個事業首先採取了行動，他與德川家族同宗的關係給予他插手這類家族事務的權利。不過，在給堀田的信中，春嶽費心強調他在此事務上並非孤立獨行。他說，在這個關鍵的時刻，軟弱的領袖可能導致內戰，因為在這個問題上國內各派分歧很大。[38]為了增強這個主張的力量，島津派遣陪臣西鄉隆盛到江戶，在春嶽和將軍來自薩摩的夫人之間穿針引線，而春嶽的代表橋本左內則在其他封建大名間做工作，尋求支持。[39]

在許多譜代大名看來，這些動作分明是試圖從「責任官員」手中奪取權力，把它交給那些根據傳統只能扮演諮詢人角色或根本無權過問幕府政治的人。這些譜代大名為此不分地位高低，共同保衛傳統的做法和紀伊家的將軍繼承權。堀田雖為幕閣首席，但此時正全力投入與美國貿易的協議，在這場爭執中置身於外，或許也是有意不對爭執的任何地方做出承諾。但是，井伊直弼開始替譜代大名們發聲，使對抗的危險愈發強烈。[40]這導致齊昭和春嶽早在一八五八年即決定向京都求助，希望能夠利用朝廷的特權來使問題的解決朝著有利於己的方向發展，一如崛田在外交政策上也向京都求助一樣。這個決定使外國貿易條約和將軍的繼承這兩個問題突然變得彼此關聯。它還使京都而非江戶在一個時期內成為政治操作的中心。

一八五八年三月，橋本左內依據春嶽的命令，拿著山內寫給三條實萬的介紹信，來到了京都。大概也是在這個時候（此時為崛田為尋求天皇對幕府與美國的貿易條約的認可而來到京都的幾天之前），島津齊彬致信近衛忠熙尋求支持。而德川齊昭此時已經跟他的姻親鷹司通信。通過這些工作，三位強勢的朝廷貴族，在聽取了橋本的仔細通報後，很快為一橋的利益行動起來。站在他們對立面的是關白九條尚忠，他對紀伊黨的支持大抵可歸因於其姻親井伊直弼的勸說，後者在京都由其陪臣長野主膳代表。

讓這已經很複雜的事態變得更加複雜，與此同時，這些大名和幕府力求爭得朝廷支持的外交政策主張，同他們在其他方面的分歧有著錯綜複雜的聯繫。於是，我們看到，島津齊彬和松平春嶽實際上支持崛田，一直主張天皇必須贊同幕府同美國簽訂的條約，原因是如果拒絕條約的話，則無法避免外國的攻擊，如果朝廷拒絕幕府的請求，內戰就行將不遠。[41]井伊直弼儘管在繼承問題上與島津及松平作對，但卻在第一時間派遣長野到京都勸說九條支持崛田的方案。[42]而德川齊昭則始終反對條約，卻和島津與松平一樣支持一橋繼承將軍大位，同時，還支持朝廷和幕府聯合公武合體，並認為此乃最終決定日本由弱轉強的基礎。[43]

這些互相交織的主張使朝廷陷入某種混亂迷茫（如果不是震驚到不知所措）的局面。公家已經習慣於批准幕府提出的任何主張，現在自然發現在那些事關重大而且爭執不下的問題上做決定非常困難。更不容易的是在朝廷自己的傾向——京都的偏見與齊昭在對外事務上的偏見是一致的——和幕府的建議之間做出選擇。在這種情況下，像近衛和九條這樣的京都官員傾盡全力試圖在他們所面對的種種政策選項之間尋求某種妥協，乃是很自然的事情。

到一八五八年四月，這些京都的官員覺得他們找到了這樣一個妥協：他們對幅田的答覆是一方面表示對條約的不滿，要求幕府與大名溝通重新考慮條約，另一方面又承認幕府在這件事務上負有最終的責任；與此同時，他們下了一道天皇敕令，儘管敕令並沒有提到一橋之名，但建議家定的繼承人應當是有能力並且有名聲的成年人。這樣，幅田和井伊就能得到他們的條約，因為他們最終還是會簽署條約，這是無法避免的事情；齊昭將得到一橋的繼承權；幕府的權威將得到證實；島津和春嶽將因為江戶必須向大名諮詢的指示，而被給予某種機會去實現被他們視為為國家未來所必需的改革。

然而，在現實中，這一妥協雖然表面上很有吸引力，最終卻被證明為完全缺乏實現的政治基礎。在條約問題上，如我們在上一章所討論過的那樣，天皇在朝廷絕大多數中下級貴族的支持下進行的個人干預，導致承認幕府具有決定的最終權責的說法從敕令中被刪除。因此，幅田於一八五八年五月三日被要求重新審查條約，並且徵求封建大名的意見的敕令。在繼承問題上，長野主膳發揮自己的主動性（當他意識到正在發生的事情時，他沒有時間向井伊直弼請求新的指示），勸說關白九條尚忠在最終的敕令稿中刪除了有關年齡和能力的提法。結果，在五月五日發佈的文件中，既沒有提到將軍繼承人的名字，也沒有言明一個合適的繼位者應具有什麼素質，從而給幕府充分的空間從一橋派或其對立者中選擇將軍繼承人，並能聲稱其選擇得到了天皇的批准。

這樣，事態以一種與高極公家原初設想極為不同的解決方式告終：崛田、井伊和幕府都對條約表示失望，德川齊昭、島津齊彬和松平春嶽在將軍的繼承人一事上一無所獲。同樣重要的是，朝廷最終無法對條約的內容施加任何實質性的影響。因此，天皇在多個世代後首次被拖入政治漩渦的表現，與其說是一個團結的象徵，倒不如說是政治上的騎牆。

如果說在雄藩大名的敦促下，朝廷在這幾周內開始對幕府領導全國的能力產生了懷疑的話，那麼，這幾周事態的發展讓幕府有充分的理由去質疑崛田領導德川幕閣的能力。他不僅在出使京都所欲達到的目的上空手而歸，出使失敗昭然天下，而且此時有跡象表明，他在私下還與一橋派聯手以求得後者對條約的支持。在某個階段，他甚至建議任命松平春嶽出任大老。這是對譜代大名集體利益的背叛。對於他們來說，一個軟弱年幼的將軍並非一個不可接受的結果，因為將軍的軟弱意味著官僚的強盛。崛田的背叛迅速使他喪失了掌管江戶事務的權力。在他於六月一日回到江戶之前，已經提名井伊直弼擔任攝政，而在六月四日這一任命正式公佈。[44]

直到這一時刻，儘管在京都遭受挫折，一橋派封建大名仍然對最終的勝利抱有信心。然而，突如其來的完全在意料之外的對井伊直弼的提升，實際上堵住了一橋派介入權力核心的通路，嚴重地打擊了他們的計畫。從這個時候開始，他們的同盟或潛在的同盟如崛田，儘管仍在官位，卻不再得到信任。井伊則明確無誤地表示他將排斥任何外人的干預。

在如此堅決而且「合理」的態度面前，對朝廷施壓已經變得無足輕重了。事實上，在六月十一月，也即僅僅在井伊獲得任命的一周後，將軍通告幕閣他已經選擇了紀伊家的慶福為繼承人。在七月十一月，繼承人的決定向親藩大名和主要譜代大名宣佈。之所以延遲到這個時候才發佈通告，是由於害怕過早的公佈可能會使幕府爭取大名支持與美國簽訂貿易條約的努力泡湯。在八月四日，這個決定被昭告天下。

井伊直弼清楚地認識到他在繼承問題上的做法會遭致批評甚或攻擊，一如美國條約的簽署一樣，後者僅比繼承的決定早發生幾天。於是，他採取措施使他的主要對手和敵手儘快地從政壇上消失。早在六月，崛田最得力的兩個副手，土歧賴旨和川路聖謨被解職。崛田本人雖然一直任職到八月初，但卻因條約遭到譴責，最終被免職。另一個頗有可能晉升為幕閣領袖的老中松平忠固也遭到了同樣的命運。取代兩人的新幕閣參議都是無名或無能之輩。德川齊昭則在八月十三日後被勒令禁足並被禁止同其故舊通信，考慮到他的地位之高，這一點尤其令人詫異。在同一天，一橋的慶喜被禁止進入江戶城，意味著被禁止參與政事，而松平春嶽和尾張藩主德川慶恕（他在繼承人之爭的後期表示支持一橋派）被要求辭掉藩主頭銜。

次年初，山內容堂也被強迫隱退，如果島津齊彬沒有在一八五八年八月底去世的話，他也可能遭到同樣的命運。其實，他在京都的代理人西鄉隆盛就被流放到九州以南的一座小島上。而春嶽的手下橋本左內所受到的懲罰就沒有這麼輕，他被捕處死。此外，相當多的大名、官員和武士因同一橋派有這樣或那樣的聯繫，而遭到不同程度的懲罰。此即所謂的「安政大獄」，它一直延續到一八五九年，甚至波及到京都，那裡的三條、近衛和鷹司都被解除職務。[45]與此相反，關白九條尚忠則因忠誠於井伊而獲得了增加俸祿的優待。

與此同時，井伊直弼為了緩和公眾對他這一做法的態度，也採取措施爭取朝廷對他行為的認可。在於一八五八年八月六日寫給九條的信中，他陳述了政治清洗的理由，言及幕府官員中出現的「陰謀」和「惡行」，主張「除非相關責任者被清除，否則我們就無法實行一套強有力的對付蠻夷的政策」[46]。同年年末，他試圖通過同樣的主張，獲得天皇對條約的事後承認。他知道，條約的簽署方式已經成為對他的批評——甚至在幕府中也不乏批評——的首要焦點。[47]為井伊完成這項任務的人是經他提名進入幕閣的間部詮勝，他在十月被派到天皇那裡就整個事態做「說明」。

如間部所預料，井伊對被京都視為忠實朋友之人的攻擊，使他的京都之行舉步維艱。他在多篇長文中聲稱在與西方談判的過程中，幕府一直為情勢所困，並非主動而行。這個說法顯然得不到什麼同情。孝明天皇在致關白的一封信（該信顯然意在向間部傳達資訊）中說道，開放港口，「哪怕是一天甚至半天」，也是不可饒恕的，這個行動激起了民眾的憤怒，從而威脅到日本的政治穩定。[48]對此責難，間部做出了直截了當的回答，顯示了他此前未曾有的遠見：「面臨著戰爭或和平的選擇」的將軍，是「根據他世襲的責任」來做決定的；而決定一旦做出寫入條約，就不可逆轉，「無論朝廷會下什麼敕令」。對於朝廷來說，唯一的解決之道是承認並接受現實；對於幕府而言，唯一的解決之道是承諾確保在將來的某個時候令外國人「撤退」；對於朝廷和幕府雙方而言，唯一的解決之道是為日本的利益攜手合作。間部的建議中，還含蓄地提到聽信「流言蜚語」是不明智的。[49]

僵局就這樣又持續了一個月，在這期間，沒有任何跡象表明間部會從他一直堅守的立場那裡做出讓步。這就置天皇（此時他似乎在決定朝廷的政策上發揮比通常要大得多的作用）於困局之中。一方面，他真的畏懼允許外國人進入日本尤其是進入京都附近的港口所帶來的後果。另一方面，他又認為有關這些事情的決定權屬於將軍。最終，部分因為井伊成功地把那些與他意見相左的朝廷官員或解職或收買，決定權屬於將軍的憲制規定占據上風，孝明在實質上接受了間部提出的要求。一八五九年二月二日發佈的一道天皇敕令，儘管仍然把與美國的貿易條約說成「有損我們的帝國威望之弊、玷污我們的神聖國土之害」，但卻鑒於將軍宣示一旦機會來臨，則將還複鎖國狀態，並鑒於鞏固「公武合體」的重要性，條約將會得到正式承認——但這是為情勢所迫，沒有選擇的餘地。敕令宣佈，天皇「在這個事務上持容忍態度」[50]。

如果說天皇的宣示，對於幕府而言，不無影射其治國失當的尷尬的話，那麼，它則標誌著一橋派在其唯一尚存的力量中心那裡，也被完全擊敗。京都，一如江戶，也被置於井伊直弼的控制之下。賄賂和威脅，加之雄藩大名們或多或少地失去了鬥志——或許意識到如果他們把事情推到極端的話，則可能摧毀那個他們也分享了相當大權力的政治秩序——共同保衛了德川的權力，使那些為自己的目的而試圖稀釋德川權力的人無果而終。或者說，德川幕府一度做到了這點。事態的發展很快就將證明，幕府的勝利過多地繫於井伊直弼一人之存在。

## 註釋

1 如前所述，會澤正志齋的《新論》儘管寫於一八二五年，但卻到一八五七年才得以出版，並引起人們的關注。

2 關於這個問題，請特別參見 Jansen, Sakamoto, pp.82-89。又見 Dore, 書中各處。

3 Inobe,「Sakuma Shozan,」1 : 480-484；2 : 609-617.

4 Earl, p.207.

5 《岩倉公實記》，1 : 349。

6 Satow, Japan 1853-1864, p.14.

7 平野國臣信件，一八六二年五月六日，見 Junnan rokko, 1 : 346-349。

8 武市瑞山筆記，一八六二年九月至十月，見 Tkechi Zuizan，1 : 119-124。

9 Oliphant, 2 : 245246.

10 Dore, p.171.

11 關於這些研究的傳統的描述，見 Goodman, pp.158-181；又見 Dore, p.161ff。

12 Kanai, pp.120121.

13 開辦翻譯局的計畫始於一八五五年幕府首席老中阿部正弘與水野忠德、川路聖謨等參謀之間的討論。翻譯局以番書調所（番書研究所）的名義於一八五六年三月成立，並在一八五七年二月作為一所學校正式對外招生。該校申明的目的是學習外國軍事體系、武器、武器製造以及訓練外交人員。學校的教師最初來自於那些已經有過這類研習的長期歷史的藩國。來自於幕府領地以外的其他藩國的武士也可作為學生入學。見 Numata, Bakumatsu yogakushi, pp.55-61；Jansen,「New Materials」。

14 Oliphant, 2 : 208.

15 關於高島，見 Sansom, pp.248-253。最近有一本關於高島的日文傳記出版：有馬成甫，《高島秋帆》。

16 見《鹿兒島縣史》，2 : 265-272 和 3 : 84-92；又見 Tanaka Sogoro,Kindai Nihon, pp.6269。

17 Numata, pp.83-86.

18 通用日文名稱為「觀光丸」。——編注

19 Tsunoda et al., p.625. 不過，外國專家也在船上以備需要。

20 Smith 在 Political Change 第一一一頁中對這些發展做了一簡短的陳述。日文文獻中更詳細的研究包括：幕府，《維新史》，2 : 125-152；關於大名的一般論述，同上書，第一五二到一七四頁。個別大名：薩摩，

Kagoshima-ken shi, 2：48-67；肥前，Egashira；長州，Horie Yasuzo；水戶，Miyamoto,「Mito-han」。

21 Heusken, Japan Journal, p.136。這個評語記錄於一八五七年末。開港提供了直接比較觀察的機會，日本人也意識到了日本製造船隻的缺陷。這導致一八六〇年底幕府和大名都偏好於從外國購船，而非自己造船。

22 關於齊彬的思想，除了那些他本人寫過的觀點外，我們主要得益於一部由他的陪臣市來四郎搜集並於一八八四年首次出版的「談話集」。該史料最易可及的版本是《島津齊彬言行錄》。本文有關他的對外關係的思想，見該書一九四四年版，第一〇〇到一〇四頁、一一五到一一八頁。

23 法國在琉球的利益早在一八四四年就已開始；其與薩摩的爭端（該爭端是隨著島津齊彬最終擔任大名而發生的）與如何回應法國對貿易的要求密切相關。

24 同上書第一五九到一六三頁、一六六到一六七頁、一七〇到一七一頁、一八〇頁。又見《鹿兒島縣史》，3：97-99，他關於教育的備忘錄，載於一八五七年十一月二十三日。

25 《鹿兒島縣史》，3：30-32。

26 Shimazu NariAkira, pp.191-193, 201-202.

27 一八五七年夏的筆記，見《鹿兒島縣史》，3：247。

28 關於德川齊昭的觀點，如下的著作非常有用：Toyama, pp.68, 76-79；Sakata, Meiji ishin shi（1960），pp.37-47；Shibahara, pp.133-148。因為德川齊昭非常依賴藤田東湖（齊昭的許多文稿都是後者撰寫的），所以，參閱 Harootunian 的 Toward Restoration 中關於東湖的討論是不無助益的。

29 見 Shinron；見 Tsunoda et al., p.601。

30 Toyama, p.76. 黑體字是筆者所加。

31 Toyama,p.78.

32 Tanaka Akira, pp.56-57.

33 這個論斷是藤田幽谷做出的。見 Harootunian,Toward Restoration, pp.58-85。

34 Sakata, Meiji ishin shi（1960），p.71，注意他們考慮（並拒絕）過其他大名加入這個群體。Sakata 引用了德川齊昭和伊達宗基之間的通信表明一橋派曾考慮過將長州藩主毛利敬親納入集團的可能性。

35 例如，在伊達宗基於一八五七年一月九日寫給松平春嶽的信裡，他評論了他最近和岩瀨談話時後者提出的觀點。岩瀨說外貿必須以既有利於幕府也有利於藩國的方式組織，而且，如果日本真的要富強起來，就必須修正它的「封建體制」。伊達評論道，這兩個觀點都同大多數江戶官員持有的「自私的」做法大相徑庭。見《昨夢紀事》，2：58-65，at pp.61-62。

36 Beasley, Select Documents, p.180.

37 George M. Wilson, pp.244-246.
38 松平春嶽致堀田正睦，一八五七年十二月二日，見《昨夢紀事》，2：201-206。
39 Shimonaka, 1：73-77. 有關松平春嶽在將軍繼承事務上的作用的最新論述見 Kawabata, pp.94114。又見 George M. Wilson, pp.250-258。關於繼承問題及其政治的一般論述見《維新史》，2：367-373。
40 George W. Wilson 在「Bakumatsu Intellectual」第二六〇頁中引用井伊致長野主膳的信（日期為一八五八年四月九日，原信見《維新史》，2：442-443），就一橋派的論點做出了如下的反駁：「因為他的智力提名一個藩主，無異於讓下屬選擇上司，這完全是中國式的做法。」
41 有關齊昭關於這個問題的信件，見《鹿兒島縣史》，3：161-165。關於春嶽，見《維新史》，2：367-373。
42 有關井伊和長野的行為，見 Yoshida Tsunekichi，pp.220-224。
43 Sakata,Meiji ishin shi（1960），pp.97-98. 又見 Inobe,「Ansei Joyaku」，pp.482-485。
44 關於崛田於一八五八年五月十七日離開京都到井伊直弼於六月四日被任命為大老之間發生的政治事件的討論，見 Yoshida Tsunekichi, pp.233-243。不過，有必要指出，由於陰謀就其性質而言是秘密不宣的，因此，關於這些事件的細節仍然不全然是清晰的。
45 關於「安政大獄」，見《維新史》，2：498-500、608-662。
46 Yoshida Tsunekichi, p.280.
47 在七月底有關與美國的貿易條約相關的爭論中，井伊已經顯示出對沒有得到天皇認可簽署條約，在政治上所可能遭到的危險的警覺（參見 Beasley, Select Documents, pp.181-183）；早在八月二日他就寫信給德川齊昭，敦促他接受條約，並在統一全國輿論上配合（BGKM,20：534-537）。因此，我們可以相信他在這個問題上要跟京都談判的意願是真實的，雖然他所要的統一是在他的條件下的統一，即保持幕府權威下的統一。
48 孝明天皇致九條尚忠，一八五八年十二月十三日，見 BGKM, 21：702-704。
49 Beasley, Select Documents, pp.189-193.
50 Beasley, Select Documents, pp.193-194.

# 第六章
# 不滿的武士

一旦日本人認識到他們的國家正遭受外來的威脅，其結果之一便是許多幕府官員和雄藩大名紛紛呼喚進行「保守的」改革。這些人強調，為達到增強國力的目的，不僅需要西方技術，還需要政治的統一，但他們又不願為此犧牲在現存秩序下所獲得的任何實質性特權。我們現在轉向的另一個結果是一場影響更加激進的運動，因為它對日本封建的領導能力本身提出了質疑。這項運動的種子早先在一些藩國為實現儒家治國妙方，即提拔「有才之人」的鬥爭中初見端倪。但是，最重要的還是因為那些通商條約。它們喚起了足以超越集團界限和封建忠誠的情感，從而改變了日本政治的特徵。從根本上來看，這是因為那些條約把一些過去在國家事務上從未有過發言權，或者從未被期待有發言權的人，引入了政治生活。

到一八五八年，對外政策在日本已經成了一個「公共」話題，對它的討論再也不能局限在小的精英集團之內了。關心和參與外交政策的人已經擴展到大名和高級官員這些政策制定者階層以外。更低層級的人也加入進來。他們在接下來的十年裡採取了一條與大名們十分不同的行動路線：訴諸襲擊外國人和在國內搞恐怖主義，希望藉此重新評估日本與外部世界的關係。這些人幾乎都是處於統治地位的武士或准武士階級成員。如果沒有這樣的身份，他們是沒有行動的機會的。此外，他們大多來自和一橋派有聯繫的大名的藩國。這些藩國的大名通過示範，幫助他們的陪臣養成參與政治的習慣。[1]

井伊直弼遭人殺害強化了這一傳統，因為他對改革的大名的處理，使幕府成為這些大名的忠實追隨者仇恨的對象。[2]此外，許多藩國高級官員毫不遲疑，步井伊直弼後塵，嚴懲本藩的武士——比如，至少對西鄉隆盛的流放顯然是薩摩而非幕府的決定——也給他們安上了有負於向藩國盡忠責任的罪名。於是，諸如德川齊昭和島津齊彬那些人對幕閣成員進行的批評，即為了保護一己私利而忽視國家利益的批評，很快在一個更加卑微的層次上，被下層武士用來攻擊他們藩國的政府。正是在這種意義上，佐幕（Sabaku），即「親幕府」，成為一個辱罵人的詞語。

這種對封建上層社會的敵意和排外運動交織在一起，提出了有關維新運動和其支持力量性質的重要問題。通常都認為是武士領導推翻了幕府，然後，重新塑造了日本社會，包括摧毀藩國即「廢除封建制」。但是，關於「尊皇主義者」在這一轉型中的角色和重要性，則眾說紛紜。在一些歷史學家那裡，尊皇主義者，正如他們的稱呼所意味的，是一群從言語到行動都體現了對天皇人格及其在國家生活中的象徵地位飽含熾熱情感的人。而有的人則把他們與從封建階段向資本主義階段的發展聯繫起來，從而與新興的商人階級或「現代」的地主聯繫起來。還有一些人看到了他們和「無產階級的」革命鬥爭的聯繫，這一鬥爭表現為農民起義和城市貧民暴動。為此，當我們研究尊皇攘夷即「尊奉天皇、驅除蠻夷」的擁護者的時候，必須把研究置於對尊皇主義者不同解釋的背景之下。[3]

為了解決圍繞著這個主題出現的困難，我們應當做的第一件事，似乎是對那些在緊隨一八五八年之後的尊皇主義政治中，發揮積極作用的人的態度和社會出身，做一盡可能準確的描述。換句話說，就是要研究他們是誰，他們意圖得到什麼，他們和社會中的哪些要素的聯繫最為密切。然後，我們將轉向對政治活動和技術的討論，研究尊皇主義者用來達到他們預設目的的途徑。

## 尊皇主義

井伊直弼遭人除去和美國條約的簽署，使此前由於多股意見互相交錯而顯得雜亂無章的政治舞臺，變得清晰起來了。更確切地說，變成兩級對立。對外政策上的分歧——存在於希望開國的人和希望攘夷的人之間，而兩者都被認為是維繫國家存續的途徑——

現在都集中在一個問題上：幕府簽訂條約的行為是可以接受的嗎？那些做出肯定回答、認為幕府在外來壓力襲來時別無選擇的人，成為佐幕即幕府的支持者。那些拒斥幕府這一行為的人——無論是因為盲目排外還是出於更為理性的、認為城下之盟不可能開啟復興日本之道的人——成為幕府的批評者。因此，井伊把「攘外」和「開國」的擁護者都推到了自己的對立面。同時，他給予他們機會聲稱政治改革是他們的特權。他對一橋派採取的打壓行動，使反幕府情緒與包括某些與德川家族關係很近的藩國在內的雄藩大名的利益聯繫起來，共同反對傳統上被譜帶大名所控制的官僚機器。因此，井伊不僅使幕府成為對外綏靖的標誌，而且成為現存形式下幕府—藩國結構的守護者。結果，因為盲目排外而反幕和出於更為理性的理由而反幕的這兩個陣營的人走到了一起。

然而，他們走到一起絕非易事，因為現政權的敵手們的動機各不相同，且分歧巨大。因此，此後十年的日常政治生活都聚焦到兩大問題上：第一，江戶的反對者對他們彼此之間分歧的協調，能否使他們在打倒幕府、以另外的政權取而代之的問題上達成一致；第二，如果能的話，他們能否聚集力量，把自己的意志強加於幕府和整個國家之上。在這兩個過程中，尊皇主義及其「尊皇」即「尊崇天皇」的口號都發揮了關鍵作用。

一個在理論上權威僅僅受神限制的天皇，和一個事實上大權獨攬的將軍，同時並存所導致的悖理異常，給德川的學者帶來了很大的困難。[4]有些人直接認為將軍有權進行統治，置天皇於一個定義不明的「上天」的地位，在政治上無足輕重，在描述政府結構時可以被忽略。備前大名池田光政在十七世紀寫道：「將軍因為得到上天的信任而獲得統治日本人民的權威，大名因得到幕府將軍的信任而獲得了統治藩國人民的權威。」[5]而從十七世紀的辯護者熊澤蕃山和山鹿素行開始，一些學者則聲稱將軍憑天皇授權統治日本。十九世紀的一份幕府文件將這一主張表述為：「天皇將所有的政治權力委託給大君（將軍），並靜候他的決定；大君掌有全部國家的政治權力，保持謙遜的品德並以最大的誠意擁護天皇。」[6]在德川時代的後期，第二種觀點更為人所接受。

但這個觀點並非沒有遇到過挑戰。例如，十七世紀的另一個學者山崎闇齋（一六一八到一六八二）做出了不同的強調，他認為天皇作為神的後代，理應受到服侍，受到尊崇，從而擁有不可讓渡的權威。這個主張就以一種特殊的方式——即強調天皇授權的暫時性且這一授權可以被收回的方式，把神道的觀念引入了儒家哲學。十九世紀六〇年代許多尊皇主義者都受山崎學派的影響，正如他們受到十八世紀的竹內式部（一七一二到一七六七）和山縣大二（一七二五到一七六七）兩位學者的學說影響一樣。後兩位學者都遭到嚴厲的懲罰，竹內被流放，山縣被處死，因為他們指明了忠於天皇和忠於將軍之間的潛在衝突，並宣稱忠於天皇才是第一位的。

也是在十八世紀，日本政治思想中的神道因素因國學家的努力而得到了增強。國學家試圖依靠宗教的話語以重申本土的傳統，以達到與中國傳統相抗衡的目的。他們的這一努力讓更多人認識到了天皇的古老特權。[7]賀茂真淵（一六九七到一七六九）開啟了這一進程。他不滿又極不準確地評論道，由於中國道德和政治思想的引入，日本天皇淪為「婦人之智」，「百無一用，形同虛設」。[8]本居宣長（一七三〇到一八〇一）將這一言論發展成這樣的觀點，即天皇作為天照大神的後裔，能夠在任何時候通過其神性與神交流，他本身就是神。天皇應該被給予絕對的服從，而之前卻被外來勢力所攫取了。「唯有順從、尊敬和服務天皇，」本居寫道，「才是正道。」[9]

十九世紀的學者平田篤胤更進一步，宣稱整個日本民族都有神聖的起源。正因為如此，他說道，他們比世界上的其他人民更為優秀，他們的文化比中國文化以及所有其他國家的文化都要先進，正如他們的天皇也比所有其他統治者高貴。他設想了一種以天皇為中心的愛國主義與忠君的關係；與此同時，他力圖激起一種基於對中國文化統治地位不滿的國家意識，一種在後來能夠被運用於應對西方在文化和政治上之威脅的國家意識。

然而，這並不是說國學直接激發了反外或反幕運動。事實上，或許更為準確的說法是十九世紀排外反幕運動的成長，使人們反而回溯性地意識到國學在政治上的重要性。

不過，就是這個說法亦當有言過其實之嫌。[10]本居和平田顯然不是反叛者，甚至不屬於因挫折而反叛之流。對他們而言，雖然天皇本人的權力被轉移到了將軍和大名那裡，但將軍和大名權力存在本身證明了這也是符合神的意志的。

然而，不可否認國學實現了皇權的合理化，使之能為反叛者所用；它也創造了一種輿論氛圍，反叛者能從中獲得支持。特別是平田，作為一個成功的政論家，他在維新年間有幾千個「學生」；而他的學說中包含了攻擊武士階級的官方儒家意識形態成分，使他的學說對處於武士階級之外或處於這個階級邊緣的人具有特別的吸引力。結果，他的思想在富農和商人中贏得了廣泛的支持——這些人，我們將要看到，為形形色色的極端主義者集團提供了新成員或同情者；這表明那些有志於武士地位卻沒有完全實現這一目標的人，可能會被一類不同的事業所吸引，在這個事業中，為天皇服務（勤王）成為決定一個人社會地位的尺度，一個有別於靠武士出生來決定社會地位的尺度。[11]

既然如此，我們就毫不奇怪地發現，儘管武士階級本身產生大多數的反叛領袖，但他們受本居和平田國學的影響，不及水戶學派的尊皇主義對他們的影響，後者把神道傳統與儒家思想協調起來。[12]水戶哲學的核心要素是大義名分（taigi-meibun）的概念，通常翻譯為「忠誠與責任」。大義就是每個人需要履行對天皇的職責，既是作為統治者又是作為道德楷模的責任。然而，它的直接政治內涵卻是由一個人的名分、立場以及與地位相稱的行為所決定的，也即忠誠必須與一個人的社會地位保持一致。正如藤田幽谷所說的那樣：「如果將軍敬畏皇室，所有的封建藩主就會尊敬將軍。如果封建藩主尊敬將軍，大臣和官員也會尊重封建藩主。這樣一來地位高的人和地位低的人就會互相支持，整個國家就會和諧融洽。」[13]

這種秩序井然的國體因孝道得以增強。所謂孝道乃是尊奉祖先，而祖先被認為是忠誠的，因此要求子孫也是忠誠的。國體也由於統治者與被統治者之間的互惠因素而得到加強，因為一方的「忠心」總是伴隨著另一方的「仁慈」。然而也正是在這一點上，水戶學與正統的中國模式出現了最嚴重的分歧。在中國，君王不仁就會導致天命的喪失和王朝的衰落。在日本，作為神的後代的天皇是永遠不可能被合法地推翻的。再次引用會澤正志齋的《新論》，「敬畏祖先（即天照大神），統治人民，君王與上天合為一體。因此，只要上天存在，君主的譜系就要延續下去，就是萬物秩序的自然結果。」[14]

這就給信奉儒家的尊皇主義者留下如何調和兩個潛在的互相衝突的觀念——也即天命觀念與天皇為神之後裔的觀念——的問題。怎樣做到這一點呢？實際上是通過以天皇之命令替代上天之命令，並把將軍認定為天皇命令的接受者。在水戶學說那裡，將軍有責任向天皇表示敬畏，向人民表示仁慈，並以此作為其行使君主權力的一個條件；而且因為仁慈不僅意味著保護人民免於困苦，還意味著抵禦外國的侵略，於是，尊奉天皇，就很合邏輯地蘊含著攘夷，即攘除夷狄。

從這裡，我們可以看到，到培里遠征時，水戶學派已經準備就緒，攻擊幕府在對外事務上的作為。將軍因違背天皇命令與西方簽訂了可恥且有損日本利益的條約，可以說，在忠誠與仁慈兩方面同時失職。

不過，對會澤正志齋和他的藩主德川齊昭而言，一如對一八五八年在圍繞將軍繼承的爭論中與水戶藩合作的大名們而言，幕府在外交上的失敗並不必然意味著它必須被廢除，或者，為了恢復天皇的直接統治，封建制必須被廢除，儘管會澤聲言天皇「應該統治疆土，掌控人民」[15]。幕府在外交上的失敗，實際上意味著幕府聲譽的下降和朝廷威望的提升，而在這樣的背景下，雄藩大名可以在政策制定上獲得發言權；也意味著為了國家統一抵抗外敵而公開表達對京都的尊敬（為攘夷而尊皇）；還意味著強化日本社會的金字塔結構，而這是通過有意識地把天皇——在這個變動不居的世界裡權威的最後堡壘——作為效忠對象而取得的（為封建制度而尊皇，實際上使德川幕府和大名得以保留實權）。

但是，在另一群學脈有所差異的人那裡，水戶的思想，經國學的薰染，卻能夠派生出不尊奉幕府的態度。我們或許可以舉賴山陽（一七八〇到一八三二）為例。他在一八二九年寫了一本廣為流行（儘管不甚準確）的日本史著作。該著作意在展現崇奉天皇的尊皇主義原則，抨擊那些違背了這一原則的人和事。[16]影響更大的是長州藩武士吉田松陰（一八三〇到一八五九）。[17]作為教師，他的思想來源廣博、兼收並蓄。但他同時也是一個激進主義者、一個活動家、一個「志士」。他的所作所為，顯示了他和像會澤正志齋以及佐久間象山那樣更受幕府尊敬的「合法」改革家一樣，都有把自己的建議付諸實施的強烈願望。

松陰在非常年輕的時候就負笈江戶，在佐久間那裡工作了一段時間，並與會澤建立了聯繫（這個關係是以他喪失武士等級和五十七石俸祿為代價的，因為他未經允許就去了水戶）。一八五三年，松陰和許多學生一同去橫須賀觀看了培里艦隊的登陸儀式。這（加上佐久間的鼓勵）使他萌生了偷乘美國軍艦離開日本到國外深造的想法。但是，他被美國人發現，後者雖然覺得他「謙遜而優雅」[18]，卻拒絕帶他走，松陰也最終因此而入獄。他先是在江戶服刑，然後在荻城即長州的城下町服刑，一直被拘禁到一八五六年初。那一年，他的刑罰被減為軟禁。他旋即開始在位於荻城邊叔叔開設的學校裡教書。在那裡，許多在其後十年成為長州領袖——在一八六八年後成為日本的領袖——的人物，都在他的指導下學習。然而，對於他來說，教書是不夠的。一八五八年底，松陰策劃了對井伊直弼派往京都的特使間部詮勝的暗殺；但是計畫被揭發，密謀者都遭到逮捕。作為策動者的松陰，於一八五九年六月被押往江戶，並於十一月被處決。當時他還不滿三十歲。

松陰的著作，在某些方面一如他的人生，狂放澎湃而離經叛道。和佐久間象山一樣，他深感於外敵對日本的威脅；對此，他要求以改進國家的軍事技術來應對。「在學習歐美學說時」，他在一八五五年寫道：「過分仰慕或崇拜夷狄……都是絕對不可接受的。但是，蠻夷的造槍術和造船術，他們的醫學知識和物理科學，均可為我所用——一概應適當地加以採納吸收。」[19]然而，松陰認為僅僅是增強國家的軍事實力還不夠。日本必須控制周邊的領土以使它的防衛堅不可摧，並能以平等地位迎接西方列強的挑戰：「不是日升就是日落，不是月盈就是月虧。一個國家如果不能富強，就必定會衰落。守衛一個國家並非僅僅是使它免於國土淪陷，而是不斷地開疆拓土。」[20]堪察加、朝鮮、菲律賓，甚至中國和印度，都在他的盤算之中，「只要地球還在運轉，這項事業就必須繼續下去」。

除此之外，還要堅持進行國內改革，以此為國家團結和道德重振奠定基礎。國防畢竟是全體國民的事業，並非單靠武士對大名狹隘的忠誠就能成立。因此，國防是幕府和朝廷需要承擔的要務。「如果在全國國土之內有任何人被夷狄凌辱，」松陰說道，「幕府將軍理所當然應義不容辭地率領所有的藩國，為國雪恥，並且給天皇的內心帶來寧靜。」[21]因此，改革應該包含那些旨在帶來這樣的團結並在外交上富有成效的元素。松陰的這一思想所指的正是水戶學派提出的改革元素：好的政府，提拔「才人」，協調好天皇、將軍和大名的關係。

但是，這並不意味著掃除幕府本身，或者對以幕府為核心的封建家臣網路體系的攻擊。松陰認為，即使將軍沒有履行忠君的職責，沒有承擔國防的任務，以至於應該加以告誡時，任何懲罰舉動都應由藩主發起：「如果已經盡了最大的努力，他（將軍）仍然沒有認識到自己的過失，那麼，不可避免地，唯有我藩藩主與其他意識到將軍之罪的大名一同，把問題呈現於朝廷，並執行天皇之命令，別無他法。」[22]換句話說，當松陰在幕府與西方談判條約的時期發出這些言論時，他是站在與他的老師佐久間和會澤無異的政治保守主義立場發言的；他所持的改革理念也同這二人相近。他還不是一個激進主義者——就這一稱號用於一九六〇年代的許多人時的意義而言。

改變松陰的是一八五八年的危機。通商條約，安政大獄，無論是大名還是武士，在幕府採取行動反對他們所主張的每一個事物時，都未能挺身而出進行反抗；這一切都使松陰確信需要一個比他迄今為止所想更加激進的計畫。他說，不僅德川幕府的「邪惡權勢所及越來越大」，大名也顯然聽命於幕府而無所作為；而且整個武士階級也坦然接受了所有的一切，不做反抗，背離職責。「在更低的層級中，」他寫道，「即使是在忠心的武士中……也不見有任何人站出來，越過藩主，謀求正義。」[23]

此前，松陰曾認為在面對外來危機時，長州尊皇派武士應該採取的合適政治行動，是努力迫使藩國政府站在國家利益的立場上，協調朝廷和幕府的關係。但現在，當朝廷和幕府似乎處於公開衝突、大名卻站在一旁無所事事之時，他覺得「志士」必須選擇立場獨自行動了。不能再指望將軍、大名或藩國官員：「身穿絲織的錦緞，品嘗精細的美食，懷抱美麗的女子，撫弄可愛的孩童才是這些世襲官員唯一關心的事情，尊王攘夷已與他們毫無關係。」[24]實際上，這個國家唯一的希望就寄託在那些處於官僚階級之外的人身上，那些松陰稱之為——但沒有具體定義——「草莽英雄」的人身上。他們必須放棄藩國，通過留給他們的唯一方式來證明自己的真誠，即以天皇的名義「起義」。

然而，究竟誰是「草莽英雄」，何為起義之舉，松陰未及詳加說明即已逝去，雖然刺殺間部的計畫顯示了他對這些問題的思考。很明顯，在一八五九年他人生最後幾個月中，他提出的建議所顯現的劍走偏鋒特徵——特別毫無疑問的是他明確無誤地表示了拋棄有影響、有地位的武士，以換取「草根英雄」的支持意願——使他失去了許多學生的支持。[25]像木戶孝允和高杉晉作那樣受人尊敬的長州平侍，表現得如他們在薩摩和其他藩國的尊皇主義同志一樣的謹慎、一樣的猶豫，不願因魯莽行動而危及藩主和藩國的安危。

但是，儘管如此，松陰在此後的幾年間，在長州之內和長州之外，絕非沒有影響或追隨者。年輕的一代——特別是眾多開辦在江戶和城下町的軍事學校裡學習且地位低於平侍的學生——從松陰的教誨那裡得到啟示，以他為榜樣，感受到起義的召喚。對他們來說，攘外成為一項神聖的使命，一項唯有天皇能夠領導、唯有志士願意執行的使命。尊皇主義者聲稱，必須讓將軍和大名從消極被動中擺脫出來，並迫使他們不得不採取行動，無論他們是否願意，因為他們還像以前那樣，控制著最終要被用來對抗西方的軍事力量。為此，必須通過起義、密謀和襲擊外國人挑起爭端。在這裡，我們看到了為一八六〇年代恐怖主義提供合理性的主張。[26]

這裡，如在吉田松陰的著述中一樣，有一個顯而易見的缺失，即缺少一個改造基本政治制度的計畫，而這正是我們從一場真正的革命運動那裡所期望看到的。我們在其他「志士」那裡也能看到同樣的缺失。例如，井伊直弼的刺殺者們在一八六〇年三月起草的一份解釋他們行動原因的陳情書（關於這件事我們將在下一章繼續討論）中，就體現了這一缺失。這份陳情書是一份動人心弦的文件，是刺殺者為避免逮捕和恥辱在自殺前不久寫的。它詳細講述了不平等條約的簽訂情況，指責井伊給日本帶來的恥辱和對他們前藩主的迫害，還譴責了幕府對天皇旨意的漠視。然後，在陳情書的結尾，它從譴責轉向期望。它說，將軍應該再次向那些最有資格幫助他的人，比如他在水戶、尾張、一橋以及越前藩的親戚，還有薩摩、土佐、宇和島和長州的外樣大名，尋求參謀和建議。每個人都有適當的角色可以扮演。「如果一方面有親戚關係的宗室協助將軍處理行政，而另一方面雄藩大名盡忠地在軍事準備上付出努力，那麼，毫無疑問，我們神聖領土上的恥辱將被洗刷，而天皇的內心也會得到寧靜。」[27]它實際上不過是一個復活一橋派的計畫而已，一個出自一橋派領袖德川齊昭家臣之手的計畫。就此而論，它所著眼的與其說是未來，倒不如說是過去；它所關注的，與其說是制度設計，倒不如說是封建政治。

在一項關於明治維新的研究中，對於這個陳情書，人們或許會傾向於採取置之不理的態度，因為它所表現的不過是封建復仇、忠孝之道而已。我們之所以在這裡還要討論它，是因為對一八六二到一八六三年的主要尊皇主義積極分子的研究揭示，這些誓言要「重建帝王統治」（王政復古）的人也同樣缺乏真正的革命思維。他們的「復古」，儘管蘊含著激進成分，但完全不為江戶接受，而且離一八六八年後真實發生的事情相去甚遠。例如，與早些時候的吉田松陰一樣，這些一八六二到一八六三年的尊皇主義者並沒有預想到廢除藩國或廢除封建社會。[28]相反，他們中的大多數人急不可耐地表達了對封建主義（hōkenseido）的偏愛，以抵抗在七世紀傳入日本，而且在真正意義上更具「帝制」性質的中國式的行省制度（郡縣制度）。

因此在一八六一年，久留米的真木和泉，最有影響力的忠義之士之一，將「復古」描述成在封建體制內的「正名」，也即廢除封建領主持有的頭銜，因為根據頭銜，這些領主被將軍與大名的關係所束縛；而以更早的——但同樣是封建的——即在引入中國制度之前的時期使用過的頭銜取而代之。[29]換句話說，他提議的是延續封建制度，不同之處是這個制度以天皇而非將軍為中心。在一八六三年寫成的另一文件中，他對此做了擴展：應該組建一支帝國軍隊，由各藩國提供的士兵組成，並且由朝廷貴族和忠心的武士領導；尾張以西的藩國應該不再受幕府的控制，京都周圍的領地由帝國的行政機構直接領導。[30]

真木的論點以不同的形式出現在其他志士的著述中，這些著述與真木的觀點沒有本質上的衝突。筑前國的平野國臣力主在一八六二年五月奪取京都，宣稱他的目標是確保抵禦外國人的行動，而這只有通過「把天皇的權力擴展到帝國的各個部分」才能夠實現。而唯有摧毀將軍的權力，才可能實現這一目的：「他應該被剝奪職位、降低等級和收入，給予和其他雄藩大名一樣的地位。」[31]

吉田松陰的學生，長州的久坂玄瑞在應當樹立什麼樣的目標以及如何實現目標的問題上，有更加具體的論述。例如，他認識到志士的暴力只能補充而不能取代藩國的努力[32]。然而，他同樣也被關於社會性質的傳統觀念所束縛。像一橋派的成員一樣，他尋求的是放寬參覲交代制度，以削弱將軍對大名的控制。和一橋派一樣，在他的願景中，幕府仍舊是政府的行政部門，儘管制定政策的責任在很大程度上將被轉移到京都。正如他在一八六二年的一份長篇請願書中寫道：

〔將軍〕以朱紅印章分配領地……和向封建藩主授予官職的權力，只有向朝廷提出申請後才能施行，以此表明幕府對其兩個世紀或更長時間的傲慢和不遜的悔意……政府的權力必須奉還給朝廷，在畿內（京都周邊的省份）建立行政總部，所有重要問題都要徵詢朝廷……在那裡由朝廷貴族和官員來討論。[33]

土佐的尊皇主義者武市瑞山在兩個月後寫成的一篇文章中，將上述所有的思維整合在一起，給他和他的朋友——畢竟他們之間通信頻繁——關於日本的政府的構想設定了規劃。[34]他的論證還是從幕府在外交事務上的失敗開始。「幕府官員，出於對夷狄的恐懼，採取了權宜之計，」武市說道，「他們沒有顧及國家的貧困和人民的苦楚，而且沒有表現出絲毫的愛國情感。」他們的政策在全國的志士中引起了不滿，「甚至有發生內戰的危險」。只有旨在完成攘外的激進改革才能平息他們的憤怒。

首先，武市說，必須通過把京都周邊的藩國置於帝國政府的控制下，為朝廷提供足夠的防衛。這個地區要分配給朝廷的高級貴族們，他們將得到志士的支持和「大阪富人」在武器裝備上的支持。其次，為緩解藩國的財政壓力，必須縮短參覲交代時大名在江戶居住的時間。最後，「必須恢復統治者和大臣各盡其責的局面」，這就是說，政府運作必須由朝廷控制，正如第一個幕府於十二世紀形成之前一樣，大名必須在京都而不是江戶履行他們儀式性的責任。武市很清楚德川幕府不會心甘情願地接受這樣的改變，甚至會對朝廷的命令置之不理。因此，他論證道，必須使他們面對由九州和西日本藩國聯盟提供的壓倒性武力優勢。只有到那時才有可能，「一方面通過實行仁愛和正義讓幕府改變傲慢的態度，另一方面訴諸權力撲滅它的囂張氣焰」，以使江戶臣服。

從十九世紀六〇年代早期最著名的尊皇主義者的著作中選取的這些例子中，我們勢必得出這樣的結論：他們的尊皇願景代表的是對幕府而不是封建制度的攻擊。它意味著權力平衡的轉移，使天皇成為封建效忠的中心，讓雄藩大名分享決策權。它意味著朝廷行政方法必須改變，使之在財政上不像以前那樣依賴於幕府和藩國的恩賜（而這也將給志士獲得有影響力的職位提供機會）。最重要的，它要求削減或徹底廢除將軍的權威，因為將軍在他最應該履行的職責上失敗了。

很明顯，在挑戰幕府上，尊皇主義者的立場比一橋派提出的任何觀點都更為極端，更加暴力。然而，在這些立場中，一如改革的大名提出的計畫那樣，我們根本找不到任何中央政府的概念，找不到一個以朝廷為核心、採取行動廢除藩國的中央政府，一個在德川幕府被推翻後出現的中央政府。此外，在尊皇主義者的立場中，一個沒有了大名和武士世襲地位之社會的觀念更不可能存在。

事實上，「志士」之不同於改革的大名，與其說在於提出了與後者相衝突的制度目標，倒不如說他們更加強調天皇朝廷的政治功能，而且與那些大名相比，他們表現出了不達目的不甘休的堅強意志。久坂玄瑞曾寫信給武市瑞山，「只要我們從事的是正義的和忠誠的事業，那麼，即使你和我國破家亡，也在所不惜。」[35]他顯示了對其社會的拒斥，這一拒斥是如此之極端，以至於在保存日本的努力中，如果有必要，可以把他的社會摧毀殆盡。但這只能算是攻擊傳統，還談不上是革命。

就其結果而言，志士的很多所作所為確實具有革命性，因為舊的制度一旦被削弱或摧毀，就必須由新的制度而不是口號取代；但若把這些結果的發生歸因於某個宏偉的設計就大錯特錯了。事實上，尊皇主義者在性情上與其說是革命者，倒不如說是反叛者或暴亂者。馬瑞斯．詹森（Marius B. Jansen）把他們描述為「勇猛、隨性、放浪不羈……沉湎酒色」[36]，今朝有酒今朝醉；從關於他們活動的記錄中，我們可以清楚地看到他們對天皇和外國人的態度都出於直接而簡單的情感，與執掌幕府或藩國權力的人所具有的更加「負責任的」關切相比，差距不啻十萬八千里。正是這一點——他們對現行秩序的不經意甚至輕蔑——而非更正式意義上的政治意識形態，導致了他們與自己的藩主的衝突。

## 尊皇主義者

在我們完全接受上述觀點，即尊皇主義者獻身於天皇的事業在本質上既非「反封建」亦非「現代性」之前，有必要知曉尊皇主義者都是些什麼人，他們的社會地位是否與他們所持的觀點在邏輯上相一致，以及是否有必要在一類尊皇主義者與另一類尊皇主義者之間做出區分。為此，我們首先不妨看一下，在一八五八年之後，在一些最重要的藩國裡都發生了什麼事情。

讓我們從尊皇主義最終取得成功的薩摩藩談起。在井伊直弼被任命為攝政之前，薩摩的許多年輕武士滿懷熱情地支持島津齊彬的計畫，並在江戶與水戶領導人以及松平春嶽的越前藩的橋本左內等家臣密切合作。[37]西鄉隆盛是薩摩武士中的佼佼者，井伊直弼遭人殺害時他年僅三十歲，卻已是有名的劍術家。西鄉是一個高大威猛又火熱心腸的人，具有眾多傳統浪漫英雄的品質：「性情暴躁、淳樸幽默、咄咄逼人的靜默，透露出幾分輕蔑、幾分睿智。」[38]第二號重要人物是大久保利通，他比西鄉年輕四歲，相應地較缺乏經驗，但在很多方面卻是一名精明的政客。有人說他既「冷靜至極」，又「孜孜不倦追求出人投地」，[39]兩者結合起來，使他成為一個精於算計、專心致志操縱國人的政治家。

西鄉和大久保都來自小姓組家庭，是薩摩中級武士中最低的一個等級。兩人都極度仰仗島津齊彬對他們的親睞而得以施展抱負。[40]因此，他們的野心都因一八五八年八月島津齊彬之死而遭到嚴重打擊。西鄉在江戶和京都為一橋派的利益而進行的密謀，因保守派控制了薩摩的都城鹿兒島而突然終止。西鄉被判流放，儘管糟糕的健康狀況讓他直到一八五九年初仍留在薩摩；而他的同夥和追隨者，以大久保為首，都被解除了在藩國政府中的職務。如此一來，他們只能在沒有藩政官職之便、沒有藩國大名庇護的條件下，尋求推動自己的政策。

正是在這種情況下，他們開始盤算叛亂的可能性，或者至少是使用武力以促成反幕府政變的發生。儘管存在疑點，但有傳言說齊彬在死之前也曾做過類似的考慮。[41]西鄉確實這樣想過，因為他曾與一八五八年寫信給他的兩位同僚，規劃了尊皇派發動起義，占領並控制京都直到雄藩大名軍隊到來的計畫。[42]這個訴諸武力的主意並不缺乏支持者。對於一群為他們視為國恥的條約的簽訂而痛心疾首，每日聽到他們尊為英雄和聖人的人物被捕的消息，且因無法使那些統治他們的藩官行動起來而倍感沮喪的年輕人而言，暴力的吸引力幾乎是無法抗拒的。

誠然，從這時起，顯然是有鑒於安政大獄的影響，西鄉開始建議應有一定的謹慎。[43]與此相反，對許多薩摩人——不僅僅是年輕人而言，西鄉遭到的懲罰非但沒讓他們冷靜下來，反而激起了他們的怒火。對他們來說，克制或對風險太過精細的計算都不過是膽小畏縮而已。在一八五九年底，他們中的一些人再次計畫在京都發動起義。在這項冒險計畫付諸實施之前，相關消息被洩露到薩摩當局那裡，新大名——齊彬的侄子島津忠義發佈命令制止了這一行動。大久保堅信，沒有藩國的支持，這一行動終將無果而終，遂決定服從命令。經過一番周折，他說服大部分密謀者和他一樣服從了命令。[44]

這個事件構成了薩摩尊皇主義者歷史的一個轉捩點。在此之後，一方面大久保領導下的一派人（後來西鄉於一八六二年從流放地被召回後也加入進來），致力於贏得藩主對他們反幕府事業的支持，這個任務自然意味著願意同那些不那麼激進的觀點妥協。另一方面，一部分人分裂出去，在薩摩藩外從事為薩摩大名禁止的極端主義活動。在第一部分的人之中，出現了不少一八六八年後明治政府的成員；而在介於此時和明治政府成立之前的時期出現的尊皇主義殉道者中，有的就出自於這第二部分人之中。因此，對他們的年齡和社會成分加以比較，將從一個側面有助於我們認識這兩部分人都參與其中的尊皇主義運動的性質。

我們可以確認二十二個屬於西鄉—大久保派的人的身份（見表一）。[45]在他們之中，有九人確定、八人極可能屬於中等武士家庭，如果我們把這兩個領導人本人也算在內的話；另有三人是上級武士，其中包括最終成為家老的岩下方平；還有一人松方正義為下級武士，他的父親是一個放棄了領地而投身商業的鄉士。甚至松方在維新前也獲得了平侍的等級，因此，一般而言，我們有理由把這群人看做具有完全的武士地位者，儘管其中的一些成員，包括西鄉和大久保在內，地位處在中級武士的下限上。[46]在年齡上，從最早在全國範圍內出現尊皇派騷動的一八六二到一八六三兩年的資料來看，他們中差不多有三分之二的人在二十五至三十五歲之間，其餘的大多稍微年長一些。

與此形成鮮明對比的是，那些要與藩國政治徹底決裂的極端主義者或激進分子，[47]傾向於有比較低的地位，年齡也比較輕。他們的領袖是有馬新七，一八二五年出身於鄉士家庭，但在很小的時候就過繼到有親戚關係的中層武士家庭。其他人中——可以確認身份的也是二十二人——有十五人似乎有與有馬大致相似的中級武士背景，儘管關於他們的資訊遠沒有人們所希望的那樣精確。其他人可以歸為下層的武士，不過同樣不是很確定，儘管他們中有四人有商業背景或聯繫。其中一人是森山新藏，一個鄉士出身的富有的城裡人，為這個集團提供經濟資助。一八六二年，森藏剛過四十歲，而有馬是三十七歲，他們的同伴中至少有八人當時不到二十五歲，其中的兩人實際上還不到二十歲。他們中只有五人活到了明治時代，與之相比較，跟隨大久保的人中則有十八人活到了明治時代，這個事實對搞政治和搞叛亂之間的相對危險性做了一個有趣的注腳。

當我們轉向山內容堂的領地土佐時，就會見到另一番景象。[48]因為山內在一橋繼承

## 表一　薩摩和土佐尊皇主義者之背景和年齡

| 背景 / 年齡 | 薩摩：西鄉－大久保派（22） | 薩摩：激進分子（22） | 土佐：武市派（22） | 土佐：激進分子（55） |
|---|---|---|---|---|
| 家庭背景 | | | | |
| 上層武士 | 3 | – | – | – |
| 中級武士 | 17 | 16 | 7 | 5 |
| 下級武士 | | | | |
| 足輕等 [a] | – | 3 | 5 | 15 |
| 鄉士等 [b] | 1 | 3 | 10 | 9 |
| 村長和鄉村官員 | – | – | – | 11 |
| 其他 [c] | 1 | – | – | 15 |
| 1862-1863 年間年齡 | | | | |
| 35 及以上 | 5 | 4 | 4 | 1 |
| 26-34 | 15 | 9 | 14 | 17 |
| 25 及以下 | 1 | 8 | 2 | 37 |
| 不詳 | 1 | 1 | 2 | – |

資料來源：Beasley,「Politics and the Samurai Class in Satsuma, 1858-1868,」 Modern Asian Studies, 1（1967）：47-57；Beasley,「Politics Group in Tosa, 1858-1868,」Bulletin of the School of Oriental and African Studies, 20（1967）：382-390

注：我在計算年齡組時忽略了陰曆年份和陽曆年份之間的差別。大約一半薩摩的人物和五分之四的土佐人物的家庭背景有具體文獻佐證；其他人則基於合理的推測。

a. 其中一個薩摩人是商人 / 陪臣；其餘兩人為陪臣。

b. 這四個薩摩人是商人 / 鄉士。

c. 未被歸類的薩摩人是個神道僧侶。十五個未歸類的土佐人中，一人是佛教僧侶，一人是醫生，一人是農民，還有一人是商人。其他十一人的背景不詳。

爭端中沒有島津齊彬那麼積極，所以在他的領國就沒有出現能把激進分子聚集起來的核心人物，而在薩摩，西鄉和他的朋友們充當了這一角色。結果，對土佐政府的攻擊更多來自於「外部」，這些人的尊皇主義信念並非直接由他們藩主的政治觀點促成。事實上，他們大多來自於鄉村武士（鄉士）和村長（莊屋）；他們對農村的控制，再加上較低的正式身份，使他們對城下町武士所享有的社會和經濟特權，產生諸多不滿和怨恨。

土佐的鄉士家庭主要有三大類。[49] 最早的一類是一些十六世紀在容堂成為大名之前就居住在土佐的武士家庭的後代，他們在十七世紀被賦予鄉士地位，以使他們為維護鄉村的穩定做出貢獻。然後是一些比較富有的農民家庭，他們通常是武士的後代，因為開墾土地之類的服務而被提升到鄉士地位。最後一類是那些在十八世紀末、十九世紀初通過開墾土地（和農民一樣）或通過購買而獲得鄉士身份的前商人家庭。所有這三種類型在尊皇主義者中都有代表。

這些人現身於尊皇主義運動，清楚地顯示了在德川後期土佐的政治分野基本上是沿著武士階級中既有的對峙局面分佈的。這一緊張狀態在這個世紀早些時候發生的一些事件中就已經有所表現，那時，來自鄉士的抗議者迫使藩國政府承認他們擁有與平侍一樣的權利。一八四一年一個村長協會的會議文件生動地表現了這一點，這份文件宣稱：「難道我們不應該說，作為平民腦袋的村長應高於作為貴族手腳的陪臣嗎？」[50]

實際上，在土佐，那些認為主要是憑自己承擔的職能而具有優越感的人們，對「憑出身而貴的人」（門閥）有著相當大的敵意。然而，持有這一觀點的人卻視自己為統治階級的一部分，受過武士的教育，接受武士的價值觀，在很多情況下還養成了武士的生活習慣。再者，儘管他們代表了鄉村富有者的利益，並與那些在城市裡統治他們的官僚的利益相衝突，然而，一旦與列強的通商條約把日本的政治兩極化，他們仍舊使用幾乎與薩摩中層武士毫無區別的語言來表達自己的觀點：以民族主義的情緒，譴責幕府和藩國對外國人的軟弱；以地方性的封建忠誠，譴責高知——土佐藩都城——對江戶的屈從。在這裡，土佐武士表現得就像武士一樣，儘管在當時的嚴格意義上，他們是否有權稱為武士是有疑問的。

他們的領袖武市瑞山本人是個鄉士，他的家族是土佐前封建大名陪臣長曾我部的後裔。他曾是劍術家，高大而且結實，稍顯粗狂。他於一八五六到一八五七年在江戶學習，這使他和其他藩國的激進分子建立起聯繫，而他的劍道學生則成為他長期追隨者的核心。儘管武市和其他藩國激進分子有聯繫，但他對通商條約的簽訂以及安政大獄帶來的局面的反應，卻比後者慢了許多。一八六一年，他組建了一個尊皇主義者團體，起誓要「重振日本精神」，「為我們的國家帶來新生」。[51] 這個團體一度有將近二百個成員。然而，直到一八六二年五月，當他策劃了對土佐藩首席大臣吉田東洋的謀殺後，武市才開始對土佐的政策產生了較大的影響。他的影響有賴於一些同情者的幫助，後者的地位之高，足以讓他們在藩政中擔當要職，而這是武市本人無法企及的。但武市影響土佐政治的手段很笨拙，經常被前大名吉田東洋的謀劃所挫敗。武市在土佐政治圈的影響力，從來沒有達到一個能與（比如說）大久保在薩摩所獲得的地位相提並論的水準。

其實，許多土佐尊皇主義者很快對沒有進展失去了耐心。像他們的領導人一樣，他們更像是煽動者而不是政客，結果，他們往往願意在京都或其他地方冒險，藉此從更加乏味的——也是更加困難的——試圖操縱藩國官員的任務中脫身。部分由於這個原因，這個小團體很快在一八六三年後解體，在這一年，日本全國的政治輿論氣候發生了變化，且山內轉而公開反對這個小團體。武市被捕，而他倖存的追隨者中的大多數逃離土佐藩，投靠他們在日本其他地方的朋友，成為浪人，或脫藩武士。

從這些事件中，我們能夠判別出某種與我們在薩摩觀察到的「政治家」與「激進分子」分野相似的輪廓。這一輪廓即便對事實細部有所歪曲，但在大局上仍然正確。於是，我們可以確定一個包括武士在內、擁有二十二個成員的土佐群體。[52]這個群體主要關注的是他們自己藩國的政事，就像大久保及其同夥那樣，儘管沒有後者那樣有成效。這二十二個成員中無一為上層武士，但有七人是中層武士，十五人為下層武士，其中大部分人是鄉士（見表一）。在年齡上，在一八六二年，他們絕大部分都在二十五到三十五歲之間。武市自己是三十三歲，他在官員中的主要盟友要更年長一些。所以這方面和薩摩的「政治家」比起來非常接近。事實上，儘管這類土佐人總體上在地位上比薩摩的對應者要低，但人們不能想當然地認為他們在經濟地位上也必然較低：大致上土佐鄉士的領地平均略大於五十石高。這和許多薩摩平侍所占有的土地是一樣的，尤其是西鄉和大久保所屬的小姓組相比。比如，武市家擁有的土地估值五十一石高。

土佐尊皇主義者中的另一部分人即「激進分子」選擇了離開藩國成為浪人，以解放自己從而得以參加日本國內其他地方的密謀和起義。他們是在不同時間，既有在武市被捕之前也有在此之後，出於不同原因，而做出這個決定的。選擇這條路的人相當之多——和薩摩相比起來要明顯多很多——因為至少有五十五個可以辨認姓名的人選擇做了浪人。其中平侍很少，可能不超過五人（見表一）。[53]相反，如果把九個鄉士算進來的話，至少有二十四人是下層武士；還有包括村長在內的七個社會地位實際上大致相同的人。

這個名單包括了——且看一些有特色的例證——坂本龍馬（生於一八三五年），一個有商人家庭背景的城下町鄉士，他經由江戶的劍術學校而被引入到政治中；[54]他的妹夫千屋孝（生於一八四二年）是個村長，他在一八六三年初成為勝海舟海軍操練所的學員，而龍馬自己與海軍操練所有著緊密的聯繫；那須俊平（生於一八〇七年）是一個相對較窮的鄉士，他在自己的養子在尊皇派暴動中被殺後加入到極端主義者中間來；中岡慎太郎（生於一八三八年）是一個老資格村長（大莊屋）的長男，他像坂本一樣，深深捲入了江戶和長州政治；還有一個中級武士望月龜彌太（生於一八三八年），他是武市的一位藩國官員朋友的表兄，也是勝海舟的學生，一八六四年死於與幕府衛兵的衝突中。[55]在年齡上，這些浪人中有三分之二在一八六二年還不滿二十五歲，只有一人超過三十五歲，這也表明了這類冒險活動對年輕人最有吸引力。這五十五人中，只有十二人活到一八六八年以後。

從對在薩摩和土佐所發生的事情的這一總結中，我們可以得到一些初步結論。這兩個藩國的大多數上級和中級武士——也就是說那些沒有出現在名單上的人——在井伊直弼掌權後，對幕府施加給他們的壓力做出的反應，是小心謹慎而且是防禦性的，儘管通商條約的簽署招致廣泛的批評。少數派譴責這樣的反應是不思進取的保守主義，並要為了他們心中的國家利益而扭轉這一局勢。於是，他們被迫首先在不依靠大名及其親近的幕僚的條件下，尋求重建他們藩國在國內事務上的主動權的道路：或者通過規勸和陰謀，以誘導政策發生變化；或者通過武力行動，以圖製造事端迫使藩國官員——無論他們多麼不情願——不得不採取行動。兩類不同的反對群體，取決於他們選擇了不同的反對方法。

這兩個群體的領袖雖然不全是平民百姓，但年齡都在三十歲上下，來自中下層武士階級，或來自地位比中下層武士階級略低的家庭，這一相似之處意味著這些人在合法與不合法的政治形式之間做出的選擇，無法僅僅用年齡或社會背景加以解釋。毫無疑問，性情和脾氣與做何選擇有很大的關係。有很大關係的還有地區性因素，即在某種意義上，一個人更願意通過常規的管道獲得影響力，如果他知道在他之前已經有人這樣成功地做過。因此，西鄉在一八五八年前在薩摩藩政中的經驗對大久保來說是一個鼓勵，同理，自天保年間以來，長州即有平侍出身的武士擔當藩政領導的記錄，自然有助於像木戶那樣的長州人在藩政上出頭。[56]與此相反，武市瑞山由於知道自己缺乏獲得顯著提升所需要的等級地位，所以對合法性的恪守不那麼堅定，同樣也很難約束追隨者做到這一點。

其實，正是在這裡才真正體現出等級的意義，在一定的水平線下，沒有等級的人就不可能獲得官職。身為小姓組的大久保很難與其藩主的父親島津久光建立私人關係，[57]但他至少還具有被授予藩官所需要的最低身份，這使他能夠與最上層的武士面對面接觸。而在那些放棄正統政治手段的人中占大多數者，多為缺乏這一資質的鄉士、村長和足輕。他們也因此失去了與之相伴的可在合法和非法手段之中進行選擇的自由。[58]如果他們一定要介入政治活動的話，他們要麼接受服從於平侍政客的角色，要麼以必定與藩政相衝突的方式行動。因此，他們的野心，他們的理想（這些理想與他們生活的社會的理想背道而馳），合在一起幾乎註定他們會挑戰他們的藩主。事實上，他們做出這樣的決定，與其說是出於對激進政治的獻身精神，倒不如說是由於年輕人的血氣方剛：一種冒險的意識，一份迫不及待的衝動，一股為追求更高理想而拋棄傳統道德的願望。坂本龍馬就具有所有這些品質。他在寫給一位像他一樣逃離土佐成為浪人的友人雙親的信裡，曾這樣說道：「有一種觀點認為在現今時代，忽視親屬，怠慢藩主，離開母親、妻子和孩子都是有悖於人們理應履行的職責——這顯然是出自愚蠢藩官的看法。」[59]

在我們此時討論中所浮現的範式中，存在著一定的邏輯：至少在土佐和薩摩，在藩國內通過「政治的」——並非總是合法的——手段參與權力鬥爭的人，與那些做出不太合乎常規的但或許更加刺激的其他選擇的人相比，處於較高的等級範圍內和年齡段上。[60]然而，人們一定會問這個結論可以在多大程度上推廣到整個尊皇主義運動上。這不是一個容易回答的問題，即便僅僅是出於並非所有的藩國都像薩摩和土佐一樣，已經被或者都能被歷史學家做徹底且精緻的研究的緣故。

然而，還是有許多人們可以引證的證據。例如，在長州，吉田松陰開辦的私學在通商條約簽訂後即成為反對幕府政策和長州藩保守主義的一個主要中心。該校的十五個學生後來因成為「志士」而為人所知。[61]這些人都很年輕——三人在一八五八年年僅十

臣，福岡（筑前國）的中級武士，時年三十四歲。

我們以上所述，無論如何也談不上是對尊皇主義者的完整描述——即使篇幅允許，我們所能得到的證據也不足以保證完整，描述還有過分強調著名人物的局限。為了改進這一局限，我們將對發生在這些年間的一個特殊事件，即一八六三年秋發生的所謂的大和事變[63]的參與者進行詳盡的研究。[64]這次起義（我們將在第九章更加詳細地討論）原本是為了支持朝廷而發動的，朝廷當時為尊皇攘夷派控制，並正與江戶在攘夷的問題上發生爭執；起義採取的形式是攻擊位於大和國的幕府家臣處所。起義名義上由年輕的朝廷貴族中山忠光領導，但實際上由真木和平野的同夥在地方的幫助下完成。

包括中山在內的起義者中，至少有三十六人來自於事變直接影響的地區之外（見表二）。就不完全資料所能讓我們做出的判斷，他們當中有二十三人標榜有某種武士或准武士身份。參與者中有十四人來自土佐，包括二個鄉士，三個村長和三個足輕，他們的領袖吉村寅太郎在二十幾歲的時候就是村長了。這十四個人之中，有十二個年齡不足三十。在其他二十個外來參與者中，有五人來自真木的藩國久留米，二人來自筑前國（這些人和平野有聯繫），還有三人來自九州的其他地方，這樣總共有十人來自九州。這十人中有一人似乎是比較富有的農民的兒子，另外九人是各類武士，至少六人可確定為下層武士。他們的年齡從十八到三十四歲不等。剩下的十一人來自日本多個不同的地方，而且背景各異，既有中層武士又有算命先生；但這裡還是以下層武士居多。他們由藤本鐵石和松本奎堂領導。藤木是來自備前國的下級武士，四十幾歲；松本曾在位於三河國的譜帶大名領地刈谷藩當過老師，為三十三歲的平侍。三十六個非本地參與者中，總共有二十三人在起義發生時不滿二十五歲，且只有三人達到或超過三十五歲。

讓我們來看那些生活在大和及附近地區的人，他們中最有名的是水郡善之祐，他是伊勢一個藩國所屬村莊的代官或村長。[65]水郡三十八歲，擁有武士身份。正是水郡選定了起事地點並做了大量的細緻策劃。協助他的是六個來自他自己鄉村或鄰近地區被稱為「農民」的人，應該都很富有，因為他們都有姓氏。這個群體其餘的九人包括了一個當地代官的弟弟；三個鄉村醫生，其中二個據說很富有，一個鄉士出生；一個醫生的兒子；一個神道官員，也是鄉士出身；一個佛教僧侶；一個曾在肥前學習製槍的「蘭學家」；和一個來自鄰藩的劍術家。因此，這十六人（主要因為起義失敗被殺或被處決而為我們所知曉）可以說是構成了上層鄉村社會具有相當代表性的典型。看得出來他們比從外地來的人要年長，只有兩個是二十五歲或者沒有超過二十五歲，至少九人三十五歲或更加年長。此外，還另有十六個來自十津川的當地鄉士。對這些人，除了名字，我們知之甚少。[66]最後還有很多但無法確定的農民追隨者，他們在起義開始後被召集起來輔助戰事。

## 表二　已知大和天誅組起義參與者的年齡和背景

| 背景 / 年齡 | 非本地參與者（36） | 本地參與者（32） |
|---|---|---|
| 家庭背景 | | |
| 中級武士 | 3 | – |
| 中級或下級武士 | 5 | 3 |
| 下級武士 | | |
| 足輕等 | 7 | – |
| 鄉士或村長 [a] | 7 | 19 |
| 其他 [b] | 4 | 10 |
| 不詳 | 10 | – |
| 1863-1863 年間年齡 | | |
| 35 及以上 | 3 | 9 |
| 26-34 | 9 | 6 |
| 25 及以下 | 23 | 2 |
| 不詳 | 1 | 15 |

來源：Hara,「Tenchugumi kyohei shimatsu-ko,」Shigaku zasshi, 48（1937）：1115-1151, 1223-1251；Kinno resshi den（Tokyo, 1906）；Junnan rokkō（3 vols.,Tokyo, 1933）；Naramoto Tatsuya, Meiji ishin jimbutsu jiten（Tokyo, 1966）.

注：關於年齡和背景採用了與表一相同的慣例，除了對一些明顯是武士，但不確定可歸為中層還是下層武士的人（有證據表明他們處於中下層武士之間）進行了如表二的描述。在三十六個非本地參與者中，十四人來自土佐；五人來自久留米；島原、福岡（筑前）、鳥取（因幡）以及刈谷藩各有二人；淡路、備中、備前、江戶、肥後、日立、紀伊、京都和水戶各一人。三十二個本地參與者中，十六人是十津川的鄉士。

a. 在這裡，並不總是可以將鄉士和村長區分開來。並非所有的村長都必然是下層武士。

b. 在非本地參與者中，有一個朝廷貴族，一個農民，一個商人 / 下層武士，一個商人；而在本地參與者中，有六個農民，二個醫生以及一個佛教僧人。

這些人出現在尊皇主義者的陣容中，便把我們帶回到尊皇運動的階級特徵問題。儘管這個運動領導人有顯著的「武士」世界觀，但根據這一證據，尊皇運動顯然不僅僅是一個封建階級對外來軍事威脅做出的反應。[67]事實上，毫無疑問，那些或者出於自願、或者迫於無奈而試圖迫使其上司就範的尊皇主義者，能夠從那些勉強達及武士階級邊緣的人，甚至野心勃勃的武士集團以外的人群那裡獲得支持。通常，這些支持所採取的形式不是武力上的幫助，而是財政捐助或僅僅提供住所而已。也就是說，他們的幫助是與他們並不願犧牲財富地位和尊嚴的方式相適應的。長州富農像林有造就是山縣有朋的資助者；另一個長州地主吉富簡一向高杉捐獻了資金；三河國的古橋暉兒通過結交當地尊皇主義者，而幾乎沒有風險地獲得了尊皇主義運動支援者的名聲，與此同時又不動聲色地改進了他的鄉村的農業生產。[68]我們在閱讀有關土佐浪人的生活記錄時，會看到很多類似（雖然援助的規模可能比較小）的例子。

這一點不僅在農民那裡成立。尊皇主義運動的同情者中也有人是富商。一個著名的例子是經營棉花、鋼鐵以及船運業的備中的三宅定太郎。三宅為逃匿中的平野國臣提供了一年多的住處，最終自己也不得不躲藏起來。[69]三宅的生意夥伴之一、為薩摩經銷棉花和靛藍的下關的白石正一郎更加有名，據說在一八六八年前他曾在不同時期招待了多達一百五十個尊皇主義者。[70]如我們預期的那樣，這些尊皇主義者大多來自薩摩和長州，但也有一些人來自筑前國、久留米、土佐和其他藩國。白石的船運業（以及他擁有的一家有名的妓院）為許多希望秘密活動的密謀者和信使提供了很好的掩護。

聲稱是武士後裔的布商山崎久三郎提供了另一類服務。他將自己在京都的商店用作來自各藩國的訪客的會面場所。他的客人包括長州的木戶和高杉，土佐的坂本等人，還有參與大和起義準備工作的一些人。他最終也不得不逃跑，成為長州非常規武裝力量的一員。71

這些與尊皇主義者運動相關的社會資料，具有十分深遠的意義，即使這個簡短的討論也不能忽略。我們還必須回到這個主題。首先當我們討論一八六三到一八六四年之後尊皇主義者遭遇了什麼命運時（尤其是與長州相關的人和事時），我們必須回到這個主題；然後當我們考察明治早期政策時，我們還必須回到這個主題。然而，在這裡我們仍將就以上所論可以合理推出的結果做一總結。

首先，那些把注意力集中在操縱藩國政治上的尊皇主義群體的核心成員來自於中級武士階層，通常是較低層次的平侍。圍繞著他們的，有少數上層武士和少數下層武士。前者提供接近那些真正處於決策高位的人的路徑，如果他們要對實際的政策制定施加影響的話，這是至關重要的。而那些少數下層武士則在他們聯繫極端主義者時派上用場。但是，這些成分並沒有改變這個集團的基本特性，它的構成就與它希望在現存的社會規則範圍內行動的意願息息相關。從這個角度看，尊皇主義「政治家」與溫和派和保守派並沒有太大的差別。

其次，那些缺乏在通常意義上參與城下町政治所需最低地位的尊皇主義者，或者，那些因為別的原因認為合法的方法不適宜或無效的尊皇主義者，勢必要在常規權力中心以外活動，從而捲入那些就其本質而言會對幕府政權形成挑戰的政治活動。就像坂本龍馬一樣，一個人會在理想主義、野心和冒險精神混合作用的激勵下奮起行動。[72]然而，一旦行動起來，他就會因行動本身而變成了一個顛覆者。因此，在下層地位——即在平侍之下的地位，因為，唯有達到平侍地位，才有資格獲得具有一定職責的藩國官職——和反叛、恐怖主義以及暴力威脅之間，存在著確鑿的聯繫。浪人，作為先行者、抗議者、密謀者和行刺者的浪人，共同擁有一個特徵，即在社會地位上低於「政治家」。

第三，這個論斷也適用於那些沒有多少，甚至根本沒有根據聲稱自己具有武士地位的人：村長、富農和商人，他們擁有的姓氏和配刀的權利很可能是買來的。即便這些人在社區中很有影響，受到足夠的教育、見多識廣，對當前的政治議題有自己的見地，德川社會仍然沒有給他們提供合法的管道以表達關切。對於他們來說，政治即為非法；而對於武士而言，情況就並非如此，對於大名而言，就更非如此。[73]因此，毫不奇怪，他們當中的一些人——而我們已經提供的那些例子並不必然表明一個真正大規模的運動的存在，如果我們考慮到現代日本歷史學家在找出這些人上所付出的努力是何等之大——

會與那些在實際上與他們地位相等（雖然在理論上高於他們）的人在政治上聯手，這些人就是城下町中的低等級武士。

## 註釋

1 這種相關性並不精確。產生了許多尊皇主義者的長州在十九世紀五〇年代的政治上並不活躍。在這期間，肥前產生的有名的積極分子很少，儘管它的藩主直到一八五八年都有重要的影響力，它的武士也成為十年後明治政府的核心成員。在十九世紀六〇年代貢獻了許多著名尊皇主義者的久留米和一橋派並沒有明顯的聯繫。然而，很重要的一點是，在二百五十多個藩國中，只有很少幾個藩國產生過積極分子，不論數量大小；而在這幾個藩國中就包括了一八五八年危機所牽涉到的大部分藩國。

2 見 Jansen, Sakamoto, pp.98-102，這一點是專門針對土佐提出來的。

3 這些與解釋相關的問題在導論有更全面的闡述，在第二章也有所討論，第二章還提供了相關的參考文獻。

4 有關這一話題更詳盡的討論，見 Earl, pp.1665；Webb,Japanese, pp.168-173, 248-252.

5 Hall, Government, p.403.

6 Hall, Government, p.351.

7 見 Earl, pp.6781；Tsunoda et al., pp.506-551；Ernest Mason Satow,「Revival」。

8 Satow,「Revival,」p.13.

9 見於《直毘神》（寫於一七七一年）。載 Earl, p.75。

10 Craig 在 Chōshū 第一三七到一四三頁中指出平田的「追隨者」的數量在一八五三年後迅速上升；Dore 在 Education 第一五七九到一五五九頁中觀察到國學被引入藩校課程（但無論如何規模有限）因培里遠征的影響而加快了速度。這兩件事情都表明西方的到來賦予了國學從未享有過的重要性和受歡迎度。

11 Craig 的 Chōshū 第一四二頁上所載的一份關於平田「學派」的地理分佈的表格顯示，平田「學派」在中心地區的一些經濟發達的藩國最為集中，反映了平田被水戶學者拒斥後，他吸收的多為富裕的村長（莊屋）和農民。在中心地區之外，薩摩、筑前和土佐藩擁有較多數量的平田「學生」，而長州和肥前藩卻很少。因此，我們無法在平田產生影響的傳播範圍和十九世紀六〇年代的勤王運動之間找到直接的關聯。

12 關於水戶學派和尊皇主義，見 Webb, Japanese, pp.182-195, 213-216；Earl, pp.94-106；Harootunian, Toward Restoration, pp.47-128。

13 Webb,「Development,」p.177. 參見德川齊昭的觀點，見上文，第 127-128 頁。

14 Tsunodo et al., p.600.

15 出自會澤正志齋，《新論》。見 Earl,p.95。另參見淺井清，《明治維新和郡縣思想》，第五七到六〇頁；以及芝原拓自，《明治維新的權力基盤》，第一二七到一二八頁。

16 參見 Garmen Clacker（Beasleya and Puleyblank, pp.259-263）對賴山陽《日本外史》的討論。這本書比水戶學派在十七到十八世紀出版的具有相似尊皇主義主題的不朽歷史著作《大日本史》（同上書，第一〇九到二一〇頁）流傳得更加廣泛。

17 研究吉田松陰（又被稱之為吉田寅次郎）的作品有很多，包括 R.L.Stevensonn 的論文。這裡提供的描述，我大部分是依賴於 Earl, pp.109-210；以及 Craig, Chōshū, pp.154-164。與我引用的著作相比，Harootunian 的 Toward Restoration 是對松陰思想更加晚近而且在很多方面也更加深刻的作品。

18 Hawks, 1 : 421.

19 Earl,p.147. 佐久間對松陰當時的態度的影響非常明顯。在一八五三年底，他在一封信中將佐久間描寫成「當世英雄，人中龍鳳」（同上書，第一四七到一四九頁）。

20 Earl, p.173.

21 Earl, Emperor and Nation, pp.179-180。著重號是作者加的。「給天皇的內心帶來寧靜」的說法，是接下來數年間大量尊皇主義者著述中常見的警語。它也被尊皇主義者以外的著述如幕府文件，尤其是那些意在影響公眾的作品所採用。

22 Earl, p.203，引自一八五六年九月十六日的一封信。

23 Earl,p.209.

24 Tsundo et al., p.622.

25 Craig, Chōshū, pp.161-162.

26 Harootunian 在 Toward Restoration 第一九三頁中將松陰描寫成「把行動和毀滅視作妥協和調整的解毒劑的虛無主義者」。換言之，通商條約對松陰的震動是如此之強，使他拒斥這個讓他失望至極的世界的所有價值，並且，以行動本身而非以任何其他的價值來取代這個世界的價值。

27 《岩倉公實記》，1 : 349. 請願書以及附帶信件的文本出現在第三四二到三五〇頁。

28 關於這一點，儘管簡短卻最有益的討論，見 Asai，pp.60-64；關於志士總體上的政治理想，見 Inobe,「Bakumatsu shishi」；Harootunian, Toward Restoration, pp.246-320。

29 Asai, pp.61-62. 真木提及的大化之前的頭銜（比如國之造）通常並不為現代學者看作是封建的，儘管在中文中它們可能被描述成封建頭銜。

30 Tanaka Sogaro,Meiji ishin, pp.9-19.

31 一八六二年五月六日的記錄，在 Junnan rokko, 1 : 346-349。

32 Tanaka Akira, pp.90-91.

33 Asai, pp.63-64. Suematsu 在 Bōchō（3：329-330）中有對這份請願書的總結。將這些建議與島津齊彬關於這個問題的觀點進行比較會很有意思。見上書第五章，第 126-127 頁。

34 文本見於《武市瑞山》，1：119-124。很多顯然屬於早期的文件也收錄於該書第一〇九到一一九頁。、

35 Harootunian, Toward Restoration, p.318.

36 Jansen, Sakamoto, p.98.

37 與水戶聯繫的重要性，可以從與水戶學者的見面被自豪地記錄在各種信件、日記和回憶錄中的頻率中看出來。例如，薩摩的海江田信義在他的自傳中，用超過四十頁的篇幅描寫了他和藤田東湖的第一次會面以及對東湖觀點的闡述（見 Kaeda，Ishin, 1：20B45B）。薩摩政治資料見於本書第七章，第一七八到一七九頁、一八四到一八六頁的注釋，在那裡這個問題得到了更加深入的討論。

38 Jansen, Sakamoto, p.189.

39 Iwata, p.3.

40 在齊彬成為藩主之前，兩個家庭在繼承爭執中都支持齊彬的主張。

41 《鹿兒島縣史》，3：267-271。

42 《鹿兒島縣史》，第二七五到二七七頁。

43 西鄉致大久保信（一八五九年二月四日，見《大西鄉全集》，1：137-146），指出，魯莽之勇雖然本身可敬，但卻反映了「不能區分輕重」的缺陷。據此，西鄉主張薩摩必須唯有在得到其他強藩特別是水戶、越前、長州、土佐和尾張藩的合作的情況下才能行動，必須事先徵詢這些藩的代表的意見。

44 Katsuda, Ōkubo，1：117-151.

45 關於分析的進一步細節，以及作為分析基礎的材料的資訊，見 Beasley,「Politics,」pp.50-55，有關武士階級劃分的一般性術語的討論見第一章。

46 儘管是武士出身，大久保家族因為貧困不得不好幾代「在地」生活在鹿兒島之外。他自己的那一支僅僅回到鹿兒島不久，並以小姓組的身份，重獲城下町武士地位。西鄉家擁有城下町小姓組武士地位的時間更長，但他在年輕時經濟上相當拮据。在 Craig 的「Kido Koin」第二六八到二九〇頁中有關於兩人年輕時代的有用的記載。

47 尊皇主義者名單的編集有很大的主觀因素，因為維新的聖徒傳記往往包括了這樣一批人，對於他們，我們有理由懷疑他們或者事後誇大甚至虛構了自己對尊皇主義運動的貢獻，或者讓為他們做傳記的人做如此的誇大或者虛構。此外，還有一個困難，有的人在此一時是激進分子，而在另一時是（比如說）官僚（如西鄉的弟弟西鄉從道，我因為他參與了寺田屋事件而把他算作尊皇主義激進分子，但他後來成了藩國官

員和明治政治家）。然而，我不認為這些因素嚴重扭曲了我所做的描述。

48 關於土佐政治活動和相關社會背景，見 Jansen 如下著作：「Tosa During the Last Century of Tokugawa Rule」；Sakamoto Ryoma, pp.30-40, 104-123；以及「Takechi Zuizan and the Tosa Loyalist Party」。

49 Jansen 在「Takechi Zuizan」第二〇〇到二〇二頁對這個問題做了簡短的討論。亦可見他的 Sakamoto（pp.27-36），該書提供了大量有關這一話題的日文著述參考文獻。

50 Jansen,「Tosa,」p.341.

51 Jansen 在 Sakamoto 第一〇八到一〇九頁提供了這些成員所簽署的誓言的譯本。

52 幸運的是，土佐尊皇主義者的背景有很好的記錄，這使得到比薩摩方面論述更為準確的結論成為可能，見上文。參見我的文章「Political Groups in Tosa」。

53 鑒於土佐記錄的相對完整性，所有十一個被歸為「未知」的事實上都是平侍是不太可能的。

54 Jansen 在 Sakamoto 第七七到八六頁中論述了坂本的背景。因為約有百分之十的土佐鄉士生活在高知城中或附近，人們應該警惕過分強調他們的「鄉村」標籤。

55 這些人的傳記資訊可以在下面的關於維新英雄或殉道者的傳記彙編中找到（前三份涉及國內所有地方的志士，第四份主要針對土佐）：Kinnō resshi den；Zōi shoken den；Junnan rokkō；Zoku Tosa ijin den。更通俗易懂，但欠完整的是 Naramoto, Meiji ishin jimbutsu。

56 Craig 在 Chōshū 第一一〇到一一一頁中指出自天保改革以來的長州各派領袖都是收入相當微薄的平侍；村田清風，九十一石；周布政之助，六十八石；坪井九右衛門，一百石；椋梨藤太，四十六石。

57 他不得不花費相當時間通過與久光的親信折衝，然後才能得到與久光見面的機會。見《鹿兒島縣史》，3：306-308；Katsuda, Ōkubo,1：177-181。

58 Jasen（Sakamoto, p.110）進一步指出，在土佐，下層尊皇主義者不歡迎一些上層武士加入他們，儘管後者同情前者的事業。

59 Jasen（Sakamoto, p.118）將這封信與大久保的追隨者吉井友實於一八五九年寫給他父親的信做了比較。在這封信中，他為自己離開薩摩到京都從事尊皇主義活動做了辯護：「我應完全為了天皇和國家而行動，遵從先藩主島津齊彬的至死不渝的希望，因此可以說我會在戰鬥中死去。作為一個武士，我別無他求。」（《大久保利通文書》，1：30-31）

60 我們不妨順便注意一下，政治行動的合法性上的差異似乎與一個人在家庭裡所擔負的職責大小並無關係，儘管我們鑒於日本的家庭體系的性質，會期待戶主會因進行顯然為非法的行動可能對家族的利益造成很大的風險，而對進行這樣的行動猶豫不決。在表一提供資訊的一二一個土佐和薩摩人之中，有四十人被記錄為戶主或長子（包括過繼的繼承人），三十七人不是長子；其餘的四十四人的家族地位不詳。在這個方面，在「政治家」和「激進分子」之間沒有顯著的區別。實際上，姑且不管「未知」一類人物，西鄉大久保派那裡有一半多的人是非長子，相反，在其他三類的每一類中，戶主和長子所占的份額超過一半。

61 這來源於 Umetami 提供的名單，特別是第三三五頁的表格。亦可見 Craig,「Kido Koin,」pp.268-290。

62 Haga 著作第五七到六五頁中包含有用的調查。

63 即八一八政變後的大和天誅組起義。——編注

64 Hara 的作品詳細描述了這個事變。此處提供的傳記資訊主要來源於 Kinno resshi den；Junnan rokko；Naramoto, Meiji ishin jimbutsu。

65 這是根據 Junnan rokkō, 1：333-337。Hara（pp.58-61）論述了叛亂的領導人，將水郡描寫成占有估計約三百石領地的「富農」。

66 所謂十津川鄉士是一種兵農（soldier-farmer），自十六世紀流傳下來。他們在位於十津川地區的自己的田地裡勞作。在社會和經濟地位上，他們更接近於薩摩的鄉士，而非土佐的鄉士。但相對於非武裝農民，他們享有特權地位。關於他們的簡要介紹，見 Ono, Goshi seido, pp.131-132。

67 大和叛亂者在獲得了最初的成功後，即給予自己以高調的封建頭銜，並以仿佛是領主向屬臣發佈命令而非請求大眾支援的方式，號召當地農民追隨他們（Ishin-shi, 3：592；Hara,「Tenchugumi,」1：1144-1148）。

68 Hara, pp.49-52, 55-57, 18-39，古橋的名聲有某種事後追加的味道。

69 Naito, pp.338-340.

70 Haga, pp.132-138；Tanaka Akira, pp.91-92.

71 Zoku Tosa ijin, pp.61-65.

72 一次坂本在一封發自長崎的信中寫道，「在像故鄉（高知）那樣的地方，你不會有任何雄心壯志，你只會四處遊蕩，虛度光陰」（Jansen, Sakamoto, p.173）。

73 一般說來，在德川司法制度下，一個人的地位越低，對他的刑罰就越重；起義農民會被釘死，而那些據說要顛覆幕府的封建藩主則被處以軟禁，兩者形成鮮明的對比。我們或許可以引證一八六四年十月發生的野根山事件作為一個直接相關的例子。在這個事件中，土佐的安藝地區的農民組織了一場反對監禁武市瑞山的公共示威活動。總共有二十三名參與者（鄉士、村長，其他人則來自鄉村社會中有一定地位的家庭）。他們大都是年輕人，儘管他們的領袖清岡間道是四十九歲的鄉士。他們計畫在進行抗議後，跨

過邊境逃到相鄰的藩國，應當是去當浪人。然而，派去鎮壓他們的藩國部隊將他們當作公開叛亂，殺死了一些人，並逮捕了其餘的人，這些人隨後全部被處決。見 Jasen, Sakamoto, pp.111, 150；and Beasley,「Political Group in Tosa,」pp.384-388。

# 第七章
# 攘夷政治

從尊皇主義運動的政治特徵之考察轉入這一運動參與者實際作為之論述，需要我們回過頭來談談攘夷，即對外國人的排斥。這畢竟是志士的追求，是天皇所領導的事業。因此，一八五八年之後發生的大多數暴力行為都跟攘夷排外有關。

武裝的武士對活動於條約港口的外國人施加暴力是一八五八年之後數年的特徵。這些暴力行為表達了武士對強加於日本的不平等條約的憤恨，同時，也體現了他們因無力打破幕府對權力的壟斷而產生的挫折感。在志士們看來，外國人的特權似乎就建立在幕府對權力壟斷的基礎上，這就促使他們以一種顛覆或者意在顛覆貿易條約決定的方式，製造犧牲者以洩憤恨。在頭兩年裡的犧牲者中包括一位俄國海軍軍官、一個荷蘭商船船長、一個法國人雇用的中國人和一個供事於英國領館的日本人。一八六一年一月，湯森·哈里斯的秘書赫斯肯在江戶被刺殺，這一事件促使法國和英國公使（但不包括哈里斯）暫時撤退到橫濱。同年七月，位於東禪寺的英國公使館遭到夜襲。勞倫斯·俄理范等使館人員受傷，包括攻擊者和衛兵在內的多個日本人被殺。[1]

而且，人身不安全並非外國人唯一的不滿。他們與日本的貿易規模非常小，從一開始就令人失望，而究其原因，有人直指日本的官員們有意阻礙。[2]因此，外國人可能僅僅因為憤怒，或者由於相信武士的攻擊得到官方的支持，為了維護條約賦予的權利並捍衛這些權利產生的利益，他們訴諸於武力的可能性與日俱增。在這種局面下，對外事務與日本政治的互動，以一種在開港之前不曾有過的真實方式展開。現在，大衝突即將爆發的危險清晰可見，如果列強的代表失去耐心，那麼人們即使有這樣的意願，也已然沒有時間去避免大衝突的發生。

對這一危險狀況的認知本身成為政治的一個要素。它使當事人變得謹慎起來，易言之，幕府和大名不再執著於彼此的分歧，而是求同存異，這一動向表現為幕府和大名在公武合體即「朝廷和幕府團結」口號下的一系列舉動。然而，對危險狀況的認知，也使那些亡命之徒發出如果他們的要求得不到滿足就將製造更大動亂的威脅。他們的要求不是別的，正是驅逐外夷，「尊崇」天皇（尊王）。這兩個動向之間的鬥爭，加之以幕府和大名之間第二次權力之爭所帶來的複雜性，構成了一八六〇年到一八六三年日本政治的主線。

## 朝廷和幕府團結

對外國人的攻擊，伴隨著對同外國人打交道的日本人的攻擊。對這類日本人的攻擊，首先發生在一八六〇年三月二十四日，井伊直弼於該日在江戶城門之一櫻田門遇刺身亡。這次刺殺是一群來自水戶的武士在少數薩摩武士的協助下實施的。刺殺的目的不僅僅是對井伊懲罰他們藩主的報復，而且發出了奪權的信號。他們計畫號召水戶攻擊住在橫濱的外國人，號召薩摩攻擊駐紮在京都的幕府軍隊；他們希望，這些攻擊會激起一場不可逆轉的、使日本對西方的政策改弦更張的運動。[3]這兩個攻擊沒有一個得以實施，首先是因為水戶和薩摩兩藩的官員不願冒風險。但是，這個做法本身，也即那些沒有官職的武士，訴諸恐怖主義行動意在迫使當權者驅逐外夷的做法，卻成為未來幾年各地志士的行動模式。

儘管這個意在引發一場政變的計畫被證明是打錯了算盤、無果而終，它至少給一橋派尚存的大名們開啟了一條重新獲得政治影響的通道。攝政者遇刺使幕府行政當局頓時群龍無首，由一些得過且過、聲望很低的人來掌權（考慮到井伊的任命，這幾乎是不可避免的）。井伊被刺後擔任幕閣首席老中的是安藤信正和久世廣周。他們一方面要面對來自批評江戶沒有保護其公民的外國公使的壓力，另一方面要面對來自仇恨貿易條約及其簽署方式的武士的壓力；面對這兩方面壓力的幕閣新領導急欲找到某種妥協之道。

幸運的是，德川齊昭於一八六〇年九月去世，使這項任務變得稍許容易起來。因為島津齊彬和井伊直弼也都已去世，這就意味著在將軍繼承人之爭中的三個主要當事人都退出了日本的政治舞臺，而如果他們還在世的話，在情感上勢必難以相容。作為妥協的姿態之一，幕府決定對其他一橋派人員，包括松平春嶽、一橋慶喜、山內容堂，給予有條件的赦免。安藤信正和久世廣周還採取了一個更加的積極措施。他們重啟了井伊直弼在一八五八年末一度考慮過的提案，即讓將軍和天皇的一位親屬結婚，藉此修補與京都的裂痕。一八六〇年五月，他們正式提議德川家茂迎娶孝明的皇妹和宮。在七月他們再次提出請求，儘管他們最初的請求遭到拒絕。

在京都，天皇個人最能幹的親信之一岩倉具視於七月底或八月初準備了一份文件，對幕府建議的含義以及如何在政治上利用這一建議等事宜作了評估。他寫道，幕閣正試圖「利用朝廷的聲名來提升幕府的權威，以平息人們的不滿」。於是，現在，迫使將軍「私下裡把主要政治權力歸還朝廷」，並把他的決策建築於「國家整體的觀念」即諮詢藩主的基礎之上，變成既可能達成也值得追求的事情。[4]

同時，岩倉也清晰地意識到德川幕府不會不戰而降，也意識到大多數大名並沒有做好加入反幕聯盟的準備。而且，對外國人的攻擊甚至會帶來雙重威脅，同時使日本陷於「國內和對外關係兩個險境」。避免這個危機的出現是京都的責任。唯有一個辦法可以達到這個目的：「對我們實際上擁有的東西做出名義上的讓渡。」換言之，同意和宮婚事，以換取幕府接受天皇在外交事務上的發言權。這就使朝廷獲得了真正的（即便沒有得到承認的）參與政治決策的權力。

岩倉的這一結論（儘管不包括其論證的理由）為孝明天皇於一八六〇年八月六日致關白的信所採納，兩天之後，這封信經關白之手送交所司代即幕府駐京都代表。九月十四日所司代做出答覆，傳達了老中的意見。後者實際上要反岩倉之道而行。根據幕府的主張，聯姻作為達到幕府和朝廷團結的一個手段，本身就構成朝廷介入外交事務的一個前提。幕府斷然拒絕了所謂攘夷立場，即團結必須建立在先行做出排外承諾這一條件的基礎之上。幕府聲稱，「如果國內狀態不成秩序，則我們無法在對外戰線上取得成功……因此，將軍希望立即向全國展示朝廷和幕府的和睦。」[5] 為達到這一和睦狀態，將軍願意在尊皇問題上做出一定的讓步，承諾採取反抗西方的行動，但須以在國家尚未準備好之前不對西方採取敵對行動為前提。「在從現在算起之後的七到十年間，」該文件說道，「我們將肯定採取行動，通過談判取消條約，或者通過武力將外國人驅逐。」[6]

這個附帶這些條件的提議雖沒能使在朝廷或在藩國的極端沙文主義者滿足，但在那位仍舊極力想避免與江戶決裂的天皇看來已經足夠了。十月二日，天皇正式（儘管仍是私下地）同意了聯姻。這就使幕府得以空出手來，或者似乎是空出手來，對付其政策的另一個側面，即調整與列強的關係。

為了達到這一目的，幕府於一八六一年派遣使團遠赴歐洲。該使團公開宣稱的目的是要同列強在推遲開放江戶、大阪、兵庫和新潟等港口（在未來的兩年內開放）事宜上達成一致；幕府提出的理由是需要花費更多的時間來克服日本民眾的排外心理，這一心理是經數世紀的閉關鎖國養成的，並因與外國通商導致的物價上漲而變得更為厲害。[7]

對於這個說法，英國公使阿禮國（Rutherford Alcock）起初很不以為然。但是，一八六二年二月，也即在赴歐使團出發後不久發生的對安藤信正的未遂刺殺，讓他相信目前的政治局面非常危險的說法不只是幕府的虛構。他很不情願地得出如下結論：「將軍的政府確實面臨著不同尋常的困難，確實有真實的危險必須對付，這些問題威脅著幕府統治、威脅著政府的存在。」在內外危險的壓力之下，幕府幾無可能開放更多的港口，除非列強「已準備好依靠為達到目的所需要的強制手段來實現自己的要求」[8]。由於阿禮國覺得牽涉到的貿易額實在不值得列強大動干戈，他建議接受日本的提議。一八六二年六月，當時身在倫敦的他受命與日方談判，並達成協議，規定更多的港口開放推遲至一八六八年一月，但在所有其他方面，協議重申了貿易條約的內容。在其後的幾個月內，其他列強也都簽署了類似的協議。

到這時，幕府似乎已經找到了一個不錯的辦法，用來對付它所面臨的問題，儘管這個辦法在外國事務問題上對京都和倫敦的承諾是彼此矛盾的。所謂公武合體即「朝廷和幕府團結」的政策（如和宮婚姻所體現的），確實使武士的反對得不到天皇的支持，至少在公開的場合上是如此；而這個政策的另一個產物——倫敦協議——也略微減小了與西方發生直接衝突的機會。這似乎給日本重新武裝並控制極端主義者製造的動盪（如果不是沙文主義的行動的話）帶來了喘息的時間。

但是，幕府並沒有這樣的時間，因為它的所作所為已經使改革大名的東山再起成為可能。對於江戶來說，如岩倉所指出的，「公武合體」意味著利用天皇的威望來提升幕府的權威，無論幕府如何聲稱它的政策目的是為了「全國的」利益。但是，在一些雄藩大名看來，公武合體則意味著他們又有可能以天皇的名義干預政治，以達到擴張封建諸侯特權的目的。此時，在井伊之死後出現的較為寬鬆的政治氣氛下，這些大名躍躍欲試，要把以天皇之名干預政治的可能變成現實。

原一橋派的人物和藩國成了這一新的運動的中堅力量，雖然在這些年間也出現了若干重要的變化。隨著德川齊昭的死去，水戶藩陷於分裂而自顧不暇。土佐藩則在一位改革大臣吉田東洋的領導下，專注於自身的經濟和軍事需要。肥前藩也是如此。因此，這三個藩都無跡象要在江戶或京都採取直接行動。但是，另一方面，長州，即位於本州西部的毛利藩卻在這個時期首次登上全國的政治舞臺，與薩摩藩一爭高低。實際上，正是長州，在它的一位高官長井雅樂的推動下，首次在一八六一年春夏提出了一個不同版本的公武合體政策。這個政策承認毀棄通商條約是不可能的，而且甚至提出如下的願景——一個在井伊直弼的安政大獄除去了其最能幹的官員後，幕府不再提出的願景：通過與西方發展關係來增加國富、增強國力，而且通過實施一系列在施政重點上與幕府主張相當不同的政治方案來尋求「一體」。用長井的話來說：

幕府應當立即採取措施，通過它的行政系統，向各藩發出符合朝廷命令的指示。如果這樣做了的話，政策的總方針將由朝廷決定，由幕府承擔執行的責任。於是，統治者和管理者之間的適當關係就得到遵從。結果，和平將迅速在國內得到保證……相反，如果我們仍舊照現在的混亂方式行事，在朝廷與幕府之間沒能達成一致，沒有清晰的政策，那麼，我們國內的困難局勢將愈演愈烈，我們人民的生計將遭到摧毀，我們最終將落入任由蠻夷蹂躪的萬劫不復的慘境。[9]

一八六一年七月長井被派往京都，在那裡他的方案被接受；然後，他又被派到江戶，在那裡，他為他的藩國獲得了在兩個政治權威之間扮演「斡旋」角色的命令。[10]但是，在他全力以赴實施這些命令之前，他的計畫突然因薩摩藩的一個舉動而相形失色。

如前所述，薩摩藩在島津齊彬的領導下，曾是改革活動最活躍的藩國之一。然而，安政大獄和齊彬之死使藩政落入保守主義者手中，他們放棄了前藩主的大部分政策。[11]這個局面一直延續到一八五九年底。其後，隨著齊彬的同父異母兄弟、新大名之父久光開始執政，一批一八五八年服務藩政的官員重新獲得任用。同時，久光允許由大久保利通（他也曾服務於齊彬手下）領導的薩摩尊皇派武士同自己建立聯繫。

大久保與久光的關係在一八六〇年春天變得更為緊密。此時，井伊直弼去世的消息讓兩人都深切地瞭解到大久保追隨者所要求的激進行動的危險以及它潛在的利用價值。事實上，這促成了兩人首次會面，通過會面，兩人均對彼此的能力留下深刻的印象。在這次會面上，他們達成一個交易：大久保應致力於節制武士們的莽撞行為，其勸服方法是主張薩摩作為一個整體採取行動，將比由魯莽的尊皇主義集團採取的任何無組織無紀律的暴亂，能更加有效地改變幕府對朝廷和通商條約的態度；而久光則承諾一旦時機成熟，將在全國事務上採取主動，言下之意是要繼承其死去的同父異母的兄長的遺志。這次會面後不久，大久保就被任命出任一個位階不高的官職，開始在藩國政府和大名府內建立一支追隨者隊伍。

在這之後的十八個月內，形勢沒有什麼變化。這是因為和其他強藩一樣，薩摩此時仍然敬畏幕府的報復性打擊。可是，大久保卻發現越來越難以約束激進主義者的行動，尤其是當他們看到朝廷和幕府因和宮婚姻而有和好的跡象。在一八六一年底傳來了公主離開京都前往江戶的消息。這個事件（它被想像為違背天皇的意願）在鹿兒島激起巨大的抗議，導致大久保及其同黨要求薩摩追隨長州的榜樣，派兵保護朝廷。

對動亂的恐懼，加之對長州的妒忌，使大多數藩政官員，甚至包括那些與大久保意見不同的官員，都接受了這個建議。於是，到當年十二月底薩摩藩制定了一個由久光率領一支強大的軍隊進駐京都的計畫。從表面上看，久光率領這支軍隊是在去江戶訪問的途中在京都停留，但實際上是為了獲得朝廷贊同再來一次「調解」。這個調解採取的形式，仿佛是橋本左內一八五八年行動的再現，是要求松平春嶽和一橋慶喜進入幕閣，擔當起有效監督政策的職責，藉此恢復國家對幕府掌管政事的信心。薩摩的領袖們要親自到將軍的首都提出這一要求，以確保它不會遭到冷落。

作為計畫的第一步，大久保被派遣到京都與近衛忠熙做初步的磋商。他攜帶了一封出自久光及世子的長信，並於一八六二年二月十二日把信交給近衛。[12] 該信指出，幕府的政策無視大名的意見，使國家的安全和「德川家族的命運」都陷入困境。這些政策因此必須改變。該信聲稱，要達到這個目的並不需要像極端主義者所希望的那樣，推翻德川幕府。天皇和薩摩都不歡迎這樣一個結果，而是要用新人，那些像松平春嶽和一橋慶喜一樣同情朝廷的人來取代幕府當前的決策者。

久光指出，這一次雄藩大名必須針對他們努力做出這一改變可能招致的譜代大名的防禦性反應（如他們在一八五八年所做的那樣），採取應對措施。為此，他有意不但親赴京都，而且要採取預防性措施，並且同其他大名談判合作。在不得已的情況下，甚至有必要號召尊皇武士起義反抗幕府，不過他還是更希望以「不挑起敵對或對國體有害」的方式來達到目的。

這個提議儘管已經比當時武士們的要求溫和得多，但近衛及其同事的反應卻是謹慎有餘熱情不足。他們並沒有忘記幾年前類似的環境下，雄藩大名們沒有採取任何行動保護他們免於井伊直弼的怒火。但是，他們的猶豫無法改變事態的發展，因為久光決意要一試武力。西鄉隆盛這位原齊彬手下的幹將、全國尊皇派的英雄從流放地被召回。久光帶領一支頗具規模的軍隊開進大阪，然後進駐京都。

久光在一八六二年五月十四日抵達京都後，立即向朝廷官員通報了他提議的細節。[13]這包括：對井伊在一八五八年懲罰的公家和大名徹底平反；任命慶喜和春嶽出任幕府要職；解除安藤信正的幕閣職位；將軍訪問京都以解決外交政策問題；朝廷任命一小批雄藩大名充當天皇的代表監督幕府兌現其承諾。[14]到七月初雙方同意這些要求應當成為天皇特使大原重德帶到江戶的敕令的主體，而將由久光護送他出使江戶。

而在此之前，京都所發生的事情已經傳到了江戶，那裡已預見到朝廷可能提出的一部分要求，並做出相應的動作以避免難堪。五月九日安藤信正被解除官職，兩周後，對原一橋派成員之間的會面和通信的禁令終於取消。六月二十七日，大原尚在去江戶的途中，幕府宣佈將軍即將為了國家團結正式訪問京都。次日，久世廣周辭去老中職位。

儘管如此，當大原於七月三日到達江戶時，他發現他的出使絕非一帆風順。幕府做出的讓步畢竟都是為了增強自身實力，而非為薩摩鋪就勝利之路。首先，松平春嶽仍舊掙扎於家族忠誠的呼喚，並對島津用心的純粹性將信將疑。因此，在他願意接受政事總裁（Seiji-sōsai）職位（與攝政相當）之前，必須做足遊說工作。其次是譜代對水戶的敵意（此乃一八五八年的又一遺產）使得一橋慶喜被任命為將軍監護人（Kōken）一事困難重重。事實上，唯有在大久保和久光的若干近侍威脅要使用武力對付作梗的官員後，老中們才不再頑抗。而且，直到八月中，幾乎是在慶喜得到任命的一個月以後，德川家族的另一位親戚會津藩主（家門，二十三萬石）松平容保才得到京都守護職（衛戍司令）的任命，他取代所司代成為幕府駐京都的首席官員。

毫無疑問，大多數幕府官員，如他們後來的行為所表明的，都無意於讓慶喜、春嶽和容保三位高官掌握真正的政策控制權。對於他們來說，三人擔任幕府高官不過是為了賄賂島津，是掩飾幕政一切如故的煙幕。然而，這絕非島津對事態的看法。在於一八六二年九月十二日致慶喜的信中，久光清楚地亮出自己的觀點。[15]他提出的要求包括：安排將軍儘早訪問京都；增加一萬石土地用於維持天皇的開銷，和對「忠誠」公家增加土地獎賞；懲罰那些在安政大獄中與井伊直弼合作的幕府和朝廷官員。從長遠的觀點看更為重要的是，久光要求在國內和國際事務的處理方式上做出改變。這些改變包括：應當放寬參覲交代的條件，停止幕府以建設公共工程為名搞財政索取，「因為，只有這樣做，我們才能建立反抗外國人和平息國內動亂所需要的防衛力量」；應當改進沿海防禦，特別是京都地區的防禦；減少政府在非防衛事務上「浪費」的支出；應當改變京都的護衛責任，把這個責任委託於四五個強藩，輪流執行任務，不這樣做的話，「人心浮動永無寧日」；應當安排大名委員會而非老中來處理外交政策的日常問題，這個委員會由四個外樣大名和四個譜代大名構成，每個成員大名擁有的土地在十萬石到三十萬石之間。

這個文件清晰地顯示了薩摩路線的「強藩」偏好。這個方法幾乎沒有給京都任何實權，一如幕府的「合體」論對朝廷的做法一樣。當然，島津的計畫仍然比幕府的要積極得多；但除此之外，兩者之間的本質區別僅在於它們希望看到的權力行使的方法上：是由將軍及其官員行使，僅在名義上得到了朝廷上的同意；還是通過一種會商的方式行使，在這個過程中，一些大名作為天皇的「代表」發出強有力的聲音。

毫不奇怪，大名委員會的構想對像島津這樣的外樣、像松平春嶽這樣的家門的吸引力，遠遠大於對譜代大名的吸引力，後者中擁有十萬石領地的少之又少。實際上，譜代的反對使薩摩的大部分改革建議無法得到實施，儘管在行政和軍事改革上確有一些真正的嘗試。[16]一個重要的改變是一八六二年十月初宣佈參覲交代條件放寬，據此改革，大多數封建大名在江戶居住的時間減少到每三年一百天。結果，按照《源氏夢物語》的說法，「轉眼之間，繁華之城江戶變成一片荒漠。」[17]

不過，這不但誇大了薩摩的成就，而且還意味著對薩摩目標的誤解。這一點，可清晰地見於島津久光後來勸說朝廷給予江戶新的執政者一個證明自己的機會的努力。久光在於九月三十日回到京都後不久，向天皇遞交了一封長信，論證只有在暫時停止攘夷要求的情況下，他取得的初步勝利才能真正發揮作用。[18]朝廷下令排外，即便是出於振奮日本士氣的目的，也會招致大難，因為幕府完全可以拒絕執行這樣的命令，「朝廷的權威將受到質疑」；而且，如果武士們因此受到鼓勵，果真將攘夷付諸實施（這絕非不可能），他們將把日本帶入中國所經歷過的命運之路。實際上，軍事行動必須在國內改革後發動。唯有在幕府沒有發揮領導作用的情況下，久光主張，唯有當幕府繼續像它以往那樣，「只知道恐嚇和壓制諸藩」時，朝廷和大名才應該從幕府那裡，把政策的主動權奪過來。

因此，久光一直堅持諸藩獨立是創造新日本的唯一基礎，這就決定他是完全從封建傳統的立場出發來反對幕府的。不過，他仍然明白，現在出現的問題，不僅僅是對將軍和大名各自權力傳統分配方式尊重與否的問題。一方面，外國武力攻擊的危險近在眼前，而且這一危險又因他一些陪臣的行為比以前任何時候都更逼近。這些陪臣在從江戶回到京都的途中，在橫濱附近的生麥村殺害了一個叫理查森的英國人。另一方面，大名本身是分裂的：一直努力爭取天皇支持的長州，已經把尊皇運動推到一個要摧毀薩摩定義的「公武合體」的極端。最重要的是，尊皇武士絕對不會接受現狀。他們最初對久光寄予莫大的希望，因發現他既無意於尊皇，也無意於攘夷，當然是根據他們所理解的尊皇攘夷，結果，他們再次訴諸暴力，為實現目的而在京都大搞恐怖活動。

## 攘夷

這一部分的故事始於一八六一到一八六二年的冬天，當時，薩摩的領袖人物——包括（雖然僅在邊緣的程度上）大久保利通和一兩位尊皇主義者——開始就島津久光干預全國事務制訂計畫。如前所述，這個計畫的首要目的是為了「公武合體」的利益，而迫使江戶任命前一橋派成員，特別是松平春嶽和一橋慶喜擔任幕府高級職位。但是，為「志士」普遍理解的薩摩計畫想要實現的目標要比這大得多。

大久保曾一度試圖勸說薩摩狂熱武士，「官方」行動將比武士們自行其是、不加區分的暴力行動更為有效。這就意味著，薩摩官方的作為在性質上至少會滿足極端主義者的部分要求。因此，當久光終於在一八六二年春天率兵前往京都時，許多極端主義者都相信這乃是尊皇主義者反對德川幕府政變的第一步。即便是在薩摩，除了大久保之外，幾乎沒有其他尊皇者知道真實的計畫。而在九州的其他地方，這一誤解更為常見，因為資訊的主要來源是鹿兒島的極端主義者和天皇朝廷裡的同情者，這兩者都缺乏現實主義和謹慎精神。

結果，薩摩的有馬新七與久留米的真木和泉以及筑前的平野國臣一同，策劃了發動尊皇主義者起事的陰謀。這個起事計畫發生在久光到達京都郊區之際，意在對他表示支持，如果久光有意發動一場反幕府的政變的話；或者，如果久光無意於此，就向他傳達一個既成事實，藉此迫使他發動政變。如平野在一八六二年五月六日（當時久光正率領一支人數相當可觀的軍隊接近大阪）的一個文獻中描述的，起義將由薩摩人根據天皇的敕令執行，並得到志士的支持。起義將從攻擊幕府在京都、大阪和彥根的駐軍開始，繼之以向江戶的進軍，直至勝利。這樣，平野說道，將軍將被趕下臺，降至「與其他雄藩大名一樣的地位」[19]。

在大阪會商的真木和有馬對形勢的判斷甚至更為簡單。他們認為，需要做的不過是刺殺幕府在京都的首席代表關白九條尚忠和所司代酒井忠惇，以點燃起義之火。他們正是為了這一目的而行動的。

在這些情況下，大久保對控制激進派的行動幾乎無計可施，因為在後者的眼裡，他因為親身參與了久光的計畫而遭受懷疑。甚至剛從流放地回來、更為激進派信任的西鄉隆盛也無法克制激進派行為。事實上，西鄉有沒有嘗試克制激進派行為本身也是一件可疑的事情。而且，無論如何，他在五月九日被久光棄用。[20]這就使封建紀律成為當局唯一可以用來克制激進派行為的工具。

五月十三日，平野國臣在試圖與他剛抵達京都的藩主黑田長溥爭辯時被捕並送回福岡。受到這個舉動的刺激，當久光獲悉五月二十一日晚有馬、真木等人在伏見附近的寺田屋密會商談其計畫的最終細節後，即派家臣去傳達要求有馬、真木等放棄計畫的指示。結果，在寺田屋的黑暗中發生了一場混戰，有馬等多人被殺，其餘陰謀者在久光的命令下被制服。真木和泉被送到他的領地監禁，其餘的二十餘人被送回鹿兒島並遭到羞辱。

這樣，利用島津久光現身京都來推進尊皇攘夷事業的企圖以失敗而告終。朝廷自身也表示松了口氣：「浪人的行為，」朝廷這樣說道，「不僅威脅了國家團結，也與天皇意願完全相悖。」[21]更重要的是，寺田屋事件標誌著在薩摩尊皇主義者中，不再出現任何自行其是的陰謀計畫。毫無疑問，這部分是因為這個事件證明尊皇主義者過於弱小，無法直接挑戰他們藩主的權威。但這還因為陰謀的失敗使西鄉和大久保很快重新確立了他們的領導地位。兩人又能夠在這樣一個命題下——必須由薩摩藩而非由薩摩武士個體來行動——把尊皇攘夷運動統一起來。而他們之所以能這樣做，又是受益於久光希望在全國政治中發揮作用的意願，受益於與英國的爭端導致的一八六三年的軍事衝突，兩者都給予薩摩尊皇主義者一種新的愛國主義意義，使他們為之自豪，從而更容易使他們在自己不完全贊同的政策上與藩政合作。於是，薩摩藩自此至一八六八年發展的主要內容，基本上就是西鄉和大久保致力於從保守派那裡奪取政權，武士的騷亂和不滿則變得無關緊要。隨著大久保在六月十七日被提升到更高的官職，這些變化幾乎馬上就開始了。

在長州，形勢則以非常不同的方式發展著。[22]六月十七日，即大久保升職的那一天，長州公武合體的主要宣導人長井雅樂終於屈服於那些要求他辭職的人的壓力。那些人反對他的理由之一是他未能維持長州的政治主導地位，這一地位似乎已經從長州轉移到了薩摩那裡。另一個理由是他「合體」的概念犧牲了「攘外」的概念，在尊皇主義者看來，這是對他們認為屬於天皇的思想的大不敬，招致那些接受吉田松陰繼承人久坂玄瑞和木戶孝允領導的武士的憤恨。確實，第二個理由甚至在長州的溫和派那裡也是有說服力的，他們不僅拋棄了長井，而且還在某種程度上拋棄了他的政策。原先，這些溫和派公開宣稱的目的是既要對朝廷表示忠誠，又要對幕府保持信任。然而，在經歷了一場漫長的討論後（木戶於其中扮演了關鍵的角色），長州的武士們正式做出決定：在兩者之間發生任何衝突的情況下，前者優於後者；換言之，對於長州人來說，尊皇攘夷是「合體」的基礎。

在這裡，很重要的一點是需要注意到這個決定是由在京都的長州人做出的，也就是說，是由那些生活在朝廷庇護和尊皇主義者陰謀的熾熱氛圍中的人們做出的。後來，在復古的那些年間，這樣的局面又將多次促使在京都的人們，採取那些遠離京都政治（無論是在江戶還是在藩國城堡）之人所難以接受的政策。確實，我們不能從這個決定推出尊皇主義者已經控制長州的結論，一如不能因為大久保的升遷就斷言尊皇主義者在薩摩已勝券在握。

誠然，現在木戶和大久保一樣，也確保在藩國政府中占有重要的一席之地。但是，我們可以這樣說，兩人占有這樣的地位，是因為他們能夠在藩國政府與極端主義的溝通中，起到某種橋樑的作用，並對後者形成某種制約，或者說，是因為他們能夠給藩國政府製造麻煩；而不是因為他們處於政局的核心。在薩摩，主持政事的是大名之父島津久光，大久保必須以屬臣身份與他共事。在長州，主宰政局的是一群更為溫和的中級武士改革者，木戶在等級上，如果不是在信念上，也屬於這個集團。兩個藩國的政權結構都沒有發生重要的變化。

然而，兩個藩國的政治重點確實已經發生了變化，這一點，因為在京都發生的事態而顯得尤為重要。這一變化又因土佐在一八六二年夏天發生的事情而得到了強化。[23]在土佐，當它的前藩主山內容堂因參與一橋派而被幕府軟禁於江戶時，藩政由改革者吉田東洋所掌管，後者的世界觀與薩摩的島津齊彬和長州的長井雅樂有許多相通之處。東洋改進了藩政效能，尤其是那些與稅收和藩政壟斷相關的藩政；引進了新的武器和戰法；鼓勵「蘭學」，甚至還在長崎開設了一個代表處，以便於土佐外貿的發展。

接近一八六一年底，東洋在一則筆記中指出這樣做的種種好處——創設一支西式的海軍，建立海外殖民地。[24]在一八六二年初，他採取措施改革土佐社會，並把這些改革視為達到上述更加廣泛的目的所必不可缺的先決條件。他的改革包括簡化武士階級體系，提攜「有才之人」；廢除專門人才世襲的傳統，涉及面從軍事專家到儒教學者，給那些接受過西方技能訓練的人創造更大的機會；重建藩校以培養具有西方技能的人才，他們應不但從高級武士中，也從低級武士中招收。從一八六二年四月二十一日起的兩周之內，土佐政府頒佈了一系列政令著手實施這些政策。

這裡我們能看到明治領袖們最終要做的事情的輪廓，一如我們能在更早的島津齊彬那裡看到的一樣。顯然，保守主義者並不會對這些改革計畫感到滿意。[25]但是，我們不可由此推出「志士」會自願支援這些計畫。在他們看來，藩內改革唯有在使土佐更有效地推進尊皇攘夷事業基礎上才有意義；為此，因為東洋沒有去追求這個事業，從而他個人及其政策均被志士們譴責為擁幕。因此，武市瑞山的追隨者同心協力刺殺東洋這一事件，絕非偶然地發生在一八六二年五月六日，即緊接著新式藩校開學之後，緊隨其後的正是島津久光到達京都。

武市，如前所述，與大久保和木戶不同，是一個鄉士，缺乏被任命為藩國官職的地位。不過，這時他能夠通過比他地位高的同盟者介入政策決定過程，要求土佐像薩摩和長州一樣，在全國政治上扮演更加積極的角色。即便如此，也只是到七月末他才終於如願以償。年輕的大名豐範離開高知前往京都。此後，又花費了幾周時間（因為豐範身患痲疹）大名一行才進入京都城。這使陪伴年輕大名的武市最終得以與長州的尊皇主義者及其在朝廷的同盟者直接接觸。

那麼，接近一八六二年九月底的京都局勢是什麼樣的呢？城裡有一大群來自長州的武士，他們在政治上躍躍欲試，並同朝廷的官員有所合作。木戶孝允因為有任官職，在這些武士和他們的藩國政府之間充當了溝通的橋樑；長州大名現身於京都，給予那些武士的所作所為以合法性，儘管那些仍然留在萩城即長州都城的官員們不時地對這些作為表示反對。此時，年輕的土佐大名也在京都，而且隨著他更加保守的參謀返回高知，武市對他的影響越來越大。與長州的毛利一樣，土佐大名也帶來了一支規模可觀的隨從隊伍，這些人的到來，大大加劇了京都街頭的混亂程度，增加了發生動亂的風險。

顯然，幕府在京都的代表既沒有反對尊皇主義者的實力，也沒有這樣做的意志；而朝廷對尊皇主義者一而再、再而三地根據自己的需要解釋朝廷意願的做法也是無計可施。導致後者的原因之一是尊皇主義者發展出了一套能夠間接控制朝廷決策的方法。有的志士住進了對他們觀點表示同情的朝廷貴族的家，這樣一來，這些志士的極端行為得到了某種程度上的保護，以免於其封建上司的懲罰；另一方面又使武士們的行動得以同他們在朝廷中的公家同盟們相互協調。其他的志士則成為他們大名的「保鏢」，並發現越來越有可能在官方正式場合下聲張尊皇攘夷之道，並為此向天皇請願。在這種與日俱增的恐怖主義氣氛中，[26]朝廷的高級官員們完全沒有此類政治鬥爭的經驗，感到難以抵抗來自極端主義武士們公開的和不公開的壓力。

有兩個人或許有意願也有能力恢復京都的秩序。但其中之一山內容堂仍然在江戶，他在那裡曾一直致力於避免幕府和薩摩在大原出使江戶一事上的公開決裂。另一人是島津久光，此時正在護送大原返回京都的途中，但現在，刺殺英國商人理查森將引發薩摩與英國衝突的可能性愈來愈大，在島津的心中，自己藩國的利益已取代尊皇主義鬥爭成為當務之急。果然，在他於九月三十日到達京都後不久，即向朝廷明確進言，要拒絕那些以懲罰將軍、把外國人驅逐出條約港口為目的的「魯莽建議」。[27]但是，他很快就發現僅僅靠進言，不管措辭如何嚴厲，也無法壓制長州和土佐憑藉武力威脅在京都建立的統治。另一方面，在薩摩可能遭到外國攻擊的情況下，他也無意於通過強力打破長州、土佐藩士對京都的控制。十月十六日他返回鹿兒島，放棄京都於其對手。

一旦尊皇主義者控制了朝廷，他們究竟會作何打算？關於這個問題，可以從我們對極端主義運動目的進行一般性討論時引用過的兩份重要文件那裡得到答案。[28]一份是長州二十二歲的藩士久坂玄瑞在一八六二年八月底向其藩主提交的長信。在這封信裡，他提出了「恢復天皇威權，改革幕府行政」的建議。[29]他呼籲採取果斷行動，使幕府在一橋慶喜和松平春嶽的領導下，採取驅除外人並懲罰向外國人卑躬屈膝、玷污國家之官員的政策。它還要求將軍放鬆參覲交代並把制定全國政策的權力交還朝廷，以示對天皇的尊敬。作為將軍接受這些條件的確證，他應親赴京都，並由主要的譜代大名陪同。

另一份文件是武市瑞山在兩個月後即一八六二年十月寫的文字。[30]這份文件中包含了一封武市希望能夠以其大名的名義向天皇提交的信件。在這封信件中，武市也譴責幕府的外交政策不可接受，並堅持要增強朝廷的政治權威。但是，他的強調點與久坂不同。他主張由尊皇主義武士來充任官員，由若干強藩而非僅僅是土佐和長州，來行使新的天皇權威。

久坂的觀點更有分量，因為長州對朝廷以及來自其他藩國的武士具有較大的影響力。於是，在十一月，他得以商討出一份由長州、土佐和薩摩在京都的代表簽署的信件，[31]力主再派遣一位天皇特使到江戶，要求立即終止外國人進入日本所帶來的「前所未有的國恥」。該使節所要傳達的，一言以蔽之，是要馬上把外國人「驅除」出去，而非如幕府一直承諾的那樣，讓外國人在七八年後「撤離」。誠然，在該信件中沒有一處具體文字提到需要改變政治程式或政治制度，但所有當事人都能從信件中清楚看到，信件所建議的出使江戶，實際上將成為幕府和敵手之間一次實力的較量。在三條實美這位朝廷中級官員、極端主義的同情者和土佐大名的親戚被任命為特使後，關白近衛忠熙覺得有必要特別叮囑他避免與江戶公開決裂。[32]

最終使三條出使獲得成功的，並不是幕府害怕天皇可能集聚的軍事支持力量，而是在那些可能護衛幕府的力量之中出現的意見分歧。在三條由山口豐範率五百土佐藩士護送，於一八六二年十二月到達江戶幾周之前，他將到來的消息已經動搖了剛剛經島津久光幫助而掌權的人的權威，極大地削弱了反對朝廷建議的力量。松平容保已於十一月八日威脅，除非幕府在外交事務上採取更強硬的立場，否則他就要辭去京都衛戍司令職位。他說，幕府的所作所為，給人以非但不懲罰外國的傲慢，反而壓制日本國內批評的印象，造成人們思想上的極大混亂。政治穩定的首要條件是不再向條約列強做任何更多的讓步。再者，因為群情已被激起，幕府必須向公眾表明它已經做好準備「按天皇的意志行動」。容保斷言道，這將使幕府能夠「安定人心，保持國體，創造統治者和被統治者之間的和諧」[33]。

松平春嶽同意這個論斷，不過，在他那裡，幕府的困境更為明顯。他承認，就其個人而言，他認為開國既是必需之舉，也是可欲之事，但幕府的開國之道，毫無疑問包含著一種壞的算計，將摧毀日本生存所依賴的團結。幕府因「屈從於強者、凌辱弱者」而冒犯了朝廷，失去了封建大名的尊敬。幕府的作為，顯示出它大事當前先顧自己的狹隘利益，這就使它的統治權利遭到挑戰。為了修復這個損害，首先必須努力勸說朝廷放棄攘外的要求，因為這將不可避免地導致日本在與外國的戰爭中戰敗。如果將軍能做到這一點的話，排外引起的騷亂將得以平息，他即可與大名們談判以達成某種可以接受的政治安排。如果做不到這一點的話，那麼，將軍應當辭職，忠誠地加入其他大名，成為平等大名中的一員，共同推進攘夷的事業。春嶽論證道，將軍畢竟既不能對執行一個他不贊同的政策承擔責任，也無法反對國家團結所依靠的天皇。34

出自於這樣一位人物的這般建議，對江戶執政者無疑具有極大的殺傷力，使江戶的決策者好幾周都陣腳大亂。幕府老中們的實際做法是把豐範建議的順序顛倒了一下：他們堅持履行條約比承認天皇權威更為緊迫。然而，出於對分裂所產生的可怕後果的認知，加之山內容堂堅持不懈的調解，最終達成如下妥協：幕府原則上接受排外的原則，如果這尚沒有滿足尊皇主義者的希望的話，但完成了三條出使的使命。但是，幕府拒絕規定從當天開始實施排外，而將日期的決定推遲到將軍有時間訪問京都之後。而且，在將軍訪問之前，先由慶喜和春嶽打前站。一八六三年一月二十六日，在就此事宜多次交換信件後，三條離開江戶返回京都。

這一切只不過是把政治運作的舞臺遷移到天皇都城，因為什麼問題也沒有解決。改革派大名——慶喜和春嶽邀請島津久光、伊達宗基和山內容堂到京都加入他們的下一輪討論

——指望將軍的訪問將為恢復京都的秩序提供機會。而「志士」則把將軍訪問當作將他們的恐怖主義方法用於幕府及其權高位重支持者的機會，這些恐怖主義方法已被他們成功地用於反對朝廷。於是，雄藩大名們的到來——始於松平容保於一八六三年二月十二日、慶喜於十天之後的到達——就為在改革者和反叛者之間發生大衝突搭好舞臺。如當時的許多人所認識到的那樣，這個衝突涉及到幕府權威、封建紀律等一系列廣泛議題。[35]但是，在最初，衝突是圍繞著關於何時開始驅逐外國人的問題展開的。

一八六三年三月，尊皇攘夷極端主義者在長州官方支持下，[36]成功地迫使數位他們不信任的朝廷官員辭職，包括島津久光的同盟關白近衛忠熙。他們還確保一批他們自己的朋友得到朝廷官職任命。結果，幕府的代表們發現要朝廷同意他們的提議比預期的要困難得多。

三月二十九日，幕府代表提出在將軍返回江戶二十天以後即五月底或六月初，實施對外國人的「驅逐」——在朝廷的堅持下，攘夷一詞在稍後的一稿中取代了這一表述。各方在這一點上達成一致是相當快的。然而，四月六日在一橋慶喜、松平春嶽和松平容保與山內容堂和伊達宗基會商後，決定必須正面解決朝廷和幕府的關係問題：或者天皇證實將軍統治日本的權利，或者將軍把他的權力完全交出。這是一種為關白等朝廷官員以其政治視野和經驗難以抵擋的政治訛詐。結果，在四月二十四日，家茂到達京都後不久，朝廷和幕府即有公開的承諾交換。一方面，天皇正式授權將軍，另一方面承諾幕府在行使授權時需要諮詢朝廷。

然而，這一協議建立的基礎相當脆弱，如島津久光在一八六三年五月一日到達京都後就馬上指明的那樣。他認為，以這樣的方式與極端主義者達成妥協將是致命的，勢必招致國內和國際戰爭。攘外的建議操之過急，「志士」的觀點充滿暴力而不可接受，朝廷對待慶喜及其同盟的做法是侮辱性的。現在需要強硬的手腕，而非綏靖妥協：恢復針對低級貴族的紀律；懲罰志士以及命令在京都沒有具體事務的所有大名和武士返回其藩國。唯有這些條件得到滿足，他才願意在公武合體即「朝廷和幕府的合作」上繼續合作。[37]

這一強硬路線的效果完全是消極的。儘管自信和野心使久光拒絕任何可能減少江戶對他本人依賴的妥協（從而使長州在京都的地位幾乎毫髮無損），他卻因與英國的爭執而無法投入兵力和精力強迫朝廷採納他的解決之道。所以，在宣佈了自己的聲明之後，他於五月五日離開京都返回鹿兒島，讓他的同盟們好不尷尬。近衛忠熙從朝廷事務中退出，而大名們（松平春嶽、山內容堂和伊達宗基）退居自己的藩國，留下二十七歲的一橋慶喜獨自面對長州和尊皇主義者，只能指望從幕府官僚那裡獲得支持，而慶喜本人的提升已經對這些官僚的權力構成了挑戰。

久光的所作所為已經表明大名之間的異會壓倒他們的共同利益。就慶喜而言，他現在刻意表現的高深莫測，被幕府的敵人們稱為江戶「曖昧」（evasiveness）。他意識到在那些雄藩大名離去之後，朝廷比此前任何時候都更受制於「志士」的操控。這些志士正要求立即兌現將軍攘外的承諾，甚至採取步驟要把天皇推到攘外的領導地位。對此局面慶喜感到無能為力，而且他的性格決定他不願為此挑起正面衝突。結果，他選擇了妥協。他定下了攘外的日期——六月二十五日。他清晰地表明這個日期是幕府將開啟勸說外國人離開日本談判的日子，[38]實際上幕府最終也這麼做了。但是，送達大名的通知在這點上卻閃爍其詞、曖昧模糊。儘管它寫明六月二十五日是定好的讓外國人「撤走」（拒絕）的日子，但首先提到的卻是「驅逐」外人（攘夷）。[39]結果，這使尊皇主義者得以對此做出與幕府的意願截然不同的解釋。

到六月二十五日，即約定的日子，長州的炮隊向停泊在下關海峽上的一艘美國商船開炮。此後的幾天對法國和荷蘭的船隻進行了攻擊。儘管法國和美國軍隊進行了局部還擊，但此後下關海峽對外國船隻關閉。長州還強硬地通告幕府，它的有關以「和平方式」進行攘外的命令絲毫也改變不了衝突已經開始的事實。[40]

1 阿禮國對這些事件所帶有的殘忍做了很好的描述。在他看來，攻擊外國人的是這樣一類人：「常常喝醉，總是一副侮慢模樣……地痞流氓製造的恐怖」（The Capital of Tycoon，1：126）。

2 當時有人評論道，與中國的對外貿易相比，日本的外貿「有點喜劇色彩，或者就像小孩玩扮演商人的扮家家酒一般」（Michie，2：27）。Fox（pp.45-87）比較詳細地報告了外國的不滿。有關這個時期日本對外貿易的最好的論述見石井孝，《幕末貿易》；特別是此書第三二五頁至三二九頁關於幕府對貿易限制的討論。

3 關於這個計畫的陳述見《維新史》，2：710-714。

4 Beasley, Select Documents, pp.198-200, at p.198.

5 老中致朝廷，寫作日期未標，一八六〇年九月十四日在京都提交；同上書，第二〇〇到二〇四頁，見第二〇二頁。

6 Ishin-shi, p.203. 後來的一個文件表明，武力唯有在勸服失敗後方才使用。見所司代致關白，約一八六一年一月八日，同上書，第二〇六到二〇八頁。

7 老中致阿禮國，一八六一年五月三十日，見 Beasley,Select Documents, pp.208211。當時物價是否因為外貿導致物價上升，這是一個難以判定的問題。雖然並非所有的記錄在細節上都看法一致，有證據表明在一八六一年稻穀等食品價格上漲幅度相當大（並在其後的幾年特別是一八六五到一八六七年間繼續上漲）。參見 Tsuchiya,「Bakumatsu doranki,」p.83；和 Tanaka Akira, Meiji, pp.93-94。不過，物價上漲是否因外貿引起則似乎不那麼確定。一八六二年的外貿規模仍然非常小（進出口總計不超過六百萬美元）。一八五八年進行的貨幣改鑄提供了至少和外貿一樣有說服力的解釋。然而，從討論日本政治的目的上看，物價上漲是否可歸罪於外貿的問題，並不比許多日本人，包括「志士」，相信外貿導致漲價的事實重要。因此，物價上漲起到了刺激排外心理的作用，不管它到底是由什麼因素引起的。

8 F. O. 46/21，阿禮國致羅素密信，編號二十三號，江戶，一八六二年三月十七日。這些談判在這裡只做了非常概要性的討論，但可通過閱讀如下著作做更加詳細的研究：Ishii Takashi,Zotei Meiji Ishin, pp.55-138；Fox，pp.87-96；和 Beasley, Select Documents, pp.208-221。

9 長井雅樂的文件，署名日期為一八六一年第五個月（六月八日七月七日），見《岩倉公實記》，1：526-534, at pp.533-534。關於長井的政策的一般性討論，見 Craig, Chōshū, pp.168-172。

10 「斡旋」（assen）一詞在晚期德川政治中廣泛使用，反映了在一個等級差別森嚴、政治按照垂直關係運作的社會中，有走動於各方之間的政治角色存在的必要。

11 我的關於薩摩藩政策的闡述主要基於《鹿兒島縣史》第三卷提供的非常詳細的資訊。亦可見 Kutsuda, Ōkubo,vol. 1；Shimonaka, vol. 1；Shimazu Hisamitsu, vols. 1 and 2；Kaeda, Ishin zengo jitsu rekishi den, vol. 4。

12 該文件署名日期為一八六二年一月，全文見於 Shimazu Hisamitsu, 1 : 18B-22B。

13 見 Shimazu Hisamitsu, pp.38A-39B。

14 久光接下來提出的代表朝廷參與全國政治的大名包括如下藩主：薩摩藩、長州藩、土佐藩、仙台藩和加賀藩。對薩摩藩的計畫的這一解釋據說是岩倉的貢獻。岩倉認為這個計畫的目的是調和長州和薩摩這兩個強藩的建議，同時確保這兩個雄藩大名與那些能夠對其野心形成制衡的藩主結成統一戰線。見 Ishin-shi, 3 : 101-105。

15 文件內容見 Shimazu Hisamitsu, 2 : 35A-38A；又見 Shibusawa，Tokugawa Keiki, 5 : 268-273。

16 Tanaka Akira 在 Meiji Ishin 第七二到八六頁中對這些改革做了概述。但他指出，這些改革的有效性受制於幕府高級官員的反對或缺乏改革的熱情，他們關心的是保衛幕府的權威，反擊敵手的攻擊；還受制於幕府的僵化體制，這個體制使任何真正地提拔人才之舉成為非常困難之事，即便幕府採取了某些符合這個方向的動作（特別是在軍事事務上）。

17 Satow, Japan 1855-1864, pp.61-62。關於參覲交代見 Tsukahira, pp.132-137。

18 一八六二年三月二十三日文件，見 Shimazu Hisamitsu, 2 : 50A-56B。

19 平野於一八六二年五月六日信件，通過大原重德提交給朝廷，見 Junnan rokkō, 1 : 346-349。

20 西鄉本來就很勉強地接受了久光的計畫。他在四月底被派出調查大阪和京都的事態發展。據報導，他在其後的一兩周內與激進派有過接觸。按照西鄉自己的解釋，他與激進派接觸是試圖贏得他們的同情，以達到緩和其計畫的目的。對此久光是如此憤怒，以至於再次流放西鄉。關於這個事件，《大西鄉正傳》第一七五到二一一頁有完整但不很清晰的描述。又見 Iwata 著作第五二頁之後。西鄉的弟弟西鄉從道也因牽涉密謀而遭到懲罰。

21 天皇對久光的信件，一八六二年五月二十三日，見 Katsuda, Ōkubo, 1 : 267-268。

22 關於當時長州的政治，主要參見 Craig, Chōshū, pp.172-192。又見 Umetani, pp.322-326。

23 關於土佐，主要參見 Jansen, Sakamoto, pp.72-77, 104-123, 130-134。在 Fukushima Nariyuki 著作第二五五到二七一頁中有關於吉田東洋的很有用的描述；又見 Nirano, Yoshida, pp.110-152。

24 一八六一年十月十一月備忘錄，見《吉田東洋遺稿》，第二六八到二七〇頁。

25 記載在 Fukushima Nariyuki 著作第五八到五九頁的一則故事說，某日山內容堂與兩個高級陪臣，在土佐改革的背景下，討論了有關給予儒教學者和醫生那樣的專家固定補貼是否妥當的問題。山內認為，專家的收入應建築在任職而非世襲的基礎上，這樣一來，實際上就使他們的收入取決於能力。陪臣之一指出這同一原則不但可用於如他那樣的家老，而且可用於大名、將軍或許甚至天皇。這一談話被視為是笑話。但它仍可能反映了在特權者中具有的一種真實的恐懼：打亂社會秩序，甚至僅在像「專業人員」這樣較為低級的人群中打亂秩序，都可能打開機會之窗，引起更深遠的變化。

26 極端主義者愛用的一個手段是刺殺溫和或擁幕朝廷貴族的地位較低的從屬，以此向他們的上司發出警告。例如，在一八六三年三月中就發生了三個此類事件，在此之前，恐怖主義已在上一個冬天滋長，並隨著主張公武合體的大名們到達京都達到高潮。在第一個事件中，被刺殺者的耳朵被送給兩位朝廷官員，中山忠能和嵯峨實愛。兩位官員都在幾天後辭去官職。在第二個事件中，一位犧牲者的頭顱被放在一橋慶喜家的院外，他的耳朵則被送給岩倉具視。在第三個事件中，一個被砍下來的頭顱被送到了山內容堂的寓所，而且，顯然在此之前這個頭顱曾先被嘗試送到松平春嶽宅邸，但因後者的保衛甚嚴而未果。在所有的個案中，都夾有警告信，確保收者不會看不到這些警告動作的含義。

27 一八六二年十月十四日備忘錄，見 Shimazu Hisamitsu, 2 : 50A-56B。

28 見本書第六章，第一四三到一四五頁。

29 Suematsu, Bōchō, 3 : 329-330 對此作了概括。

30 Takechi Zuizan,1 : 119-124.

31 信件內容見《維新史》，3 : 276。薩摩的簽名是由島津久光留在京都負責處理薩摩藩在京都事務的官員簽的。因此，薩摩的參與並不反映該藩的政策變化，而僅僅顯示該藩無意於反對已在京都占盡優勢的意見。

32 一八六二年十二月二日信件，轉引於《維新史》，3 : 284。關於在前一天對三條的官方指示，同上書，第二八二頁。它們意味著任何因出使江戶而做出的決定，幕府都有必要徵詢封建大名的意見。這也意味著對志士更為極端的觀點，在朝廷內部仍有反對的勢力。

33 一八六二年十一月八日備忘錄，見 Beasley, Select Documents, pp.225-227。

34 一八六二年十二月四日備忘錄，見 Select Documents, pp.227-234。

35 在《源氏夢物語》中關於在京都的浪人的評論中，顯然意識到了攘夷背後的種種之爭：「在那長期和平的年代，身居高位者不知地位卑微者的痛苦。為此，那些對情況更為瞭解的低級武士認識到他們的藩國所處的危險境地，不斷向掌權人提出警告和建議；但是，那些高官們耽於奢侈和懶散，竟把這些武士視作興風作浪者，忽視他們的建議。」見 Baba Bunei, 2 : 33。薩托的譯文見 Japan 1853-1864 第六十五頁，在細節上有所不同。

36 隨著山內容堂的到來，武市瑞山發現他對年輕的土佐大名豐茂的影響力急劇降低，結果導致在這些事件上，土佐的激進主義者發揮的作用，遠遠小於長州的激進主義者。

37 一八六三年五月一日陳詞，相關概述見 Shimazu Hisamitsu, 3 : 7A-7B。

38 這一點可清晰地見於慶喜發給江戶的指示：慶喜致老中，一八六三年六月十二日，見 Beasley, Select Documents, pp.246-248。

39 這一宣告（一八六三年六月九日發佈）的原文在《維新史》，3：406。使用這些顯然互相矛盾的言辭，與其說是出於謀略的考慮，倒不如說是因驚慌失措所致，因為在朝廷自己於六月七日發佈的宣告中，在通告讓外國人「撤出」的語句之前，並沒有提到攘夷。

40 長州致幕府信，一八六三年七月二十日，見《川勝家文書》，第二七八到二八一頁。一則關於幕府對這封信的討論記錄說這一解釋是不可接受的：長州一直明知故犯地對抗幕府命令，因此必須受到懲罰。

# 第八章
# 攘外的失敗

一八六三年初夏，幕府內部的不和與猶疑不決，加之封建諸藩，特別是薩摩的私心，給尊皇主義者提供了攘除夷狄所急需的良機。儘管缺乏有效的政治機制和有組織的軍事力量，他們依然要把國家推入會澤正志齋所說的「必死之地」，以求得在天皇的領導下團結「志士」、保存日本。結果卻帶來與列強的大對抗，導致外國海軍炮轟日本海岸——這在一年多一點的時間內就發生了兩次。

這些事件證明了那些一直視攘外為瘋狂之舉的日本人是正確的，證明西方軍事技術的優越性就是證明攘夷的不可行性。因此，主張攘外的人不得不尋找新的出路來宣洩情感，而這情感正是他們建立主張的基礎：在一些情況下，表現為懲罰日本的「叛徒」；在另一些情況下，則表現為借西方之法探索強國新路，攘外者將這概括為「富國強兵」的口號。再者，攘外的失敗使反對攘外的人集結起來並重新發力。於是，我們現在將要考察的一八六三年和一八六四年，不僅見證了發自尊皇攘夷主義運動內部的改變，還見證了來自外部的攻擊。它們一起標誌著尊皇攘夷主義運動的終結，至少標誌著以我們到此為止所考查之形式存在的尊皇攘夷運動的終結。

## 與西方的衝突

一八六三年六月的宣告把天皇和將軍置於必須兌現承諾，使外國人撤出日本的境地，隨後而來的長州人關閉下關海峽的舉動，使得日本與西方尤其是英國的關係急劇惡化。與此同時，一八六三年六月的宣告還挑戰了幕府的權力。出於這兩個理由，幕府無法接受這個宣告。

早在一八六三年四月，幕府官員就把慶喜接受排外政策定性為怠忽職守，為了政治上的權宜而犧牲「帝國的整體利益」。[1]五月，陪伴將軍訪問京都的老中小笠原長行更加強烈地闡明了這一點：「出於愚忠一味服從天皇的命令，只因為它們是天皇的命令，而對其優劣短長不加任何考察，完全是婦人之舉。我絕不可能相信這是符合將軍職位的行為。」[2]換言之，如果說「志士」能在向天皇和國家盡忠那裡找到了高於對將軍或大名義務的職責，那麼，一些幕府官員至少可以聲稱保衛真正的「國家」利益的職責，勝於對朝廷以及對他們自己藩主的遵從。

確實，當六月份小笠原被派到江戶處理相關事宜時——鑒於他此前提出的建議，這個人選顯示幕府官員對攘外沒有什麼真正的熱情——他發現那裡瀰漫著這樣一種情緒：任何可能引發「不義戰爭」的舉動將是「巨大的且不可挽回的錯誤」。[3]既然如此，小笠原把朝廷極易引起對抗的要求，轉變為就關閉條約口岸問題進行對話的要求，並於六月四日向外國使節通告了這個請求。即便以這樣的形式，這個請求招致的英國臨時代辦的回應完全印證了幕府的擔憂。這位英國代表說，這個「輕率的通知在所有國家（不管是文明的還是未開化的）的歷史上，都是前所未有的」。事實上，這等於「向所有簽約方宣戰」，如果不撤回這一通知，日本將會「立即受到最嚴厲也是最必要的懲罰」[4]。因為英國此時有一支強大的海軍艦隊拋錨停泊在橫濱海面上——這才是問題的關鍵。

事實上，此時，幕府官員處於兩難境地——不是出於外國人通常認為的奸詐或表裡不一，而是迫於現實情況的壓力。在京都，由隨從陪伴，卻被之前封建藩主中的盟友拋棄的一橋慶喜，首先意識到叛亂的危險，如果朝廷向尊皇主義武士的壓力低頭，叛亂就難以避免。對這個危險的擔憂一直縈繞在慶喜心頭，為此他試圖擱置對外關係問題，以爭取時間，而非問題的解決。與此相反，江戶的官員們更關心的是集結在東京灣的英國艦隊的動向。

早前，在得知理查森於一八六二年在生麥遇害的消息後，外交大臣羅素勳爵就明確表示英國將同時要求薩摩和幕府的賠償，一個是因為砍殺事件本身，另一個是因為沒能阻止這一事件的發生。如果兩者都不能實現，那麼，他寫道，海軍長官將採取相應的措施，「報復、封鎖，或者兩者兼有」，視情況而定。[5] 正是在一八六三年三月收到這樣的命令，使英國代辦尼爾向江戶施加壓力；壓力之大，絕不亞於慶喜在朝廷所經受到壓力。實際上，一旦尼爾清楚地表明「大不列顛將不會容忍即使是對它權利的消極反抗」時，[6] 會產生什麼結果幾乎就不言自明瞭。六月底，小笠原不得不承諾對生麥刺殺事件做出賠償（幾乎可以確定慶喜知曉並同意這個決定），然後，他所能得到的，不過是使英國官員聽取他關於條約港口的未來的建議。[7]

在這幾個月中，薩摩一直無視交出殺害理查森的兇手的指示，像長州在另一個場合中一樣對幕府沒有絲毫的恭敬之意。因此，從小笠原那裡得到賠償，並憤然拒絕了關閉港口提議的尼爾，召集英國海軍將他送往鹿兒島，他要親自向薩摩大名傳達他的要求，當初他也正是被命令要這樣做。他於八月十五日到達（因長州在下關海峽的動作而推遲），首先與薩摩人進行了三天無果而終的會談，接著他下令扣押一些停泊在岸邊的薩摩汽船，以催促薩摩做出決定。這引發了雙方的交火並很快發展成大規模的交戰。

在衝突發生後的幾個小時內，鹿兒島城大部被毀，其中包括島津齊彬建設的著名工業設施集成館。但是，英國艦隊也遭到重創，被迫撤離海灣以便修理。兩天後，艦隊撤回橫濱港，亦無企圖再行攻擊或重啟導致了攻擊的談判，留下一個歡呼雀躍的薩摩藩，聲稱英國艦隊的撤離就是勝利的明證。即便是十二月在橫濱的一次會談中，薩摩代表同意做出賠償，並且處決殺害理查森的兇手（如果他們能被找到的話），也沒有沖淡那次衝突給薩摩人帶來的勝利和自豪感。

薩摩與英國爭端的解決，加上一八六三年九月三十日發生的政變，讓幕府和薩摩軍隊掌控了京都，這就使江戶和藩主們能夠再次試圖就懸而未決的問題達成一致進行磋商。在這些問題中，最重要的是長州藐視幕府、尋求與列強發生衝突的行為。於是，一八六三到一八六四年冬天，在朝廷和將軍的要求下，公武合體領導人再次齊聚京都。島津久光於十一月十三日到達，陪護他的是一支約一萬五千人的軍隊。其後到達的有松平春嶽（十一月末）、伊達宗基（十二月中旬）、一橋慶喜（一八六四年一月初）和山內容堂（二月初）。將軍本人於二月二十二日抵達。而在這天之前，已經採取了增強雄藩大名在朝廷影響力的兩項初步措施：鷹司輔熙被解除關白職位，二條齊敬取而代之；雄藩大名自己——甚至包括三個外樣大名——被正式接納參與天皇朝廷決策。這樣，一個供最高層領袖討論政策的舞臺就搭建好了。

島津久光已經就日本需要做出的決定表明了自己的觀點。他經由近衛收到天皇的密信，信中孝明天皇重申攘夷的決心，但表示不認可尊攘志士力主的「王政復古」的想法。他在信中說道，自己傾向一種使將軍尊崇朝廷（這樣「人們就會普遍地尊重幕府」）的攘夷，而不是一場剝奪將軍行政權力的變革。[8]

久光於一八六四年一月五日，也即一橋慶喜到達京都的同一天對天皇的來信做了答覆。在答覆中，他表示完全贊同天皇的見解，認為「完全正確」。幕府作為一種制度已經存在了這麼多個世紀的事實，決定了現在就恢復天皇統治是不可能的。再者，他寫道，「在外敵當前之際，我們絕不能引起政府的動盪。」為此，必須鎮壓政治極端主義者，不管他們是武士還是公家（朝廷官員）。[9]在這個問題上，久光現在同他過去所持的立場一樣，或者與幕府官員一樣，不願意僅僅因為攘外符合天皇之意就接受攘外政策。他認為，貿易條約確實可惡，但卻無法推翻，因為國家缺乏必要的力量。在經歷了兩百年的和平之後，日本所謂的軍武階級僅僅是名義上的「軍武」，既不瞭解現代戰爭之法，又萎靡不振，因此日本已經暫時地失去了決定自己事務的能力。唯有通過精心的準備才能使它再度獲得這一能力。「決定國家開放或者關閉的主動權已經轉移到外國人手中……如果我們能夠恢復這個權力，則我相信那時將輪到外國人害怕我們，但這就意味著我們首先必須做的，只能是完備我們的國防。」[10]幕府與朝廷的溝通還從來沒有把問題表達得如此直白。

確實，此時的江戶並沒有做好公然推翻攘外的準備。長州在下關海峽對外國船隻的攻擊，薩摩關於在鹿兒島戰勝英國艦隊的報告，水戶發生排外騷亂的消息——所有這一切都使幕府比任何其他時候都更有必要為了維持它在國內的威望，在港口條約問題上表明立場。一八六三年被外國使節斷然拒絕的關閉港口的主張，已經被修訂為西方從橫濱港撤出的提案。[11]可想而知，這個建議很快就遭到列強代表的否決。可是，這次幕府堅持立場，採納了法國提出的幕府派遣使團到歐洲陳情的建議。這個舉動保留了越過列強使節直接向其政府陳情（這個手段曾在一八六二年運用過）的可能性，或者至少可能使幕府得以獲得一個較長的時間推遲做出決定。

一八六四年二月六日，在將軍抵達京都後不久，幕府選定的使節池田長髮離開日本遠赴法國。他的目的是「使外國人相信幕府無法維持這些條約這一不可迴避的事實，因為反對條約的力量在日本與日俱增，如果不採取措施，友好關係終將被徹底摧毀」[12]。

幕府的高級官員們則不那麼樂觀。在他們看來，出使歐洲的主要作用不過是藉此向天皇報告他的命令已經得到執行，從而把問題擱置起來。他們很快得到回應。二月二十八日的天皇覲見中，將軍收到了一封信。這封信在華麗的言辭下，否定任何「不顧一切立即實行攘外政策」的意願，號召家茂將軍與朝廷和雄藩大名在「國家存續的偉大事業中」精誠合作。[13]三月五日的一封信進一步讚揚將軍在軍事和行政改革上做出的努力，對朝廷表示的尊敬，並建議將軍繼續推進使日本在軍事上能匹敵西方的政策，為最終的決戰做好準備：「與傲慢的外國人的艦船槍炮相比，我們的艦船槍炮尚不足以震懾外國人的大膽妄為。」與這一可圈可點的行為形成鮮明對比的是，該信寫道，三條實美等尊皇主義者貴族卻「對不負責任的浪人的謊言信之不疑」。他們「曲解」了天皇的指示，「草率地頒佈了攘外的命令」，而長州藩士也「不分青紅皂白違逆其藩主意志」，按照這些命令列動。毫無疑問，「這些暴力行動的唆使者必須受到懲罰」。[14]

就其表面來看，這封信對朝廷、幕府和大名各種不同的觀點做了圓滑的調和。它聲言某些大名有權利被諮詢（這些大名的名字被列示出來），同時默認將軍有權負責實施已達成的決定。它重申了攘外是國策的目標之一，但須謹慎行事，而非「草率」出擊。它還完全否定了朝廷在上一年夏天所宣佈的敕令（這一點使我們有理由懷疑天皇的這封信是由薩摩人而非孝明天皇或其大臣所寫）。[15]

然而，真正的困難在於天皇的宣告並未有效地協調薩摩和江戶的觀點，兩者分別代表著雄藩大名和幕府官僚的利益。島津久光的觀點可見於如下出自於其發言人家老小松帶刀的言論：「迄今為止幕府的權威由老中行使，而他們均來自於小藩。考慮到現在的形勢，我們有理由懷疑，除非改革國家制度結構，人們是否〔還會繼續〕聽從幕府的指揮。毫無疑問，我們必須設計一個能提升雄藩大名地位的體制。」[16]此類言語加深了江戶官員中普遍存在的一個印象：薩摩對天皇尊嚴的關切不過是為了掩飾自己的政治野心。因此，他們堅決反對松平春嶽三月二十日提出的方案，該方案提議島津、山內和伊達正式進入幕閣，就像先前他們進入朝閣一樣。

結果，久光出面提出的反對橫濱港的主張被幕府拒絕，其理由是：讓將軍在這一年勉為其難地實行長州的攘外計畫，又在第二年執行薩摩的開國主張，將徹底摧毀將軍的威望。[17]當將軍於一八六四年三月二十一日提交他正式接受天皇命令的文書時，他寫道，「從現在起，我將繼續執行天皇的規定：革除幕政中長期存在的惡行，以兄弟情誼對待封建藩主，如此，作為天皇的僕人在盡忠的道路上團結所有的力量和意志……從而把我們所有的力量和意志團結在臣服天皇的責任之道上……在國內建立秩序；消除人民的苦難……並且要推進艦船和大炮的建造。」[18]他還證實「攘夷」不得以「草率」的方式進行，並補充說在派往歐洲的使團就關閉橫濱港進行談判的結果出來之前，不會採取任何行動。將軍聲稱，他「殷切」希望談判能獲成功。

在久光看來，這一回應顯示出對日本需求和問題的完全誤解。不僅如此，他在第二天為討論將軍上述表態而召開的朝廷會議上也作此言論，這引發了他與一橋慶喜——越來越成為「公武合體」江戶版的代言人——當著天皇發生公開爭論。三月二十五日在朝彥親王宅邸的又一次會面完成了兩人之間的決裂。這次會面的高潮，是慶喜借酒瘋把他的同事，包括久光在內，痛斥一番。[19]

結果是雄藩大名的列侯會議再次破局。四月十四日他們辭去了朝廷的職務，接著返回到各自的藩國，這就使一橋慶喜又像在一六八三年那樣，盡其所能地主導幕府的立場。其後的事態發展的形勢我們並不陌生：江戶宣佈它將關閉橫濱港，但拒絕了關閉其他港口的建議；京都承認了將軍的權利與責任，並同時建議將軍應把向雄藩大名諮詢納入自己的常規決策方式之中。而在五月二十五日的天皇敕令中包含了一個新的元素，即同意幕府採取針對長州的行動，不過，與這個同意相伴的是幕府需要「寬大為懷」的警告，這使得天皇表態同意幕府攻打長州的效果打了折扣。

同樣重複一八六三年故事的，還有緊隨著京都的僵局之後在外交事務上出現的危機。五月三十日，法國、美國、荷蘭和英國的代表發出了內容完全一樣的信函，重申早先提出的開放下關海峽、懲罰長州的要求，從而把採取行動的責任強加於德川政府。一個月後——事件的進展速度很慢，部分因為江戶有意為之——老中們做出了標準的答覆，告知日本的動盪導致遲遲不能作答，並請求關閉橫濱港，因為這是克服動盪的最好的手段。一個月或將近一個月後，列強表示，除非幕府提供令人信服的證據，表明它將在二十天內開放下關，否則他們將使用自己的武力攻打下關。到這時，列強已在江戶灣集結了數量可觀的戰艦。

幕府在列強這一最後通牒到期之前，因兩個事件的介入而延長了喘息的時間。第一個事件是與長州直接談判的機會的出現。這個機會的出現是由兩位於一八六三年離開日本到倫敦學習的長州藩士井上馨和伊藤博文帶來的。他們在倫敦的報紙上讀到有關危機的消息後，立即回國以謀求斡旋。英國公使阿禮國接受了他們的提議，派一艘英國軍艦把他們送回長州，並叫他們攜帶一封寫明其立場的信件。[20]他寫道，他已經做好了摧毀下關防禦的準備，如果有必要這樣做的話。此外，日本人任何成規模的武力排外的嘗試都意味著報復，都會導致外國軍隊進入京都，「就像類似的舉動在五年前曾導致英國和法國軍隊成功進占北京一樣」。因此，西方無意於干涉日本政治，也無意於「質疑統治階級的權利和特權，只要它們的存在與交流和貿易並行不悖」。因此，西方並無意對長州做出任何超出維護條約以外的傷害。

假設井上和伊藤在七月二十七日到達山口後即把這封信交給長州領導人，而且信件在那裡也得到了適當解讀的話，那它就並沒有解除長州領導人的疑慮。兩位藩士所表達的意見，說英國有足夠手段實現阿禮國的威脅，也讓長州人感到不快。井上引證孫子兵法說，「知彼知己者，百戰不殆；不知彼而知己，一勝一負；不知彼，不知己，每戰必殆。」井上認為，長州屬於最後一類情況。[21]

然而，長州民意的呼聲是如此之強，現在它的命運似乎完全由幕府對朝廷的干預結果而定，以至於這一意見毫無作用。七月三十日，長州做出必須抗戰的決定。而停泊海上的英國艦隊，不得不在沒有得到滿意答覆的情況下回到橫濱港。作為翻譯陪伴井上和伊藤到達長州海岸線的薩托在離開長州之前，私下得到井上、伊藤的警告，事態的發展已經過火，他們的領主已無法挽回局面。[22]

長州拒絕和解似乎使西方將艦隊派往下關海峽變得無可避免。但是，在一切準備妥當之前，又有一個事件推遲了戰爭。這回是池田使團從歐洲返回日本，帶來六月在巴黎簽訂協議的消息。其核心條款是幕府須在三個月之內開放下關海峽，如果需要的話，可以採取武力或者求助於法國海軍司令的幫助。[23]同樣令人震驚的是，池田堅持認為，考慮到日本和歐洲之間的巨大差距，這個協議總而言之還是公正的，並力促幕府採取一套與它在此前數月內追求的政策相當不同的措施。他說，現在需要做的是，「它〔幕府〕應做出一切努力，鎮壓國內反對勢力，證明政府的權威；不給外國人以任何提出新要求的藉口和任何占便宜的機會；對外國人採取和善的政策，嚴格遵守協議，絕不毀棄任何條款；還要同時採取措施完成我國的陸軍和海軍建設。」[24]

這倒更像是薩摩的政策而不是幕府的政策，而且與幕府在五月與朝廷達成的協議完全相悖。不僅如此，池田甚至連在日本之外呆得更長一些的意識都沒有。他回國的時機一如他帶回的文件一樣陷幕府於同樣難堪的境遇。因此，毫不奇怪，僅在數日之內，幕閣即宣佈拒絕協議，並解除簽署協議的這位日本大使的職務。他的薪俸被減半。列強的公使們迅即指示其海軍司令進入攻擊長州階段。

儘管幕府和長州都在最後的時刻嘗試重啟談判，一支由十七艘戰艦組成的艦隊仍於一八六四年八月駛離江戶灣，炮轟下關海峽的海岸防線，並登陸作戰、摧毀防備。長州雖然在此前幾年進行了軍事組織和訓練改革，但依然無法進行有效的抵抗。因此，以開放下關海峽和為下關城繳納贖金為條件，雙方在九月四日達成停戰協議。

接著，橫濱的外國代表以最為直接的方式告誡幕府他們不再接受因公共騷亂而不能實行條約的藉口。除非將軍重申權威貫徹簽訂的條約，他們說，否則他們將不再與將軍接觸——「總是禮貌地傾聽，卻毫無合作的行動」——轉而尋求通過天皇本人滿足他們的要求。[25]另外，由於在從長州那裡獲得的文件中發現幕府參與發佈了一八六三年號召排外的敕令（如果不是實際上應對此負責的話），而長州正是聲稱根據這個敕令行動的，因此幕府必須對這個敕令導致的一切負財政上的責任。對這一主張，江戶無可奈何地同意了。

因此，與上一年炮轟鹿兒島事件的解決方式不同，事態的最後是以將軍的名義締結和約的方式解決的。這份於一八六四年十月二十二日簽署的和約規定了三百萬元的賠償和贖金，唯一的替代方式是幕府開放下關或其他港口供貿易之用，因為「獲取金錢從來不是締約列強的目的，他們的目的是與日本建立更好的關係」[26]。

## 富國強兵

回過頭來看下關協議，下關條約對幕府與簽約各方的關係具有決定性影響。自此，如後來在一八六五年底發生、一八六七年再度發生的事件所證明的，外國主張與京都沙文主義之間的衝突，立即促使江戶的影響力全部被動員起來以反對朝廷。幕府不再主張同「外患」相比，「內憂」更加可怕；無論採取什麼方法來減少日本對西方的依賴，如阿禮國所言，[27]過去「破壞性和陽奉陰違的政策」將不再是一個選項。對於幕府來說，事實上，除非出於策略的需要，外交政策已不再是一個爭議性的問題。

下關協議對幕府的敵手而言同樣重要。炮轟下關海峽，摧毀長州防衛標誌著以攘夷為特徵的反幕府運動的終結，以及重點轉向「富國強兵」的運動的開始。這並不是說攘夷的偏見因表現出來的列強海軍優越性而一夜消失。事實上，它在此後多年中仍然是公眾情緒的一部分，[28]如我們將要看到的，它挑起了對外國人的進一步襲擊，並成為現代日本對待外部世界態度的一個重要組成部分。但是，我們確實能看到，從一八六四年起，氣氛為之一變。這一點對此後政治運動發展的背景產生了很大的影響，我們不妨在此對它做一些初步考察。

並非所有的日本人都要有鹿兒島和下關的教訓才相信日本需要向西方學習並放棄攘夷這種不切實際的想法。十九世紀五〇年代，堀田正睦、松平春嶽和島津齊彬都採納了這一觀點，並將其傳達給許多他們的臣屬和追隨者，包括一些現在被稱為「志士」的人，像大久保利通和西鄉隆盛。相似的，早先的「蘭」學家同樣有他們的繼任者，這些人有時能夠勸服熱血青年將他們的熱情傾注在更有建設意義的事上，而不是熱衷於政治暴力。勝海舟和坂本龍馬間的關係是典型的例子：勝海舟是出身地位不高的幕府陪臣和海軍專家，一八五五年在長崎跟荷蘭人學習，並於一八六三年在兵庫建立海軍操練所；坂本龍馬出身於土佐藩一個殷實商人鄉士之家，出於對宣導西化者的強烈仇恨，他在一八六二年十二月為刺殺勝海舟來到江戶，但在同後者接觸談話後轉而相信他的觀點。[29]通過勝海舟，坂本龍馬也成為一名海軍專家，致力於從長遠的觀點來解決外交問題，並在這一點上同幕府、薩摩和松平春嶽越前的志同道合者合作。[30]通過坂本，勝海舟得以在一定程度上影響土佐藩浪人，並在「志士」中建立朋友圈子。這些聯繫使他成為幕府保守主義者眼中的可疑物件，卻最終使他能夠在一八六八年，在被擊敗的幕府及其敵人之間斡旋和解。

其他日本人通過一條不同的路徑，即與西方和西化論者的個人接觸，也達到了同樣的結果。例如，這在向國外派出的使團裡的幕府官員那裡並不稀奇。我們方才引用了池田長髮的例子。他於一八六四年八月從法國返回日本，帶回了他希望能夠給日本時間以革新政策和觀念的協議：擴展條約覆蓋的國家和地區，從而在歐洲找到朋友而不僅僅是發現敵人；發展對外貿易作為國家財富的基礎；把學生派往海外以吸收西方的工業和科學技術。[31]小栗忠順這位與池田長髮地位背景接近的幕府官員，於一八六〇年出使美國，負責一八五八年條約的批准工作。在一八六四年他也作為西方技術的宣導者嶄露頭角。不過，與此同時，他還鼓吹沿著西方的路線實現政治現代化，其意首先在於增強幕府的國內權威，這使他的觀念比池田的觀念對幕府更具吸引力。[32] 一八六四年底，當勝海舟因同情尊皇主義者的嫌疑被解職時，小栗被任命負責海軍的訓練。

在尊皇主義者當中，因海外遊歷而被勸服的最詳盡的一個例子是長州的高杉晉作。雖然他反對過開港，但在真正的意義上，卻從來都不是一個鎖國的擁護者。[33] 一八六二年他在木戶孝允的督促下，搭乘上幕府派往上海調查貿易可能性的輪船。他在這個問題上的觀念因這次遊歷而有了巨大的發展。

在六、七兩個月中，高杉在日記裡記錄了這期間他在中國最繁忙的貿易港口的所見所聞：大量的外國船隻進出，外貿商行的規模，外國人享受治外法權的範圍。他注意到，上海就像「英法的一個屬地」，儘管它屬於中國。更糟糕的是，中國的「志士」都退卻到北京，把上海留給了淘金者——一批通過與英法洋行的關係而發財的商人。這是一個日漸沉淪的城市，一個走向衰敗的國家，每念及此，他深感同樣的命運也可能落到日本的頭上。

然而，高杉對中國經驗的反應，不是否定性的；他不像許多同代人那樣，拒絕與外國人的任何往來，而是竭力主張首先是長州，繼而是日本，利用現存條件所提供的機會。這就是說，在上海並通過上海與世界各地貿易，以獲取為增進軍力所必須的財富。他寫道，「無論我們如何談論為天皇服務（勤王），不把富國強兵搞起來，一切都是空談。」[34] 他回國時購買了研究數學的著作，表明他對西方軍事科學的興趣，而這一興趣使他獲得了第一個官職：一八六三年他獲任指揮下關的軍隊。他還為長州從長崎的一個荷蘭商人那裡訂購了一艘蒸汽船（這個舉動是他根據他自己的許可權做出的，但後來被長州藩政府否決）。

鑒於長州一貫支持在京都的攘夷極端主義者，這裡值得指出的是，高杉此次訪問上海不僅得到了藩國溫和派領袖周布政之助的鼓勵，還得到了木戶孝允的支援。井上馨和伊藤博文被允許前往英國學習，也是在相似的氛圍下決定的。在一八六三年初，井上就聽說佐久間象山儘管拒絕了久坂玄瑞請他赴長州任職的邀請——這個邀請本身就是對攘夷與研究西方之間相容性的一個有趣注腳，卻建議對海軍的創建給予特別的關心，在他看來這是防衛的關鍵。受此啟發，井上和另外兩位武士提出了一個到外國學習海軍的計畫。伊藤和這三個人一樣掌握一些英語，隨後也加入進來。周布、木戶和高杉都支持這個主意，連久坂也不十分反對。於是，在五月十六日藩國正式批准了這一計畫，並提供了一筆資金。隨後，代表長州在江戶利益的商人的貸款補充了這幾個年輕人的資金，並與在橫濱的英國領事以及怡和公司商定了行程細節。這群人乘怡和商船在六月出發，經上海，於一八六三年十一月四日抵達倫敦。在那裡，怡和公司安排這幾個年輕武士註冊為倫敦學院大學的學生，同時還為他們安排了一系列到博物館、船塢和工廠的訪問。[35]

我們已經描述過對在英國的所見所聞留下深刻印象的伊藤和井上，如何在一八六四年中斷學業，試圖去阻止他們的藩國與貿易條約簽約列強之間的進一步衝突。這一舉動突顯出這樣一個事實：與其說是對下關海峽的轟炸本身，倒不如說是對外部世界一般認識的增加（下關轟炸對這一增長亦有所貢獻），使得一大批重要人物——在長州、在幕府以及在日本的其他地方——認識到攘外的不切實際。事實上，長州軍事失敗的結果並未帶來新的對待西方的態度，即使「志士」中間也是如此。它只是加速了對待西方的新態度從少數人推廣到更多人。「自長州之戰以來，」大久保利通在一八六五年九月寫道，「那些所謂的不理性極端分子已經在很大程度上睜開了他們的眼睛，他們轉而論證攘外的不可行性，甚至建議打開國門；而在那些更加開明的藩國——肥前、越前、土佐、宇和島以及其他一些藩國——一概出現了建立貿易制度的趨勢。」[36]不過僅僅一兩個星期以後，木戶孝允在評論他關於通過在長崎的英國公司購買船隻和武器的計畫在長州遭到反對一事時指出，儘管他非常不看好，非理性觀點還遠沒有消亡。如果拒絕與外國人貿易的行為繼續存在，他說，在一八六四年曾給長州帶來災難的攘夷，「將以導致我們的毀滅而告終。」[37]

從這裡可以清楚地看到，即使是一八六四年以後，反幕運動的領導人比普通群眾更願意使用西方方法來達到反西方目的。然而，他們逐漸地克服了他們的政策所引起的一些質疑。同時，向國外派遣學生——在一八六四年之後的幾年中，幕府、薩摩、加賀、肥後以及肥前藩都這樣做了——加上對熱衷學習的儒學的推崇，幫助構建了一群為自身利益而獻身於新方法的「專家」核心人物。

購買先進船隻和武器的成本證明了主張開放對外貿易的正確性，即使最為保守的人也很難反駁這一點。實際上，對許多日本人來說，尤其是武士，軍事改革是他們勉強接受西方方式必不可少的起點。它之於國家生存的重要性對自封的軍事統治階級來說是顯而易見的。此外，現代武器的設計和運用需要科學知識，製造維護現代武器需要技術訓練，從這裡再往前走一小步就是承認引進工業和金融的制度的必要。換句話說，通過軍事問題有可能接觸到許多現代西方社會的基本原則。正是這一邏輯最終使得武士轉變為企業家，使攘夷蛻變為富國強兵，而不是對它完全的否定。

從土佐尊攘志士中岡慎太郎一八六五年早些時候寫的一封信中，我們可以看到當像薩摩的西鄉和大久保以及長州的木戶和高杉——這些人的政治經歷為「志士」所敬佩——將這一政策付諸實施的時候，富國強兵對他們的影響。[38]在充滿敬意地談及薩摩和長州的新任領導後，他轉而討論導致日本迄今為止在與西方鬥爭中實力不濟的原因。他所認為的原因是：幾個世紀的和平帶來的鬥爭精神的匱乏，以及主張攘夷和追求西式強國之路的人之間的爭論所表現出來的不團結。至於他自己，中岡承認，他已經從第一類人轉變為第二類人，特別是因為一八六三至一八六四年發生的事情。畢竟，對下關海峽的轟炸是由那些意識到需要採取行動的人引起的，這些人認識到，如果要提振士氣或者取得積極成效的話，就需要這樣做。儘管軍事上失敗了，他們還是實現了最重要的目標，因為薩摩和長州在更優秀的領袖領導下，已經從團結邁向改革。因此，如果這兩個藩國能夠走到一起，最後就有可能實現這樣的改變——「大政奉還、政教一統」——這將使日本「比敵人更加強大」。為了這個結果，戰敗的衝擊就是值得的：「我們將回過頭來看這些日子，並承認外患實際上是對我國的健康大有益處的苦口良藥。」

這封信中有兩點值得特別注意。第一，它期待與西方形成一種更加平等的關係，其平等的程度，遠遠超過面對西方力量，幕府明顯的失敗主義反應所可能產生的任何局面；這是一個能令「志士」深為滿意的前景。換句話說，它希望攘夷中的愛國主義成分能夠得到保留，即便摒棄它缺乏現實主義的一面。第二點與此相似，但卻應用在政治方法上：它不言而喻地承認，藩國政府而非「草莽英雄」才是將這些政策付諸實施的合適選擇。正是這一認知構成了下一階段維新運動的特徵。

## 註釋

1 一八六三年四月初幕府的備忘錄，見 Beasley, Select Documents, pp.234-236。

2 一八六三年五月初的記錄，同上書，第二四三到二四六頁。

3 一八六三年六月二十一日的幕府記錄，同上書，第二四八到二四九頁。一橋慶喜在七月九日寫給關白的信中，敘述了他自己試圖從江戶官員那裡獲得排外承諾的經驗：「他們答覆道，幕府不能接受天皇敕令，因為他們不認為攘夷符合國家的最高利益」（同上書，第二五三頁）。

4 尼爾致幕府，一八六三年六月二十四日，載於尼爾致羅素，同日，「關於日本事務的通信（第一號）」見 Great Britain,House of Commons, Parliamentary Papers 1864, 66 : 73-75。

5 羅素對尼爾，一八六二年十二月二十四日，同上書，第一七九到一八〇頁。

6 尼爾對幕府，一八六三年四月六日，見 Beasley, Select Documents, p.237。

7 小笠原對所發生事情的解釋記錄在他一八六三年七月二十七日的備忘錄中，同上書，第二五四到二五六頁。

8 Shimazu Hisamitsu, 3 : 65B-71B.

9 Shimazu Hisamitsu, pp.71B-77A.

10 Shimazu Hisamitsu, p.74A.

11 Ishin-shi, 3 : 648.

12 池田一八六四年一月十九日的備忘錄，實際上是關於使團任務的草案，見 Beasley, Select Documents, pp.260-263。

13 天皇致將軍，一八六四年二月二十八日，同上書，第二六三到二六四頁。

14 天皇致將軍，一八六四年三月五日，Beasley, Select Documents, pp.264-266。

15 Ishin-shi, 3 : 648。在我看來，朝廷此時聲明的整個態勢表明天皇的高級大臣試圖找到彌合幕府和薩摩之間裂痕的方法，並不希望薩摩獲得優勢地位。

16 Toyama, p.134。也可見 Sakata, Meiji ishin shi（1960），第一六〇到一六二頁，收錄了久光與松平春嶽在一八六三年十一月二十九日的一次討論。

17 根據一橋慶喜自己後來對這次爭論的描述，這個主張是老中敦促他提出的（Shibusawa，Tokugawa Keiki, 6 : 46-50）。

18 天皇致將軍，一八六四年三月二十一日，見 Beasley, Select Documents, pp.266-267。

19 慶喜的陪臣原市之進 (Hara Tadanari) 對這些事情有著精彩，或許有些片面的記敘，我將部分內容翻譯在 Select Documents, pp.268-272。它需要與伊達宗基日記中的版本對照著看，《伊達宗城在京日記》，第三三七到三四二頁。

20 全文印在 Fox 著作第一三三到一三四頁。

21 在伊藤和井上各自的傳記中都有關於他們在七月二十七日至七月三十日間與藩國官員的討論的記敘：Itō Hirobumi den, 1 : 125-129；以及 Segai Inoue Kō, 1 : 116-119。在這些記敘中，都沒有直接提到最後通牒的傳達。阿禮國的翻譯薩托只報告說最後通牒被譯成日語，並由兩人在登陸長州時帶走（Diplomat,p.97）。

22 Satow, Diplomat, p.99.

23 協議的文本見 Beasley, Select Documents, pp.273-274。關於使團的總體情況，見 Burks。

24 池田等致幕府，約為一八六四年八月十八日，見 Beasley, Select Documents, pp.274-282, 277-278。

25 外國使節與幕府官員會談紀要，一八六四年九月十八日，同上書，第二八二到二八八頁。

26 和約的文本，Beasley, Select Documents, pp.288-289。

27 阿禮國致羅素，一八六四年十一月十九日，見 Parliamentary Papers 1865, 57 : 696-702。

28 例如，在一八六五年的薩摩藩，由於藩記憶體在著強烈的排外情緒，被派遣到英國學習的青年不得不使用假名秘密離國。《鹿兒島縣史》，3 : 213-214。

29 關於兩人的關係以及這一事件本身，見 Jansen, Sakamoto, pp.154-184。

30 後來出現的富國強兵版本的許多理念是由熊本武士橫井小楠提出來的，他曾一度在春嶽的越前藩擔任顧問。Harootunian 在 Toward Restoration 第三二五到三七九頁中詳細討論了他的觀點。

31 除了關於使團的報告（Beasley, Select Documents, pp.274-282）之外，池田還寫了一系列備忘錄詳細闡述了這些提議。文本見《續再夢紀事》，3 : 199-217。

32 關於小栗，見 Jansen,Sakamoto, pp.181-182；亦可見上書第十章，第二六三到二六五頁。

33 Naramoto 在 Kinsei Hoken 第二一四頁引用了一八五八年高杉寫給吉田松陰的一封信，強調他對條約的反對源自他對這些條約將給日本帶來的實際後果的擔心，而不是由於傾向孤立。

34 轉引自 Hara（p.102），見於它關於高杉經驗的敘述（同上書，第九七到一〇八頁）。

35 Itō Hirobumi den, 1 : 84-97；Segai Inoue Kō,1 : 82-93。

36 一八六五年九月二十三日的信件，見《大久保利通文書》，1 : 298。

37 一八六五年十月十六日寫給山田宇右衛門的信，見《木戶孝允文書》，2 : 108。

38 Jansen 在 Sakamoto 第二〇八到二一一頁中有這封信的摘要以及部分翻譯。

卿住所，指示藩國圍捕他們並遣送回家，這些措施把幾百號人清除出京都。[5]實際上，秩序的恢復是以在普通民眾中造成恐慌為代價的。如《源氏夢物語》所注意到的，「就像發生了一場大火，許多人離棄了世代居住的房屋，逃亡四散。」[6]

一八六二年五月，薩摩向大阪和京都進軍的行動本身，就足以在許多不同的地區掀起尊皇主義活動：寺田屋事件，在土佐暗殺吉田東洋，在長州推翻長井雅樂。同樣，一八六三年秋天，有關京都發生的事情的消息——當時有超過七十個藩國在京都擁有可以傳送消息的機構[7]——轟動整個日本。人們很快認識到，「志士」們的不自量力，使他們很容易成為眾矢之的。當「志士」主張攘外的時候，他們仍能打動很多身居高位之人，甚至天皇的內心情感，即便攘外的風險已眾所周知。尊皇，當它還只是意味著以對朝廷和大名有利的方式調整權力分配的時候，一呼百應。但在夏日的幾個月中，日益頻繁地出現於志士筆下的王政復古的口號，卻具有革命且並不受歡迎的味道，尤其是當這個口號出自那些毫不含糊地希望按照他們自己的，而非其藩主的要求，來行使他們獲得的那部分朝廷權力的武士之口的時候。對這一要求的疑慮使得大名階級同仇敵愾，[8]一旦有人領頭，鎮壓浪人運動就會擴展到近乎全國的每一個地方。

例如，在土佐，一有機會就利用其影響力打壓尊攘志士的山內容堂，現在與他們公開決裂了。[9]武市瑞山及其心腹被捕。武市在被監禁了將近兩年之後，被勒令切腹自盡。一八六四年十月，他的鄉村追隨者半心半意的解救他的努力也被兇殘地鎮壓。到這一年末，土佐的尊皇派基本上被摧毀了，決心比較堅定的成員選擇逃亡避難，剩下的則在政治上陷入沉默。

然而，並不是所有的志士都準備束手待擒，或者逃往長州，指望有朝一日能夠東山再起。許多人選擇了抗爭。比如，一八六三年秋天發生的大和事變就是由此而起，我們在討論尊皇主義者特徵和目標時曾談到這一事變。[10]這個事變起始於在天皇巡行伊勢時發起一場反對幕府的計畫。在天皇巡行被取消、京都尊攘志士被撤職的情況下，大和的反叛者並沒有被嚇倒，而是毅然決定推行他們的計畫。為了這一目標，一個將近四十名浪人組成的小分隊（主要來自土佐和九州的藩國），在九月二十六日夜裡悄悄離開京都，通過一條迂回曲折的小路前往大和。九月二十九日的下午，他們和一百名左右當地盟友一起，襲擊了位於五條的幕府軍隊司令部，並將代官斬首。接著，他們在年輕的公卿中山忠光名義上的領導下，宣佈代表天皇接管了這一地區。此後，他們向「大和國的大名和其他武士」發出號召，希望他們起身相助。為了這一目的而散發的傳單非常清楚地代表了極端主義者的觀點，幾乎全文都有徵引的價值：

近些年，自西方夷人入侵以來，天皇一直痛感把我們的國家從蒙羞受辱的狀態中拯救出來的必要。然而，受委託管理土地和人民的大名，卻對這一情況裝聾作啞。藩國非但忘卻了自己的職責，甚至大逆不道地違背朝廷的旨令。令人痛心的是，我們的國家已經深深陷入夷人的蹂躪中，淪為野蠻鬼子的奴隸。儘管天皇希望巡幸大和……以求親自領導征討大軍，但有些人卻試圖加以阻撓。是可忍，孰不可忍，我們號召各方力量團結起來迎接天皇的駕臨。朝廷才是統治者，幕府〔只不過〕是大名。凡知道統治者和臣民應為何種關係的人，請加入我們，共謀大計。[11]

這份傳單的語調和用詞很多都起源於真木和久坂等人的理念。但是，大和天誅組起義者所提出的實現這些理念的方法卻引起了京都激進分子的憂慮。在後者看來，要想取得成功，就得設法操縱朝廷和藩國，而不能靠孤立的叛亂。為此，他們甚至派平野國臣於九月二十九日趕往大和制止這場起義，但為時已晚。實際上，即使他沒有來晚，平野也沒有把握說服大和叛亂者聽從他的想法，因為這些人，尤其是來自京都的浪人，信仰著十分不同的信條：志士的職責是行動，無需算計；是捨生取義，不必權衡謀劃。

在這種情況下，不久就傳來了京都政變的消息，這個消息和平野的勸說一樣，都沒能使志士們放棄起義。但它卻意味著起義計畫在軍事上的必敗無疑。周邊藩國根據幕府的命令迅即派出部隊鎮壓叛亂，其派兵速度之快為它們過去的表現所不可及，而那些四面楚歌的極端主義者卻發現他們根本無法從當地鄉村群眾那裡獲得幫助。[12]不僅如此，他們自身的團結也沒有在逆境中堅持多久。十月八日，在攻打高取城失敗後，起義領導人就開始考慮突圍逃到日本其他安全的地方，而不再指望進一步擴大叛亂。因此幾個星期之內，這股勢力就分崩離析了。包括中山在內的一些倖存者逃往長州。其餘人被最終派來鎮壓他們的一萬多人殺害或逮捕。大多數抓獲的俘虜次年在京都被處決。

一八六三年秋在京都以西的但馬國，也發生了一場尊攘志士的叛亂，這場叛亂與之前的叛亂有著相似的特徵和相似的命運。[13]同樣，在那裡，志士與村長有著長久的聯繫，後者為他們提供了準備起義的基地。一個重要的不同點在於，這次反叛事件是特別針對京都的政變而發動的。起義由平野國臣組織。他在九月底沒有完成制止大和起義的使命後，在返回京都的途中發現保守派已經掌權，並瘋狂地抓捕浪人。於是他秘密前往但馬國。他知道這個地區是同情尊皇主義計畫的，並成功地說服那裡新近組建的農兵領導人同意發起一場起義，支持大和事變。起義被安排在十一月末，以便他有時間找到合適的公卿擔當領袖，同時，如果可能的話，爭取獲得長州的支持。

當平野到達三田尻，他發現長州無意支持他的計畫，一如朝廷在大和起義問題上的做法一樣。然而，他卻成功地使讓澤宣嘉這位與三條一同逃出京都的公卿擔當這次叛亂名義上的領導人，並且徵召了三十幾個年輕性急的武士。儘管真木和他的同伴都極力勸說他放棄這一計畫，平野還是和那三十多個武士一同回到了但馬。

當他到達但馬的時候，大和起義失敗的消息已經傳來，平野試圖取消起義計畫，但他從長州帶來的人卻絲毫不願妥協。十一月二十二日，他們占領了當地的一個幕府官府，並呼籲農兵參加起義。附近譜代藩　路的常規軍隨即開始向這一地區行進，向他們進攻。宣嘉逃跑。其餘的尊攘志士做好了防禦的準備，但很快遭到他們招入的農兵的攻擊，這些農兵殺死了一些志士，並逮捕了其他志士，然後在整個地區攪掠，把他們的怒火發洩在村長、富農、商人和釀酒商的身上。這場叛亂，實際上以典型的農民起義的方式告終，被姬路的武士輕而易舉地鎮壓。平野被捕並於次年在京都被處決。

同一時期，在一定意義上，受大和及但馬起義消息刺激而在水戶藩發生的事件，也為尊攘主義者決意訴諸武力提供了依據。[14]在德川齊昭的庇護下，一個主要由中級武士領導的尊攘派統治了水戶政治。但在齊昭於一八六〇年過世後，有三股勢力角逐水戶的權力。一是保守的上層武士派別，他們與幕府合作，試圖恢復他們早前被齊昭剝奪的權力。另一派由「溫和的」中級武士改革者組成。這一派直到一八六三年都由會澤正志齋領導。這一派既要向天皇獻身，又要對將軍效忠，而在當時這兩種忠誠始終難以共存並容，這使得他們陷入自相矛盾、難以自拔的窘境。然而，儘管如此，只要有可能，他們仍舊力主那種古板的（conformist）的尊皇攘夷論，與薩摩的大久保所宣導的尊皇攘夷論大致相同。第三派由極端主義者組成。他們是刺殺井伊直弼行動參與者的繼承人，並在鄉士和村長那裡獲得了大量的支持，如武市在土佐所做到的一樣。但是，和武市追隨者不同的是，他們還沒有足夠的實力在一八六二和一八六三年使其藩國以朝廷的名義採取行動。

改變這一局面的，似乎是一個廣泛流傳的看法，到一八六三到一八六四年的冬天，這個看法甚至傳入鄉村。這個看法認為，秋天在京都發生的事件，大大地增強了幕府官員的親外傾向，以至於威脅到天皇做出攘外的決定。隨著這一疑慮的加深，為攻擊外國在日本的據點所需要的資金開始籌集，其主要來源是地方的商人和富農。充任攻擊的領袖也找到了，他就是藤田東湖之子小四郎。在一八六四年五月二日，叛亂的規模升級。這倒不是因為接下來發生的事情是多麼地反叛，至少初期的時候還不是。集結起來的軍隊全副武裝向日光神社進發，並在那裡為反外聖戰的勝利舉行了祭祀儀式，要求立即採取行動實行攘外的請願書也被送往幕府，還向齊昭的兒子包括德川慶喜送去了信件，提醒他們向攘外的父親盡孝的責任。然後，這些反叛者在農村駐紮下來，等待著天皇的命令。

這些行動，儘管外表上不那麼激進，但它們對當局的挑戰是如此公開，以至於產生了一些相當嚴重的後果。水戶大名德川慶勝寫信給德川慶喜，敦促他至少採取一些象徵性的抵抗西方的官方行動——比如，暫停在橫濱的貿易——以免水戶的騷亂波及整個日本。[15]

同時，這場起義重新引發了水戶藩內的政治爭端，這場爭端在幾個星期後的內戰中達到頂峰。保守派在幕府那裡尋得了盟友，幕府命令其他藩國介入以幫助他們。溫和派迫不得已與極端主義者以及他們的鄉村支持者達成妥協。

因為農兵無意於與正規的武士軍隊作戰，溫和派與極端主義者同盟的軍事結局就不言而喻了。然而，直到十一月底，由溫和的武士改革家領導的叛軍主力才承認失敗。但事情並未就此告終。幾百個由藤田小四郎和另一位著名尊攘志士武田耕雲齋為首的不妥協者，向西橫穿中日本大部分地區（以求得德川慶喜的支援），最終才向外樣藩加賀投降。他們中將近有四百人被移交給幕府代表，並於一八六五年年初被處決。另有一百人被流放，更多的人則被處以相對較輕的懲罰。[16]

從大和、但馬與水戶發生的事件中，我們可以總結出許多教訓。第一條教訓甚至在這些事件發生之前，對於一些當時的人來說也已經很明顯了，真木和泉對捲入這些事件的躊躇不決就證明了這一點。這個教訓是，政治行動要想獲得成功，就必須得到一個或多個強藩的支援。無論幕府在特定區域的力量是多麼弱小——叛亂者最初擊敗當地防衛力量所表現出來的輕而易舉，使這種弱小看上去不值一提——但它反擊的實力卻不容小覷，區區民兵是難以抗衡的。因此，尊攘志士要想超越恐怖主義階段，向時局施加切實和長久的影響，就必須以某種方式調和他們的行動與封建當局的偏見，或者利用封建當局來實現自己的意志。一八六三到一八六四年之後，他們中有更多的人做好了面對這一現實的準備。

第二個教訓涉及到社會結構與維新政治之間的關係。如上所述，志士大致包括兩個社會階層：一是沒有雄厚財富卻有著崇高地位的中級武士；二是下級武士，其典型為農村精英成員，包括許多非武士出身的村長和富農。[17]在大和與但馬起義中扮演領袖角色的浪人中，有相當大的部分，如果不是絕大部分，均來自這些下級武士。因此，毫不奇怪，他們在地方的聯繫，是那些與他們自己十分相像的人，即鄉士、村官和農村比較富裕的階層。這些鄉村領袖憑藉他們在農村的影響力，有時能夠號召其他農民援助他們；但他們同樣也成為鄉村積怨和不信任的眾矢之的，這樣，一旦封建當局開始鎮壓這些叛亂者，窮苦的農民就會倒戈，轉而向他們發起進攻，至少是拋棄他們，就像在水戶所發生的那樣。[18]自此，人們可以得出這樣的結論，即在嚴格意義上，尊攘運動並沒有獲得農民的廣泛支持。沒有任何跡象表明「武士」領導人將他們自己視為「農民」不滿的發言人，也沒有現象顯示鄉村富人著力於糾正對鄉村窮人的不公平待遇。相反，這些起義所提供的證據支援了這樣的判斷，即鄉村裡，已經出現了一條界線，把鄉村居民劃分為兩部分；一部分是將要得到明治國家偏袒的人——現代日本的地主；而另一部分則是無力改變自己的命運的人，這一點，也將在明治國家那裡得到證實。

與前維新政治更加緊密相關的是這些事件對武士思想帶來的影響，即影響了作為統治階級一員的武士，對有可能威脅到社會秩序的動亂的反應。實際上，他們強化了中級武士和下級武士的差別。因為中級武士的地位使他們有可能控制，至少是滲透到藩國的政府，他們往往會反對發生在傳統封建體制之外，或與其相衝突的各種形式的極端主義，因為這些做法與上層武士的想法格格不入，並使獲得權力的任務變得更加困難。很重要的一點是，反對平野但馬方案的人，是他的尊皇主義同志，而非藩內的保守派。努力制止中山忠光大和叛亂的也是中層武士而非上層武士。在水戶，溫和派顯然是帶著幾分猶豫而追隨激進主義者挑戰其藩主。結果，所有這些計畫的失敗，不僅使人們開始懷疑叛亂的可行性，同樣，也削弱了那些不顧朋友規勸執意於此的下級武士的地位；因此，一八六四年後尊皇主義運動、尤其是在薩摩和長州的運動所採取的新方向具有兩個特徵：一是它的領袖主要由具有平侍身份的武士充當（其中若干人雖然並非生於平侍之家，但因提拔而獲得了這一身份），二是它所採取的政治方法與封建社會需求更加一致。

然而，即使計畫落敗，並且在最終的王政復古上所能發揮的個人影響力極其微弱，「志士」們決不能被輕易忽視。的確，他們的所作所為很多都是負面消極的：他們是「反對」派，而不是「維護」派；他們只知道破壞，不懂得建設；他們對待生命，包括自己的性命毫無顧忌，不懂得創建政府。他們缺乏組織，尊奉太多的「領袖」，熱衷口號而非政策。然而，他們所帶來的變革也十分重要，而且最終證明是不可逆轉的。之所以如此，至少是因為他們的所作所為，在政治和意識形態上都有助於打破日本社會的「垂直」等級結構。一方面，他們採納了諸如水戶學者的觀點，並使之成為辯論的共同話語的一部分，從而為一種其視野越來越是全國性而非地方性的輿論的發展做出貢獻。另一方面，他們建立的政治關係超越了封建藩國的邊界（即使還沒有徹底超越封建忠誠），從而為一個運作層級迥異於大名聯盟的藩國聯盟打下了基礎。

此外，因為他們公開譴責了江戶和藩國都城的當權者，並轉向吉田松陰所謂的「草莽英雄」或「出身卑賤的英雄」（或許為下級武士，儘管這個詞在最寬廣的意義上甚至包括那些實際上根本不是武士的人）那裡尋求支援，這樣，正如我們在本章開篇說的那樣，尊皇主義者把社會中一部分以前從未在國事上有發言權的人引入積極的政治活動中：農村精英成員，也即那些憑藉其對變化中的鄉村的控制而致富並擁有地位的人，包括那些擁有權力的地主和企業家。有鑑於此，人們很容易視「志士」為封建主義的批評者，視他們為封建政府的反叛者，認為他們的出現，標誌著從舊有體制中的較低階層產生了一個新的統治階級。確實，他們自己對這個階級及其重要性都有一定的自覺，而那些鎮壓他們的人也是如此。

在這種情況下，很難在志士的言行中找到任何社會目標宣言之類的東西，找不到一項方案，或者一套關於如何改造社會秩序以符合他們利益的系統觀念。儘管他們常談「有才之人」，儘管他們斥責大名無能、武士寄生，但是，他們關於改革的建議，似乎從未設想過一種權威的根本性轉移，一種與從將軍向天皇和大名的橫向轉移不同的跨越社會階層的向下轉移。他們在行動上是革命的，但在思想上卻不是，因此賦予他們意識形態上的標籤並不容易。「尊皇主義者」、「激進分子」、「極端主義者」、「恐怖分子」，我們會這樣稱呼他們，但這些詞彙是感召性的，並不精確，亦不具分析性。因為他們為自己設定的目標並不是革命，而是攘夷，驅逐外夷，這被視為拯救日本的第一步；而這一目標反映的是一種愛國情感而非一套成體系的社會目標。這個事實決定，倖存的尊攘志士能夠比較容易地納入此後進行的運動；在這場運動中，他們將把他們的情感轉移到實現一系列新目標的鬥爭上。這些目標是：富國強兵和倒幕。這一進程的重要一步已經在長州拉開帷幕。

## 尊皇主義和長州

一八六三年後半年和一八六四年種種保守反應——對京都浪人的打擊，對武市在土佐追隨者的攻擊，對大和及但馬叛亂的鎮壓，尊皇派和改革派在水戶內戰中的戰敗——都使長州成為尊攘志士的希望僅存的據點。大部分到那裡尋求避難的浪人都獲准在三田尻，瀨戶內海的一個港口，或附近定居下來。[19]他們在那裡組建了多支可用於協助藩國軍隊應對外國或幕府攻擊的非正規部隊（諸隊）。這些兵隊強化了長州的非正規軍，後者是從一八六三年六月起，在當地從與浪人有相同態度和社會背景的人中招募建立的。這就導致一種新的、產生於一群不但有武裝而且有組織的極端分子的激進主義，從此被引入長州的政治事務之中。

長州兵隊發展很快，其中最有名的一支被稱為奇兵隊（Kiheitai），源於高杉晉作在一八六三年夏被任命為下關長官時的提議。在一份於當年七月二十二日提交的呈文中，他主張創建新式步槍部隊，以西方的方式訓練，來補充藩國的軍事力量。高杉建議他們應該主要由足輕和其他低級武士組成，畢竟，在他們中間「有很多志士」。在這些部隊中，徵募與提升都不取決於身份地位。中級武士如果願意，也可以加入進來，但他們必須與陪臣以及其他各類低級武士並肩作戰，他們的工作與這些人「並無二致」。[20]這樣的軍隊一旦組建，即使在這些方面有些不正規，但卻會是一支訓練有素並且是半常設的軍隊，並將以某種同等的地位與城中的武士進行合作。這使它與以往的民兵組織有很大不同，這些民兵組織在長州，就像在其他地方一樣，是由適當的鄉村和幕府官員指揮的地方性、臨時性的徵召，而且他們只有在緊急情況下才會召集起來。

高杉的想法一經原則上批准——這或許也只有在謀劃「排外」的背景下才有可能——就有好幾支志願兵隊被組建起來。[21]在這些兵隊中，有的是由像高杉這樣的武士，在藩國知曉和支持的條件下組建的；有的是在富有農民和商人同情者的資助下，由熱心的尊攘志士組建的，事後才得到藩國認可。結果，這些兵隊規模大小不一（從一百人到五百人不等），並且常常從同一個地方徵召而來。理論上，他們長官的挑選，靠的是才幹而不是出身；但在實際操作上，這通常意味著和藩國官員的提拔一樣，從那些有世襲軍事身份的人中挑選，比如平侍和足輕，而不是從那些完全處於武士階級之外的人中挑選。兵隊的許多普通戰士也有武士或准武士地位，根據那些被研究的兵隊的資料，這一比例從百分之二十五到四十五不等。另有百分之三十到五十的人可以被認定為「平民」，他們絕大部分是從富裕農民和鄉村官員的家庭中招來。

如此說來，這些志願兵所招募的人，大致上和土佐的浪人、大和與但馬的叛亂者來自相同的社會階層：處於武士階級邊緣，有的在邊緣之內，有的在邊緣之外。他們接受統治精英的信條（儘管他們自己並不總為統治精英所接受），並構成了在鄉村和城下町中行使相當大權威的家用網路的一部分。

像「志士」一樣，這些人大多首先是因愛國而行動的，儘管他們的愛國主義更多的是為了藩國而非整個日本；他們認識到夏天發生的事件使長州不可避免要遭到攻擊，為了保衛藩國而準備走向戰場，必要的話願意做出犧牲。但是他們一旦召集起來，被帶到了像下關和山口這樣的主要中心城市，這種簡單的愛國主義就迅速獲得了政治內涵。來自土佐和京都的避難者，大和及但馬的倖存者以及長州自己的尊攘志士，例如指揮他們的木戶、久坂和高杉，不但將長州面臨的危險歸咎於外國人，也歸咎於本應防止危險發生的日本人——幕府及其在藩國的同盟。對他們而言，攘外與尊皇密不可分，就像它與重炮和海防不可分一樣；攘外不但事關軍事技術，同樣也是一個政治責任。顯然，這些觀念對於那些新近招募加入志願兵的人（甚至包括來自鄉村的人）而言，不可能是全新的，他們顯示了對他們所生活的世界有足夠的瞭解，為此自願加入兵隊。[22]不過，對於他們來說，加入志願兵所帶來的新的而且激動人心的東西，是使自己與一批這樣的人物為伍——對這些人而言，觀念不僅僅停留於言辭，而且成為行動的框架。這些人物的出現，使長州的氛圍變得和幾個月前京都的氛圍一樣一觸即發，尊皇攘夷情緒得以強化，尊皇主義領袖的影響力隨之上升。

這一變化的影響早在一八六三年十月就已初見端倪，當時，九月京都發生政變的消息使長州保守派武士成功地實現了罷免周布政之助所領導的溫和派的要求。這一罷免引起了尊皇主義者在大名宅邸前集結部隊、展示武力的回應，向那些尚未被諸隊控制的長州官僚勢力顯示了武力的重要性。幾乎與此同時，他們通過向藩府山口城的進軍，[23]使周布官復原職。此外，他們確保他們自己的領導人高杉和久坂得到官方任命，這就意味著周布的追隨者儘管還控制著藩國政府，但沒有尊攘志士的支持，就再也不能維持下去。兩星期後，從京都趕回來的木戶孝允被提拔到大名幕僚的關鍵職位。

然而，如果說非正規部隊的支持增強了高杉和木戶與官僚打交道的手段，它也同樣給他們製造了難堪，因為這些力量很有可能被發動起來支持那些被他們譴責為魯莽和幼稚的政治活動。這一點在長州因嘗試實施攘夷而與幕府、與朝廷爭執不已那裡變得很明顯。一八六四年二月，朝廷對幕府提出的譴責長州下關海峽行動的要求做出了讓步，而幕府這一要求的理由是長州故意逾越了有關命令的用意。結果，有關如果長州藩領袖拒絕就範，即對之進行懲罰的計畫被制定出來，這一舉動在山口激起很大的不滿。在那裡，人們認為，長州的所作所為都是依據天皇和將軍的命令。這一認識儘管並非完全符合事實，但卻讓長州人認為任何對他們的懲罰都不合適。

諸隊的反應尤為激烈，他們要求武裝進軍京都，以重新獲得接近天皇本人的機會，因為在他們看來，天皇的公開言論與他在一年前的言論是如此不同，以至於只能被解釋為受到與長州敵對的大名的指使。木戶和高杉——兩人與大久保一樣，隨著每次提拔在態度上變得更加「富有責任心」——力主整合大名的意見才是明智的做法，認為必須以一個封建大名同盟來反對另一封建大名同盟。他們發現，正如在他們之前其他人在相似的事件中發現的一樣，理智對於狂熱分子毫無吸引力。最大的諸隊（遊擊隊）的指揮官來島又兵衛（他在三月初與高杉的會談中支持遠征京都）直言不諱地指出了這一點：「你們所有的問題就在於讀書太多，」他說，「因為讀書，『後果』這個詞總在你們的腦子裡轉來轉去，帶兵之人怎能如此優柔寡斷？」[24]實際上，如果需要，來島情願違背藩主的命令帶兵前往京都。相反，木戶希望藩國政府能夠制止煽動者並重申權威。「毫無疑問，」他在幾天之前寫道，「除非那些高位之人掌握權威，所有的人都將為所欲為，那麼我們將無從達成目標。」[25]

這一意見分歧除了有政見不同的因素外，還與社會偏見有關。來島和木戶的言論隱含地表現了這一點，而在另一個場合——高杉把某個奇兵領導人稱為「低賤之人」——則把這一點表露得更加直白。[26]在這裡，我們又見到了我們曾經區分的「政治家」和「激進分子」兩個團體之間爭論的翻版。木戶和高杉在久坂的支援下，基於策略上的考慮，試圖節制諸隊裡的極端主義者，就像大久保在薩摩、久坂自己在大和事變中所做的那樣。他們的這些努力都歸於失敗，儘管他們自己也是享有盛名的「志士」。

一八六四年四月，當幕府和大名在京都的會談破裂時，很顯然，江戶要利用它控制朝廷的優勢極力向長州復仇。對此，久坂將賭注押在了極端主義者身上。大部分浪人以及去年秋天從京都逃到長州的七個公卿做出了相同的選擇。不久高杉被捕；周布和其他溫和派被降服；一八六四年六月三十日發佈了向京都進軍的命令。七月末，由非正規部隊打頭陣，他們中最先的一部分人到達了大阪，從那裡，他們繼續行進以搶占京都周邊地區。

在其後的四周裡，隨著城內的人敦促幕府代表妥協，而城外溫和派卻致力於勸阻急躁的長州人不要發動進攻，京都籠罩於一種草木皆兵的危險狀態之中。然而，幾乎不可避免地，極端主義者最終失去了耐心。八月二十日，三個長州縱隊向京都進發，突襲了主要由薩摩和會津領導的防禦力量。[27] 由來島的遊擊隊擔任先鋒的一支縱隊幾乎推進到了御所的大門。另一支包括了久坂玄瑞、真木和以及許多浪人的縱隊，在被制服前攻占了鷹司家的住所。第三支由長州在伏見行轅的衛隊組成的縱隊，在城外就遭到了抵抗而退卻。下午戰鬥就告結束，長州軍隊四處逃散，全線敗退，幕府的權威得以保存，如果尊嚴未能倖免的話。同樣重要的是，大批比較激進的尊攘志士陣亡，很多沒有死於戰鬥的人選擇了自殺，以免被捕。最終的戰亡名單包括了久坂和一些他最親近的長州幕僚、真木與兩個來自久留米的同伴以及另外十多個浪人首領。這意味著活到這個時候的志士中最著名的一批人自此從政治舞臺上消失。

這些事件的結果之一是證實了江戶能否控制朝廷取決於薩摩是否合作。與此相關的另一點是長州內部的政治平衡再一次被打破。因京都戰敗的「恥辱」以及隨即而來的外國對下關的軍事行動，力量遭到削弱的周布政府，現在面臨著幕府威脅報復的災難。朝廷八月二十四日的敕令宣告長州為叛亂者，並號召大名提供軍隊準備討伐遠征。十月這支部隊在尾張藩德川慶勝的領導下於大阪集結完畢，他們的目標，正如許多人想到的那樣，除了處罰那些參與襲擊御所的人之外，還要確保對長州領地的削減。這顯然給長州帶來了壓力，面對這樣的壓力，溫和派與尊攘志士之間的聯盟也告瓦解。而可能為保存這一聯盟而有所作為的木戶自八月逃離京都之後便躲藏起來，直到此時都不在藩內。高杉則因為在九月與外國海軍軍官簽訂停戰協議（他在此之前獲釋離開監獄，指揮對外國海軍的戰鬥）而遭到了攘夷極端主義者的憎恨，這使他一度失去了很多追隨者。周布自殺，以為其政策失敗贖罪。在這種情況下，到十一月底已經沒有任何力量能夠阻止保守派在椋梨藤太領導下重新執政。他們很快發出信號，表明他們的掌權對於長州與幕府的關係意味著什麼：他們命令三位在七月指揮進軍京都的高級官員自殺，希望這一舉動能夠使江戶滿意並得到寬大處理。

他們成功地讓他們的藩主免於嚴酷的處罰，並使他們的藩國免遭實質性的領土損失，這除了他們自身的努力外，還要歸功於西鄉隆盛。主要由於大久保的勸說，西鄉在一八六四年從流放地被召回，並在八月擔任在京都的薩摩軍隊的指揮官，隨後被任命為征討長州的尾張軍的總督參謀。最初，他對於擔任這一職責頗有幾分熱情，視之為消滅這一薩摩有理由懼怕的敵手的機會。[28]然而，十月與勝海舟的一次談話使他心中產生疑慮，擔心戰爭最後的結果給幕府帶來的好處可能遠甚於給薩摩帶來的好處，[29]所以長州保守勢力重掌政局的消息使他做好了妥協的準備。「如果能用長州人來懲罰長州人，」他在給大久保的信中寫道，「那麼，這將是一種優於開戰的上策：首先，這樣的方略能夠避免助長長州的反抗情緒，因此是使長州臣服的更加經濟的做法，其次，它將確保在應對西方時更為急需的軍事資源，不至於浪費在內戰中。」[30]

十一月二十三日西鄉向尾張表達了這些主張，其經濟上的考慮對後者很有吸引力。因此，西鄉被授權與長州調停斡旋，並且在接下來的幾個星期裡，通過信使以及密訪下關，敲定出一套雙方同意的條款：長州正式做出道歉，停止向從京都逃離的公家（他們將被轉移到位於九州的一個藩國）提供保護，並且承諾鎮壓非正規部隊，並把這次事件的大部分責任歸咎到這些部隊的成員以及三個已經過世的家老身上。尾張代表幕府接受了條款，並於一八六五年一月二十四日在位於廣島的指揮部宣佈遠征的使命已經完成，集結部隊隨即解散。

正如人們可預期到的，長州非正規部隊對導致了如此結局的椋梨政策的整個傾向極為厭惡，他們從一開始就下定決心要保衛藩國，抵抗外敵，無論是日本的還是外國的敵人。一八六四年十二月二日，奇兵隊和其他一些諸隊發佈呈文，譴責日益加劇的屈服於幕府要求的跡象；在他們看來，這一發展「與天皇意願對立，有違對朝廷的忠誠」。他們堅持認為長州的尊嚴榮譽優先於安危。「善惡之別，對錯之分，」他們宣稱，「並不依賴於是生是死。」更加切合實際的是，他們號召提拔「有才之人」，懲處保守派，大名由萩遷回山口，以及做好戰鬥準備。那些解散他們的威脅（儘管這些威脅並不會有效，因為諸隊在武器方面大致上能夠自給，且在其他方面可以依靠鄉村上層階級的支持）更加劇了這些不滿情緒。[31]

高杉很快利用了這一形勢。一八六五年一月三日，他勸說此時由石川小五郎指揮的游擊隊，與伊藤博文領導的一支小分隊一起，襲擊了下關。儘管初戰告捷，但由於沒有援兵幫助，這兩支部隊沒能保住他們的戰果，所以高杉不得不叫停了戰鬥。然而，兩星期後發起的一場相似的襲擊則取得了較好的結果。這次是由山縣有朋指揮的奇兵隊和井上馨的部隊共同起事。當藩國軍隊被派來鎮壓他們時，其他志願兵也加入了戰鬥，結果促成一場大戰。二月六日和七日進行了大規模的交火。儘管沒有哪一方取得了絕對性勝利，但非正規部隊卻因此得以繼續向萩前進。此時，城中中層武士「中立者」轉而以團結一致、對抗外患的名義反對保守派，迫使政府改組並與叛亂者公開對話。[32]結果，三月十二日諸隊進入城中。大名在月底被恭送回山口，尊皇主義領導人在此後也逐漸官復原職。

長州發生的事件中有幾件事情值得強調：在危機之時高杉首先行動並獲得伊藤、井上和山縣支持的重要性；儘管大多數非正規部隊反對大名的政府，但直到高杉挑起衝突而使他們最終別無選擇之前，他們對起兵反對大名政府一直猶豫不決；「藩國愛國主義」為長州內部團結的重申奠定了基礎，即使是在這種局面之下。然而，這些事情的重要性，與這次成功的運動的社會和意識形態屬性所提出的問題相比，就顯得相形見絀。這一點由於如下的共識而尤為正確：發生在長州的事件提供了「三年後在全國發生的事件的範本」，[33]即一個微型的明治維新。

誠然，長州的經驗並不是在所有方面都具有典型性。例如，絕不可以說其大名毛利敬親在政治上發揮了像薩摩的島津久光、土佐的山內容堂以及越前的松平春嶽那樣的積極作用。這意味著與其他政治上活躍的藩國相比，在長州，一套十分不同的環境條件控制著保守派、溫和派以及極端主義武士之間的權力爭奪。與此相似地，長州的尊皇主義者看上去總是比其他地方的尊皇主義者實力更為強大，這使他們能夠在一八六二到一八六四年間向當權者做出較少的妥協，正如他們能夠用武力奪取權力，並在一八六五年一月以後一直把持權力，而其他地方的尊皇主義者卻做不到那樣。然而，儘管有這些不同之處，還是可以令人信服地說，長州尊皇主義運動的社會基礎以及運動勝利所帶來的政策，與其他地方情況的相比更接近於「明治專制主義」。如遠山所見，長州事件出現了這樣一個聯盟，對農村保持控制力並能鎮壓農民起義的鄉村上層階級支持下層武士中的一部分人，並且也得到他們的支持，這些武士也因此獲得了政治上的權威，這一權威轉而便被用來追求「富國強兵」。[34]同樣，克萊格大致上接受這樣的分析結果，儘管在總體上，他強調傳統因素在長州社會中持久的影響力，並且否認諸隊的活動證明了「革命高潮」的出現。[35]

在這裡，姑且不論這個聯盟的鄉村成分能否被稱之為「資產階級的」或「革命的」

（如有的學者所做的那樣），顯然，我們有必要評估一下它們的影響和作用。探討這個問題的一種路徑是檢視一八六五年初內戰結束後長州政府的組織結構和人員的變動狀況，因為它是尊皇主義運動的直接後果。另一條路徑是考察這個政府所追求的政策的性質，以評估這些政策在多大程度上關係到或直接反映了這個所謂的聯盟中的地主和武士的利益。

一個可以立即看清楚的事實是：在長州，就像在薩摩和土佐一樣，武士出身依然是獲得任何關鍵職位所必需的條件。[36]許多職位依舊被溫和派——周布的繼任者——占據，他們中的大多數都是平侍；由於諸隊的支持而更加強大的尊皇主義者領袖，事實上也有著與他們相似的地位。擔任僅次於兩個家老的關鍵職位的是木戶孝允（生於一八三三年），一個享有九十石高並擁有大量俸祿和官場經驗的中級武士，並且新近成為大名的幕僚。儘管享有「志士」的名聲，木戶卻反對一八六四年對京都的攻擊，並且直到一八六五年五月保守派與高杉的非正規軍之間的鬥爭結束後，他才回到長州。除了他的尊皇主義，木戶在背景和觀念上，與像周布一樣的溫和派並沒有多大的不同。

在下面的一個層級上，是一群與地方政府、財政和秘書職責相關的職位，這些職位的地位大致相等。木戶在保有其他職位的同時，兼任其中一職。他的同事是溫和派的領導人兼重讓藏（六十石）和山田宇右衛門（一百石），以及高杉晉作、前原一誠、廣澤真臣和大村益次郎等尊皇主義者。高杉（生於一八三九年）是有二百石俸祿的中級武士之子，吉田松陰的學生，也是諸隊的創建者，在本書中已多次出現，想必大家已很熟悉。前原（生於一八三四年），也是平侍出身，與久坂玄瑞一直保持著密切的聯繫，直到一八六三年才在藩國獲得任命，而從那時起他的仕途幾乎平步青雲。廣澤（生於一八三四年）是擁有一〇四石高的中級武士；令人驚奇的是，他既沒有參加吉田松陰的私學，也沒有加入過諸隊，只是作為同情尊攘志士的官員在一八六三年與久坂一同制定過軍事計畫。這個團體中的第四個成員大村（生於一八二四年）不僅比其他人年長很多，而且經歷不同尋常。他是一個藩醫之子，也是蘭學家，在一八六〇年被召到長州並被提拔為平侍階級之前，服務於宇和島藩主伊達宗基的軍事改革家。事實上，如果廣澤主要還是一個官僚的話，那麼大村就是一個卓越的通曉西方技術的專家。

在這些出身相對富裕的尊皇主義者中，只有木戶孝允在明治政府中取得了卓越的名聲。高杉過早地死於一八六七年；大村在一八六九年被暗殺，廣澤則在一八七一年的早些時候被刺；前原則在維新後無法適應變化的世界，因叛亂在一八七一年被處決。於是，那些此時在長州擔任了一些較低官職的人後來更為聲名顯赫：井上馨（生於一八三六年）是平侍之子，被另一個平侍（二百二十石高）收養，曾赴倫敦求學並指揮過一支志願兵；伊藤博文（生於一八四一年）出生於一個與足輕地位相當的農商之家，但卻是被當作武士撫養長大；他先求學於吉田松陰的私學，然後相繼成為一個激進分子、求學倫敦的學生和諸隊指揮官；山縣有朋（生於一八三八年）來自俸祿較少但歷史久遠的足輕家庭，他幾乎完全是因為升任奇兵隊指揮官，才獲得了政治上的影響力。

在社會地位和經歷上，尤其是在把那些能操控封建權威之人和那些能在某種程度上運用西方技術之人整合起來的能力上，這群人在總體上和早期明治官僚有很多相似之處。[37]他們還與村長及當地商人中的尊皇主義者有著直接的聯繫。[38]比如，井上的家庭與富裕的村長吉富簡一家十分親近，吉富曾資助過高杉，與周布也非常熟悉，後者就是在他家自殺的；另一個鄉長、吉富的侄子林有造是山縣有朋的資助者；伊藤博文父親的家系可能與林有造家是同一支。通過婚姻和領養建立起來的關係網，比如存在於吉富、林和秋本新藏（秋本是村長兼商人，他組織並領導了一支志願兵）之間的關係網，拓展了這種聯繫範圍。因此，存在於「武士」和「農民」之間巨大的社會鴻溝，並沒有完全排除長州（像在土佐一樣）兩個階層的人——包括那些一方面比武士地位低、另一方面又比農民地位高的人——為了一定的政治目標而合作的可能性。

然而，由此不可推論他們追求的目標必然是「革命的」，不管我們如何定義這個概念。就史料記載所言，一八六五年長州面臨的最大問題集中於與防務相關的問題，人們關心的主要是如何應對可能來自幕府或外國人的——或者兩者同時的——再次打擊。藩內改革服務於這些問題，因為改革的目的在於提高防禦能力，其本身並非政策目標。

木戶在六月獲得任命時提交了一份政見書。在這份文件中，他主張現在真正需要做的是有效配置包括非正規部隊（對他們必須要求建立適當的紀律）在內的軍事力量，加之以勤勉認真的行政管理和厲行節儉。[39]從長遠看，這些措施將給長州帶來團結和力量。如果長州要領導反抗幕府的藩國聯盟，要推翻這個妨礙國家抵抗西方努力的領導層的話，這樣的團結和力量就必不可缺。他在其後的一份文件中寫道，江戶在壓制長州上一直不惜大動干戈，從而在正該通過「和平治理」來增進國家團結的時候，「把我們的人民逼到了絕望的境地」。[40]幸運的是，長州挺過了這次進攻，正如它挺過一八六四年外國人的進攻一樣。此外，這次經歷也將長州推到開出「靈丹妙藥」以治癒「日本之疾病」的位置上。他說，「一個熟練的醫師，現在一方面能為國內長治久安打下基礎，另一方面又能立即提出一套國策以富國強兵。這個醫師能夠為整個日本帶來安寧。」相反，將問題留給至今一直掌權的「庸醫」來處理，「只能使事情變得更糟。」[41]

與這一時期大多數政策言論一樣，木戶的信件和呈文在關於他提出的「治療」的要素上語焉不詳。很明顯，它們都包括了以天皇的名義削弱將軍權威。它們甚至可以走到「推翻」幕府（倒幕）的地步，儘管那並不意味著他們有了任何其他具體的替代制度構想，例如採取那些將會廢除藩國或封建體制本身的制度。然而，由於內戰獲勝的事實賦予了長州尊皇主義者管理藩政日常事務的責任，我們在一定程度上，可以通過檢視木戶和他的同事在他們自己的藩國究竟做了什麼，來瞭解一下他所說的「治療」是什麼意思。

他們所做的，從前一章我們對他們觀點的評論中可以推測到，是放棄攘夷，代之以富國強兵。高杉強調，這就是勤國（kinkoku），「為國服務」（這顯然是在玩弄辭藻，引起人們對勤王即「為天皇服務」的聯想），因為，國富有賴於日本開放外貿，而國富產生強兵，無強兵則無法為國服務。[42]木戶相信，由於這個理由，同樣是為了避免「陷入外國人的魔爪」，[43]長州必須開放下關。伊藤博文的側重點略有不同，他堅持認為貿易在當下對日本的生存至關重要，但沒有國內的團結，貿易也是危險的，[44]但他仍然支持下關方案，井上也是如此。然而，來自非正規部隊成員的激烈反對阻止了這一計畫的實現。實際上，高杉、伊藤和井上在一八六五年四月底都被迫躲藏起來，以免攘外支持者的報復。然而，在接下來一個月裡，木戶返回了藩國，並支持了他們的方案，結果使藩政最終做出了開放對外貿易的決定，但僅限於通過在長崎的一家英國公司購買船隻和武器。[45]

同時，主要在高杉和大村的主導下，以西方標準重新組建和裝備藩國軍隊的措施也得以推行。這一進程涉及到許多事情，其中就包括把非正規諸隊在某種程度上納入中央控制的努力。這一舉措引起了關於這個政策的動機在多大意義上是政治性的爭論，即旨在使諸隊與幫助它們組建的「資產階級」脫鉤，而將其更加全面地置於「官僚專制」的控制之下（這被認為是一八六八年後發生在全日本的變化的預演）。[46]

顯然，此類紀律建設在嚴格的軍事改革中有其合理位置。而對於那些新近獲得權力並且意識到其同盟和追隨者中有一部分人在一些關鍵問題上（比如攘外）與自己的意見並不一致的人來說，採取這樣的措施是很自然的。因此，在已知的證據下，想以這種或那種方式解決這一爭論可能是徒勞無功的。但是，長州的所作所為——不管是出於什麼動機——至少足以使我們不會相信任何關於木戶、高杉以及長州政府中的其他武士領導人，是由其村長或商人朋友造就的說法。更令人信服的主張是如克萊格所論述的那樣，[47]認為諸隊的組建首先是一個軍事決定；這個決定是由當權的武士階級在面對外來威脅的情況下做出的，而一些相當富裕的非武士通過它得以獲得垂涎已久的某種程度上的武士地位，從而使他們比過去在更大的程度上脫離鄉村社會。這就意味著武士與富裕平民之間的「聯盟」，如果它們真的存在的話，只可被視作為對抗外敵及其帶來的危險而應運而生的一種「團結」的形式，而不可視作出自地位相等且追求相似政治目的的人所做的安排。

然而，無論作何理解，可以肯定的一點是，現在在長州掌權的人，是一群決心要通過實行一套比早前「志士」提出的方法要精緻得多的政策來拯救其國家和藩國的人：他們以富國強兵取代簡單的攘夷，以求得軍事上的生存；通過獲取官職，而非訴諸於尊皇主義情感作為達成團結的途徑。他們為這些政策，也為他們自己的地位，從最廣泛意義上的農村和城下町的統治精英中相當大一部分人那裡贏得了承認，結果使日本向反幕聯盟的形成邁進了一大步，因為這個聯盟的敵手越來越難以通過「攘夷」的分化效應作梗了。這些人還描畫了這個聯盟的主要目標：創建一個強大的日本。在接下來的幾年裡我們將首先看到這個聯盟成為現實並相當成功，然而我們還將看到關於如何才能實現其目標的爭論。對於明治國家的性質而言，兩者都非常重要。

## 註釋

1 兩人都曾被藩國政府逮捕，但在朝廷的干預下得以釋放，後來又被長州藩提拔。

2 真木的計畫在田中惣五郎的《明治維新體制史》（明治維新体制史—復古維新現状派の相関性）第九一九頁得到了詳細的論述。

3 Craig 在 Chōshū 第二〇四到二〇七頁對這個時期發生的事件做了有益的總結。

4 《島津久光公》第三卷包括了多則出自於朝彥親王和近衛忠熙求助薩摩藩反對極端主義的呼籲文件，這些呼籲顯然已經到了張惶失措的地步。這些呼籲信件伴隨著內容大致相同的天皇的親筆信。見 Sakata, Meiji Ishin shi（1960），pp.152-155；Toyama, pp.116-119；以及 Katsuda,Ōkubo,1：469-476。

5 關於反浪人措施，見 Hirao,「Bakumatsu」，特別是第五四二到五四六頁。

6 Satow, Japan 1855-1864, p.119.

7 岡義武，《近代日本的形成》，第六二頁。《源氏夢物語》評論了藩國代表增加給城市生活帶來的變化，稱讚道，「大街小巷擠滿了步行的和騎馬的武士；愉快和美景成為一天裡的常態，京都的繁榮是之前朝代未曾有過的。」（Satow, Japan 1853-1864, p.72）。

8 肥前藩主鍋島直正像薩摩藩一樣支持公武合體政策。他對極端主義者的破壞性行動非常不安，因此歡迎採取步驟使他們就範。芝原拓自，《明治維新的權力基盤》，第九九到一〇一頁。另外，《維新史》3：549 注意到另外幾個藩主，包括館山藩主和備前藩主，都反對志士的計畫。這表明，如我們可以預期的，在挑戰封建權威本身這件事上，在大名中，甚至包括那些在政治上不太活躍的大名，存在著一定程度的團結。

9 見 Jansen, Sakamoto, pp.143-150。

10 最完整的相關論述是 Hara,「Tenchugumi」。

11 該文文本見 Hara,「Tenchugumi」,2：1229-1230。

12 幕府隨後沒有著力確認和懲處鄉村裡那些只是簡單為叛亂提供方便的人的事實，就表明叛亂者獲得了如此之少的「群眾」支持。

13 見《維新史》，3：602-621。

14 我在這裡關於水戶局勢的敘述參見《維新史》，4：92-110；芝原拓自，《明治維新的權力基盤》，第一四九到一八三頁。

15 該信（署名日期為一八六四年五月二十二日）的全文見澀澤榮一，《德川慶喜公傳》，6：93-94。

16 與此形成對比的是，「溫和派」中只有二十九人被判死刑（《維新史》，4：109-110）。這使我們忍不住要得出刑罰的差別與犧牲者的社會地位的關聯，要大於其罪行本身的結論。

17 我充分地意識到這個判斷的真實性，部分取決於在土佐（在較小的程度上在水戶）出現的模式是整個尊皇主義運動的特徵的假設。支持這個假設的證據有的在第六章討論志士的社會根源時已經提供。更多的證據可從在長州發生的事情那裡匯出，我們將在本章的後面看到這一點。薩摩的情況也能被證明與這個假設相一致，雖然不那麼確信。儘管如此，我仍然希望看到關於尊皇主義政治的社會基礎在其他地區、特別是在這些年間不那麼引人注目從而研究較少的地區的情況的資訊。

18 Hara（pp.58-61）強調了這一點。

19 細節見 Umetani, pp.326-330；Hirao,「Bukumatsu，」pp.565-567。

20 高杉信件的內容文本，見 Tokutomi, Koshaku Yamagta, 11：312-314。

21 我們對這些諸隊的描述是基於 Seki, Hansei kaikaku, pp.128-137；Tanaka Akira, pp.118-121；Haga, pp.6365；和 Craig, Chōshū, pp.199-204。此外，Craig 在 Chōshū 第 271-272 頁中詳細分析了三支諸隊的社會構成。

22 或許那些其經濟地位意味著他們可能出於經濟動機而參加志願兵的人是一個例外；志願兵中確實有一些來自鄉村的窮人（見 Craig, Chōshū, pp.272-276）。儘管如此，現代日本學者（例如 Seki, Tanaka Akira,Haga）仍然傾向於認為這些人是由那些出自鄉村上層階級的首領徵召的，並受到後者的嚴密的控制。

23 在這些年間，長州藩府在萩和山口之間遷移了兩三回。前者位於日本海沿岸，是該藩傳統的（也是保守主義的）中心；後者靠近內海和大多數諸隊戰士的招募來源地區。藩府所在地的變動，一般與該藩權力平衡轉移相一致。見 Tanaka Akira, Meiji, pp.131-132。

24 Craig, Chōshū, p.215.

25 一八六四年二月二十七日備忘錄，見《木戶孝允文書》，2：17，第三四頁。

26 Craig, Chōshū, p.280.

27 《源氏夢物語》中有關於這場戰鬥詳細並生動的描述。在那裡，這場突襲被描繪為不過是長州試圖驅逐會津軍隊的努力。根據這一說法，皇宮之所以被攻擊，僅僅是因為松平容保的軍隊占據了那裡的緣故（Satow, Japan 1853-1864, pp.173-219）。下中彌三郎（《大西鄉正傳》，1：271-286）從薩摩的觀點出發，提示薩摩之所以在這個場合下要保衛幕府，是因為天皇下令要它這樣做，而同情幕府的公家在襲擊前一天把長州的計畫洩露出來，使一橋慶喜能夠確保薩摩軍隊保衛幕府。

28 一八六四年十月七日西鄉致大久保表示，他希望對長州戰爭的勝利將使長州大名的領地被削減，並迫使他遷移到東日本成為可能，見《大西鄉全集》，1：471-476。

29 一八六四年十月十六日西鄉致大久保，同上書，第四九〇到五〇四頁。

30 一八六四年十一月十一月西鄉致大久保，《大西鄉全集》，第五四八到五五三頁，見於第五四九頁。又見西鄉十一月七日信，同上書，第五二二到五三三頁。

31 諸隊的這一呈言見於德富豬一郎，《公爵松方正義傳》，1：455-459。關於在某些地區諸隊能否得到鄉村上層人物的支援，見 Tanaka Akira, pp.166-169；Craig, Chōshū, pp.281-285。

32 有關這兩派人即中立者和保守派的分析，見 Umetani,「Meiji ishin-shi」, pp.339-341。他注意到保守派由上層武士主導，包括六名俸祿在三百至一千三百石高的寄組（yori-gumi），而溫和派或中立者的領導人包括了十三名中級武士（他們中三人不滿一百石高，五人在一百至二百石高之間，有五人超過二百石高，最高的是三六三石高）。然而，Craig 在 Chōshū 第二六〇到二六二頁中論證兩派人的身份差別，事實上並沒有這番分析所指示的那麼顯著；畢竟，椋梨儘管是保守派領導人，但其實是只有四十六石高的中級武士。

33 Craig, Chōshū, pp.269.

34 這一論證取自於 Toyama, pp.139-150。又見 Seki, Hansei kaikaku, pp.132-137。

35 Craig, Chōshū, pp.276，出自於其對這些問題的詳細考察過程中（pp.268-301）。

36 關於這個時期長州領導層的地位和背景，見 Craig, Chōshū, pp.264-267；Tanaka Akira, pp.186-189；以及主要人物的標準傳記。Tanaka 提供了一個很長的官位及其擔當者的名單，該名單反映的是一八六五年五月三十一日政府官員重新任命後的狀況。

37 可比較 Silberman 在「Elite transformation」中對明治官僚的分析。

38 這裡引用的案例，見 Craig, Chōshū, pp.286-288；Umetani, pp.331-339；Ito Hirobumi den, 1：35。

39 這個沒有注明日期的政見書見於《木戶孝允文書》，8：22-24。有關它的提出的背景資訊，見 Shokiku Kido Ko,1：465-471。

40 木戶致大島友之允，一八六五年九月七日，見《木戶孝允文書》，2：89-93。注意這封信是寫給另一個藩國（對馬藩）的官員，其目的在於為長州的行動辯護，因此，可以視作一封特別的申訴書。

41 《木戶孝允文書》，2：90. 木戶的血親家庭——他於幼時被領養——是藩醫之家。由於其他好幾位明治領袖的家庭背景也都有醫學成分（如大久保和大村），而許多志士（如久坂與多位土佐浪人），我們禁不住會思索這一成分在多大程度上使他們成為一群不同尋常的知識精英，這些知識精英比日本的大多數人口更加可能認識到某些新近可用的西方技術（並非僅僅是醫療技術）的優越性。

42 Tabaka Akira, p.194n.

43 高杉致諸隊指揮官，一八六五年四月十八日，見 Tukutomi，Koshaku Yamagata，1：566-567。高杉想必因為預計到會遭到敵意的反應，所以小心翼翼地提到開放下關（這實際上是外國公使們提出來的要求），對於防止外國的進一步攻擊是必需之舉。

44 Ito Hirobumi den, 1 : 202.

45 木戶是在致山田宇右衛門的一封信（一八六五年十月十六日）裡提出這個主張的。在這封信中，他毫不猶豫地譴責了攘夷（《木戶孝允文書》，2：105-109）。整個事件在《伊藤博文傳》，1：194-203 得到了詳細的記述。又見芳賀登，《幕末志士的生活》（幕末志士の生活），第一四三到一四六頁，這裡談到開放下關港的計畫得到了下關的尊皇主義商人白石正一郎的強烈支持，這應當是出於商業的考慮。

46 關於這一點的討論，見 Craig, Chōshū, pp.324-326；Tanaka Akira, pp.235-236。

47 Craig, Chōshū, pp.274-281, 292-295.

# 第十章
# 維新運動

一八六三到一八六四年發生的事情加深了日本人對外來威脅的意識，也使其在社會中更加廣泛地傳播開來。這些事還證明了無論是「攘外」抑或是「尊皇」，都不能切實解決這一威脅所帶來的問題。正如我們已經看到的，這導致武士領導人中相當重要的一部分人拋棄了與簡單的尊皇攘夷聯繫在一起的消極態度，取而代之以「富國強兵」的積極目標，這一計畫將很快在他們自己的藩國實施並逐步推廣到整個日本。結果，一八六四年末至一八六八年初這一時期，日本就已經對一些現代化要素進行了嘗試。

因為這一變化使攘夷運動失去了原本可以成為其最有力擁護者的那些人的支持，繼而削弱了這個運動，它對政治聯盟的重塑進程也起到了推動作用。至此在日本政壇，三大議題將人們區分開來：對外政策問題將長州、朝廷與薩摩、幕府分離開來；德川權威問題將強藩推到幕府官僚的對立面；封建紀律問題使不滿的武士紛紛背離他們的藩主。攘外被降到次要位置，減弱了第一個議題的分化作用，至少就它孤立長州的效果來看是這樣的。武士積極分子在一些藩國取得成功，成為體面的官員，而在其他地方遭到鎮壓，淪為囚犯或逃亡的事實也降低了第三個議題的迫切性。這就使幕府權力問題成為政壇的焦點。

換個說法，人們可以說現在出現了一種新的兩級分化。長州和薩摩在相似的領導下，越來越投身於相似政策。它們發現它們各自對抗幕府的事業，相比於它們之間的競爭更加重要，而幕府總是試圖懲罰它們中的一方，並使其失去另一方的援助。它們首先進行合作，繼而結為聯盟。這反過來又激發了幕府「自強」的努力——這與在中國發生的事情在某些方面十分相似——由於這些努力可以用來針對所有的藩國，便使得長州和薩摩更加容易地將其他藩國爭取到它們一邊。實際上，聯盟的標準變成主要依靠封建關係，即藩主與大藩主之間的關係。同樣，這一點也體現於新興反德川聯盟的組成成分上：藩國，而不是志士們推崇的「明智之人」（right-thinking men）。並且，一旦反對派的領導人相信只有通過武力才能實現他們的目標的話，朝廷自身就回復到早先的消極角色——作為合法性來源以及鬥爭的活動現場，而非鬥爭的仲裁者。

## 薩長聯盟

在薩摩，並沒有像長州那樣的內戰來作為尊皇主義者掌權的標誌。在那裡，大名基於控制武士騷動的希望，逐步把改革者提拔到有影響力的位置。這樣，大久保利通在一八六二年底獲得的他第一個真正重要的職位，儘管這是對他出使大原的直接獎勵，也是對他為保存薩摩團結所做出的努力的認可——當時，其他藩國都因為尊攘志士的暴力活動而四分五裂。他顯然在維持他躁動的追隨者的紀律方面與島津久光保持著默契，只要久光實行一條能為他們所接受的政策路線。給薩摩帶來藩內安定的這一合作的成功，也使大久保分享到決策制定權。一八六三年三月二十八日，他被任命為側役，成了大名的私人秘書。他也贏得了位居藩國要職的盟友。因此，到一八六四年四月，當久光向大眾壓力屈服，再次赦免薩摩最有名望的武士西鄉隆盛，並任命他擔任一個高級軍事職位的時候，有一點已經很清楚，即通過與封建當局合作而不是向它發起挑戰，大久保一派不僅避免了降臨在京都和土佐「志士」頭上的命運，而且，還獲得了為自己的利益而鬥爭的機會。

在這裡有必要簡要描述一下普遍被認為是大久保一派的那些人的背景情況，以與我們之前討論過的長州領導人相比較。[1]就大久保本人而言，我們無須多說，只需提及他於一八三〇年出生於一個中等富裕水準的中級武士家庭，並於一八五八年在島津齊彬手下擔任一個小官，自此開始了他的政治生涯。[2]他的同伴西鄉（生於一八二八年）有著相似的背景，如果不比大久保出身更窮的話；但西鄉年長一些，這意味著他更深地參與到齊彬的活動中，也使得他在一八五九年一月至一八六四年春天的大部分時間都流放在外。這一處罰使他成了一個傳奇人物。不過，這也使得那一時期薩摩尊皇主義者的領導權置於大久保手中，西鄉則通過給大久保寫信出謀劃策來施加他的影響。因此，一旦西鄉在一八六四年得到赦免，兩人就以大致平等的地位進行合作，西鄉的聲望和軍事名聲與大久保卓越的政治經驗和技巧相輔相成。

由於薩摩政治在很多方面依舊十分傳統，兩人發現有必要物色一些同盟，其出身足以符合擔任他們自己作為中級武士所不可企及的職位的要求。這些人中最活躍的是小松帶刀（生於一八三五年），他是薩摩領地喜入領主的三男，被過繼到上層武士小松家，並早在一八六一年就獲得了高級職位。他在一八六二年底被任命為家老，或高級參議，並於此後成為了大久保在高官中的首要盟友。僅次於他的是另一個上層武士岩下方平（生於一八二七年），他在一八六六年成為家老並代表薩摩出席了次年在巴黎舉辦的世博會。與死於一八七〇年的小松不同，岩下壽命較長，在明治政府中取得了相當的地位，並最終榮升貴族。在比較年輕的盟友中，有出身於一千七百石高之家的町田久成（生於一八三八年）。他在一八六四年成為大目付，這一職位在薩摩相當重要。然而，因為他在一八六五至一八六七年選擇前往英國留學，所以在我們這章所討論的政治運動中他幾乎沒有發揮什麼作用。

另一些在藩政上與西鄉及大久保合作的是與他們具有相同等級和社會地位的人，即平侍。這些人包括吉井友實（生於一八二八年），一個因對西鄉特別忠誠而聞名的官員；伊地知貞馨（生於一八二六年），他總是緊隨大久保的提升而提升；海江田信義（生於一八三二年），沒有任何顯要和突出的個人成就值得稱讚的他似乎總是接近事態的中心；以及西鄉的侄子大山岩（生於一八四二年），他是一位軍事專家，日後成為明治軍隊的元帥。

實際上，這四個人在明治時期都發揮了一定的作用，但他們在歷史教科書中的地位又遜色於此時任職於薩摩藩的另外三位官員——這三人的背景和經驗相比就不是那麼正統。他們中的第一個人是松木弘安，後改名寺島宗則（生於一八三二年），他是一個鄉士的次男，後過繼給一個平侍家庭。寺島童年的大部分時間在長崎度過，並在江戶學習西醫，後回來成了幕府的蘭學教師，又在一八五七年成為島津齊彬的醫生。此後他又相繼成為齊彬西學和技術方面的幕僚；成為海軍專家，在一八六三年鹿兒島炮擊中被英軍俘獲；一八六五年初薩摩赴歐學生團的共同管理人；以及明治政府早期的外交大臣。

與寺島一同管理赴歐學生事務的同事五代友厚（生於一八三六年）是一個平侍的次男。他是一八五七年齊彬派往長崎向荷蘭人學習航海和艦炮技術的學生之一。他的官員生涯始自他於一八六二年搭乘幕府船隻前往上海，然後，他出任薩摩在長崎的航運和貿易代表，並在一八六五年擔任薩摩在歐洲談判的商貿特使。維新之後，他在新政府中短暫任職，但在一八六九年辭職，之後成為日本第一位武士企業家，主要從事鐵路和礦產行業。

這三人中最後一位是松方正義（生於一八三五年）。松方的父親是一個轉行從商的鄉士。儘管有這樣的商業背景，他的兒子還是進入政壇，從一個一八五〇年獲得的不起眼的辦事員職位開始，最終在一八六二年以後成為大久保在藩政上的有力盟友。然而，他的卓越成就卻是出現在一八六八年以後，作為一名最有能力的新式官僚，他擢升為大藏大臣，繼而又出任首相。

這些人與同時期在長州掌權的人相比有較大差異。從等級上看，後者差不多算是「中上層」，而木戶和他的同僚卻只能算是「中下層」。他們之任官取決於他們操縱掌權者的能力，而不依靠如高杉在長州的非正規部隊那樣有組織的武裝力量的支援。最要緊的是，他們似乎既沒有，也不需要來自鄉士、村長或商人的大規模的支持。儘管寺島和松方的家庭背景中有鄉士的成分，但並沒有證據表明鄉村或商業聯繫在他們的個人生涯或整個團體的成功方面發揮過多大的作用。

這就提出了一個問題。如果明治維新運動與處於武士階級之外或位於武士階級邊緣之人的志向抱負密切相關，正如我們對日本其他地方的尊皇主義者的考察所強烈表現的那樣，薩摩又是如何在保持傳統和「封建性」的同時，在這一運動過程中發揮了關鍵作用的呢？或者，用政治術語更精確地說：當薩摩和長州在一八六六年就反對幕府結成聯盟時，它們的合作基礎，如果不是那些掌控政策的人對他們階級利益的認同，又會是什麼呢？

這個問題的部分答案在於對日本和西方關係問題的看法上，達成了日益增強的共識。

至少就長州放棄攘夷，轉向富國強兵，以此作為確保國家獨立的替代途徑來看，它回到了江戶的堀田正睦、土佐的吉田東洋、長州自己的長井雅樂以及薩摩的島津齊彬所遵循的思想路線。顯然，對於像西鄉和大久保（他們曾在齊彬手下服務過）或像寺島（他做過齊彬的顧問）那樣的薩摩人來說，這並沒有什麼不可接受的地方。進而言之，現在提出的富國強兵的主張與早前的開國即「國家開放」思想之間的差別，大致上還是現在的主張更為複雜和精細，而這顯然是得益於對西方更加全面的認識。[3] 在政治上，這體現在對具有新式技術的人才的任命上：薩摩的五代、長州的伊藤和井上。

這一主張在實踐上的意義，在薩摩表現為一八六五到一八六六年間向歐洲派出的使團。五代有厚於一八六二年從對上海的訪問回國後，深信日本需要發展對外貿易，而且，在對外貿易上，日本可以使用日本所有的船隻而採取西方的運營方式。不過，薩摩藩內濃烈的攘夷情緒使他在接下來的兩年根本不能實行這樣的計畫。但是，他在一八六四年五六月份起草的一份文件，就已經包含了薩摩後來施行的大部分計畫的種子。五代認為，藩國必須向英法派出教育使團——由來自封建社會各個階級的學生組成：家老家庭、平侍、年輕的攘夷分子、技術專家。應該命令他們學習掌握各種軍事、科學以及行政技術。除此以外，必須開放與上海的貿易，其收益——他做過精確的計算——可以用來購買軍事和工業設備，這既會滿足迫切的軍事需要，也將帶來長期的經濟利益。[4]

這些提議得到島津久光和大久保的支援，稍作修改就被藩國政府採納並於一八六五年付諸實施。在包括五代和寺島在內的四名官員負責下，十四名學生被挑選出來並被派往倫敦。他們在六月一抵達倫敦，便被安排了英語以及其他特殊知識的學習，比如航海、海上工程、軍事科學、醫學（令人驚訝的是，其中一人被允許選擇文學）。之後，他們被安排訪問美國、俄國和法國。在一八六六年，又有五人加入了他們的行列。同時，護送他們的官員考察了當地的工廠和軍事設施，組織購買武器和機械，甚至與英法政府展開外交談判。實際上，他們幾乎是照著他們的藩國是一個獨立國家的方式行動的。在他們辦成的諸多事務之中，就包括薩摩單獨組團參加一八六七年在巴黎舉辦的世博會。[5]

在英國，薩摩官員為建設棉紡廠採購設備，該設備於一八六七年被安裝在鹿兒島並持續運作了三十年之久，雇用了二百多名工人。他們還購買了英國和荷蘭造蒸汽動力煉糖廠設備。它也在一八六七年投入使用，但事實證明並不成功，部分是由於當地人對由此造成的工人失業的不滿。煉糖廠在一八六九年被迫關閉，機器變賣處理。

這兩項建設是一個更為雄心勃勃的借助比利時發展薩摩計畫的一部分。這一計畫由五代和康東·蒙布朗伯爵（Comte des Cantons Montblanc）商議達成，並落實於一八六五年十月十五日在布魯塞爾簽署的協議。根據這個協議，雙方將成立一個合資公司。該公司將為薩摩的工業和採礦業提供設備和技術，並以此換取薩摩經由琉球群島的進出口貿易的壟斷權。薩摩從中分享的利益將被用來購置武器，包括一艘近二千噸的蒸汽船，在雙塔中載滿阿姆斯壯大炮。但是，在五代於一八六六年返回鹿兒島後，蒙布朗伯爵個人遇到困難，加上資金問題，以及出現英國反對的跡象，這一切都使協議的實際成果大打折扣，薩摩最終只獲得了五千支步槍。整個協議於一八六八年終止，因為幕府的廢除使其失去了政治基礎。

五代使團並不是一個孤立的事件，而是一個堅持把貿易和軍事改革掛鉤的政策行動的一部分。例如，五代在從倫敦發回國內的一封信中，敦促把貿易收入（他所認為的富國）用於強兵項目，後者不僅包括重新裝備薩摩軍隊，還包括以西方的編制重新組織這支軍隊。[6]這個原則馬上得到五代鹿兒島上司的認可。一八六五年，他們強調了西方學科在武士教育中的重要性，將藩學重新命名為洋學所，並給予優秀學生以不同等級的助學金獎勵。接下來幾年他們又在京都建立了軍事學校，那裡的訓練都是基於翻譯的英國步兵手冊，並將海軍從他們的軍隊中單列出來，直接由小松領導。他們還向海外購買了艦船，特別是蒸汽船，其中兩艘超過七百五十噸。

不可避免地，這一切的花費超出以封建稅捐為基礎的藩政收入所能提供的支援。這些花費的資金，部分來自於外貿收益：糖的生產和銷售有了很大的提高，經長崎和橫濱出口茶葉、絲綢和棉花（這並不是由薩摩生產的）獲得了額外的利潤。即使這樣，在一八六六年藩國還是不得不把大多數武士的薪俸和俸祿削減百分之三十。緊接著，在一八六七年，藩國發佈命令，重新規定了不同地位人員配備武器裝備的等級，以減少武士的經濟負擔，藉此減輕政府的財政壓力。[7]

薩摩採取的「富強」的政策，不僅在樹立一套與長州的願景十分相似的目標上具有巨大的政治意涵，還直接惡化了薩摩與幕府的關係。畢竟，正是幕府的貿易壟斷和它所聲稱的壟斷特權，遭到了獨立追求權力的薩摩的藐視。[8]此外，正如像五代一般的人對時局的認識那樣，如果無法勸服幕府接受這些政策——在一八六五年這幾乎是沒有疑問的——那麼，像薩摩這樣的藩國將只有兩項積極措施可供選擇：回復到割據即「自力更生」，建立自己的力量以應對將來的可能之需；或努力「聯合所有的強藩對行政體系進行重大改革」，使幕府的阻撓不再起作用。[9]按照這一估計，因為拒斥富國強兵，幕府可能因此成為倒幕的直接動因。

然而，要使在薩摩政事上最具影響力的人完全認識到有必要與幕府徹底決裂還有待時日。一方面，大久保一直以來都在支持島津久光公武合體的政策，這些政策試圖通過削弱將軍對強藩的控制，來達到「團結一體」的目的，以使出現一個共抵外辱的統一戰線成為可能。雖然有證據表明，在一八六四年末，對在幕府的「自私」面前取得任何有益之物感到絕望的大久保，曾一度被割據的想法所吸引，[10]但他仍然下不了全力攻擊江戶權力的決心。西鄉也深信確保薩摩實力的重要性；但一如他自一八五八年以來那樣，他仍然把他所謂和平政治即「合作共治」放在第一位，在這一體制下，少數雄藩大名承擔了在重大決策上輔佐天皇和將軍的責任。[11]換句話說，儘管兩人在一八六四到一八六五年間都對幕府充滿了敵意，但都不願此時就摧毀幕府。因此，他們在一八六六年初願意與長州結成反幕府聯盟的事實，就必須由一八六五年所發生的事情來解釋，具體而言，必須用如下兩個事實加以解釋：江戶對長州的政策；薩摩在年底的一場爭端中企圖把朝廷當作反幕府工具，這一努力沒有得到任何援助而以失敗告終。讓我們依次考察這兩件事情。

儘管尾張作為司令做主接受了西鄉於一八六四年設法在幕府和長州之間達成的妥協，但這絕不意味著這一妥協受到了那些曾計畫懲罰長州以儆效尤，重樹將軍權威的幕府官員的歡迎。[12]儘管有了這一處理方式，他們還要求長州大名和世子被帶到江戶以示臣服。幾個星期後（一八六五年二月二十日）他們命令把參覲交代制度完全恢復到一八六二年之前的形式，要求所有的大名必須有一半的時間住在將軍的都城，並受到嚴格控制。此時完全由尊皇主義者控制的長州，對這兩項要求都沒有做出回應。於是，在五月十三日，幕府宣佈再次討伐長州，此次將由將軍親自率領。他在六月十五日抵達大阪督導集結軍隊。

對這些發展，薩摩最初是遲疑不決的。大久保在一八六五年二月被派往京都勸說朝廷反對幕府的這些政策，並很快確保得到了朝廷敕令。這份於三月二十八日發出的敕令指示幕府把關於長州的決定推遲到將軍抵達之後做出。同時，朝廷指出，參覲交代應該恢復到一八六二年採取的形式。在家茂於六月抵達大阪之前，幕府沒有對這些要求做出回應。實際上，直到此時，幕府老中一直以毛利拒不服從為由，要求將他處死並沒收其藩國，儘管許多大名，包括越前、備前國、因幡、紀伊和熊本的藩主，公開反對江戶的做法，他們認為如此舉動將很可能導致災難性的內戰爆發。

面對幕府的頑固不化，大久保發現朝廷不可能再有所作為。然而，他認為既然這麼多的雄藩大名不願採取行動，那麼長州面臨的軍事威脅也是微乎其微的。西鄉的思考更加深入。他在六月份寫道，如果再發動一次遠征，更有可能遭受損失的將是幕府而非長州：「遠征不會增加幕府的威望，相反將在全國引發動亂；德川家的命運每況愈下。」[13]到十月份，他堅信江戶將無法消除大名的疑慮。「幕府無法獨立完成對長州的報復，」他說，「它也沒有正當理由向各藩國徵召部隊。」[14]

大久保在寫給他在歐洲的一些同事的信件中，更加清晰地道出了事態對幕府權力和薩摩政策的影響：「如果將軍在如此張揚的開始之後一無所獲地回到江戶，那麼，毫無疑問，他的命令將被越來越多的人違抗，雄藩大名將傾向於繞開他各行其是。因此，我們必須全力以赴完成富國強兵的任務。唯有如此，我們才能把我們所有的力量，即便只是一個藩國的力量，用於保衛朝廷，讓天皇威震天下。」[15]大久保還寫道，將軍在大阪集結的部隊的健康和士氣都很低落，而且，部隊在戰場堅持一個月就需要花費五十萬兩，因此，這些部隊的集結幾乎肯定達不到為制服長州所需要的時間。

從這裡可以清楚地看到，到一八六五年秋天，大久保和西鄉已經相信，對於他們所理解的國家需求來說，幕府的所作所為不但無所幫助，而且非常危險。因此他們對幕府的行動持拒絕合作態度。不過，他們還沒有做好與他們的傳統對手長州結盟的準備，仍然傾向於依賴「單個藩國的力量」。

促使他們改變這一立場的似乎是十一月份就天皇批准對外條約所引起的爭端。[16]通過一八六四年下關軍事行動中繳獲的資料，某些西方代表早就知道朝廷鼓勵藩國對西方的仇視。結果，當一八六五年四月江戶通知他們希望推遲支付與此事件相關的第二筆賠款時，他們抓住機會提出了新的要求。一個是提前開放兵庫港，另一個是削減進口稅率。比這些更加重要的是，他們要求天皇向公眾宣佈所有這些條約都得到了他的認可。七月抵達日本的新任英國大臣哈里·帕克斯（Harry Prakes）率先提出了這些主張；又由於將軍已經同他的大部分閣僚前往大阪，帕克斯勸說他的同伴也趕赴那裡，一支艦隊大張旗鼓地與他們同行，作為談判的後盾。

外國人的這些要求在一八六五年十一月被遞交到身在兵庫錨地的小笠原長行手中，並在家茂的幕僚中引起了軒然大波。這些幕僚明白朝廷吃硬不吃軟，為此，他們建議接受這些要求，並輔之以將軍辭職的請求。他們警告，當幕府還在與長州處於爭端之時進行一場對外戰爭將帶來災難性的後果：日本將「生靈塗炭」，德川家族將「危在旦夕」，天皇的安全也將「遭到威脅」。[17]

這種因害怕外國人可能直接與京都打交道而引起的恐慌，最終導致江戶的代表就對外事務發表了正視現實的公開聲明，而這正是島津久光在過去三年一直要求幕府做的。在京都的幕府人員——一橋慶喜、松平容保、小笠原長行——宣稱他們與江戶團結一致。接下來，通過他們在朝廷高級官員中的影響力，他們打消了天皇和大部分公卿的疑慮，朝廷對條約的認可終於在十一月二十二日得以宣佈。幕府的老中們自己又加上了修改關稅的承諾。[18]

對幕府來說，這是一個代價巨大的勝利，特別是因為它對國內時局的影響。與江戶一樣，朝廷和藩國認識到當幕府和長州的爭端就要演變為一場內戰的時候，對外危機是極為危險的。[19]然而，朝廷和藩國將這看作解決長州爭端以團結國家抵禦西方的理由，而不能讓幕府借機躲開對外問題的壓力，恢復實力。大久保和西鄉分別在京都和大阪代表薩摩為使人們接受這一觀點而全力以赴。

十一月九日大久保和朝彥親王進行了私下會談，後者是朝廷最有影響力的人物之一。他得知朝彥以及其他一些人已經盡他們最大的努力勸說一橋慶喜和松平容保重大事宜需要與雄藩大名協商，但沒有什麼效果。為此，現在朝廷好像就要接受幕府的立場了。如他事後向西鄉報告所表明的那樣，大久保對此極為不滿。他告訴朝彥，朝廷支持幕府討伐長州，勢必引起藩國的齊聲反對：

> 如果朝廷贊同了這一提議，就等於是發佈了一條與正義背道而馳的敕令。沒有一個支持朝廷的藩國會遵守它……因為有悖正義的天皇敕令不是天皇敕令，從而無需遵從。當前的問題只關係到兩個藩地即長門和周防（即長州）；但如果有一天，各藩都拒絕服從鎮壓這兩個藩地的命令時……那該怎麼辦？現在人民的不滿都集中在幕府身上。如果有一天這種不滿轉移到朝廷身上，就是由於朝廷因自己的行動而將幕府的麻煩惹到自己身上。[20]

接著大久保否認他是在為長州辯護，或者是在推動倒幕；但他非常清楚地表明他以朝廷可能失去與薩摩的同盟關係來威脅朝廷。此外，他的行為方式，即便考慮到他關於對話的描述有誇張的成分，仍然明確透露了他所理解的尊皇主義（勤王）。

在這次會面以及後來與關白二條齊敬的會談中，大久保相信他已經成功地使朝廷堅定了抵制幕府觀點的立場。於是他進一步採取措施促使雄藩大名集聚京都。西鄉前往薩摩迎接島津久光，吉井去宇和島迎接伊達宗基，而大久保則親自前往越前迎接松平春嶽。然而，風雲突變。在大久保回到京都的那一天就傳來了將軍辭職的威脅，並在沒有一位大名抵達的情況下，促成了一項有利於幕府的決定。派天皇特使到外國公使那裡（由薩摩護送）以求得延遲做出決定這一最後一刻的努力，也因幕府的突發舉動而遭否決。因此，這個只有在雄藩大名在場的情況下，才敢於有所決斷的朝廷，再次被證明無法成為反幕政治的有效工具。

大久保承認失敗。因為這一失敗，日本沒有實現基於大名之抉擇、天皇之認可的「真正的開港」，為此再次受累於幕府「優柔寡斷的」外交政策。從這裡可以得到如下教訓：薩摩必須為了日本而加倍努力；同時還要追求自己的事業——尊藩，即「尊崇藩國」，而無需顧及這可能在公卿、幕府官員以及其他封建藩主那裡引起的猜疑。[21] 西鄉同意大久保的這一看法。[22]

實際上，這些經歷已經使兩人得出一系列相似的結論。首先，他們相信，得到一橋慶喜和松平容保支持的（如果不是在他們領導下的）幕府，完全只顧及它的「私」利而置國家利益於不顧。其次，他們深信，在任何使將軍的參謀們的行為有所改變的努力中，天皇朝廷儘管可以賦予人們的行動以合法性，但終究不是可靠的盟友。第三，他們已經意識到，在將來的任何決戰中，他們自己的藩國，如果需要的話，必須做好獨自作戰的準備。

換句話說，他們已視自己為通過富國強兵拯救國家的宣導者，因此，他們認識到他們與江戶的關係將是決定國家命運的關鍵，而公武合體已不是這一關係可以依賴的合適形式。正是這一對時局的判斷使他們更加積極地走向與長州的聯盟。

而在上一年就已出現了朝著這一方向的進展，西鄉和大久保在十一月危機時一定有所瞭解。[23]分別服務於薩摩和長州的兩個土佐浪人坂本龍馬和中岡慎太郎從一八六五年春起就在為實現這一目標而努力，而當時西鄉在幕府和長州之間的斡旋似乎為此營造了良好的氛圍。正如中岡在當時所寫的那樣，殘存的尊攘志士只能將他們「終有一天建立自己的國體並徹底驅除夷狄屈辱」的希望寄託在薩摩和長州這兩個藩國之上。[24]然而，由於它們之間的敵對傳統以及整個為了阻止這種「橫向」聯繫而設計的德川體制，要使兩者走到一起並非易事。兩個土佐人安排木戶和西鄉會面的第一次努力在一八六五年六月無果而終就證明了這一點。但他們並沒有退卻，而是採取了一種間接途徑，提出了一項貿易合作計畫，長州因抵抗幕府而產生的武器需求，可以通過薩摩在長崎的代表英商湯瑪士．哥拉巴（Thomas Glover），與坂本以薩摩的名義經營的航運組織海援隊的合作而得到滿足。

坂本的這一計畫得到了西鄉的認可；井上馨也在長州提出這一計畫，並勸說木戶支持此計畫。然後，木戶以薩摩、肥前以及肥後這些最具實力的九州藩國都在加速重整武裝，而長州以「決不能因為執著於尊皇主義（勤王）而被甩在它們後面」為由，打消了其他長州官員的疑慮。[25]結果，井上和伊藤博文被派往長崎，在薩摩的協助下處理武器貿易，作為回應，長州同意為薩摩駐紮在日本中部的軍隊提供稻米。

一旦這些實際的事務得以確定，就為直接的接觸鋪就了道路。這發生在長州大名和世子聯名寫信給島津氏父子提議展開正式對話的一八六五年十月。[26]從這封信的語調看（批判幕府並稱讚薩摩的「尊皇主義」美德），顯然長州人心中已有某種政治協議的意向，但是，在薩摩有機會做出回應之前，就發生了關於天皇批准條約的危機。危機結束，各方的態度發生了根本的改變。薩摩對幕府的敵意得以確證，幕府也堅定了再次出征討伐長州的決定。其結果是這兩個藩國被推到彼此的懷抱。

即便這樣，最終的正式合作成立也相當不容易。一八六六年一月，西鄉派出信使，邀請木戶在伏見與大久保以及他本人進行會談。儘管有來自長州非正規部隊的反對，他們認為薩摩應為他們一八六四年在京都的失敗負部分責任，木戶堅持前往，並於二月末抵達伏見。然而，他們還是經過好幾天毫無結果的討論後，才因坂本龍馬的調停而達成共識。這樣，他們在三月七日才起草並簽訂協議。在這個協議中，薩摩承諾，在敵對行動發生時，它將為長州向朝廷和幕府求情；如果調停導致幕府對薩摩採取行動，有條件的軍事聯盟也將生效；一旦鬥爭結束，雙方誓要為「重建天皇威望」而合作。木戶在寫給坂本龍馬的信中就是這樣總結這一協議的。在這封信裡，他把這個聯盟形容為「我們天皇大地重生再造中最為重要的事情」[27]。

在這個聯盟是走向倒幕的決定性一步這個意義上來說，木戶是正確的。要記住，這個安排還是秘密的。但一旦為人所知，它們也終將為人所知，難以想像由此導致的權力爭鬥將以先前情況下雄藩大名所達成的那種方式妥協告終。畢竟，這是對幕府法律的根本違抗，比「公武合體」名義下大名設想的任何事情，都更加具體地反對將軍權威的延續。此外，是平侍策劃了這一切，他們甚至沒有足夠高的出身，以像他們的大名那樣，免於失敗所帶來的最壞結果。既然已經開始，他們別無選擇，只能一路向前。

## 遭到攻擊的幕府

一八六五年末，幕府官員已經很清楚，江戶權威的廢存繫於與長州的爭端。[28]他們也開始懷疑將軍親自率軍遠征的威懾力，是否足以在沒有戰爭的情況下解決爭端——他們原先就是這麼希望的。接著在一八六六年二月初，長州領導人拒絕了任何以交出長州領地為代價來解決問題的可能性。由於雄藩大名不願參加遠征已是眾所周知，幕府最終決定修改他們的條件，並在一八六六年三月五日（薩長聯盟結成的兩天之前）同意如下條件：毛利敬親及其子辭職，讓位於一個年輕的繼任者；長州的領地削減十萬石高；對逃到長州避難的極端分子和浪人採取行動。小笠原長行被派往廣島向長州的代表傳達這些條件。

糟。島津氏認為（作為對松平春嶽的呼應），在這種情況下發起內戰，必將日本置於「被不斷上升的衝突浪潮撕成碎片」的危險境地；在外來威脅不斷的情況下，這只能說是一種很不負責任的做法。幕府本該專心於「改革行政和復興國家」。既然它沒有做到這一點，這項任務現在就理所當然地落到了朝廷以及和朝廷並肩作戰的人身上。

這很難說是封建藩主面對民眾暴動時能保持階級團結的證據。這封信所預示的，除了要兌現薩摩對長州的承諾外，取決於人們如何理解該信就「修正政治結構」所做論述的解釋，在那裡，沒有對這一修正的性質提供任何具體的界定。從西鄉對勝海舟和大久保一翁公開的尊崇來看，[35]他個人腦海裡所想的，想必也是他此時正督促島津氏去做的，乃是發起某種雄藩會議，因為這是眾所周知的勝海舟及其朋友贊成的做法。這一觀點可以從英國公使哈里・帕克斯在訪問鹿兒島後寫下的一封私人信件那裡得到支持。他對島津的官員的態度做了這樣的描述：「他們對將軍並沒有惡意，只是希望改變體制，並不追求更迭王朝；領地上的貴族應當被允許在國家事務的管理上，或者至少在國家事務的立法上，有發聲的權利。」[36]這與薩摩早前「公武合體」的觀念的差別並不大。或許，它意味著一種更加正式的制度框架，但這距「明治絕對主義」還有很長一段路。

人們同樣也不能認為在這一問題上，長州的思考有任何超出薩摩水準的見解，儘管它有著更長的反幕府活動記錄。例如，木戶在一八六六年八月寫給品川彌二郎的一封長信中，討論了對內戰的反應（這封信充滿了對幕府攻擊長州行為的憤怒，尤其是對造成大量婦女兒童傷亡的長州沿海炮擊的憤怒），但並沒有提及幕府討伐長州失敗在政治上的可能帶來的結果。他說，「為了一時的憤怒就將國家的所有人都置於悲慘境地」的政策使人們開始懷疑將軍統治國家的權利。[37]不過，他沒有試圖進一步解釋這一論斷的深層含義。

實際上，在幾個星期後寫給九州某藩國官員的信中，他沒有過多提及江戶的罪行，而是著重強調了對外政策和封建階級的責任。他認為，只要日本仍然不能在與世隔絕和完全意義上的開國之間做出決斷——前者因天皇對條約的確認而告終結，後者仍不被國人所接受——它將總是被事態的發展牽著鼻子走。那麼，這種猶疑不決的責任究竟在誰呢？在大名，他們「剝削他們領地上的農民，閒蕩度日，沉迷酒色」，並且「不顧國家面臨的危險，過著享樂的生活，其行為舉止好像對他們周圍的世界一無所知」。而「他們的陪臣效仿他們的做法，奴僕又效仿陪臣的做法」，使得情況變得更加糟糕。在這種情況下，木戶說，「人們又如何知道何日見青天呢？」[38]這裡既有吉田松陰的餘音，也有後來引領木戶摧毀整個封建體制的思想路線的徵兆；但沒有任何可付諸實施的關於幕府命運的言論。

如果說，在這個階段，木戶還沒有認真思考幕府和藩國之間鬥爭的結果這一更大的問題，那麼，有一個人這麼做了。他就是朝廷公卿岩倉具視，他首先意識到，無論這一鬥爭結果如何，它都不必然使朝廷獲益。在他於一八六六年秋天也即上面提到的兩位島津氏的呈文之後寫的一份呈文中，他把島津氏指出的江戶對長州政策已引起眾怒的觀點拿了過來，並將其轉化為朝廷應採取主動的主張。[39]他說，「只有完成對長州的征討，幕府才能在雄藩大名中維持威信。」在這種情況下，京都可能保護自己的一種做法便是聲明支持幕府，認定薩摩為叛亂者。另一種也是木戶認為更可取的做法是，朝廷可以利用封建大名的意見，以服務於恢復天皇的統治（王政復古）。用他自己的話來說：

現今國家政治的所有問題，無論是維護和平還是爆發內戰，以及我們是驅逐外國人還是與他們建立友好關係，都取決於天皇的命令。如果朝廷能唯以公共利益為重，大公無私，在聽取建言並權衡各方意見之後再做決策，那麼所有的輿論都會如同山泉一般，義無反顧地追隨朝廷……自一八六二年以來，天皇的權威一直處於回升再興的過程，而幕府的權力則每況愈下……這在很大程度上歸因於國內尊攘志士的有力干預和活動……因此，我認為現在是重建皇室江山的時候了。認識到了這一點，天皇就應該發佈命令告訴幕府，從現在開始它必須拋棄自私自利的做法，按照公共原則行動；天皇的統治必須恢復；在此之後，德川家必須與雄藩大名共商國是，為天皇服務。在傳達這些指示時，還必須指出，讓幕府……放棄其行政權力的目的，是為了使重振國威、戰勝外國人成為可能。為達此目的，國家必須團結。為了使國家團結，政策和行政就必須出於一源。而要使政策和行政出於一源，就必須使朝廷成為全國政治的中心。這樣才有可能遵守上天的旨意和民眾的意願。[40]

除此之外，岩倉補充道，將軍的核心幕僚（一橋慶喜、會津藩主和老中）也充分認識到輿論已經轉向反對他們的世襲權力。但是，他們與這個政權的干係太深了——他稱之為「騎虎難下」——以至於不會甘願承認失敗。然而，作為現實主義者，他們仍可能歡迎一種能使他們保存德川家（如果不是它的特權的話）的和解，從而使他們得以逃脫進退兩難的境地。

鑒於數個世紀的孤立無援造就的謹小慎微的態度在朝廷高級官員那裡已是根深蒂固，岩倉的提議儘管非常機智，但當時卻沒有什麼付諸實施的可能。為了做到這一點，朝廷內部必須發生權力轉移。其實，岩倉的提議，甚至在雄藩大名那裡，也不能完全接受：越來越反映大久保和西鄉主張的島津久光，[41]仍然把重點放在領主的獨立上，這與真正的天皇統治存在著潛在的衝突；木戶，就其作為長州的代表而言，已經走向一種遠遠超越岩倉所願意接受的尊皇主義。而在其餘的即像土佐和越前那樣與德川有更緊密關係的藩國那裡，岩倉的解決之道獲得接受的可能性，在一八六六年顯然小於在一八六七年。

在接下來的十二個月中改變這一局面的，不是出於對農民暴動引起自下而上的革命的懼怕，而是由於對在一個重整旗鼓的幕府下異見分子將遭到鎮壓的預期。一八六六年八月家茂去世之後，人們一致認為後繼人非一橋慶喜莫屬。然而，慶喜卻猶豫了，主要是因為他懷疑幕府有多大的勝算機會。因此，他建議應該通過大名會議選出新的將軍；這次會議還要就國內外的重大政策議題做出決策；隨後還要發起一場行政改革運動。[42]在這一過程中，慶喜受到了如大久保一翁和勝海舟這樣的「自由派」幕府官員的支持——勝在幾年前就評論道，如果江戶希望使日本強大，而不僅僅是使德川永遠統治下去，那麼幕府就必須自行讓賢[43]——慶喜在十月向主要大名發出信件，邀請他們到京協商。然而，大部分大名，因害怕牽扯到對他們來說過於危險的事務，而選擇了避讓；又因為薩摩的公開反對，會面的計畫被取銷。

結果，慶喜被他以前公武合體的盟友空前地孤立起來，這顯然使他相信改革如果還能得到實施的話，必須由幕府來做。對這一問題，接受了勝海舟的建議，他在一八六六年十月十日向老中提出了最初的這些想法：在官員中提拔有才之人；軍事改革，包括分設陸軍和海軍；財政經濟；對條約國更加開放的態度。[44]其後，在他繼任將軍時（一八六七年一月十日），他接到法國公使萊昂．羅切斯（Léon Roches）基於相似思維的全面性改革建議；[45]他也開始支持幕府內部一部分改革者，他們的政策建議，不但著眼於增強日本的實力以對抗西方，而且致力於增強江戶的實力以對抗它在國內的對手。

這些改革者中級別最高的是兩個老中，板倉勝靜和小笠原長行，他們一直是慶喜在京都政治中的左膀右臂。等級稍低的是一些在中層行政中處於關鍵位置的「專家」：在十九世紀五〇年代任堀田正睦幕僚的永井尚志，他因與一橋派的聯繫而在一八五八年被貶，但在一八六四年底重新獲得重用，被任命為大目付和外國奉行；小栗忠順，他於十九世紀六〇年代在勘定奉行這個財政職務以及與軍事、外交相關的職務中越發突出重要；還有勝海舟，他是西鄉隆盛的好友，也是幕府海軍事務的首席專家。以當時的標準，這些人對西方的瞭解不可謂不豐富。勝海舟和小栗忠順都於一八六〇年參加了赴美國外交使團；這個集團中還有外國奉行栗本鋤雲，他是羅切斯的翻譯梅爾麥·德·加松（Mermet De Cachon）的朋友。此外，他們還得到了一些在歐洲受過訓練的年輕日本人的支持，他們中有西周和津田真道，兩人在一八六六年剛從萊頓回來就成為幕府的幕僚。[46]

這些幕府的改革者儘管在對德川家族的政治利益的投入程度上各有不同，但他們在軍事和經濟政策上都達成了廣泛共識。在他們的領導下，有關擴大幕府軍隊規模，以西方模式將軍隊重組為步兵、騎兵、炮兵的措施得以採用。一八六七年二月，一個法國使團到來，幫助幕府訓練軍隊。橫濱煉鐵廠的修建已經得到了法國的幫助，而伴隨著煉鐵廠的修建，出現了一所向官員和當地居民的小孩教授法文、數學和其他西方學科的學校。除此之外，一個大型造船廠於一八六六年在橫須賀開工建設，同樣是在法國人的指導下建造的，只不過它直至維新之後才竣工。為了支付這些建設所需的費用，雙方達成了成立一家法日貿易公司的協議；該公司由法國和英國資本支持，享有經營日本商品特別是絲綢出口的特權，相應地它組織進口艦船和武器，以為幕府之用。

改革的進程早在家茂去世前就已開始。一八六五年二月簽訂了建造橫須賀造船廠的協議，差不多與此同時，橫濱的煉鐵廠也開工了。栗本鋤雲在第二年的夏天被派往巴黎，安排機械設備、工程專家和教員的引進，並在幾個月後，即九月份提出了建立合資企業的計畫。換句話說，幕府「富國強兵」的計畫與我們此前討論過的薩摩計畫差不多同時起步。除此之外，薩摩與比利時之間的利益安排同幕府與法國之間的利益安排有很多相似之處。富國強兵，對幕府正如對藩國一樣，本質上是對一八六四年「攘外」失敗做出的反應。

然而，這一事實並沒有帶來政治上的團結一致。在薩摩，正如我們看到的——在長州、土佐和肥前也是一樣——人們認為只有首先保住藩國，才能實現「富國強兵」救日本的目標。幕府官員同樣也這樣主張，但一個很重要的不同點：他們能夠聲稱他們的將軍代表國家，這決定他理所當然是忠誠的對象，而絕非犯上作亂者。這就使他們接受外國援助成為理所當然的事情，而根據西方的法律，外交官有權提供對外援助。因此，當一八六七年三月，羅切斯在大阪會見慶喜和板倉，提出能使幕府重申對藩國的權威的更加激進的計畫時，幕府沒有立即予以回絕。

羅切斯的提議讀起來很像是很多明治政府將要做的事情的預演：與雄藩大名協商，佐之以他們對重組的中央政府的絕對從屬；行政改革，包括設置處理財政、外交、司法、軍隊、海軍等其他事務的專門機關；鼓勵貿易、製造和採礦；向商業收入徵稅與削減武士的俸祿；安排武士進入農業和商業；以及向譜代大名徵收現款支援職業軍隊的建設，軍隊將從更有能力和效率的幕府陪臣中徵召士兵。[47]

羅切斯提議中的一些措施很明顯與已經開始的改革非常契合，實施起來也不會有很大的難度。幾乎與此同時，一些老中就被任命負責不同的政府職能（財政、外交和國內事務、軍隊和海軍）並開始組建相應的政府部門。出現了許多打破以往身份局限的提拔。比如，永井尚志被任命為若年寄。同樣採取了一些措施從幕府追隨者那裡募集資金，以支付軍事改革的開支。

儘管如此，要說服一個封建政權廢除封建主義，即使是作為保存它權力的途徑也不容易——事實上，羅切斯正努力要做到的就是這一點。誠然，也不是每一個官員都完全反對這一提議；[48]但很明顯，像慶喜這樣最有影響力的人，與人數眾多且力量強大的幕府保守派一同，發現自己無法把對將軍特權的支持，同維持現狀這一更為普遍的意願分離開來。

羅切斯關於稅制結構和封建階級地位的提議，以及他關於政府的大部分言論，都是他們無法接受的。

然而，對於幕府的反對者來說，幕府認真改革的努力姿態才是當務之急，這足以引起了他們的警覺。岩倉具視在一八六七年五月將慶喜稱為「不可輕視的對手」；木戶也說道，如果慶喜的計畫取得成功，那麼情況「就如家康再生一般」。[49]英國公使哈里．帕克斯這樣寫到慶喜，「他似乎是我所見到的最為強勢的日本人，他很可能會在歷史上留下自己的印記。」[50]英國翻譯官薩托甚至向西鄉暗示「革命的機會還沒有喪失」，因為如果幕府與西方列強達成解決的方法，「那麼就得向大名的機會說再見了。」[51]

實際上，西鄉和他的朋友無需薩托來告訴他們這一點。木戶認為當前的形勢需要立即採取行動，他寫道，日本「將陷入幕府和法國的魔爪中，如果朝廷的權威不能很快得以重建的話」[52]。山縣有朋在一八六七年二月聽說江戶有計劃再次攻打長州時，甚至提議九州宣佈從德川統治中獨立出來，置於以島津為首的大名聯盟的控制之下，四國和本州西部的藩主隨後也會加入進來。[53]西鄉和大久保寫信給島津久光，闡述了他們自己的目標：「國家的整個行政必須再次託付給朝廷；將軍的地位必須降為雄藩大名中的一員，並與他們鼎力合作、輔佐朝廷；政策的決定必須考慮到國家的大局利益；對外條約問題的處理也必須留給朝廷，比照通行的國際慣例處理。」[54]

這些想法的形成很大程度上歸功於岩倉具視，他現在已成為西鄉在朝廷的首要盟友，

小松則出發遊說藩主。到六月三日，島津久光、山內容堂、伊達宗基和松平春嶽都抵達京都；西鄉和大久保著手在他們之間做工作，以求共同達成一個以天皇的名義向慶喜施壓的政策。

他們的主要建議包括：赦免長州（唯一的條件是其藩主需要隱退），因為它完全是「出於保護整個國家的利益這一真誠願望」而行動的；開放兵庫須伴之以使條約關係「完全徹底由朝廷負責」的措施；就幕府藐視朝廷關於兵庫的命令這一「巨大且不可饒恕的罪行」而處罰將軍。對將軍的處罰包括削減其領地，並令其「加入封建大名階級作為其中一員」。[70] 島津久光頗為勉強地被勸服接受了這些提議（並從其陪臣那裡得到關於他應該如何向「狡猾而邪惡的」慶喜提出這些建議的詳細指示，包括要從尊重「民意」而非「倒幕」的視點進行談論）。[71] 岩倉則開始遊說朝廷裡潛在的盟友，促使他們相信，現在應該接受兵庫開放，因為它已經成為實現王政復古的手段。他指出，只要朝廷通過自己的特使就兵庫開放問題談成協議，朝廷就證明了處理對外事務是天皇而非將軍的特權。[72]

接下來需要兩位薩摩人做的事僅僅是打消其他藩主的疑慮。但事實證明這並不是一件簡單的事情，因為此時他們所提議的，已經遠遠超越了大名早先所接受的，僅僅是對幕府的權威的限制。實際上，他們最終的成功取決於對長州重要性，而非對兵庫或將軍命運的強調，因為通過將與慶喜的談判置於「國家團結」的情境下，他們就可以避免與朝廷內排外派發生不必要的衝突。在這個意義上，長州問題成了反幕府聯盟能否成形的關鍵。

不過，這個統一戰線的形成，主要還是有賴於西鄉的名望和大久保的政治技巧，事實也很快證明了這一點。一八六七年六月十六日，這四個藩主在與將軍進行第一次會談時，要求在就開放兵庫達成公開一致之前，幕府必須發佈一道「寬大」處理長州的命令。對此，慶喜回應道，儘管他個人希望同時採取這兩項措施，但他認為延緩兵庫問題的解決必將引起各條約簽署國的不滿。這一說法使大名在隨後幾天拿不定主意，產生了意見分歧。在與慶喜交談的時候，他們發現其觀點十分具有說服力，畢竟，在對外政策問題上，那些觀點也正是他們自己的觀點。但在會場之外，大久保和西鄉卻能夠勸服他們相信——至少讓與德川家聯繫較弱的島津和伊達相信——最初對時機的要求在政治上是有必要的，即使慶喜使它們看上去並不合理。由此，經過一個星期的博弈，最終達成妥協。妥協方案由松平春嶽提出，要求同時宣佈對兵庫和長州問題的處理。

然而，在大久保的催促下，大名們剛接受這一妥協，轉身就拒絕承認。在這種情況下，慶喜決定不再等待意見的一致，而將這一妥協作為自己的建議遞交給朝廷。他這樣做只是改變了爭論的場所，但其實質並沒有發生變化：高級公卿一如既往，忠實地為幕府說話；相對級別較低的公卿在聽取了大久保的通報後，重申了薩摩的要求；而被召集來做見證的藩主們則僅僅表示他們不同意。這就使幕府可以像在一八六五年十一月那樣採取行動：壓制分裂的反對派，堅守自己的傳統權利。六月二十六日晚，攝政二條齊敬在朝彥親王和前任關白鷹司輔熙的壓力下，接受了慶喜的提議並使之成為敕令：開放兵庫，因為將軍和藩主都認為這已不可避免；至於長州，則採取「寬大的政策」。[73]

事實上，這個結果對幕府來說，與其說是勝利，倒不如說是一個新的對抗的開始，因為藩主們通過這次行動，再次迅即聯合起來反對將軍。兩天後，六月二十八日，島津、伊達、山內和松平春嶽正式上書朝廷，挑戰了對這些事件的官方說法，他們要求要開放兵庫必須首先赦免長州，並否認他們同意慶喜的妥協。他們說，日本首先需要的是向天下表明，「所有的事務都以公正且明確的方式得到處理」，即以對長州的寬大政策來實現「國家的穩定」，而這正是在與西方交往中獲勝的前提條件。[74]在短短的幾個月內，同樣的主張將被用來要求慶喜辭職。

## 註釋

1 這一概括所依據的資料的大部，在我的論文「薩摩的政治和武士階級」和「早期明治政府的薩摩參議起源」那裡得到了引證。

2 Craig 在「Kido Kōin」第二八二到二九〇頁對一八六八年之前的大久保的生涯做了簡明扼要的論述。

3 但是，如我們將要看到的，富國強兵帶來的政治後果，與開國的後果是不同的。Harootunian 在 Toward Restoration 第三五四到三七九頁中對這一點做了很好的論述。

4 田中彰（《明治維新史研究》，第一九七到二〇九頁）在對五代的現代化態度的精闢討論過程中，對此作了引證和概括。

5 關於五代的背景、早期生涯和赴歐使團活動的一般論述，見《五代友厚傳》，第七一六頁、三六到一〇〇頁。有關使團活動論述，見《鹿兒島縣史》，3：212-234。

6 《五代友厚傳》，第五六到五七頁。

7 關於這個時期薩摩的軍事改革和財政，見田中惣五郎，《近代日本官僚政治史》，第六九到七一頁；《鹿兒島縣史》，3：26-27, 68-72, 111-120。

8 五代和寺島在倫敦向英國政府陳言（在與勞倫斯．俄理范的會談中），日本政治爭端中的一個問題是某些強藩有意於擴大對外貿易，而幕府出於其壟斷利益的考慮予以抵制（見 Fox，Britain and Japan, pp.174-175）。Toyama 在 Meiji ishin 第一二二到一二三頁中認為這類言論，加上薩摩在條約港口進行的大量貿易行為，表示對幕府壟斷的反對實際上來自日本商人，而他們的行動得到了藩國的保護。然而，在這個問題上，我更傾向於接受被歸之於英國商人湯瑪士．哥拉巴的看法，後者擔任薩摩和長州在長崎的貿易代理商。這個看法認為，兩個藩國實際上都無意於「不加歧視地向所有外國人」開放它們的港口，而是試圖尋求「保證自己與外國人打交道的程度，限制在推動他們自己的觀點或壟斷所需要的範圍之內」（F.O.46/47，帕克斯至哈蒙德，私人信件，一八六六年二月二十三日，引自 Gower, The British consul at Nagasaki）。

9 石井孝，《學說批判明治維新論》，第一九四到一九六頁，引自五代的信件。

10 大久保在一八六四年末給西鄉的建議見 Kutsuda, Ōkubo, 1：588-591。他建議西鄉放棄參與征討長州的軍事行動，回到薩摩處理軍事改革事務，這些事務更為緊急，能給他的努力帶來更大的回報。

11 西鄉致大久保，一八六四年十月十六日，見《大西鄉全集》，1：499-504，第四九六到四九九頁。

12 我的關於一八六五到一八六六年間幕府對長州的政策以及薩摩與這些政策的關係的討論，主要是基於 Craig, Chōshū, pp.302-311；Iwata, pp.85-88；Kutsuda, Ōkubo, 1：598-599, 607-649。

13 西鄉致小松帶刀，一八六五年六月二十七日，見《大西鄉全集》，1：645-646。

14 西鄉致大久保和蓑田傳兵衛，一八六五年十月十二日，見《大西鄉全集》，第六四七頁。

15 大久保致新納中三和町田久成，一八六五年九月二十三日，見《大久保利通文書》，1：297-299。新納和町田是當時與薩摩使團同在歐洲的高級官員。《大久保利通：日本的俾斯麥》，第八八頁提供了這段話略有不同的翻譯，並以石垣和上野為受信人（新納和町田因避免攘夷批評而為他們的歐洲之行取的假名）。

16 關於這一事件的討論，見Fox, pp.164-170；Beasley, Select Documents, pp.290-305。

17 將軍致天皇，一八六五年十一月十八日，見Beasley, Select Documents, pp.297-299。

18 一個把外國貨物關稅統一降至百分之五的關稅會議，沒有遇到什麼困難便於一八六六年六月二十五日閉會了。但是，兵庫開發的問題沒有得到解決。朝廷拒不同意開放；幕府告知外國特使它無法比既定的安排更早地開放兵庫，這個問題不得不在一八六七年春天再次被提出。

19 外國代表也瞭解日本國內複雜險惡的政治局勢。在於一八六五年十月三十日致幕府的一封信中，他們說他們的行為動機之一是希望他們的所作所為，有助於防止「戰爭行動的開始，這些戰爭行動可能會是內戰（爆發）的信號，無論內戰的結果會是如何，都只會損害在日本的外國列強的政治和貿易的利益」。（Beasley, Select Documents, pp.296）。

20 根據大久保致西鄉（一八六五年十一月十一月）的長信對這次會見詳細的描述，見《大久保利通文書》，1：307-321，第三一一頁。

21 大久保致伊地知貞馨，一八六五年十一月三十日，見《大久保利通文書》，第三三七到三四二頁。

22 西鄉致大久保和蓑田傳兵衛，一八六六年一月二十二日，見《大西鄉全集》，1：678-686，在這封信裡，西鄉反覆強調了他的信念，幕府權威正在「衰落」，並且表示對薩摩獨立於幕府之外行動的能力有信心。

23 關於長薩結盟的談判可見於Jansen, Sakamoto, pp.211-222；Craig, Chōshū, pp.311-319。

24 Jansen, Sakamoto, pp.210.

25 木戶致廣澤真臣，一八六五年十月十六日，見《木戶孝允文書》，2：103-105。

26 信件署名日期為一八六五年十月二十七日，見於Ishin-shi, 4：458-459。

27 木戶致坂本，一八六六年三月九日，見《木戶孝允文書》，2：136-142。協議是由木戶代表長州、西鄉、大久保和小松代表薩摩、坂本作為見證人簽署的。

28 這一態度並非全新的。一八六三年十月，一橋慶喜在寫給老中的信中，談及即將到來的與西方的衝突時寫道，「幕府對薩摩和長州這兩個藩國所採取的行動，對於幕府政體（國體）而言是非常重要的……在薩摩與英國的衝突中，英國戰勝是國家的恥辱，薩摩戰勝則是對幕府聲望的打擊」（Shibusawa,《德川慶喜公傳》，5 : 563-564）。

29 參見記載於松平春嶽記錄中的多封信或談判，它們發生的日期是從一八六五年十一月三十日到一八六六年四月二日，見《續再夢紀事》，4 : 356-358 和 5 : 54-57、7174、80-82。

30 《續再夢紀事》5 : 210-213 報告了松平春嶽與一橋慶喜於一八六六年八月十七日的一次談話。

31 土屋喬雄在《幕末動亂期》一文第八十三頁提供了肥後稻米價格的時間序列資料（按每石值多少銀匁計，是農曆各年第一月資料）：一八六二年，一四四．五銀匁；一八六三年，一七七．五銀匁；一八六四年，一六四．五銀匁；一八六五年，二〇七．五銀匁；一八六六年，四七三銀匁；一八六七年，一四七五銀匁。關於其他商品的價格上漲，見 Tsuchiya, Ishin, pp.39-42。

32 松平春嶽致勝海舟，一八六六年七月十五日，《續再夢紀事》，第一七二到一七五頁，見第一二四頁。

33 特別參見 Toyama, pp.179-183, 193。

34 這封信的內容見於 Shimazu Hisamitsu Ko, 5 : 49A-59A。

35 在一封致蓑田傳兵衛（一八六六年四月三日）的信中，西鄉評論說，幕府不聽取勝海舟和大久保一翁的建議，正在走向自我毀滅。見《大西鄉全集》，1 : 727。

36 F.O.46/69，帕克斯致哈蒙德，私人信件，長崎，一八六六年八月二日。

37 木戶致品川彌二郎，一八六六年八月二十三日，載《木戶孝允文書》，2 : 208-218，第二一〇頁。

38 木戶致渡邊升，一八六六年十月六日，載《木戶孝允文書》，2 : 224-226，第二二五頁。有趣的是，在這封信中，木戶使用日本（Nihon）這個近代的詞來稱呼日本（Japan），而不是當時更加廣泛使用的說法如皇國，「天皇之土」。

39 一八六六年八月（九月九日到十月八日），載《岩倉具視關係文書》，1 : 249-255。

40 一八六六年第八月（九月九日到十月八日），載《岩倉具視關係文書》，第二五一到二五四頁。

41 大約在這個時期，大久保關於薩摩的目的的論述是，「〔與長州〕講和，摧毀幕府權威，為朝廷威望的復興打下基礎」（大久保致西鄉，一八六六年十月十六日，《大久保利通文書》，1 : 410）。

42 慶喜是在一八六六年九月五日在京都與松平春嶽等會面時表述了這些觀點的。見《大久保利通文書》，1 : 410。

43 Tanaka Akira, pp.242-243.

44 慶喜建議的文本載於 Shibusawa, Tokugawa Keiki, 6 : 460-461。勝海舟關於這個問題的備忘錄（寫於一八六六年九月一日）見《續再夢紀事》，5 : 275-277。在這個備忘錄中，改革的問題是以比慶喜的文件更為直率的方式論述的；改革還包括了另外幾項內容：與雄藩大名合作，從而使政策能夠建築在共識的基礎之上；製造西式船艦和槍炮；促進貿易、科學和工業。

45 有關羅切斯的活動和建議的討論，見 Ōtsuka；Sims，pp.67-114。

46 有關西周和津田真道在萊頓的活動及其後作為幕府幕僚的活動，見 Havens, pp.4865。

47 見 Honjo,「Leon Roche,」pp.188-193；Honjo, Economic theory, pp.179-182。

48 早在一八五七年，岩瀨忠震，永井在通商條約談判中的同事之一，就對伊達宗基談到，「即便在通商得到許可的情況下，我們統治的方法，若無國內改革，仍舊是錯的，因為像日本這樣的封建制度在國外並不存在」（伊達致松平春嶽，載《昨夢紀事》，2：61）。再者，據報導，一八六五年十一月小栗忠順等人建議通過廢除藩國，並以將軍總統制下的中央集權郡縣制取而代之來應對大名的反對（秋月種樹致松平春嶽，載《續再夢紀事》，4：357）。

49 兩個引文均見於岡義武，《近代日本的形成》（近代日本の形成），第 95 頁。木戶指的是德川家族的創始人德川家康。

50 F.O. 391/14，帕克斯致哈蒙德，一八六七年五月六日。

51 Satow, Diplomat, p.200.

52 木戶致品川彌次郎，一八六七年六月十八日，載《木戶孝允文書》，2：300。關於木戶對王政復古的看法這個具普遍意義的問題的討論，特別參見 Umetani, pp.341-350。

53 Tokutomi, Koshaku Yamagata, 1：710-711.

54 西鄉和大久保備忘錄，一八六七，第五個月（約在六月十二到十六日），載《大西鄉全集》，1：840。

55 岩倉具視致中山忠能和正親町三條，一八六七年五月二十九日，載《岩倉公實記》，2：35。還有一個岩倉於一八六七年第三個月（四月五日到五月三日）寫的長篇文章，顯示了他就所有這些有關行政安排的影響上的詳細的思考，不知比他的同代人要往前走了多少。見《岩倉具視關係文書》，1：288-300。該文章的內容將在後面考察有關新政權的觀念的發展的背景下予以討論。

56 帕克斯在一八六六年夏天訪問了鹿兒島和宇和島。除此之外，他的翻譯薩托經常在中部和西部日本旅行，並與反幕武士和江戶官員保持密切的聯繫。

57 F.O.46/68，見於帕克斯致哈蒙德，一八六六年十月三十一日。

58 F.O.47/71，見於帕克斯致斯坦利，第一八〇號，一八六六年十月三十一日。

59 F.O.46/68，見於帕克斯致哈蒙德，一八六六年十月三十一日。此處所談及的機會是通過「將軍和傾向自由主義的大名之間」建立反對「舊的、保守主義大名和天皇朝廷的功能機構」而實現的。

60 同上，一八六六年十二月三十一日。

61 同上，一八六七年一月十六日。

62 同上，一八六七年二月一日。

63 F.O.46/68，帕克斯致哈蒙德私人信件（一八六六年五月二十九日）中包含的備忘錄。

64 F.O.391/14，帕克斯致哈蒙德，一八六六年八月十四日。

65 引自於F.O.568。薩托三篇文章中的兩篇（寫作署名日期為一八六六年三月十六日和五月十九日）在該處全文刊載（第五六六到五七五 頁）。薩托（在其日本助手的幫助下）把三篇文章翻譯成日文，並以題名為《英國政策論》的小冊子形式流傳。參見Fox, pp.179-182；Satow, Diplomat, pp.159-160；Ishii Takashi, Zotei Meiji ishin, pp.505-513。薩托總在聲稱在這件事上他是在帕克斯不知曉的情況下行動的，但我懷疑他是否敢於做違背上司意願的事情。

66 Ishin-shi, 4 : 627-628.

67 Ishin-shi, p.629.

68 慶喜致朝廷，一八六七年四月九日，載Beasley, Select Documents, pp.308-310。朝廷和幕府在這個問題上交往的其他文件見第310311頁。

69 例如，參見大久保致近衛忠熙的一封信。該信主張，儘管兵庫遲早不得不開放（當時為五月初），但在雄藩大名就「一個將能平息帝國各方意見的合理可靠的政策」進行商議之前，必須避免承認兵庫的開放。

70 這些要點列示於大久保致島津久光，約一八六七年五月十五日，載Beasley, Select Documents, pp.312-313。

71 西鄉和大久保在這個時期為久光準備的各備忘錄印行於《大西鄉全集》，1 : 822-849。這裡引用的備忘錄（署名日期為一八六七年六月中旬）見於第835-842頁。

72 這個主張見於岩倉致中山和嵯峨〔正親町三條〕實愛，一八六七年五月二十九日，載《岩倉公實記》，2 : 36-37。

73 朝廷致幕府，一八六七年六月二十六日，載Beasley, Select Documents, pp.319。關於前述在朝廷進行的討論的記述又見同上書，第三一四到三一九頁。關於整個事件的詳細論述可見於《維新史》，4 : 634-643。

74 四位藩主致朝廷信，一八六七年六月二十八日，載Beasley, Select Documents, pp.319-320。

# 第十一章
# 維新

到了一八六七年春天，大多數熱心政治的日本人都已經明白，在諸如兵庫開放那樣的爭論中首先涉及到的利害，是德川的權力施用範圍，甚至是它能否存續的問題。就短期而言，存在著三種可能性。首先是幕府可能壯大自身力量，面對藩主的挑戰重申它的權威，正如藩主在大多數情況下對異見武士所做的那樣。其次是幕府主要的反對者——薩摩和長州——可能採取攻擊性手段，尋求通過武力推翻德川政體。第三是觀點溫和之人（其主要代表為土佐和越前）可能找到一種為各方都贊成的國家統一事業的妥協方案。

毫無疑問，最後一種可能性最大。正如哈里．帕克斯爵士在五月寫給倫敦的一封信中所評論的那樣，除非將軍給予更有權勢的大名以「事務的參議權」，否則他幾乎不可能「建立一個能夠對整個國家實行普遍控制的全國政府」。[1]他說，與此相對應的是，藩主之間的「猜忌與隔閡」使得他們很難維持「一個廣泛的聯合」，[2]這就使得慶喜可以通過表明「願意按照憲法統治」並且「承認天皇的至高無上……」而再次獲得有效的權威。[3]

既是由於慶喜的個性，也因他個人的經驗——我們必須記住他曾是「公武合體」的積極宣導者——慶喜自己傾向於這一方案。畢竟，這樣的政策在一定程度上會滿足幕府官員對德川家的袒護，同時得到絕大多數藩國的支持。結果，在一八六七年夏天和秋天所發生的事件中貫穿著一條導致將軍辭職的線索，而將軍的辭職，無論在他的盟友還是他的政敵看來，都是以放棄權力的部分形式為代價保住實際權力的一個謀略。

對溫和派而言，支持這個計畫的一個有說服力的主張是，正如五六月間的兵庫爭端所表明的那樣，幕府仍然具有控制天皇朝廷的能力。溫和派中的大多數人本能地不願陷入公開的政爭，因為在這樣的政爭中，反對德川幕府將會背上反叛合法政權以及在外來威脅面前破壞團結的雙重惡名。這種普遍存在的不願將事情推向極端的情緒，突顯了薩摩和長州最終決定拒絕任何妥協的重要性。他們之所以這麼做，是因為以幕府權力的存續——慶喜的憲政主張不過是個偽裝而已——作為對國家需求的回應是不能接受的。換言之，對它們來說，領導權問題才是關鍵所在，無論是改頭換面的德川霸權，抑或是大名—天皇控制的全新體系。基於此，他們發動了一場政變，這場政變根除了達成一致的可能性，並促使內戰爆發。

顯然，任何對明治維新所做的廣泛討論都需要判定薩摩、長州的這一行動，究竟不過是除了權力歸屬，社會觀念別無差異的敵手之間的權力鬥爭，還是意味著更加激進的社會目標的存在。在某種程度上，問題的答案必須取決於對激進社會目標可能的產生方式以及對它們的激進程度的考察。這是我們在下面幾章將要討論的話題。但是，問題的答案同樣取決於對一八六七到一八六八年間所發生的事情的詳細考察，這是我們現在就要著手做的。

## 將軍辭職

最先提議慶喜辭職的土佐領導人，在背景和觀念上與薩摩領導人並沒有多大差別，儘管在一八六七年的爭端中，這兩個藩國一般分別被描述成擁幕府派和反幕府派。土佐的關鍵人物是後藤象二郎（一八三八到一八九七），一百五十石高的中級武士，因為姻親關係而與吉田東洋有了聯繫。[4]在一八六四年武市的忠義派瓦解後，後藤第一次被提拔到高位；當時他年方二十六歲。三年後，作為對他努力的獎勵，他被提拔到一千五百石高的家老級別。和他密切合作的是福岡孝弟（一八三五到一九一九），也是一個中級武士（五十六石高），不過他出身傳統的家老家族，並擔任過吉田東洋的幕僚。具有同樣年齡與身份的是板垣退助（一八三七到一九一九），他是西式軍事改革專家，是一個與山內有聯繫的富足的平侍家庭（二百二十石高）的當主。與後藤和福岡一樣，他師從吉田東洋，並因為吉田的照顧而擔任了一些具有一定重要性的職務（儘管眾所周知他同情尊皇主義者）。這一集團內的其他成員還有神山郡廉（一八二八到一九〇九），齋藤利行（一八二二到一八八一）和佐佐木高行（一八三〇到一九一〇）；三人都是平侍，薪俸從五十至八十石高不等。

這些人沒有土佐尊皇主義者所特有的與鄉士和村長的聯繫。同樣他們對土佐尊皇主義者提出的以天皇為中心的政體也沒多大的熱情。然而，這些人是改革派，不是保守派——至少在薩摩的西鄉和大久保以及長州的木戶和高杉的意義上，他們追求通過迥異於傳統的方式實現「富強」的目標。板垣負責向土佐的武裝力量引進了西式武器和組織，儘管有許多武士反對。為了在財政上支持變革，後藤使土佐投身商業，建立開成館（Kaiseikan），促進本地的樟腦、紙、糖和茶的生產，發展採礦，建設漁場，從事對外貿易。在這方面他的主要助手是岩崎彌太郎（一八三四到一八八五）。岩崎彌太郎是得到吉田東洋庇護的鄉士門徒，他協助起草了一八六四到一八六五年的工程項目計畫，後來負責土佐在長崎的貿易機構（他在那裡獲得的商業經驗使他在一八六八年後建立起三菱航運公司）。

這些事實與維新政治相關，並不僅僅是因為土佐在所有這些方面與薩摩有著相近的模式——例如後藤與岩崎的關係，後藤主要關心政治目標而岩崎主要關心經濟手段，就很像大久保和五代的關係一樣——還因為土佐的政策使這兩個藩國建立起直接的聯繫。後藤的改革項目不但使他得以在一八六六年訪問長崎和上海，而且還使他和當時正負責薩摩對外貿易的土佐浪人坂本龍馬達成一致。當這兩個人在一八六七年初會面時，很快就同意徵募坂本的非常規力量海援隊作為土佐海軍的核心。這支部隊盡可能地通過從事運輸和貿易來維持運轉（這或許反映了坂本的商人和鄉士出身）；但它有官方的支持，並與其他流放的土佐尊皇派，特別是在長州積極活動的中岡新太郎，建立了寶貴聯繫。毫無疑問，這一聯繫使土佐與像坂本和中岡那樣一批人建立一定程度的合作關係成為可能；這批人已經意識到，國家為政之道所需要的不是莽撞粗糙的攘除夷狄，而是在軍事科學技術上「學習他人之長」，以使日本能以平等地位與西方打交道。[5]

換言之，土佐的改革派與殘存的尊皇派在富國強兵的旗幟下找到了共同點，就像他們在長州和薩摩的追隨者已經做到的那樣。他們還向反幕府的立場邁進了一步，儘管他們的藩主山內容堂並不願意切斷他與德川的聯繫。坂本原本可能希望他的藩國加入薩長聯盟。中岡和板垣也是如此。不過他們像後藤一樣意識到走一條獨立的道路，即在江戶與它的敵人之間調停斡旋，也許對土佐更為有益。實際上，正是坂本——將他從勝海舟、大久保一翁那樣的「自由派」幕府官員，橫井小楠和由利公正那樣的越前改革派以及他在長崎遇到的西方事務專家那裡得來的想法整合到一起——提出了一個改革的構想。[6]如他在一八六七年向後藤解釋的那樣，這一構想勾勒了如下的願景：將軍正式承認天皇權威；創設兩院制立法機構以確保決策得到盡可能廣泛的支援；任命有才之人擔任官職，其人選來自公卿、封建領主和「平民」；建立一支現代海軍和天皇衛隊。他宣稱，通過這些變革，過時的法律和政策將被其他更適合日本當前需要的法律和政策所取代。

基於這一計畫，土佐領導人與薩摩領導人展開對話。在一八六七年七月二十二日於京都舉行的由後藤、福岡、坂本和中岡代表土佐，由小松、西鄉、大久保代表薩摩參加的會議中，雙方起草了約定兩個藩國將共同致力於尋求將軍辭職的協議。[7] 協議寫道，「一方土地不可能有兩個統治者，一個家庭不會有兩個家長。」因此，將對日本的管理委託給將軍而不是交由天皇來行使是「對自然秩序的違背」。這就需要廢除將軍的職務並將其降到封建藩主的級別。在此之後，政府需要通過京都的兩院制議會運行，議會由公卿和大名組成的上院以及由「陪臣，甚至是誠懇正直的普通人」組成的下院構成，並由議會設計修訂條約、改革體制和「安撫人心」的方法。

在這裡，我們看到的是本質上與藩國聯盟在一八六八年初所實行的政策無異的東西，唯一的例外是那些關於慶喜命運的條款。然而，正是這一點上，雄藩大名在接下來的幾個月裡出現了分歧。正如當我們在本章稍後進一步討論這些政策時將要看到的，薩摩人在他們六月京都失敗的影響下，已經傾向只有武力才能使江戶屈服的觀點。這意味著一種比土佐計畫更為激進的解決之道——薩摩原先也是這麼計畫的，即允許慶喜下臺並成為與島津地位相同的大名。儘管這樣，薩摩還是同意土佐進行嘗試，只要它承諾得到令人滿意的結果。所以薩摩同意等待，直到後藤通過他的努力使慶喜辭職。而土佐則承諾如果調停失敗，它將為反幕府軍事行動貢獻部隊。

但是，要讓仍身處高知的山內容堂相信這是土佐最好的行動路線絕非易事。然而，在八月十二日，他做出讓步，接受了後藤的觀點，並同意擔負起他的責任，即給慶喜寫信。但由於與英國人的爭端又被進一步推遲——英國人聲稱土佐海援隊在長崎襲擊了英國漁民，結果直到九月十七日，容堂才向他的高級陪臣宣佈了他的決定，[8]然後起草了給幕府的文書，該文書包含了由容堂簽名的總陳述，以及由後藤和他的同僚提出的一系列詳細建議。[9]

容堂的個人陳述主要是關於國家團結的問題。他說朝廷和幕府的分割以及公卿和封建藩主的分割，在日本最需要國家實力的時候削弱了日本。只有「王政復古」才能團結「天下萬民」，方可改變國體並解決外患。[10]土佐官員的文書談論的是相似的主題，但更為詳細，體現了後藤與薩摩達成的協議。這些文書包含的內容有：應該通過兩院制議會實現行政責任向天皇的轉移；對封建權威和朝廷制度做「根本修正」；成立一支駐紮於京都附近的天皇衛隊；以天皇的名義並與藩主諮詢後進行談判達成新的條約；「適合各個年齡段的」學校系統；以及對能夠「避免之前紛爭，注重解決現存問題」的官員的任命。總之，日本必須做實現國家復興所必需的事，這樣它才能「無愧立足於民族之林，有望千秋萬代長存」。

後藤帶著這些文件於一八六七年九月二十二日離開土佐，由於惡劣天氣數次拖延後於十月一日，也就是說在他與薩摩領導人會見兩個多月以後才抵達京都。他發現西鄉和大久保顯然已經不再對他有所指望，因為他們已經在準備驅師進入首都。當後藤向西鄉和大久保解釋說，儘管有過協議，但還是無法說服山內容堂對以武力推翻幕府的任何嘗試採取合作態度後，兩人拒絕繼續等待土佐的行動。不過，在小松的督促下，他們同意後藤按自己的計畫行事，而他們則去完成他們的準備。[11] 十月二十九日，土佐的文書按一定的規矩遞交給老中板倉勝靜，由後者轉交給將軍。而幾天之後，坂本在私下對永井尚志發出了薩摩部署軍隊的警告。

實際上，慶喜也明白幕府和薩摩與長州的關係再次走向了危機。此外，他已經受到幕府官僚要求接受土佐現在提出的那些政策的壓力。他最為得力的兩個官員大久保一翁和勝海舟一直都主張採取這樣的措施。[12] 老中稻葉正邦在一八六七年十一月初寫的備忘錄中，建議廢除將軍的職位，不過得由德川家族的首領來擔任關白的職務，藉此保證他在京都的影響，並通過一個包括公卿和封建藩主的議會進行統治。[13]

另一個高級官員大給恒提出了更加詳盡的建議：幕府繼續擔任政府行政首腦，但根據兩院制的全國大會或參議會的建議行事，而全國大會或參議會反過來又有地方上相似的大會的支持。他認為，這樣就不僅是取消作為行政機構的幕府意義上的王政復古，而且是創建中央政府意義上的王政復古。它還可通過剝奪大名，包括德川家族的私人軍隊，要求他們將三分之二的收入交由中央政權支配而得以強化。此外，還可要求他們將剩餘的三分之一分配到教育和工業發展上。按照這一計畫，幕府的敵人就再也不能聲稱國家利益從屬於德川利益了：「政府將會富有效率，人民將會團結一致，國家的利益將會得到滿足……所有力量都將用於防衛整個國家，所有的財富將用於作為整個國家的支出……不會有人再說政府為私人所有，國家為私人所用的話。」[14]

另一個計畫是由剛從萊頓學成回國的西周在慶喜的要求下起草的，它給同樣的想法換上了西方的外衣。在他的計畫中，天皇將擁有批准法令、主持典禮宗教、徵募軍隊和要求大名為其服務的權利。將軍則將仍然掌管著自己的領地並管理國家行政，並有權任命官員，出任兩院制大會中由大名和武士（而不是普通人）組成的上院的主席。這個大會——即藩國的代表大會——將就一般政策進行立法，但它的決議要得到天皇的批准。獲取天皇的認可將是將軍的職責之一。[15]

其中一些提議設想幕府在新的偽裝下繼續保留，無論是作為封建大會的行政分支或是作為更加中央化的官僚機構的核心。還有一些提議則暗示為了使將軍的敵人滿意，幕府官員最後可能會被犧牲。不過，所有的提議都試圖利用土佐的和解方案，為德川家族在新的秩序中保留一個關鍵位置。

這似乎也是慶喜的態度。[16] 儘管後來他聲稱自己辭職讓位於封建大會，是在國家變得越來越不團結的情況下運行行政的唯一途徑，[17] 但是，毫無疑問，他視自己為任何最終可能會出現的政府的實際領袖。其他很多人也這麼認為。正如我們將要看到的，薩摩和長州僅僅將他的辭職視為一種權宜之計，公武合體的另一種變體。研究幕府的歷史學家福地源一郎認為同樣的想法在朝廷和幕府的高級官員中也很流行，雖然他們對此持贊成而不是反對的態度。[18] 哈里·帕克斯爵士如下一番對慶喜的評論，反映了當時江戶的氣氛：「我十分懷疑慶喜是否將放棄毫無疑問是由他所代表的那一大派勢力以及如此巨大的利益，將政府拱手讓給他的反對者。如果他這麼做，對日本以及對外國利益來說都是不幸的，因為這個國家急需一個強者來掌舵，以避免無政府主義的吞噬。」[19] 後來，當帕克斯得到關於現狀更加準確的資訊時，他讚揚慶喜敢於「違背其支持者的公開意願和利益」而行動；[20] 但他注意到只要慶喜保有「錢袋權」，任何事都不會摧毀將軍的影響力，而只要他保持著對幾乎三分之一國家收入的控制，他就控制了「錢袋權」。[21]

有鑑於此，我們毫不奇怪地看到，慶喜在與松平春嶽以及一些可以接觸到的高級幕府官員商議之後——很重要的一點是，慶喜沒有徵詢幕府各方的意見——於十一月八日向薩摩、土佐、安藝、備前以及宇和島的代表宣佈了他的決定，即向天皇移交他作為將軍的行政權力（而不是他的頭銜）。幾天後，他又以同樣的措辭向天皇提交了文書。他說，通過這樣做，他希望確保「政府由一個中央核心領導」，以使日本能夠「在世界民族之林擁有自己的一席之地」。[22]

幕府在向列強的公使解釋這一變故時，更加明確地闡明了它的動機：日本當前的動盪不安起因於江戶「因害怕戰爭而向外國屈服」的錯誤觀念，而且，某種程度上，正是要維持那些通商條約，慶喜現在才意欲「把他從祖先那裡繼承來的行政權力移交給朝廷」。接下來，他將「呼籲天皇召集由各大家門的當主組成的大會，讓他們充分討論當前的局勢，共同制定有關政府的法律」[23]。

帕克斯報告說這些消息使江戶極為震驚，但他自己卻表示贊同。他聲稱，外國利益在日本最為需要的是穩定。如果慶喜不採取這些措施，日本或許早已陷入內戰之中。但是，現在看起來「這個無法運作的日本政府，已有相當大的機會被一個」以京都而非江戶為中心的「合理系統所取代」。他在給外交部的埃蒙德．哈蒙德的信中寫道「看到政府的光輝將如此突然地離開這座精緻的城市令人不無傷感，但是，這座城市所有的炫耀之物和重要地位，乃是得自於一個我們希望終結的體制，一個組織不善、群龍無首的封建體制」[24]。

帕克斯能夠以這樣的口吻寫信，足以證明此時在日本甚至在江戶，必須進行重大制度變革的看法，在多大程度上為輿論所接受。然而，這並不意味著把權力從幕府轉移到其反對者手中的觀點也得到了同樣的認可。許多譜代都願意以武力對抗薩摩和長州，認為慶喜的辭職不過是一個權宜之計，一個最終將帶來天皇對將軍的重新授權以及將軍名望恢復的策略。而朝廷的高官，此時正面臨起草慶喜來函回復的任務，也抱有相同的想法；但他們同樣受到來自薩摩人的壓力，這些薩摩人和「反對派」公家聯手，希望利用這次機會實現真正的「王政復古」。

和往常一樣，朝廷對此類情形的回應模棱兩可。十一月十日，一道敕令宣佈接受慶喜做出的請求（但並未明確指出是他的提議）。與此同時，雄藩大名連同像島津久光以及在井伊直弼的肅清運動中「隱退」但實際上仍然是他們藩國真正（如果不是名義上的）領導的那些人，再次被召集起來商討對策。在討論懸而未決時，朝廷決定一切照舊如初：「迄今為止在幕府控制下的領地和城市繼續像往常一樣管理，儘管它們將受制於未來發佈的命令。」[25]對一些人來說，這似乎是不祥之兆，蘊含著將軍可能終將失去其領地的意思；但當兩天後慶喜要求朝廷對這一文件做出澄清時，他立即——不可思議地——從關白那裡得到保證，涉及到的只是向天皇提供收入的土地，即那些向來由幕府替天皇管理的土地，而不是德川自己擁有的封地。

一周後，十一月十九日，慶喜更進一步提出辭去將軍職務的請求。朝廷再次以需要與藩主商議為由推遲做出決定。而在這期間，慶喜仍須像以前一樣履行職責。確實，在此刻，將軍辭職這個帶著巨大不確定性的事件，其變化不定並沒有帶來任何人們所預想到的巨大變化。藩主沒有表現出趕赴京都參與決策的跡象。[26]慶喜則保持克制，未對他的敵人採取行動。朝廷則陷入了混亂與分裂。月末，絕望的後藤再次前往土佐，看他能否說服山內容堂前來打破僵局，而薩摩和長州的代表們繼續為一條十分不同的解決途徑做著準備；他們已經視這條途徑為必需，而且一定要由他們自己來實現。

## 政變

一八六五年和一八六六年間發生的事件，讓薩摩和長州新的領導人——一方主要是西鄉和大久保，另一方主要是木戶和高山——堅定了他們對幕府的敵意。他們堅持認為幕府「自私自利的」政策招致了國家的災難。但是，幕府仍保有足夠的傳統權威，以抵禦他們為變革而集聚的所有壓力，不管這些壓力是像一八六五年底那樣通過朝廷，還是像一八六七年春那樣通過藩主施加於幕府。因此，幕府必須「打倒」。自詡為「有才之人」和「志士」的藩國官僚的個人野心、地方愛國心以及日益增長的國家意識，在必須倒幕的主張下集合在一起塑造了反幕府聯盟。

但是，我們在這裡必須對目標與手段做出區分。顯然，直到一八六七年年中，在那些對倒幕問題有過思考的人中間，絕大多數對江戶體制的替代制度，只有極其模糊的想法。

某種通過領主議會運行、以天皇為中心的封建主義已是他們想像之所及；而且這樣做也是明智的，或許正是這種模糊性使它能夠將各種社會團體，從公卿和封建大名到下級武士甚至到富裕的普通人，都引入到這場運動中來。它同樣給各種意見（從傳統主義到西式改革）以及具體政策（既包括土佐的政策也包括薩摩長州的政策）留下空間。

土佐的提議如一八六七年六月後藤與薩摩的協議所設想的那樣，實質上是試圖勸說將軍調整他自己與藩主之間的力量平衡，並使之有利於後者。由於在僅僅一個月之前的兵庫危機中藩主的聯合行動並沒有實現這一目標，於是大久保一方面從一開始就懷疑這一策略能否成功，但另一方面他仍然不願平白無故地冒犯他潛在的盟友，所以正如我們所看到的，他同意實施土佐的計畫。與此同時，他一直在考慮如果土佐行動失敗，可能需要採取哪些行動。正如他此時在給一位身在鹿兒島的同事的信中所寫的那樣：「我們已經非常清楚地看到，幕府已決意不惜一切代價追求它的一己私利，向忠誠於天皇的藩國施加壓力，企圖以恐嚇讓它們屈服。這使我們別無選擇……很可能幕府最終將整個天皇朝廷置於自己的掌控之下……因此我們必須讓我們的軍隊做好準備，聚集國內的支持，展現我們向天皇效忠的決心。沒有這些我們將一事無成。」[27]信的其他內容是關於軍隊的調動，表明這絕不是空談。儘管如此，在像大久保這樣的老練政客準備使用武力之前，仍然有許多事情要做。畢竟，在朝廷，在其他強藩，甚至在薩摩和長州，依舊有許多懷有敵意以及猶疑不決的勢力，而它們的影響力不能輕易忽視。

七月十七日，長州在京都的代表品川彌二郎和山縣有朋，在與薩摩領導人的談話過程中被告知，如果有必要的話，薩摩打算使用武力爭取朝廷對其政策的支持。[28]薩摩人心頭所念——他們的言論如往常一樣含含糊糊——是像薩摩和會津在一八六三年所做的、長州在一八六四年企圖做的那樣，攻占皇宮。木戶和高杉很快獲知這一消息。然而，此後不久，他們又獲得了土佐和薩摩達成協議的消息，這使他們對大久保究竟做何打算心生疑慮。在八月被派去詢問這一點的品川得到這樣的保證，即協議不會產生任何影響，因為土佐註定會失敗；但直到大久保在兩個月之後親自拜訪山口，聯盟雙方的信任才得以最終修復。在十月十五日與長州領導人的會談中，[29]大久保強調島津久光已經認識到過去太多次上呈請願書都是無果而終，所以他不會再把希望寄託在這種行動上；他將訴諸武力，並希望長州採取相同的行動。在私下交談中，大久保警告必須立即攻取皇宮，以免幕府搶先一步，幕府可能會得到外國的幫助。木戶表示同意。他評論道，「如果珍寶被劫走」——意指天皇本人——「我們將無枝可依。」[30]

我們可以從對這些討論的記敘中發現兩件事：首先，現在最先採取行動的是薩摩，其次，在長州仍有許多人，儘管團結一致堅決抵抗幕府的攻擊，卻下不了像一八六四年那樣再次冒險發動進攻的決心。很大程度上是因為木戶的影響力，長州領導人的疑慮才最終得以消除。但勝利的前景依然渺茫，所以有必要繼續小心行事，以免做出的決定被突然逆轉。

另外，薩摩方面幾乎存在著同樣的問題，同樣必須在開始任何軍事行動之前加以解決。我們一直在討論的那些計畫不是在鹿兒島，而是在京都制定的——在那裡，島津久光被像大久保、西鄉和小松那樣的積極分子包圍著。不過，在他的都城裡，政治勢力的平衡卻十分不同：「公武合體」（他自己之前的政策）的追隨者，對那些看來是指向尊皇主義的行動進行了抵制，他們本以為這樣的尊皇主義行動在他們鎮壓「志士」的行動中已經被消滅；而保守主義分子則像長州的保守分子一樣，沉迷於大名和藩國狹隘的地方利益，反對任何可能危及這些利益的行動。[31]

於是，當大久保前往長州時，島津便趕赴鹿兒島確保軍隊調動的指令能夠得到實施。為了達到調動軍隊的目的，他不但必須動用權威，還得依靠勸說。島津及世子在十月二十四日聯合簽署了宣告，暗示——非常狡詐地——在動亂發生的情況下需要動用軍隊保衛朝廷。三個星期後發佈的另一道宣告則說，在目前日本國內動盪不安的局勢下，需要對緊急情況——包括在京都發生暴動——做好準備，因此薩摩應當迅速行動起來以保衛國家的統一，因為新的天皇，十五歲的睦仁——他的父親孝明在一八六七年二月過世——太年輕，還不能獨自安定國家。該宣告承諾薩摩無論如何都不會首先訴諸武力。[32]這與大久保此時在長州所說的完全相反，但它在薩摩起到了它的預期目的。薩摩的積極分子得到大多數年輕武士的支持，爭取到他們所希望得到的決定。

為此，他們必須訴諸對天皇的忠誠以及對藩主的責任意識。局勢表明，對於薩摩的積極分子而言，能否操縱朝廷的公開言論，是他們能否控制自己追隨者的關鍵。岩倉具視這個從一八六六年到一八六七年初的強制軟禁中漸漸走出來的朝廷官員，被證明是薩摩人在朝廷中的得力盟友。實際上，他已經開始在公家中拉攏同情倒幕事業的一派人，一旦時機來臨，這些人可以用來改變朝廷的領導層：三條實美（他的流放地已經從長州遷到九州）；嵯峨實愛，公認的京都下級官員中極端分子團體的領導人；中御門經之，岩倉的同僚；還有或許是所有這些人中最重要的一位——新的年幼天皇的外祖父中山忠能。

岩倉的總體策略可見於他在一八六七年五月底，即關於兵庫開放的討論的前夜，為嵯峨和中山準備的長篇備忘錄。[33]他認為重要的是朝廷克服自身的不團結，並做好隨時採取行動的準備。公開號召推翻德川將招致災難，因為朝廷不能像江戶期待譜代的支持那樣指望支持他們的藩主。不論是朝廷事業的正當性，還是朝廷敕令所具有的威信，都不足以彌補這一差距。要想成功，就必須實際或潛在地使用武力，而這只有薩摩、長州、土佐和一些其他藩國才可能提供。因此，直到使眾藩主自己認識到這一點之前，京都能做的也僅僅是維持與他們的關係——岩倉將他們稱為「朝廷的手足」，並牢記其長遠的「宏偉設計」，即創造「朝廷受到尊敬，幕府和強藩受到控制」的局面。[34]

基於這種考慮，岩倉著手開始為了朝廷的利益而利用薩摩和長州的軍事力量，而與此同時他還要維持政治平衡，以免出現島津或毛利霸權替代德川霸權的局面。他的目的似乎可比之於土佐的目的，儘管是為了天皇而不是藩主著想。然而，在幕府似乎依然強大而且自信的情況下，就像兵庫爭端中表現出來的那樣，實現這些目標的機會幾乎不存在。

到了秋天，薩摩和長州領導人越來越難以保持其追隨者的決心不變，而土佐方案則有使如安藝和備前那樣的「中立」藩國為達成另一次終將失敗的妥協而團結起來的風險。這就促使西鄉和大久保以及長州的廣澤真臣轉而尋求天皇對他們計畫的秘密支持。於是，在十一月三日，在後藤向板倉遞交土佐請願書不到一周的時間內，大久保起草了另一份文件，這次是以薩摩的名義，要求獲得天皇推翻將軍的敕令。[35]該文件從簡要重述江戶失職的歷史開始：對外事務上的軟弱，物價的上漲，武士和平民中間不斷出現的騷亂。

然後，它轉向幕府對待長州的政策，指責幕府的政策在極為不公的討伐遠征中達到了頂點，以至於與大名離心離德，導致慶喜和島津公開決裂。現在的危險是將軍可能試圖「占領朝廷、肆意統治」，這勢必引發內戰。因為戰爭將要在面臨外來威脅的情況下進行，所以它只能帶來一個結果：日本的毀滅。為了避免這一結果，將軍必須去職走人，薩摩和它的盟友已經做好這一準備。只要有天皇的命令，他們將「訴諸武力懲罰將軍的攻擊性行為，消滅背信棄義之人，為國家長治打下基礎，這樣就能安撫天皇的心靈，緩解百姓的痛苦」[36]。

岩倉立即對這一請求表示支持，儘管措辭與大久保有所不同。在他自己的一份備忘錄中——他還要求中山將這一備忘錄呈送給天皇——他強調在封建統治的幾個世紀內「人民從整體上來說已經感覺不到在他們之上還有一個神的兒子」[37]。據此，他說，廢除將軍職位不僅僅是對政府最近一系列過錯的懲罰，而且，它還將使「政治制度的大變革」以及採取措施推進「國家財富與力量」成為可能。

這一謀劃所設想的願景遠遠超出了封建權力重新分配的程度，它當然會讓使高級朝廷官員感到恐懼，即使是像近衛忠熙這樣同情薩摩的人也是如此，如果他們知道了這個謀劃的話。但它對一小群公家尊皇主義者卻極具吸引力，而這些人通過中山可接觸到睦仁（明治）。[38]十一月八日他們獲得了對長州大名及世子的秘密赦免。第二天，同樣是私下，他們獲得了——也有可能是偽造的，因為一直以來對它的真實性都存有疑問——大久保所要求的敕令。慶喜被解職，他的兩個助手，會津和桑名的藩主受到懲罰。（這兩個藩主之所以被單獨挑出來，似乎是因為他們是負責控制京都和朝廷的幕府官員；會津的松平容保是京都守護，桑名的松平定敬是京都所司代。）

無論真假與否，這道敕令還是發揮了它的設計者所希望的一個效果：薩摩和長州團結起來，開始集結部隊向京都進軍。[39]此外，與此相關的傳言很可能影響了慶喜的辭職，他的辭職幾乎發生在同一時間。接下來，在十一月十六日，當西鄉和大久保離開京都時（憑藉天皇敕令，迫使他們在鹿兒島和山口更為保守的同僚行動起來），他們在朝廷的盟友以為慶喜的辭職使敕令變得多餘而放鬆警惕，撤銷了這個文件。此後不久，松平春嶽抵達京都，開始在被公認為贊同「公武合體」的藩主中，聚積起對土佐計畫的支持；在這個過程中，他明確地略過了薩摩，但包括了德川系的尾張和宇和島。

因此大久保於十二月十日回到京都時，發現形勢急轉直下。他感到他必須做出讓步，於是告訴春嶽，如果能證明慶喜是真的要放棄他的權力，那麼薩摩和長州就願意讓尾張和越前充當中間人加以調解。[40]然而，松平卻無法從幕府那裡獲得相同的讓步，主要是因為會津的固執，會津直到現在依然要求採取行動處罰長州。與此同時，大久保在重建他在公卿中的影響力方面也沒有取得什麼進展。除了岩倉，其他公卿似乎對他關於這次機會很可能是尊攘志士最後一搏的主張半信半疑。使這一混亂局面亂上加亂的是，一直極力促成山內容堂前來京都扮演積極角色的後藤象二郎，將他所知道的大久保的計畫告訴了春嶽，而松平春嶽立刻將這一資訊傳達給慶喜。

在所有這些發展中，有兩個事實尤為顯著：首先薩摩和長州已經走得太遠，以至於很難全身而退，無論其餘各方結局會怎樣；其次它們的前景如何，在很大程度上取決於是否有能力證明它們是在遵循天皇的意願行動。這就意味著要不惜一切代價控制皇宮。正如木戶從長州給他在京都的代表品川彌二郎的信中寫到的那樣：「現在至關重要的是我們應該使天皇處於我們的監控之下。如果幕府掌控了天皇，那麼無論我們表現出怎樣的決心，尊皇主義者和積極分子的士氣都將一蹶不振，我們的計畫也將以失敗告終。毋庸置疑，這將意味著所有相關藩國的滅亡。而且還很清楚的是它將給天皇國家帶來無法彌補的傷害。」41 這同樣也是大久保和岩倉的看法。於是他們決定在一八六八年一月三日，無論有沒有其他藩國的支援，都會將已經秘密發佈而又撤銷的反幕府宣言正式地公佈於眾。

一月二日，岩倉將來自薩摩、土佐、安藝、尾張和越前的武士召集到他家，請求他們為「王政復古」事業助一臂之力。（其他三個參與密謀的公卿，中山、嵯峨和中御門，原本要參加這次聚會，但在最後時刻因不同原因而缺席。）42 岩倉所陳述的邁出這一步的理由現在被描述為天皇自己提供的理由，它們本質上就是大久保和岩倉在十一月遞交的陳情書所提出的理由，即國家危機和幕府內外政策上的失敗。因為這些事故，慶喜應被革除職位。而為了使新議會——五個藩的藩主將被邀請加入其中——發佈指令時不會出現動亂，必須在第二天清晨拿下宮門。

這天晚上，小御所會議召開再次商討對長州的懲罰這一存在已久的議題。慶喜、會津和桑名的藩主以身體有恙為由沒有參加會議，他們應是事先得到警告——畢竟，即將投入政變的軍隊中包括了來自他們親戚封地的部隊。但是，參議會中的朝廷成員當晚參與了長談。事實上，這次會談歷時太長，以致打亂了黎明攻占宮門的安排，導致尾張人貿然進入了皇宮（他們最終道歉並撤退），以及接下來對計畫的緊急調整。儘管有這一變故產生的種種混亂，到早晨十點鐘皇宮已被牢牢地掌握在尊皇主義者手中。中山、嵯峨、松平春嶽以及會津和尾張的藩主在會議結束後還留在那裡。岩倉這時加入進來，帶來草擬好的敕令，並得到了天皇的准許在緊急召集的會議上宣佈這一敕令。幕府的追隨者，包括大部分朝廷高官，都被拒絕進入緊急會議。

在這次會議上通過的聲明[43]接受了慶喜提出的辭呈，並宣佈天皇意欲恢復他古已有之的執政責任，因為「重建國家聲望」需要這麼做。為此，聲明宣稱，不但要有新的政策，而且要有新的人事。因此，現行的朝廷和幕府高級官職均將廢除，取而代之是一個由總裁、議定和參與構成的三級職位體系。大部分最初的官員在敕令中有詳細列出：有栖川宮親王被提名擔任總裁，這是一個政治上「中立」的選擇；擔任議定職位的，是兩個皇子，加上那些名義上發起政變的人，即三個公卿中山、嵯峨和中御門以及薩摩、土佐、安藝、尾張和越前的大名（或者是他們家門中的顯赫人物）；擔任參與的有五個公卿，包括大原重德和岩倉具視。除此之外，每個有人擔任議定的藩國均可任命三位參與（不言而喻由武士出任）。長州此時在議定或參與兩個層級中都沒有代表，因為它的藩主尚未得到正式的赦免。三條實美出於同樣的原因也被排除在外。[44]

這一行政體制暗示著決策模式也將發生改變。天皇的敕令本身承諾「既往不咎」，提拔「有才之人」，還將採取措施緩解近年來因物價上漲而帶來的困難，物價上漲使得「富人不斷地聚集更多的財富，窮人則在苦海中越陷越深」。換句話說，儘管這次事件有著宮廷革命的表像——關於它的消息甚至直到五天以後才傳到封建大名那裡——而且敕令大多是人們熟悉的套話，它裡面還是暗藏著開啟改革的意願。不過，那些撰寫文件的人能否長期掌權以實現他們的承諾還有待觀察。

## 內戰

儘管這場政變看上去像宮廷革命，但如果就此認為維新以及在此之前長達幾個星期的密謀，完全逃過了公眾的注意，那就大錯特錯了。在京都，多年來大字報和小冊子一直對時政進行持續的評論。這些大字報和小冊子大都出於年輕的「志士」之手，從而從屬於尊皇攘夷的傳統。這些公共意見批評幕府處理與外國關係的方式，批評朝廷對江戶的俯首貼耳，批評幕府官員收受賄賂並批准「可恥」的政策。[45]換句話說，他們保持了一貫的「尊攘志士」的口吻。同樣在一八六七年末發生了許多街頭抗議活動，這些抗議活動因群眾高喊的口號，而被歷史學家認為是在評論天皇預期重掌權力：「えじゃないか」（e ja nai ka）即「這不是很好麼？」。一直以來都有人認為這些抗議是反幕府團體組織的，以顯示大眾對他們的事業的支持。[46]英國外交官阿爾傑農．密特福德（Algernon Mitford，後來的里茲代爾爵士）在一八六七年十二月十三日於大阪見證了一次這樣的抗議活動，不過他甚至根本沒有看出來這是一項政治活動。他報告說看到數以千計的「歡快的狂熱分子」，他們「身著節日的盛裝沿街起舞」，並且「高聲呼喊直至聲音嘶啞」。當他詢問這究竟是為什麼的時候，他被告知這是因為下了一場寫有神道眾神名字紙片的「奇雨」。結果，他在備忘錄裡細述了「輝煌過去的神聖儀式」，而沒有涉及政治。[47]

在某一方面米特福德的印象可能是正確的：對那些消息相當靈通的當時的人來說，一八六七年十二月以及一八六八年一月發生的事件，並不像對我們那樣具有那麼大的決定意義。帕克斯在發給倫敦的一份文件中評論道，對我們來說，這次危機並沒有顯現出「達到震驚警告的級別」，儘管他補充說「一旦刀劍出鞘，總有許多邪惡的激情失去管束的危險——尤其是在一個半開化的國家裡」[48]。歷史學家岡義武引用了一位來自佐倉的武士的話，後者注意到在京都「人們並沒有表現得有多麼驚訝……大部分人似乎在懷疑這個新政權能否長久」[49]。

此類信念很可能導致了幕府未能迅速採取措施應對宮廷政變。讓我們再次轉向帕克斯，他對這些事件的看法是基於他在事件發生後與慶喜的會談。根據他的看法，要將軍辭職的提議曾被普遍認為是「一個通過少數圈內人開會投票把他再次推向首席行政長官地位——如果不是國家首腦地位的話——的計畫」；其結果是「採取行動的一方……感到有必要主動出擊」；而慶喜則似乎對此攻擊「不屑一顧，無心反擊」，可能是因為「在他看來，他的對手聯盟將很快自行解體」[50]。慶喜的這一態度使帕克斯把慶喜描述為「用心縝密更勝於魯莽」。[51]對慶喜態度的這一描述確實可以由幕府所做到的或者沒有做到的事所證實。幕府的反應基本上是依賴尾張和越前的家族忠誠，加上土佐盡職的官員，把薩摩和長州孤立起來，並確保德川家的利益在天皇政府中得到適當的代表。

改組後的參議會的第一次會議，於一月三日在天皇被「恢復」僅僅幾個小時之後召開。這次會議討論的首要議題是對於慶喜，除了解除他的將軍職位外，還應當做什麼，如果需要有什麼處置措施的話。大久保認為，除非將軍不僅放棄他的職位，還放棄他的領地，或至少是他的絕大部分的領地，否則，新的政府就將徒有虛名，沒有實際的意義。如果將軍繼續占有四分之一的國家領土，無論政權取何形式，他都註定將占據統治地位。岩倉同意這一觀點。但是，山內容堂和松平春嶽卻催促立即邀請慶喜進入參議會。由於安藝支持薩摩，尾張力挺土佐和越前，參議會很快陷入絕望和分裂。接下來是休會，以便進行私下的商討（伴有薩摩用詞強烈的威脅），這些商討（和威脅）以妥協告終，儘管已是深夜：到這時唯一正式決定下來的是解除慶喜的職務；並給予尾張和越前勸說慶喜放棄領地的機會，然後再考慮任何其他行動。如果慶喜不放棄領地，那麼他將不被允許在政府中占有一席之地。[52]

第二天松平春嶽和尾張的德川慶勝就將這一決定傳達給身在二條城的慶喜。慶喜表達了願意談判的意願，即使他的表態不是那麼明確。土佐和越前受此鼓舞，繼續他們的調解努力，在接下來的一個星期多提出了一系列擴大參議會成員的提議。根據這些提議，參議會成員擴大的範圍不僅要包括慶喜，而且還要包括許多其他藩主。此外，他們還提議為了維持天皇行政開支，應向所有大名的收入徵稅，而不是靠沒收慶喜的領地。與此同時，在一月六日，慶喜撤退到大阪，顯然是為了使他的隨從離開極易挑起衝突的地方。

起初，薩摩的地位因為這些舉動而被嚴重削弱。岩倉告病。島津久光身處鹿兒島，而他的兒子忠義則被證明無法與來自土佐和越前的經驗更加豐富的藩主在參議會上抗衡。西鄉和大久保因為僅僅是參與，從而無法直接參加最高層級的爭論。然而，由這些因素匯成的、顯然正走向妥協的潮流，因對長州的正式赦免而中止。一月二十一日，三條實美在長州藩兵的護送下抵達京都，並被立即任命為議定。六天後兩個長州平侍廣澤真臣和井上馨被任命為參與。此外，儘管松平春嶽和山內容堂獲得了仙台、福岡、肥後以及肥前（全國最大的四個藩）大名的支持，大久保卻贏得了因幡和備前伊達家的支援以及許多其他地區尊皇派的合作。實際上，由於絕大多數藩主（包括譜代，儘管他們依附於德川家）在站在哪一邊的問題上猶豫不決，[53]紛紛尋求托詞解釋他們為何無法趕赴京都參會，雙方勢力的分佈要比咋眼觀之的印象要平衡得多。至少大久保這麼認為。[54]這使他得出了值得冒險進行一場實力較量的結論。

現在的事實是儘管有土佐和越前的調解，以及大量幕府官員表現出來的無心應戰，[55]但雙方都有眾多視戰爭為解決爭端唯一途徑的不妥協者。在幕府方面，會津的松平容保和桑名的松平定敬就屬於那種極難被說服的人，為此他們離開京都前往大阪；而一旦到了那裡，他們繼續要求與薩摩和長州軍事對決，而反對那些希望撤回江戶的人（在那裡將軍想來能夠在他的中心區域堅持抵抗）。[56]同樣不能確定的是會津和桑名能否一直處於慶喜的控制之下。薩托記錄的他與幕府軍官久保田千太郎一月七日在大阪的一次談話就很能說明問題。對於禁止敵對行動的天皇敕令一旦頒佈就必須服從的說法，久保田的答覆是：「是的，將軍必須服從，但他的陪臣不必。」[57]

也有同樣性急的薩摩人。他們中的一些人，想必在西鄉的命令下，在江戶挑起一個又一個擾亂治安的活動，希望以此促使江戶周邊的藩國裡掀起反抗幕府的起義，等待他們的只能是鎮壓，而且人員傷亡慘重。[58]當這一事件的消息傳到大阪，它就成了點燃導火索的火星，因為它最終勸服慶喜和他比較溫和的幕僚，必須首先採取行動阻止事態進一步落入薩摩手中。一月二十六日，他們取道鳥羽和伏見向京都進軍，顯然是為了展示實力，以增強土佐和越前在京都斡旋的籌碼。

大久保在隨之而來的危機中再次扮演了關鍵角色。在一月二十七日為岩倉所寫、意在督促朝廷禁止慶喜進入都城的文書中，大久保指出自月初政變以來出現了兩個錯誤。第一個錯誤是允許土佐、越前和尾張進入政府，使之陷於一長串關於將軍命運的討論之中，而不是立即剝奪他的官職和土地。第二個錯誤是讓慶喜轉移到大阪，並繼續其仿佛仍是全國統治者一般的行為，尤其是在與外國代表打交道的問題上。現在出現的同等嚴重的第三個錯誤——允許他返回京都並參與政治——將是決定性的，因為這將鼓舞他搖擺不定的支持者，使他重新獲得影響和權力。確實，大久保認為，現在唯有把問題推到戰爭的地步才可能防止這一局面的出現。而且，由於在這樣的局勢下，無論是議定還是參與都不可指望，薩摩和長州必須有意願自己做出決定，即便導致好像是「薩摩─長州的朝廷」在做決定也必須在所不惜。59

重要的是，在天皇對上述文書的答覆到達薩摩和長州領導人之前，兩個藩的軍隊就已經行動起來。在鳥羽和伏見，兩個藩約六千藩兵（總數中包含來自土佐等地的少數部隊）與大約萬人的幕府軍隊相遇，並將其擊敗，逐回大阪。這場勝利，無論在政治還是在軍事上，都被證明是關鍵性的。慶喜立即取道海路撤回江戶，拒絕反攻。如他後來所述，這樣做是因為他下定決心為國家而降服新政府（儘管他直到逃回江戶之前，始終沒有向別人甚至是老中吐露這個事實，從而給人感覺他是要回到據點重整旗鼓）。[60]無論真相如何——而且確有證據表明在全國許多地方，包括幕府，確實存在著一種要避免全面內戰從而避免外國干預的強烈意願[61]——其效果是使慶喜的對手們大獲全勝。

一月三十一日，即慶喜逃回江戶的同一天，朝廷發佈敕令，譴責將軍，要他對敵對行為負責，並解除了其追隨者對他的責任。三天後，大阪城投降。會津和桑名的軍隊沿著東海道即通往江戶的道路潰逃，而京都周邊支持幕府的藩國不失時機地與新政權言和示好。有的如彥根藩早在鳥羽伏見之戰之前就這樣做了。其他的藩國甚至走得更遠，以至於對有擁幕行為的人進行懲罰。在江戶，來自東部和東北部四十三個藩國的代表起草了一個陳情書，呼籲朝廷對慶喜本人寬大處理，但是有好些代表甚至連這份陳情書也不願簽署，而是更願意退回自己的封地，靜觀事態的發展。於是，毫不奇怪，二月底有栖川宮親王率領遠征軍討伐江戶，與其說是一次軍事行動，倒不如說是勝利的展示。[62]

現在，慶喜寄希望於談判以求得問題的解決。談判是通過勝海舟進行的，後者被任命為幕府次級參議（若年寄），以與他的責任相區配。三月八日，他向時任有栖川宮親王參謀長的老友西鄉隆盛寫信建議談判。他寫道，「儘管他是德川家的陪臣」，他也是「天皇土地上的臣民」。以此身份，他相信及早恢復和平符合兩者的最大利益。[63]此時，西鄉和有栖川宮的總部已經移至距離江戶一百餘英里的靜岡。對於勝海舟的來信，他們提議停戰，將軍投降，並把自己置身於肥前大名（他的兄弟）的管束之下，並且移交他的城堡、軍艦和軍隊。四月六日，勝海舟獲得與西鄉會面的機會，在那裡，後者接受了上述條件，僅要求以水戶替代肥前作為慶喜的管束者。西鄉表示同意。他在下達了停止軍事行動的命令後，馬上前往京都，在那裡岩倉以正規的形式傳達了這一協議：慶喜辭去德川家族之首的職位，其位將傳給田安家，持有不超過七十萬石的封地；唯有那些公開反對朝廷的官員將受到懲罰。在五月三日，一旦慶喜證實他接受這些安排，江戶城即被占領。十天後，有栖川宮舉行了國事規格的入城典禮。

雙方的任何一方都發現把這個協議加諸於追隨者的頭上並非易事。在京都，岩倉、大久保和木戶不得不竭力克服尊皇主義者的反對，他們要求更加嚴厲的懲罰，致使協議條件的公佈不得不推遲了好幾周。在江戶，西鄉不得不使用武力鎮壓三千名德川陪臣抗議對他們領主的處理方式。幕府海軍的一部，在榎本武揚指揮下，拒絕投降，逃到北方。更嚴重的是，東北部的藩國組成了一個以仙台和會津藩為首的聯盟，顯示出以有組織的方式抵抗新政權的意願。他們強調薩摩和長州是「邪惡的顧問」，天皇是被矇騙了，並準備保衛他們的封建權利。但是，在九月西鄉指揮了一場鎮壓他們的大規模軍事行動，他們的主要據點，會津的若松城於十一月初被最終占領。到這年年底，東北動亂終告平息，儘管代價巨大。

這樣，就剩下榎本及其部隊有待平息了。榎本和八艘軍艦以及約兩千人（其中包括幕府高官板倉勝靜、小笠原長行和永井尚志）逃到蝦夷島（北海道），並要求把那裡變成德川封地。這超出了京都所能容忍的範圍，儘管榎本在北海道受到人們的尊敬。於是，在一八六九年，一旦春天來臨使作戰成為可能，一支強大的軍隊被派往制服「叛亂者」。北海道於六月二十九日陷落，和平得以在全日本恢復。這時，榎本做出的一個動作非常恰當地標誌著時代的變化特徵：他把自己在荷蘭當學生時做的航海筆記送給了擊敗他的軍隊司令。他說，這些筆記「將有益於國家」，不管他本人會面臨什麼樣的命運。64

他的對手也同樣不吝做出愛國主義重於封建忠誠的表示。一八六九年十一月一日，在國家團結的名義下，慶喜得到赦免（儘管沒有被恢復原位）。出於同樣的理由，儘管慢了一些，那些服務於慶喜的人，甚至包括曾為他的事業戰鬥的榎本，也被赦免。其中的一些人——大久保一翁、永井尚志、榎本本人——最終都在明治官僚體制中獲得高級職位。因此，這就證明了對國家強盛的追求，使勝利者有必要做出和解的姿態、不拘一格地使用「有才之人」。這使「倒幕」政治很快成為過去。

## 註釋

1 F.O.391/14，帕克斯致哈蒙德，大阪，一八六七年五月六日。

2 F.O.46/67，帕克斯致哈蒙德，私人信件，一八六六年二月二十八日。

3 F.O.391/14，帕克斯致哈蒙德，江戶，一八六七年七月二十七日。

4 以下關於土佐政治的敘述的大部是基於 Jansen 的 Sakamoto, 尤其是第二四一頁以後。關於後藤的政治追隨者，見我的論文《土佐政治團體》（Political Groups in Tosa, 1858-68）多處。

5 Jansen 在 Sakamoto 第二五二頁引用了中岡於一八六六年秋季寫的一封信。

6 Jansen, Sakamoto, p.294-302.

7 基於後藤起草的協議正文的英譯文見 Jansen, Sakamoto, pp.299-301。該協議的日文文本，見 Katsuda, Ōkubo, 2 : 131-135。

8 這一宣佈反映了容堂對已做的事情的保留態度。在這一宣佈中，他特別否認有任何「摧毀幕府」（倒幕）的用心，並在提出要求慶喜辭職的建議的同時，加上發展海軍和貿易的計畫，這意味著要富國強兵（見《維新史料綱要》，7 : 222）。

9 這個文書的完整英譯文載於 Ishii Ryosuke 著作，第七〇八到七一一頁。Jansen 在 Sakamoto 第三一六到三一七頁中總結了容堂的陳述，並翻譯了附文。兩個文件的日文文本可見於《岩倉公實記》，2 : 75-78，那裡將兩個文件的署名日期定為一八六七年的第九月（九月二十八日到十月二十六日）。我盡可能採用 Jansen 的譯文。

10 這裡有兩個與術語相關的有趣現象。儘管使用了「天下萬民」的表述，但他所具體提及的唯有統治階級的構成部分，這就使我們難以主張容堂在使用「天下萬民」的說法時，是在現代的意義上想到民眾的支持的。再者，國體這個詞儘管在後來（也為某些容堂的同代人）用作指稱一個以天皇為中心的政體，但在容堂的陳述中顯然是用於指現存結構即包含幕府和藩國的結構的。因此，這個文件所具有的封建味道，比英譯文所透露的要強得多。

11 Kogoshima-ken shi, 3 : 453-454. 值得注意的是，薩摩的領袖們在這個時段遭受到了來自鹿兒島方面的反對，這拖延了薩摩軍隊的部屬。見 Jansen, Sakamoto, pp.324-325。

12 大久保一翁在一八六二到一八六三年就向松平春嶽提議：將軍辭職恢復為大名地位，並保留德川家族在家康掌權之前所擁有的領地；設立兩院制議會，在京都或大阪開會討論基本政策；由五位從上院選出的大名擔任行政委員會成員。見 Ōsatake, Ishin, 1 : 76.81。

13 原文載於《淀稻葉家文書》，第三二八到三三一頁。
14 大給恒一九六七年十一月十三日文書，《淀稻葉家文書》，第三三四到三四二頁，見第三三七頁。
15 見 Havens, pp.61-64。又見 Asai, pp.45-56。西周建議的日文文本載於 Ōsatake，1 : 87-99。
16 關於慶喜的觀點的最詳盡的討論見 Ōsatake, 1 : 147-164。
17 Shibusawa, Tokugawa Keiki, 4 : 79-80.
18 Fukuchi, Chap.30.
19 F.O.46/82，帕克斯致哈蒙德，私人信件，江戶，一八六七年十月十五日。
20 F.O.46/82，帕克斯致哈蒙德，江戶，一八六七年十一月二十八日。
21 F.O.46/82，帕克斯致哈蒙德，江戶，一八六七年十二月十六日。
22 在 Gubbins 第三〇五頁和 Ishii Ryosuke 第七一二頁有英譯文（兩者的譯文有些小小的差異）。日文原文載於《岩倉公實記》，2 : 74-75。
23 幕府的備忘錄見 Shibusawa, Tokugawa Keiki, 7 : 212-220，at p.218。該文件不甚精確的翻譯見於 Gubbins, pp.306-311。
24 F.O.391/14，帕克斯致哈蒙德，江戶，一八六七年十一月二十八日。順便指出以下，我們應注意到帕克斯的通信清楚地表明，在這個時期他同情的是土佐的解決方案，而非如人們有時所主張的那樣同情薩摩長州的方案。
25 Ishii Ryosuke, p.713.
26 田中惣五郎在《明治維新體制史》第四七到五三頁中提供了一長串大名給朝廷的答覆的名單，他們請求朝廷對他們未能出席會議予以諒解。
27 大久保致蓑田傳兵衛，一八六七年第六月〔七月二到三十日〕，載《大久保利通文書》，1 : 475-476。
28 Kagoshima-ken shi, 3 : 442-443 ；Katsuda, Ōkubo, 2 : 124-126 ；Craig, Chōshū, p.339.
29 這些發展在大久保的日記中有比較詳細的描述，見《大久保利通日記》，1 : 392-396。又見木戶的傳紀，《松菊木戶公傳》（松菊木戸公伝），i : 810-816。
30 《大久保利通文書》，1 : 395.
31 關於薩摩在此時的局面，參看 Katsuda, Ōkubo, 2 : 205-208, 214-220 ；Kagoshima-ken shi,3 : 449-450, 457-458。
32 這兩個宣告的文本載於 Katsuda, Ōkubo, 2 : 214-217。
33 一八六七年五月二十九日備忘錄，見於《岩倉公實記》，2 : 33-39。

34 一八六七年五月二十九日備忘錄，見於《岩倉公實記》，第三七頁。

35 事實上有兩份文件：一份短的陳述，寫給了中山、嵯峨和中御門經之，由小松、西鄉和大久保簽名；另一份文件是一個較長的解釋性備忘錄。文件文本載於 Katsuda, Ōkubo, 2 : 171-175。

36 同上，第一七五頁。

37 該文本僅注明寫於一八六七年第十月（十月二十七日到十一月二十五日），但顯然是寫於十一月三日。

38 文本載於 **Katsuda, Ōkubo**, 第一七九到一八一頁。

39 直到一八六八年睦仁天皇才採用了年號明治。

40 不過是到了一個多月之後才有軍隊實際到達那裡。薩摩的第一支部隊於十二月十日到達長州的三田尻。兩天後隨之到達的是由西鄉指揮、由大名島津忠義陪伴的三千餘人的主力。這支部隊於十一月十八日到達京都。與此同時，長州軍隊也開始向東進發，並於十一月三十一日到達位於大阪近郊的西宮。土佐的一些部隊於兩天後到達京都。見《維新史料綱要》第七章多處。這些行動使用的一個藉口是當兵庫根據條約義務於一八六八年一月一日開放時，可能會發生與外國人的衝突。同上書，第三八七頁。

41 **Katsuda, Ōkubo**, 2 : 237-242. 這發生在兩人於十二月二十二日進行的會談中。

42 木戶致品川，一八六七年十二月十七日，載於《木戶孝允文書》，2 : 338。

43 關於這些事件最詳盡的敘述，見 **Katsuda, Okubo**，2 : 263-289。

44 該文本署名日期為一八六八年一月三日，載於《岩倉公實記》，2 : 148-150。該文本的英譯文見石井良助著作第七一四到七一六頁。這個文本僅用於朝廷內部。一月八日向大名發佈的通告使用的是同樣的言辭，但省略了任命名單。

45 對公家的任命，有趣地反映了嚴格的等級障礙是如何被忽略的，儘管是以一種溫和的方式被忽略的。敕令提名擔任官職的八位公家，他們的同事或者是大名（議定），或者是武士（參與），而這八位公家都屬於朝廷的中級而非高級公卿，儘管其中的一些人以朝廷的標準看已經過得很好：嵯峨、中御門、中山和岩倉擁有從一百五十到三百五十石不等的俸祿。尊皇主義者中唯一的一個高級公卿是三條（四百六十九石），他屬於一個堂上公家家族，而按傳統朝廷的高級官職均由堂上公家家族之人出任。（譯者按，公家包含兩個階層，堂上公家可與天皇同席而坐，地下公家則不可與天皇同席而坐。）三條後來如岩倉一樣成為議定（想必是因為他們分別與長州和薩摩的密切的關係）。關於這些人的地位和俸祿，參見 **Fukaya，Kashizoku, pp.96-97**。

相關的例子可見芳賀登，《幕末志士的生活》，第四六到四七頁，概述認定這些小冊子的始作俑者大多是為參與政治訪問京都的鄉村頭面人物，也即一八六三年的志士的政治繼承人。又見下中彌三郎，《大西鄉正傳》，2：99。

46 Okay，pp.105-107.

47 Redesdale, 2：414. 他確認了群眾呼喊的口號是「えじゃないか」。

48 F.O.391/14，帕克斯致哈蒙德，大阪，一八六八年一月五日。

49 Oka，p.115.

50 F.O.391/14，帕克斯致哈蒙德，大阪，一八六八年一月十日。

51 F.O.391/14，帕克斯致哈蒙德，大阪，一八六八年一月十日。

52 關於這次會議最詳細的敘述見 Katsuda, Ōkubo, 2：294-298。關於一八六八年一月的政治操作的一般性討論，見 Osatake，1：164-177；Asai, pp.105-111。

53 幕府官員也是如此。其中的一位池田長發後來評論道：「雖然它讓我極度煩惱，但我仍然袖手旁觀，因為我沒有固定的想法；在這個場合下無所謂政策之爭」（Burks,「A Sub-leader,」p.290）。

54 關於他對局勢的評價，見大久保致蓑田傳兵衛，一八六八年一月二十二日，其中包含了對京都政治的詳細闡述，載於《大久保利通文書》，2：128-145。

55 福地，《幕府衰亡論》，第三十章評論道，幕府中許多仍然忠誠於德川家族本身的官員，因為慶喜的改革項目對他們的利益造成的傷害是如此之大，他們對是否全力支持慶喜一直猶豫不決。

56 《淀稻葉家文書》第三二九頁清楚地表明這個辯論甚至在薩摩—長州政變之前就開始了。

57 Satow, Diplomat, p.299.

58 詳細討論見 Junnan rokko, 3：14。

59 《大久保利通文書》，2：154-158。

60 Shibusawa, Tokugawa Keiki, 7：341-349.

61 Katsuda, Ōkubo, 2：485 載有當時在江戶的勝海舟通過越前的一個武士送交京都的一封信的全文，該信呼籲朝廷避免敵對行動。他說，這只會起到給予列強干預的口實的作用。又見 Oka，pp.129-132；Sakata, Meiji ishin shi（1960），p.208。

62 關於譜代反應的概述，見 Kimura and Sugimoto, pp.306-310。

63 Ishin-shi, 5：201.

64 引自 Fukuzawa, pp.276-277。

# 第十二章
# 政府問題

一八六七年末和一八六八年初發生的事件有兩個特徵值得強調。其一，它們的運作方式是封建性的，並充滿個人色彩：表現為那些最終都可訴諸其私家軍隊的雄藩大名之間的爭鬥。其二，它們代表的是為權力而進行的鬥爭，而非意識形態之戰。鬥爭當下涉及的利害不是日本的基本制度是否需要改變，而是那些以將軍的名義執政的德川家臣，是否由另一批意欲以天皇的名義掌權的諸侯，特別是來自薩摩和長州的諸侯所取代。出於這個理由，幕府的對手對口號的興趣甚於對行動計畫的興趣：他們機敏於王政復古即「恢復天皇統治」，或富國強兵即「使國家富裕、使軍隊強大」之類的泛泛而談（這些言論或許因他們指責幕府「自私」、「濫用」權力而被放大），但卻在如果他們取得政權後將可能採取哪些具體的措施上語焉不詳。在政治爭論中此類現象並不罕見。

勝利，或者對勝利的期待，改變了這一切。這類現象屢見不鮮。一旦新領袖必須發號施令而不僅僅是宣傳鼓動之時，他們就面臨如何使用他們手中的權力的問題。這導致他們發起了一場更為具體的政策爭論。他們都從一些相同的目標、一些共有的信念出發：國家統一要求政治變革，因為在外患當頭的情況下，國防有賴於國家統一；而這在某種意義上，使朝廷能夠扮演一定的角色；他們還有一個共同信念，願意「以夷制夷」，即採用西方的技術，為增強軍力和經濟服務。換句話說，他們的態度至少部分地反映了社會中支持他們的那些人的利益：改革大名的技術現代化和一八六三年「志士」的政治觀念。

於是，說一八六八年初帝國政府的政策尚待決定，並不等於說對他們將採取什麼方向，我們沒有任何徵兆可循。一方面，傳統政體的性質，圍繞著這個政體而產生的強烈的情感之爭，限定了可行的取代幕府的政治選擇的範圍。另一方面，新領袖的特徵，意味著某些政治和社會變化將要發生，而其他的變化不太可能發生。雖然這一點從未獲得清楚的宣示，這個集團的成員一直就一系列的方案進行討論，而最終的決策也來源於這些討論。因此，對早期明治政治的討論，可以從介紹這些觀念（包括具體的和一般的觀念）的背景開始。

然而，我們還需考察局勢，因為做出決定的那些人也無法完全掌控事態的發展。他們要嘗試做什麼事情，以及在什麼時候做，往往是由他們覺得能夠做到什麼事情決定的。因此，在我們轉入探討明治社會的形成這個更為廣闊的問題之前（這是本書後面幾章將要討論的問題），我們應該首先考察緊接著王政復古之後政府面臨的日常問題，也即考察「絕對主義」演變過程中出現的現實性和理念性的兩類因素。因為正是這兩類因素的互相作用，而非一者壓倒另一者，給予了日本一個中央集權的、西式的官僚制國家，一個以公開宣稱「恪守傳統」、其權威悉由神道信仰信條認可的天皇為元首的國家——這幾乎不可思議。

## 影響與觀念

一八六八年最初幾周日本政治的中心問題是在天皇統治被「恢復」後，德川家族是否，或者在何種程度上，應該保留政治影響力。但是，幾乎同等重要的是藩國與中央政府關係的改變必須走多遠的問題。換句話說，當時的人們爭論的問題只局限於相當狹義的政治領域，涉及的是政府的組織以及政府組織的性質問題，諸如封建制度與由天皇任命官僚的郡縣制度相比的優越性問題。最初，有關社會經濟結構的問題，除了那些與權力歸屬直接相關的問題，均未被提出。從邏輯上而言，這場爭論從檢討天皇的地位開始，因為對他個人的控制一直是此前鬥爭的焦點。

在好幾個世紀裡，日本天皇一直是一個象徵，而非一個統治者。他是「民族獨立、歷史傳承、國家統一、內部和諧以及統治者與被統治者之間和諧」的體現。[1] 因此，對於維新領導人而言，天皇非常重要，因為他能夠給予明治政府領導人以合法性，一如在過去的近七百年中，天皇的先人給予將軍以統治合法性一樣。像德川統治者一樣，明治領導人也給予天皇以巨大的儀式性尊敬。這樣做使他們能夠在一個「不因對德川政策負責而被玷污的」主權的名義下，[2]強調一種文化的延續，但實際上他們所追求的路線在日本歷史上並沒有真正的先例。從長遠的觀點看，這一點，對他們把對日本人的心理衝擊控制在最低水準，重新塑造日本人的生活方式來說，是至關重要的。從短期的觀點看，這一點也是把難以控制的諸藩聯盟維持住的關鍵所在。如一位當時的觀察家所言，新政府的存在一度「完全繫於他（天皇）神聖之名的光環之下」[3]。

但是，由此我們絕不能推斷明治政府的功能只能在一個中央集權的行政框架下運作，一如早些年間志士所鼓吹的尊皇主義並沒有排除封建國家的存續一樣。像真木和泉和武市瑞山一類的志士，雖然常常蔑視他們的藩主，卻並沒有廢除藩主賴以生存的整個體制的打算；他們提出以天皇為中心的封建制度取代幕府，創造一個天皇所有的國家，他們以及朝廷公卿都能從中獲得一定的回報。因此，他們對江戶的仇恨，起因於希望實現驅逐外夷，絕非必然意味著對革命性創新的呼喚。實際上，在這一點上，我們必須轉而思考另一個不同的傳統，一個與其說是政治的倒不如說是學術的傳統。這個傳統視封建制度為對中國規範的背離，而這個規範在日本非常久遠的古代就已確立。

德川的學者不會意識不到他們生活在一個與中國有很大不同的政府體制下；其中的不

同，不僅在於天皇和將軍的雙重權威，而且也在於領地制、封建義務和世襲身份上。[4]他們明確地把一個具人身依附和分離主義傾向的制度（封建）同另一個強調中央集權的制度（郡縣）區分開來，而且會非常自然地會比較其制度的優劣。封建諸侯自己，和幕府以及大名的儒教學者們認為，封建制度對軍事力量的增強，提供了比中國體制更好的基礎；他們還相信封建階級結構提供了一種中國所無法企及的持續的社會穩定性。然而，作為儒家學者，他們對他們所教授的東西是否受到重視，有著一種職業利害的關切。這一關切又夾雜著他們對在中國，如他們當中的一位學者所言，「生於農家之人」亦能「升至國之宰相」[5]的景仰。所以，對於他們來說，兩個傳統中的任何一個都並非必須不遺餘力去衛護。

這一事實對日本進入現代世界具有某種重要意義。首先，因為兩個體制都為人熟知並在部分上被接受，因此，就有了把忠誠從「封建」制轉向「官僚」制而不掀起巨大的情感波瀾的可能。其次，因為關於官僚制的知識僅僅是學理性的——作為一種現實的官僚制在歷史上和地理上都是遙遠的，所以用新概念重新塑造官僚制並不困難。鴉片戰爭時期，日本評論者把中國的戰敗歸罪於其行省制度在軍事上的缺陷。他們相信封建制能夠避免這些缺陷。然後，當他們自己的國家與西方打交道也不成功時，他們開始論證封建制也有缺點，尤其有問題的是一直備受珍愛的諸侯分立制度。這個制度導致的碎片化和分立化，置整個國家的安全於危險之中。這實際上是在以「西方的」方式，為中央集權官僚制做論證。不過，他們能夠把這一制度附會為熟知的郡縣制，而非某個西方的模式，使這個制度為人們接受變得大大容易起來了。

在日本就以上問題進行論述的人中，大多數是為藩主服務的武士學者，然而正是在天皇朝廷中，存在著一種可歸之為中國式中央集權結構的殘留。很重要的一點是，這是後來被取代的八世紀模式的殘留，而不是當時的宮廷高級職位，這些職位如關白是幕府藉以在朝廷行駛權力的管道。因此，在這個背景下，呼喚回到過去——復古一詞意為恢復古代，就意味著在宮內，權威從藤原家族轉移出去，一如在全國，權威從德川家族轉移出去一樣。毫無疑問，出於這個理由，王政復古的號召對如岩倉具視那樣的低級公卿具有巨大的吸引力，如果一切照舊，他們不可能指望獲得最高的官職。

確實，正是岩倉提出了以日本這一傳統特徵為基礎的憲制方案。在他於一八六七年春天為雄藩大名來到京都與慶喜討論兵庫和長州問題而準備的一份文件中，他已經就日本在其統治者每每執迷於「為小權而爭執」的局面下，怎樣在政治上變強的問題進行了探索。[6]他說，只有一個解決辦法：「把全國六十多個藩國改造成一個堅強的帝國，以此保證民族的統一。」

不過，儘管如此，岩倉仍舊感到封建制力量強大以致無法忽視：「自鎌倉幕府創建（一一九二年）以來，軍人家族一直擁有自己的領地，各個領主在自己的領地內經營管理。現在，任何貿然管制他們的企圖都將困難重重。但是，如果不進行管制，我們就不可能奠定向世界展示天皇優越的基礎。」[7]因此，在他的心目中，他所預期的願景僅僅是藩國臣服朝廷，而非摧毀藩國。他提議建立地區政府，這些政府的行政管理範圍將大於藩國，這個制度復活了八世紀的「七道」體制，即在京畿區域內的五國（又稱畿內）之外，日本全土被劃分為七道。統治這些地區政府的官員「將從天皇家族親王、宮廷公卿和封建領主之中，按選賢任能的原則任命」。這些人將按一定的期限在道內輪流任職，並「承擔指導和控制道內封建藩主的職責……並協調彼此之間的行政管理責任」，貫徹為國富所需要的新舊政策：促進農業，開荒墾殖，為福利專案籌集資金，擴大稅基；發展對外貿易；於小學之外，在每個地區建立一所地區性大學，這些學校的授課應包含儒教價值，確保國家的年輕一代不至於「為逐利之途所誘惑」，即便他們被鼓勵走上這樣一條道路。

岩倉在這個文件中提出的建議，預見到了不少明治政府早期所要面臨的問題及其對策。實際上，唯一缺失的是那些最終將為明治政府塗上現代官僚、工業和軍事體制色彩的西式元素。同樣在政府問題上，他勾畫出一個可替代幕府的天皇體制，但這個體制既沒有讓權力從當下的統治階級那裡旁落他人手中，也談不上對封建體制及其政治形式作完全西式的攻擊。可以說，岩倉所論就是日本傳統憑其自身所能走得最遠的地步。

當然，另一方面，日本不再局限於它自己或者中國的經驗，無論在文化上還是在政治上都是如此。其悠久的「蘭學」傳統，於十九世紀中葉在外部威脅的陰影下在深度和廣度上大大擴展。而到明治早期，這一傳統又因外國領事和公使願意教授日本人西方社會的運行方式，以及那些到過外國的日本特使和學生的親身觀察而加強。在幕府自一八六〇年開始的外交出使活動中，有的人就專門負責搜集有關西方社會制度方面的情報，以為他們自己和上司所用。[8]好幾個藩國獲准派遣自己的人員加入幕府的外交使團。而有的藩國則自行派出留學生甚至使團，如薩摩在一八六五年所做的那樣。在少許場合下，還有個別積極分子能夠自費出洋，只需得到官方的贊成；例如，在長州就有好幾例。結果，到王政復古的時期，日本已經擁有了一個「專家」核心，他們的知識，在有的場合中，僅僅是建築於對歐洲或美國的一次訪問的基礎之上；但在另一些場合中，則反映了他們長年學習的結果，或許包括在西方大學學習的經歷。這些「專家」不僅能夠在科學和技術方面，而且也在法律、政治、經濟和哲學方面，以其所學補日本傳統之不足。

當時，一方面，在日本居住的西方官員和人士一般都好為人師，而另一方面，武士官員都受到中國式的上書請願傳統的薰陶。這保證日本的統治者能夠從這兩個集團那裡——無論是他們自己的毛遂自薦還是應政府的要求——獲得大量的建言。這些建言通常出自於那些地位較低的日本人之口，唯有在建言是有吸引力的時候，他們才可能產生決策影響。西周儘管在萊頓接受過訓練，但在幕府的最後幾年中卻基本被忽略而倍感挫折。[9]然而，當有想法的人恰好也是有地位的人的時候，他就能向政府高官們面呈自己的觀點。正是部分由於王政復古使不拘一格廣開言路之風盛行，或者至少是由於出現了從重地位向重能力的轉變，維新開啟了巨變的大門。

如前所述，明治政府所繼承的現代化思想路線之一，是幕府內部圍繞法國公使萊昂．羅切斯提出的方案發展起來的。這個路線的目的是通過軍事組織、稅收和國家一般行政的改變，增強將軍對大名的權威。它的主要宣導者是一群與外國打過交道的中層官員。但是，他們卻能夠贏得若干上司支持他們的如下觀點：封建制——對此他們意指當下幕府與藩國之間的關係——必須讓位於對更強的中央權力的需求。於是，就有松平春嶽在一八六七年十一月與板倉勝靜談論時，提到恢復天皇統治必定導致創建行省體制（郡縣制度）的觀點。[10]松平據此反對恢復天皇統治。慶喜本人據說在幾周後聲稱，如果日本要變強大的話，它遲早必須追隨英國的樣板，放棄封建制度。[11]帕克斯在這一年年初與慶喜共進晚餐（該晚餐完全是按照外國風格進行的，飯後喝咖啡）後，稱將軍對封建制、郡縣制之類問題的建議持開放態度，並對汽船、煤礦、鐵路和電報抱有興趣，這些給他以深刻的印象。[12]

這些評論所蘊含的有必要就政治制度的效率，以及這些制度如何分配權力的問題做出回答的體認也體現在幕府領袖於一八六七年末討論過的制憲計畫中。尤其是大給恒於十一月十三日提交的文件所傳達的資訊，似乎已是近明治而遠德川了。[13]該文件寫道，在一個正走向「啟蒙」（開化）的世界上，當許多日本人都希望「一舉掃除舊習」，引入西方做法的時候，有必要仔細思考一下如何才能維護傳統秩序的問題。政治問題是他首先關切的事情。乘謨相信唯有採取一種令人信服地把國家利益放在首位的體制，在政治上才是可行的。當然，將軍的權威也能得以維持。但是，它必須加以修正（通過建立有大名和武士參與的全國性和地方性諮議院），並增強實力以反對地方特殊主義（通過廢除大名控制的私家軍隊，建立一種藩主須將其收入三分之二貢獻國庫的稅收體制）。與此相適應必須建立一支現代的陸軍和海軍，其成員從武士階級中體格健壯、智力健全者中招募；必須建立一個奉天皇之名而行動的政府；必須實施「開化」政策，根據這個政策，藩主需要把他們剩餘收入的一部分用於開辦學校，設立工廠，建造鐵路等等相關事業。

把大給的思想與岩倉在數月前提出的觀點相比較，令人驚奇的一點發現是在這兩人之中，是這個幕府官員更加「現代」和「西方化」，儘管他仍舊忠於德川家族，仍舊忠於封建領主的階級利益。顯然，他知道這些問題事關重大，已經超出了將軍及其敵人正在進行的權力之爭所牽涉的問題的意義。還有一些別的幕府官員，如勝海舟和榎本武揚，也持類似的看法。這些幕府官員在因內戰激起的情感隨著時間流逝而平息後，都服務於明治政府。換言之，現代化，甚至政治現代化，絕非僅僅是政治同盟的產物，或由薩摩和長州壟斷。不過，儘管我們承認這一點（這是重要的一點），我們還須認識到歷史剝奪了幕府擁護者決定國家未來發展路線的能力。他們的方案因試圖為德川權力保留相當大的位置而遭到排斥，他們對政策的影響也因幕府軍在鳥羽伏見的戰敗而終結。結果，他們最終的貢獻更大程度地在於製造輿論氛圍，而不是建造一個新的國家。這個任務落在他們的對手也是繼承人的身上。

然而，我們仍可主張，儘管出現權力中斷，幕府關於憲制改革的觀念仍然通過土佐和越前傳遞給明治政府。在一八六七年十月撰寫呼籲將軍辭職的土佐文件中扮演了重要角色的坂本龍馬，是江戶勝海舟的老朋友，從他那裡，坂本產生了日本如何以西方方式變富變強的構想。越前的由利公正也同他們保持密切的聯繫。在這三個人的理想社會中，官職依靠能力而非由出生決定，而政府中包含了某種代表會議的成分。[14]這就意味著必須對封建制度進行攻擊。

實際上，這一點清晰地顯示於一位越前武士在一八六七年於長崎向坂本出示的一份文件中；據說，這份文件的觀點得到了坂本認同，認為「幾乎就等同於」他自己的觀點。該文件指出，「六十六個藩國有二百六十三位藩主，每一個都在自己的領地中獨立行政。在如此分裂的局面下，我們怎能把國家做強，怎能提升國家威望？封建制度必須馬上廢除，郡縣制必須在一個能夠控制全國的帝國政府領導下立即建立。」[15]這段話的精髓被吸收進土佐向慶喜提交的文件。除此之外，這份文件還主張要興辦學校，保護「合理公開的」貿易條約，以及清除「私利」和「不合時宜的習慣」。[16]於是，這些建議成為公眾辯論的話題，對一八六八年一月之前和之後的政策發展產生了影響。

連續性的另一種形式，是由英國公使哈里·帕克斯爵士向日本政府慷慨提供的。帕克斯是能夠代表他那個時代的人物。在他看來，維多利亞時代的英國正是文明發展的頂峰。再者，雖然他毫無疑問地堅信西方在日本的特權地位，是對雙方都有益從而值得衛護的東西，他也知道這個特權的存留需要法律和秩序支援。他在十一月二十七日即他聞悉慶喜辭職的那一天，向倫敦致信時寫道：「為了國家的普遍利益，與同外國列強保持友善的諒解同等重要的是，必須有一個強有力的政府，它的權威應在整個帝國都得到承認。對於這一必要性的認識已是與日俱增。」[17]為了達到這一目的，必須使雄藩大名承認「一個享有管治一般立法、司法和國防等一切事務權力的最高權威」。不過，帕克斯對這個目的能否實現表示懷疑，除非「軍事服務與武士土地收入掛鉤的制度」被「一個更好地適合於文明政府建設的體制」所取代。在次日另一封信裡，帕克斯觀察到，幕府關於憲制改革的方案最終必定要「打擊大名的勢力」。他認為，這些改革的受益者將是大名的武士陪臣，而反幕府運動依靠的就是這些人。他們對其「首領幾乎毫無信任可言」，而且似乎「不達到自由表達意見的目的」決不罷休。[18]

對於明治領袖（其中的某些人帕克斯在他們獲得明治政府官職之前就已認識並打過交

道），帕克斯以同樣的力度表達了他的反封建見識和期待。例如，根據他自己的記錄，他在一八六九年一月曾對岩倉這樣說道：「貴國現在正在天皇領導下重組政府。顯然，後者需要中央組織和物質力量的支援；儘管有許多事情可以留給地方政府去做，但政府的某些核心功能，如立法、國防、外交等等，應當由中央把持。」他認為，唯有這樣做，才有可能「糾正分治離心這一長期困擾日本政體的問題」[19]。

這類政治建議並非特例。對於帕克斯來說，同其他外國人一樣，認為好的政府不過是文明國家的一個特徵而已，文明國家還應享有因經濟增長而帶來的社會和物質利益。一八六七年他在談到幕府官員時寫道，「我的一個目標是把他們的注意力從軍事動作轉向工商實業。」[20]對外貿易「將通過引入企業和產業精神和創造資產階級——兩者都是日本急需的事業——大大增加國家的財富」。[21]抱著這一思維的帕克斯，在維新後找到了向明治政府提供諮詢等幫助的機會，這些機會有的是因人所求而來的，但更多的往往是帕克斯主動所為。他諮詢建言的問題遠遠超出嚴格意義上的外交職責，包括燈塔、鐵路、貨幣、農業租稅、武士津貼、工廠和教育等問題。

毫不奇怪，帕克斯如此教授的東西最終超出了日本人能夠接受的範圍，於是他的影響漸漸衰減。然而，在此之前，他的角色已經被日本人接替。後者的建言，更具愛國主義之性質，從而更有說服力。許多訪問過歐洲或者在那裡求學過的日本人，都對歐洲的文化的優越性是如此信服，以至於在他們回到母國後都抱定決心，致力於傳播「文明」，把日本從半野蠻狀態提升為文明之國。[22]他們所言之文明，指的是赫伯特．史賓賽（Herbert Spencer）和薩繆爾．斯米爾斯[23]所言之文明，自由貿易之文明，社會達爾文主義之文明，也即當代西歐特別是英國之文明。在文明的名義下，這些有留洋經驗的日本人批判自己國家的文明：封建制從政治到社會各個側面，儒教從道德到理性，均受到批判。他們毫無保留地要求採納西方的一切，從鐵路到國會，從髮型到哲學。然而，他們否認這樣做就是不愛國或者反日。福澤諭吉說道，「我最大的希望始終是引導整個國家走上文明之路，把日本建設成偉大的國家，軍力強大，貿易繁榮。」[24]當田口卯吉主張他要求日本接受的模式具有普世性時，他遭到了只知道拷貝西方的譴責。對此譴責，田口的回答同福澤的見解一樣分明：「我們學習物理學、心理學、經濟學等科學，不是因為西方創立了它們，而是因為它們是普遍真理。我們為在我國建立憲制政府而奮鬥，不是因為它是西方的政府形式，而是因為它符合人類的本性。」[25]

有關西方及其制度的著作，如在維新前夕出版的西周的《萬國公法》（國際法）和福澤諭吉的《西洋事情》（西方現狀），均為那些參與政治的人們所利用——據說中岡慎太郎在一八六七年五月把一本福澤諭吉的書送給了岩倉具視[26]，從而幫助形成了一種討論日本如何解決其面臨的問題的輿論氛圍。不過，這些著作尚未轉化為一種具體的壓力形式，並在那些關鍵的地方發生影響。這時，西周和福澤本人在政治上都不活躍。他們對薩摩和長州都保持距離，因為兩個藩國都曾與極端的排外觀點密切相關。但是，他們又不願支持在他們看來蒙昧的幕府。[27]因此，至少在明治時代的頭一兩年裡，他們並無機會接觸到權力中心。事實上，西周一直為德川服務到一八七〇年。就像其他一些曾從幕府那裡領薪水的現代化論者一樣，[28]西周作為官僚和宣傳家的重要性，等到若干年之後，政策路線大局已定，任務轉向制定改革的詳細計畫時，方才顯現出來。

這就意味著，我們必須到明治領導集團中，特別是到薩摩的五代友厚、寺島宗則和長州的井上馨和伊藤博文那裡，尋找明治政府初期政策思想的來源。他們都曾訪問過西方，並從自己的所見所聞中得出結論，儘管他們從他們在西方學習年月中所獲得的知識還不夠全面。英國的穩定與日本的分裂形成了鮮明的對比，給五代留下深刻的印象，使他早在一八六五年就極力主張政治改革是國家富強的先決條件。[29]寺島講得更加具體，至少就制度改革而言。他在維新前夜寫給薩摩當局的信中說道，他在歐洲學到的一切東西，都使他堅信封建體制必須被摧毀。他認為，「權力之所以轉移到幕府那裡，是因為領主制度的存在。我相信要實現真正的天皇統治，所有領有土地的藩主必須被廢除。」[30]藩主最終應把他們的土地都交給天皇，變成平民；而作為第一步，他們可以把收入的一部分交給朝廷，向天皇控制下的國防軍提供部隊，並確保在新政府中任職的官員領取工資而非授田。

在長州，伊藤提出了極其類似的觀點。一八六八年一月，他寫信給木戶，力主從對地方封建忠誠轉向對國家忠誠，轉向對「公共利益的關切」[31]。一年後，作為新政府的一名官員，他論證道，國家統一將使日本能夠「平等地與外國接觸，能夠產生一個文明開化的政府」。而國家的統一建立在廢除藩國——如果有必要的話用暴力廢除——的基礎之上。[32]他緊接著提出了一份希望政府採取的政策清單。這份清單由他以及多位兵庫官員共同簽名（此時伊藤任兵庫知事），強調了與外國保持友好關係的重要性，以符合普遍的「自然法」；強調了學習西方的重要性，藉此日本方可「睜眼看世界，改革那些幾個世紀傳下來的陳規陋習」；強調了通過廢除藩國建立有效政府的重要性，這樣，「日本人才能從片面的律法中解放出來，毫無例外地服從於統一且正義的統治」；強調保證所有的人，「不分貴賤」，從限制職業和居住權利的一切封建束縛中解放出來。[33]

從這些論述中，可以清楚地看到，在維新後的一年之中，伊藤就使自己成為同代人中「進步」之人的代言人。不過，此時他尚未成為一個最具政治重要性的政治家，五代和寺島也是如此。他們的服務和能力已經使政府中有人聽取他們的聲音；但是，唯有到一八六八年末，在大隈重信的領導下，這些人才聚集起來，在大隈的領導下，成為一股不可小視的政治力量，同樣也是大隈將澀澤榮一、神田孝平等更具才能的前幕府人士引入這個集團。[34]一旦到了這個階段，他們就能向政府施加壓力，要求它進行西式改革計畫。而在此之前，他們所作的不外乎影響他們的上司：大久保、西鄉、木戶和岩倉，後者因為他們在推翻幕府中的作用而掌握了政府大權。

當然，大久保以及他的同事絕非反對政治改革之徒。但是，他們中間沒有一個人在日本之外的地方生活過，沒有一個對西方有充分的瞭解。因此，他們總是抱著謹慎的態度看待改革。他們唯有在其他辦法都已試過且作用不佳之後，才願意使用他們的手段和經驗來推進更加激進的現代化（或西方化）。實際上，正是通過他們，現代化者的計畫得到了現實的檢驗，那些似乎是值得追求的事業，得以從政治可行性的角度進行驗證。這一過程經歷了好幾年。

## 建立政府

執政是一件剪不斷、理還亂的事情。不說別的，單單因為局勢自會決定何者必須優先處理、何者可以緩後對付，就足以說明這一點。一八六八年的日本也不例外。在這一年一月獲得權力的人們，雖然真誠地相信他們的使命是拯救國家，而這唯有通過「富國強兵」才能實現，但是，他們還必須解決一系列與這個目的並無直接關聯的問題。他們必須打贏，或者成功地終止內戰；必須設法為戰爭籌資；必須搞出一套班子來治理那些已在他們控制之下的國土。這些事對他們自己的生存而言都不可或缺，而他們相信做得好壞，反過來將決定國家的存亡。但是，這些當務之急，確實在明治政府的初期，使它的領導人難以把注意力集中在制度改革上。

幕府一旦被推翻，新領袖發現他們必須繼承幕府的責任，其中的一些必須馬上行動。外交事務就是如此。在那裡需要處理的問題緊急而且棘手。考慮到此前幾年中發生的事情以及朝廷所發佈的各類文件的基調，非常合乎邏輯的一點是，大多數武士，尤其是那些現在看到他們事業成功的武士，自然會期待隨著政權的變動而來的是某種「驅逐」外夷的行動。如木戶一八六七年春天在長州對他的支持者所說的：「我們年輕的志士只看到他們眼前的敵人；對於世界大勢認知卻錯得離譜。」[35]結果，一八六八年初見證了一系列對外國人的攻擊：二月四日在兵庫有肥前軍隊的攻擊，三月八日在堺市有土佐武士的攻擊，之後於三月二十三日，兩個浪人試圖在京都刺殺帕克斯（這兩個浪人具有典型性：一人原先為僧人，另一個是一個鄉村醫生十八歲的兒子）。

這些襲擊讓天皇政府尤為不安的是它們可能導致西方干預內戰，或者推遲對權力轉移的承認。帕克斯本人曾直言願意接受任何「正規的政府」，而不問它採取什麼形式。[36]他已經成功地使外國代表們發表了保持中立的宣言，但這是在羅切斯的反對下做到的，後者的一些軍事顧問其時仍在德川軍中服務。這使得局面變得微妙，尤其是因為在堺市被襲的是法國人。

同時，對外國人的攻擊，如岩倉所言，也提供了一個向世人證明天皇統治已成為現實的機會。在一八六七年，正值討論兵庫開放之時，岩倉敦促朝廷承擔談判的責任，藉此剝奪慶喜掌握的權力。他當時是這樣描述自己的盤算的：「以處理對外事務為表，尋求收回天皇管理全國權力為實。」[37]現在，與大久保一同，他把這個盤算運用於一八六八年的局勢，藉此說服猶豫不決的朝廷承諾懲治兇犯，向外國人道歉，並（於二月八日）公開宣佈幕府締結的通商條約，在對令人不滿的條款加以修正的情形下，將得到維持。[38]排外的要求事實上已經轉為修正通商條約的要求。事情到此並沒有終結。二月二十九日一份由越前、土佐、薩摩、安藝和熊本諸藩藩主共同署名的文件，與一份由長州單[39]獨提出的文件，敦促政府安排天皇召見各通商條約國使節，借此表明政府拒絕攘夷。他們認為，這一舉動將標誌著日本不再以「井底之蛙的視野來看世界」，表示向西方國家學習的意願，「取人之長、補己之短。」[40]朝廷沒有什麼遲疑地接受了這一請求。這毫不奇怪，因為朝廷所擁有的軍力無不來自於這些藩主。

帕克斯正是在前往參加天皇和列國公使會見（上述的往來導致這次會見的發生）的途中遇襲，而且日本外務省發現有必要在未來的幾個月內，堅持不懈地對武士們進行外交事務問題的教育。儘管有這些情況發生，上述朝廷的決定仍然為新的領導人贏得了從外交事務問題上暫且喘息的時間。這就使他們能夠把注意力轉向同樣緊迫的確立其自身權力地位的問題。他們在整個國家中的地位即使有，也是相當脆弱的，因為鳥羽伏見之戰後各藩迅速向天皇政府臣服是明哲保身，觀望待變，而絕非尊皇主義的復興。同時，在京都本身，朝廷公卿對日本的新外交方向憤懣不滿，加之土佐和越前對薩摩和長州拒絕慶喜保留其大部分領地一直耿耿於懷，[41]從一開始就對勝利者的團結構成威脅。如木戶所言，「薩摩和長州有許多言論使那些本來就不相信我們的人愈發生疑。我們雖然相信我們的所作所為都是在為朝廷考慮，但要讓全國信服這一點卻是難上加難。」[42]這個論斷使他（一如它也使大久保和岩倉）去尋求各種方法，鞏固統治者的同盟。

在一定的層次上，明治領導人為達到強化同盟的目的，可能操作傳統的聯盟和家族鏈結，與那些有意在中央政府任職的藩主建立關係，例如，九州的熊本（外樣，五十四萬石）就是如此。在更低的社會層次那裡，他們可以指望許多不同地方的尊皇主義者和改革者的支持，在過去的十年中，志士的活動已經和這些人建立起聯繫，以及像他們這樣的人，或是不斷加大對其藩主的壓力，要求後者宣誓忠誠於天皇的事業；或是作為個人可能被納入新的明治政府的官僚隊伍。肥前（外樣大名，三十五萬七千石）就是一個很好的例子。在那裡，大名鍋島直正一直在通過採用西方技術追求「富強」的同時，在全國政策上保持謹慎中立，而尊皇主義者在一八六八年初已經形成了很大的聲勢。而他們的領袖，大隈重信、江藤新平、副島種臣，是一群與那些在薩摩、土佐和長州取得控制權的領袖有一樣背景的人物。他們很快就成為明治政府中的重要人物。43

在一八六八年一月宣佈廢除朝廷和幕府官職、創立新職之時，所有受到任命的官員都與政變有直接的關聯。這就是說，除了極少數親王，所有的高級參議（議定）和次級參議（參與）均或者是反幕府公卿，或者是反叛藩國的代表。但在其後幾周，參議人數大大擴張了，其意圖顯然在於擴大政府的支持面。不可避免地，一旦長州被寬恕，它的代表即加入參議的隊伍。此外，只要被政府發現，新的同盟者就不斷被招入政府。於是，到政府進行重大重組的六月十一月（緊接著江戶投降之後），有超過一百人獲得了議定或參與的職位。

在此期間，總共有三十人被任命為議定：有五位親王；十二位公卿（大多是有名的尊皇主義者，不過也有兩位前關白，近衛忠熙和鷹司輔熙）；十三位大名或其親戚（最早得到提名的五位大名來自薩摩、尾張、安藝、越前和土佐，肥前的大名和前大名，來自長州、熊本、備前、宇和島、安房與津和野藩的代表也得到了任命）。參與的人數更多，共有一百零二名。他們包括四十三位公卿和六位沒有公卿地位的朝廷官員。其餘的五十三位均來自藩國，主要來自那些提供了議定的藩國：二十三人為高級武士（很重要的是，其中僅有三位來自薩摩藩，沒有一個來自長州、土佐和肥前藩）；二十一位是中級武士；兩位（長州藩的伊藤博文和薩摩藩的寺島宗則）則或因其出身可視為低級武士，雖然那時他們已是旗本；七位無法歸類，只可把他們視為武士階級一員。

而在下一個階段，即從一八六八年六月直到行政結構再次調整的一八六八年八月期間，參議人數大大減少。以前有三十位議定，現在只有二十一位，大多數為大名和尊皇主義者公家（但沒有親王）。參與人數削減得更加厲害，從一百零二位降至二十二位。這二十二個人之中，有三位公卿（而以前有四十三位）；其餘的十九位為藩國的代表（而以前有五十三位）：兩個大名和一個大名的繼承人；兩個高級武士；十三個中級武士；一個低級武士。換言之，在早先名單上存在的高級武士中的大多數現在已經被略掉。同樣有意思的是，現在僅有七個藩國在參與那裡得到代表；而尾張、宇和島、備前藩則沒有得到任何代表，甚至儘管它們的藩主仍為議定。這一切，意味著統治集團的基礎在地理和社會上都被縮小。對於統治集團來說，不但傳統社會中的上層人物，而且某些直到最近仍很有權勢的大名，都變得不那麼重要了。

類似的權力集中化也反映在行政結構上，即官職本身的性質上。在一八六八年二月中旬，朝廷設立了政府七科，其名字來自於曾經存在於所謂的天皇統治黃金時代的七官：神祇、內國、外國、海陸軍、會計、刑法和制度。在這個月末又增加了總裁局[44]，負責料理政府的一般事務。這些部的長官和首席次官都是議定或參與，從而給予參議會成員以行政執行的權能。

在六月這個體系被一個更為精緻的體系政體書（Seitaisho）所取代。這個體系以西式的權力分立之名，設置了立法部門和行政部門（行政官）。立法部門由上下兩院構成，前者成員包括議定和參與，後者成員則由各藩和天皇的領地提名產生。行政部門減少為五個（行政、神祇、會計、軍務、外國），由行政官統領，而後者還負責管理從德川家族沒收來的土地。按規定，這些部門的首席長官都必須是親王、公卿或者大名，但在實際上大多數關鍵決策都是由議定和參與（如前所述，到這時其人數已相當之少）做出的。行政官職位本身由三條實美和岩倉具視擔任，兩人均為公卿，分別與長州和薩摩藩過從甚密。兩人都是議定。在部門中，真正掌權的是副大臣，他們大多是參與，繼續發揮他們作為參議和官僚的雙重職能。

隨著這些變動，我們看到，到一八六九年中，形成了大約三十人的一個集團，一個可被稱為第一代明治領袖的集團。它包含三類人：維新前統治階級中那些在新秩序中生存下來的高級官員，他們之所以生存下來，部分是因為他們贊同和維護了朝廷和貴族的利益，部分因為他們比他們階級中的其他成員更具有才能；那些在維新運動後期擔當領袖的武士，更具體地說，那些曾在一八六七年統治薩摩、長州和土佐藩政治的武士；最後，那些從其他藩國、特別是從政治「中立的」肥前招入政府的武士，但也包括從其他地方招入政府的一兩位以改革者而名聲遠揚的武士。

在第一類人中，公卿之中首推三條和岩倉，不過中山忠能（一八〇九到一八八八）和德大寺實則（一八四〇到一九一九）繼續在宮中發揮重要的作用。在大名中，鍋島直正（肥前）、伊達宗基（宇和島）、松平春嶽（越前）一直到一八七一年廢藩之前均占據重要的政府職位。而其他大名中的大多數，包括山內容堂（土佐）和島津忠義（薩摩）都從一八六九年起，不再在實際意義上參與中央政府。

第二類人幾乎所有的名字現在都為我們所熟悉：來自薩摩藩的有大久保和西鄉，與兩人一同進入中央政府的還有他們的主要支持者吉井友實、寺島宗則、松方正義和大山巖；來自長州的有木戶和廣澤真臣，然後是前原一誠、大村益次郎和井上馨，外加兩個初露頭角的年輕人伊藤博文和山縣有朋；來自土佐的有後藤和福岡，緊隨其後進入明治核心參議成員之中的有板垣退助、齋藤敏行和佐佐木高行。

在第三類人中，有兩位著名的中級武士改革者，於一八六九年被明治政府的反對派暗殺的橫井小楠，以及來自越前藩的財經專家由利公正（一八二九到一九〇九）。兩人都曾是松平春嶽的策士。這類人中的其他人，如前所述，大多來自肥前。他們的領袖是大隈重信（一八三八到一九二二）。他是一個家境殷實（四百石）的炮兵專家的長男，[45]比木戶和大久保歲數略小。他的背景是一位受人尊敬的尊皇主義者，但他能在政治上升到高位的首要原因是他作為一名「專家」，在與「富強」相關的事務上特別有用。早年他學習過蘭學，後來學英語；從一八六四年起，他負責肥前藩在長崎的外貿事務，這段經歷使他與商業接觸，獲得商業經驗。他後來成為外交家、現代化推動者、官僚、政黨政治家、首相和輿論家，是明治史上一位傑出人物。一八六八年之前與他在肥前藩共事的好幾個人，後來都成為非常重要的人物。他們之中，有副島種臣（一八二八到一九〇五），曾與大隈一起學習英文；有大隈的侄子大木喬任（一八三二到一八九九）；[46]有江藤新平（一八三四到一八七四），一個出身於低級武士家庭的人，[47]他在維新前曾因尊皇攘夷活動而遭到懲罰，又在一八七四年因替封建制張目反叛天皇政府而被處死。

江藤出現在上述的名單中這一事實，讓我們清楚地看到第一代明治領袖在日本未來走向的問題上，並非只有一個統一的觀點。這些領袖中，既有「保守派」，又有「進步派」，兩派彼此之間後來發生殊死的鬥爭。不過，他們也在某些方面具有一致性。至少，明治領袖中的武士成員在年齡和家庭背景上的相似之處，足以讓他們以大致同等的條件合作共事。他們相互打交道時，關心地區差異甚於關心階級差異。[48]同樣地，他們在性情上也頗有相通之處：殘忍、隨時準備動武，但也具政治現實主義，從而懂得考慮行動的後果。在他們之中，已經幾乎找不到任何一八六二和一八六三年意義上的志士的影子。他們大都閱歷豐富，通常有在藩國官僚機構工作的經驗，依靠自己的政治技巧走過驚濤駭浪的時日，把自己送進全國政府。志士如果還活著的話，一般都存在於同德川作戰的軍隊之中，因此我們可以判斷明治政府逐步形成的過程中，不僅把出身高貴者推到一旁，也把尊皇攘夷派的莽撞之徒排除在權力之外。尊皇攘夷極端派被釋放，並得到平反；如果他們還活著，則常常得到獎賞；他們都得到了榮譽稱號，即便去世也是如此。但他們很少被委以重任。[49]

新的領袖群體的本質和視野，反映在他們勸服國人接受他們新近獲得的權威的努力中。這部分是一個操縱藩國聯盟的問題：選擇哪些藩國在政府裡得到代表，選擇藩國中的哪些人得到支持，即支持那些有望使地方政策與政府保持一致的人。他們自然想到的是在擊敗幕府鬥爭中，總能戰勝其敵手的武士政治家。而同樣地，這些武士政治家對武士騷動具有第一手的認識，對如何處理這些騷動有一定的辦法。早在一八六八年二月，明治政府即規定各藩可以派代表參加武士大會，從而給予那些沒有在議政官那裡得到代表的藩國發出聲音（儘管不是控制性的聲音）的機會。而從這一制度中，發展出兩院制立法（議政官）制度，後者於當年六月被納入政體書制度。而僅在五個月之後，議政官即被納入行政，而後在一八六九年初又被公議所替代。公議所是一個由二百多個武士構成的議事機構，在此後的幾個月內，它多次集會，討論諸如廢藩、佩劍、強迫貸款以及禁止基督教等事務。[50]討論遠非建設性，但它們也達到了目的。公議所設置就是為了在關鍵時刻，給封建的觀點提供表達意見的場所。這個機構的活動到七月告停。

對於一個依靠藩國提供武裝力量的政府而言，與藩國商議的過程是合乎邏輯且必不可少的。這些過程一直持續到新政權感到足夠強大而無需同藩國商議時方告結束。同樣重要的是利用天皇威望的能力。這樣做同樣很自然，因為對於那些在自己藩內把其大名用作政策工具的武士而言，在一個更大的舞臺上讓天皇扮演類似的角色，並不會有什麼困難。因此，這些武士樂於同那些依照傳統或自利之心而強調日本政治生活中的天皇標幟而非封建現實的人合作。明治政府的多項重大決策，如對德川家族的懲罰，就是以天皇，而不是冷酷的官員的決定形式出臺的。天皇現身於京都之外，這在好多代人的歷史上首次出現。神道及其禮節也備受尊崇。神祇官享有很高的正式地位，並以一位親王為其首長。而在全國各地，神道學說和教師都受到政府的鼓勵。[51]

一八六九年三月出版並在各地流行的一本小冊子，就顯示了新政策的特點。各地的「體面之士」受命學習它，並向大眾傳授它揭示的原則。[52]第一條原則是日本人，作為日本人，欠天皇感激之情，因為他保護並養育了日本人。這一虧欠必須以尊皇來償還：「以虔誠之心接受天皇的意志，卑微的我們要服從他的命令；我們要下定決心為天皇獻身。」第二條原則是日本人必須以天皇政府喜愛的方式行事。他們尤其必須遵守與外國列強簽訂的條約，這些條約現在已經得到天皇的准許。為了避免「暴力且無法無天的行為」帶來的「恥辱」（這些行為將招致外國的輕蔑），日本必須「讓天皇的敕令遍知於天下」，並且

「團結成為一個整體」。

利用天皇的尊嚴來支持新生政權的最好例子，是一八六八年四月頒佈的所謂五條誓約。在很大的程度上，誓約試圖使藩國打消對那些推行「維新」之人態度和目標的疑慮。誓約的主題在一月十六日發佈的通告中已經可以窺見，它是：「（從此）萬事皆將由天皇朝廷決定。決策須廣泛徵求意見，行動須基於公眾的看法，而非特殊派別（即幕府）的私人利益。傳統的德川體制及其法律中的好的東西應當加以保留。」[53]然而，在德川覆滅已成定局之時出現的誓約本身更進一步，描繪了新政府將要採取的行動的政策框架。

好幾個人共同起草了這個誓約。[54]第一稿是越前的由利公正在一八六八年二月二日舉行的一次會議後寫就的，在這次會議上，包括三條和岩倉在內的朝廷官員討論了政府獲得政治和財政上的支持的必要。除了再次重複此前做出的政策將通過「公共議論」決定的承諾，由利主張，為了避免人心不服，必須讓人民「實現他們的抱負」；武士和庶人必須團結起來促進國家的福祉；「天皇國體」之基礎必須通過向「全世界尋求知識」而加以鞏固。

在這個階段，這個文件仍舊非常籠統，儘管它清晰地反映了起草者對經濟的興趣（或許還反映了他早前與富農和商人的關聯）。一兩天後由福岡孝弟撰寫的修改稿體現了重大變動。它專門提到由封建大名組成的國會，並指出除了庶民的抱負之外，「文武官員」的抱負也將得到施展。顯然，在這裡出現了一個新的重點：作為統治者的朝廷與封建集團的團結，而非「民眾的」參與。福岡本人後來談到了這一變動：「並不是我要輕看大眾，我只是不把他們視做重要的政治因素。」[55]

這個文件在其後的幾周停留於福岡的修改版狀態，這可能是因為新領袖們正專注於外交政策和內戰問題。無論如何，直到三月十日朝廷宣佈天皇將召見外國使節沒有任何修改發生。此後，木戶對福岡的草稿做了潤色，並新加了一個與外國事務相關的條款。「歷來之陋習」必須破除，意即必須拋棄鎖國政策；「普世公道」（即國際法）必須遵守。經過此番修改，又經岩倉和三條少許語詞的更動。比如說，在其中某個階段（儘管無法確切地斷定於何時），福岡的大名大會在修訂稿中變成「普召天下之士」的大會。這個文件最終於一八六八年四月六日正式發佈，其內容為：

一、廣興會議，萬機決於公論；
二、上下一心，大展經綸；
三、公卿與武家同心，以至於庶民，須使各遂其志，人心不倦；
四、破歷來之陋習，立基於天地之公道；
五、求知識於世界，大振皇基。[56]

如果我們根據誓約這一非常概括的言論，就斷言明治領袖們現在心中已經很清楚他們將要進行什麼樣的改革，那顯然是很不現實的。但是，如果我們把誓約看做一個純粹的公關舉動，一堆意在為新生權威贏得民眾支持的說辭，而不予考慮的話，那我們就太多憤世嫉俗了。參與撰寫這個誓約的人級別之高，用心之深，都意味著誓約不只是為贏得民眾的說辭。進言之，誓約的用詞反映了（儘管不夠清晰）他們在文章信件中詳細記載了的（岩倉）、在藩國行政中（木戶和大久保）表明的政策承諾：政治統一，這意味著新的政治統治基礎將比此前更為廣闊；富國強兵，為此必須利用西方技術，拋棄排外政策。就此而言，誓約所表明的態度為推行現實可行的計畫奠定了基礎。

## 註釋

1 Webb,「Development」，p.187。關於這同一話題，又見 Hall,「Monarch」。

2 Hall,「Monarch,」p.41.

3 Adams, 2 : 132.

4 他們有關這個問題的討論可見淺井清的《明治維新和郡縣思想》第一六到三八頁。

5 McEwan, p.22.

6 署名日期為一八六七年第三月（四月五日到五月三日）的備忘錄，載《岩倉具視關係文書》，1 : 288-300。

7 署名日期為一八六七年第三月（四月五日到五月三日）的備忘錄，載《岩倉具視關係文書》，第二九七頁。

8 關於外交使團對「政治」資訊的搜集，見 Osatake，1 : 42-56。

9 Havens, pp.57-59.

10 Asai, pp.74-75.

11 Asai,p.37.

12 F.O.46/80，帕克斯致斯坦利，第 78 號，一八六七年五月四日，大阪。

13 這一文本載於《淀稻葉家文書》，第三三四到三四二頁。

14 Jansen, Sakamoto, pp.338-341.

15 Asai, pp.37.

16 Jansen, Sakamoto, pp.316-317.

17 F.O.46/82，帕克斯致斯坦利，第一九四號，江戶，一八六七年十一月二十八日。

18 F.O.391/14，帕克斯致斯坦利，江戶，一八六七年十一月二十八日。

19 F.O.46/106，帕克斯致斯坦利，機密，橫濱，一八六九年一月十三日。

20 F.O.391/14，帕克斯致哈蒙德，江戶，一八六七年七月十四日。這裡的話隱約涉及萊昂．羅切斯的行為。帕克斯在另一封信中指出，羅切斯「更願意做的是為日本人的軍事抱負或虛榮出謀劃策，而不願對他們的商業繁榮貢獻智慧」（同上書；一八六七年三月十六日）。

21 F.O.46/67，帕克斯致斯坦利，私人信件，江戶，一八六七年十月十五日。

22 這觸及到了一個很大的問題，對此我們無法在這裡做適當的討論。它在如下的著作中得到了詳細的考察：Sansom，Blacker, The Japanese Enlightenment，Havens，and Pyle。

23 薩繆爾．斯米爾斯（Samuel Smiles）（一八一二到一九〇四）以作為一系列闡釋與工業化社會相適應的道德的小冊子的作者而著稱，其著作名為「性格」、「節儉」、「責任」等等。他最為人知的著作「自助」（一八五九）於一八七一年被翻譯為日文。

24 Blacker, The Japanese Enlightenment, p.121，引自福澤的自傳。

25 Pyle, p.90.

26 Jansen, Sakamoto, p.250。關於當時日本人對西方的政治知識的瞭解程度的更詳細討論，見於 Asai, pp.92-103。

27 Havens, pp.66-70；Blacker, The Japanese Enlightenment, pp.25-27.

28 在一八七三年創立的明六社——一個專門從事於傳播啟蒙思想的俱樂部——的創始人中，大多數是前武士，明治官僚，並與幕府學習西方知識的機構番書調所（番書研究所）和開成所有直接的聯繫。他們作為知識份子比作為官員更具影響（可想而知是因為他們與幕府有過從的歷史之故，至少在明治初期）。參見 Havens, Nishi Amane, pp.164-169。

29 Tanaka Akira, pp.202-205.

30 寺島寫於一八六七年十一月二十七日的備忘錄，見 Katsuda, Ōkubo, 2 : 606-608, at p.606。

31 伊藤致木戶，一八六八年一月二十八日，載於《伊藤博文傳》，1 : 332-333。

32 伊藤備忘錄，約在一八六八年十二月或一八六九年一月寫成，載於《伊藤公全集》，1 : 第一部分，第一六五到一六八頁。

33 文本署名日期為一八六九年第一月〔二月一日到三月十二日〕，載於《伊藤博文傳》，1 : 420-425。文件的簽名者之一是陸奧宗光，通過他而與土佐建立了連結。陸奧雖然出身於德川藩國紀伊一個家境良好的武士之家，但曾與坂本龍馬一起服務於海援隊。見 Jansen,「Mutsu，」pp.311-313。

34 見 Sakata, Meiji ishin shi（1960）, pp.229-232, 235-239。

35 木戶致黑田清綱，一八六七年四月二十三日，載於《木戶孝允文書》，2 : 286-287。在一八六八年二月（致伊藤博文的信中），木戶把他的批評延伸至其他藩國的武士那裡，後者正在對外國人施以攻擊。見 Sakata, Meiji ishin shi（1960），pp.217。

36 F.O.391/14，帕克斯致斯坦利，大阪，一八六八年一月五日。

37 岩倉備忘錄，一八六七年五月二十九日，載於《岩倉公實記》，2 : 36。

38 該敕令全文載於 Katsuda, Ōkubo, 2 : 431-432。又見 Oka, pp.139-142。

39 例如 Redesdale, 2 : 487-491 提供了外務省一篇文章的全文，該文是為了在一八六九年召開的一次武士大會準備的，其目的顯然是要大會拒斥任何殘存的攘夷情緒。

40 一八六八年二月二十九日備忘錄，見《岩倉公實記》，2：315-317。Black, 2：178-181有一欠平衡的英譯文。

41 山內容堂的一封署名日期為一八六八年一月六日的信件（載於《岩倉公實記》，2：168-169）對薩摩和長州的高調和新政權核心圈子沒有適當地向大名諮詢做了抱怨。

42 木戶致三條實美，密信，一八六八年一月二十二日，見《木戶孝允文書》，2：353-356，第三五六頁。

43 關於肥前的維新政治，特別參見 Shibahara, pp.91-96, 102-103，107-112。最近出版的兩個傳記也很有用：Nakamura Naomi, Ōkuma Shigenobu；Sugitani Akira, Eto Shimpei。肥前技術發展在第五章（第一二三到一二四頁）有過討論。

44 由七科增加為八局。——編注

45 關於一八六八到一八六九年創設的官職及其任命最有用的討論，可見於 Robert A. Wilson, pp.9-46；高級官員的名單見上書第一〇五到一一九頁。參見我的論文「Councillors of Samurai Origin」，那裡討論了新的領導的地域和社會出身。

46 關於大隈的背景和早期生涯，見 Nakamura Naomi, pp.1-43。

47 Sugitani，pp.1-3. 他的父親是一個町里小官（以疏忽政務聞名，對酒和皮影戲的興趣大於對其職責的興趣）。

48 大久保因意識到新政府中的武士成員因來自不同的藩國而彼此之間並不十分瞭解，所以他才在新政府成立的初期常常出於社交目的與他們見面（Katsuda, Ōkubo, 2：508）。

49 關於一些相關的例證，見我的論文《土佐政治團體》和《薩摩政治與武士階層》（Politics and the Samurai Class in Satsuma）。

50 Robert A. Wilson, pp.49-54.

51 參見 Oka, pp.144148；Delmer Brown，pp.101-103。Tanaka Sōgorō 在 Meiji ishin 第二七到三七頁中引用了後來任職於神祇部的大須藩武士 Yano Gentō 寫的一篇長文，該文從神道傳統闡述天皇統治的觀點。

52 這個小冊子的譯文見 Redesdale, 2：503-510。

53 朝廷致大名；文本載於《岩倉公實記》，2：199。

54 關於誓約的不同草稿的最詳細論述，見於 Inada，1：1-22。英文有關論著見 Ishii Ryosuke, pp.141-145；Pittau，pp.12-13。

55 Akita, p.8

56 我的翻譯主要參照石井良助著作第一四五頁的措辭。還有多種英譯文。參見 Sansom, pp.318-320。

# 第十三章 新政體

有趣的是，在一八六八年四月宣佈的五條誓文中，並不見在這一年早些時候明治領袖中醞釀的一系列變革的蛛絲馬跡。這些變革首先導致了一八六九年的版籍奉還，使大名成為天皇的行政長官，受命治理他們曾經以封建方式世襲的領地；然後又導致了一八七一年的徹底廢藩，取而代之的是由天皇任命的人員治理的縣。這一進程成為創造「明治絕對主義」的關鍵一步，其意義之重大，足以稱為「二次維新」。

這一進程也是歷史學家爭論的焦點。在喬治．桑蘇姆（George Sansom）看來，這個過程「主要是事後之舉」，它之所以必要，是因為新的統治集團無法通過「一個業已過時的行政機關」來有效地行使權力。[1] 在赫伯特．諾曼（Herbert Norman）看來，推翻德川政權運動的性質決定這一進程不可避免。一旦鬥爭的獲勝方意識到他們唯有在「把霸權從德川家轉移到其他家族或家族聯盟」和建立「一個中央集權國家」之間做出選擇時，這一進程就開始了。[2] 許多二戰後的日本歷史學家很可能會強調，決定這一進程的關鍵因素是封建階級成員願意將他們的權利轉交給一個可以接受的中央政府。他們之所以願意這樣做，完全是因為他們認定這樣做將使他們保持相當大的特權；不這樣做的話，他們就會因「大眾」騷亂而失去這些特權。[3]

在前一章裡，我們考察了作為一八六八年之後政治制度形成背景的一些影響和思想。現在我們轉向對這一進程中的政治，特別是其中的關鍵階段的考察。正是在這些階段，執政者終於相信有必要在他們權力範圍以內進行激進的變革。因為他們中大多數人是通過操縱封建權術才上升到具有影響力位置的武士，要說服他們相信他們到目前為止賴以生存的整個體制應當被打破絕非易事，更別提用一種源於異國且必定會挑起保守派不滿的制度來取代它。因此，他們的決定無異於對其民族主義決心的考驗。

## 版籍奉還

從一開始就有跡象表明，明治政府裡的一些人並不希望簡單地用一種以天皇為中心的封建主義取代幕府體制。比如岩倉，想的總是更加深遠，不過他又是一個非常現實的人，謹言慎行，不輕易把自己的想法說出來。與此相似，大久保在一八六八年就力主將天皇和他的都城從京都和朝廷裡那令人生厭的氣氛中遷移出來。這顯然是因為他認為唯有通過此舉，才能使天皇製成為統治日本的有效工具。大久保說，公卿幾乎都是「女流之輩」，根本無法擔當責任。[4]而天皇由於過分受到推崇，已經到了「自以為是、以自己為至尊至慧之神明，最終為上下各層人士所疏離的地步」[5]。藩國則「桀驁不馴」，態度多變，「一片亂象」。在這種情況下，首先需要團結全國以「改變懶散這一放任數百年的惡習」，這就迫切需要天皇從幕後走到台前。天皇必須「採取簡單且直接的措施掃清這些積弊」，「履行君王之責任」，而變得像其他國家的君主一樣——「出行只有一兩個隨從陪伴，關心人民的福祉」[6]。

在木戶的支持下，大久保通過這一類論證，最終達成了他的目的。江戶，現在的東京，或「東都」，成為天皇政府的所在地。[7]這個例子顯示了現實的考慮是如何使得傳統不再得到延續（在這個例子中，現實的考慮是害怕一個脫離政事並受其反動隨從陪臣壓力的天皇，可能變成反對根本性變革的中心）。另外一個能夠推出相似結論的例子，是明治領袖難以通過像一八六八年上半年存在過的藩國聯盟去達成並推行決定。每當需要就事關要緊的問題做出決定之際，明治領袖核心圈首先必須就應該做什麼在圈內達成一致。考慮到這個圈內的人物多樣紛雜，這個一致本身就不易達成。正如帕克斯所說，「日本在恢復秩序、建立一般政府的道路上遇到的最大的困難，或許就在於無法合作，對於一群一直被禁止搞任何結社活動，而且其行為多為嫉妒和寡信之心主宰的人而言，合作必定不是常例，只是例外。」[8]一旦決策者達成一致，他們還須贏得他們藩主的支持，並操作協調朝廷的各方利益以獲得天皇的同意。最後，他們還必須確保政策在各個地方都能實行。為此，他們就需要依靠朝廷的聲望，自己藩國的示範，以及他們的朋友在全國各地的遊說。總而言之，這種方式既反覆無常又效率低下。對成長於雄藩大名嚴明紀律下有著專制習慣的人來說，這是不可接受的。

如我們在前一章所看到的，在一八六八年，決策者已經在塑造中央政府自身結構方面取得了實質性進展，只具象徵性的人物和「閑」職不斷減少，從而使那些在達成決定過程中必須諮詢的人的身份和權威相對清晰起來。這就留下問題的第二部分，即政策，一旦決定下來，該如何推行到日本各地。假設這個問題不能靠再建立一個幕府來解決——如果沒有其他原因，薩摩和長州之間的競爭就決定這一方法不可能——那麼，問題的解決必須涉及到在中央和地方權力之間，也就是政府和藩國之間，形成一種新的關係。

朝這個方向邁出的切實可行的第一步是以略加改動的方式，再施行德川統治下的某些原則。在一八六八年六月政府變動中，一部分內容涉及到禁止大名相互結盟或發行硬幣，如以前他們也被幕府禁止這樣做一樣。與此同時，從將軍那裡接收過來的土地（加上年末會津藩戰敗後，從幕府支持者那裡沒收的九百萬石）直接歸朝廷控制，作為府和縣由天皇的官員管理。言明這一改革的措辭暗示著與封建做法的決裂。然而，在實際上，這一切所做的，只不過是使天皇變成自己的將軍，變成全國藩主中最有實力的一個。

天皇的行政安排，如德川的安排一樣，現在成為全日本的模範。一八六八年十二月十一月，僅在軍隊宣佈平定西南叛亂五天之後，一個指導大名對「三類地方組織」——府、縣、藩——做一定程度統一安排的天皇敕令即被頒佈。[9]該敕令詳細闡明了如何完成這一統一安排：明確分離各藩國的事務與藩主家族的事務；對高級官員採取標準的（也是新的）稱呼，而能否擔任這些職位則取決於他們的才能，與出身無關；任命一名官員作為藩國在京城的代表，在那裡他將成為議事所的成員。

所有這些措施，一旦實行，極大地增強了政府影響藩國的手段，因為它們壯大了支援政府目標的那些人，即「有才之人」的實力。簡而言之，朝廷與地方改革集團之間的聯繫已經取代了幕府與保守的上層武士之間的聯繫。對於如薩摩的寺島宗則和長州的伊藤博文那樣瞭解西方做法，並視藩國存在為阻礙進步、削弱統一的人來說，這一切還遠遠不夠。對於其他人而言，這一切已到了他們可以接受的極限。正如一個越前武士所說的那樣——毫無疑問他表達了松平春嶽的觀點——任何要求所有藩主，而不僅僅是將軍把領地交出的提議都將「使國家陷入動盪與不安」。這一建議本身就有問題，他說：「一國之土無疑是統治者的領土；但即便是統治者的領土，隨意將其收入自己手中也並非正當之舉。」[10]

島津久光也深有同感。他和其他「開明」大名一樣，從沒有將改革的需要與打擊他們自己的政治社會特權聯繫起來。認識到這一點，他們的武士認為，再怎麼說，只要這些大名仍然是反幕聯盟的重要成員，觸犯他們就不明智。因此，那些負責起草文件表示願意向朝廷上繳十萬石薩摩領地充作對天皇軍隊花費的貢獻的武士官員，顯示了他們對現實的考慮至少不低於對天皇的忠誠。雖然「上繳〔全部土地〕是得當的，就像鎌倉時代之前的情形那樣，」但他們認為，「在現在的條件下不可能做到。」[11]基於相同的現實主義，朝廷認識到接受領地將使它與大名的關係陷入普遍的尷尬，認為最好是謝絕薩摩官員上繳土地的請求。

在克服大名對這件事上的保守主義態度上，首先採取行動的是木戶孝允。也許是因為伊藤的影響，也許是因為他不像大久保那樣精於算計，木戶很快就對京都政治的紛繁複雜失去了耐心，而試圖尋求另外的道路。他在一八六八年初寫道，新政府有兩項責任：「提拔各方面的有才之人，投身提高人民福祉的事業，」並且使日本「與世界上其他國家並駕齊驅」。但是如果國內沒有一個有效的權威，兩項任務就都不可能完成。而且，既然權威的建立依靠的是創建一支天皇軍隊，而不是繼續依賴各藩國的軍隊，只有藩主將領地和人民交給天皇才會取得實質性的進展。[12]

伊藤同意木戶的觀點。此外，他還找到了一種使政策得以實施的方法。他說，對於那些看不到把個人利益從屬於國家統一事業之重要性的大名，或許不得不訴諸武力。但是，對於那些確實交出他們藩國的大名，應該給予新設的貴族成員資格，享有俸祿和等級，若有能力還可獲得官職等獎賞。至於他們的陪臣，條件合格者可任職於軍隊或官僚機構。其餘的可回到他們先前的藩國土地，如果需要，可以通過特殊的救助項目給予經濟上的援助。[13]

從這裡可以清楚地看到，大約到一八六八年底，明治政府中的長州領袖——儘管他們不一定仍然身在長州——已經設計好了後來廢除藩國所需要的計畫的框架。他們也獲得了他們大名的准許（儘管是很勉強的），與他們的同僚特別是來自薩摩的同僚來討論這個問題，沒有薩摩同僚的合作，事情將寸步難行。有的薩摩領袖，特別是寺島，已確定對此持支持的態度。土佐的後藤也是如此。他在這一年的夏天就向英國譯員密特福德表示，無論「徹底廢除封建體制」有多麼困難，他自己都將一如既往地支持天皇，而不是藩主。[14]對於那些持不同政見的人，有很多理由可以用來說服他們。如木戶所言，如果允許各藩國繼續各行其是，政府將退化成一個由眾多「小幕府」組成的集合體，[15]這一局面與維新意欲終結的那個局面一樣糟糕。或者用伊藤的話來說，「如果我們不能在國內實行統治，就不能在與外國打交道中把事辦好」；[16]因此，問題的利害所在，不是國內鬥爭中誰勝誰敗，而是日本國家的興亡。

木戶是在一八六八年十一月二日首次與大久保討論這件事的，儘管他在日記中表示當時他並沒有準備好將他的想法完全展現出來。[17]同樣謹慎的大久保，同意試探其他一些薩摩人的想法，而後藤在土佐也做著同樣的工作。然而，他們得到的反應非常複雜。到一八六九年初，大久保至少開始認為取得任何進展的唯一道路，是做他們在一八六七年底那些充滿了陰謀的日子曾做過的事情：先發制人，把一個既成事實擺在大名和藩國面前。他在給岩倉的一封信中寫道，國家需要堅定不移的路線方針。而事實上，「今天所做的明天就變了，今年所做的明年就變了，」[18]於是，混亂不斷加劇。二月二十四日，大久保與長州的廣澤和土佐的板垣會面，再次討論應當如何處理藩國的問題。在其後的幾天內，在肥前的代表也有參與的情況下，他們決定以他們的藩主的名義遞交文書，將這些藩主的領地交由天皇處理。

這份文件於一八六九年三月五日被呈送到朝廷。文件的開頭簡要提及，在遙遠的過去，將軍僭越天皇，「假借天皇權威竊取」並掌握了權力。它說，在所有的將軍包括德川將軍的統治下，這一「無約束的專制主義」使天皇與原本屬於他的土地分離。為此，現在有必要恢復原狀。

> 我們居住的土地是天皇的土地。我們統治的子民是天皇的子民。那麼，我們怎能輕易地把它們據為己有？我們現在把版籍奉還於皇室，請求朝廷處置它們，請它安置應該被安置的，拿走應該被拿走的；而且，我們還請求朝廷發佈必要的

命令，處置雄藩大名的土地，決定那裡的變革，並且為所有的事務定下規則，從制度、地位和軍事組織的規定到與制服和裝備相關的規定。這樣，國家事務，不分大小，都將掌握在一個唯一的權威手中。這樣，名實才能合一，才能實現我國與海外諸國的平等。[19]

解析這份文件頗有幾分困難。它封建性的語調意味著在統治者發生變化之時版籍奉還是適當的，因為這個統治者一定會通過相應的獎懲安排，對諸侯的領地或加以核准或調整。在這份文件中，沒有一處表明，土地一旦上繳，就不會返還給那些業已持有他們的人，如果這些人理應持有這些土地的話。然而，與撰寫這份文件的人密切接觸的帕克斯則深信這是發生激變的前兆。在給倫敦的報告中，他寫道，「我很高興地說，陽光已經射出雲層……幾位雄藩大名已經站出來，請求把他們的領土——他們的收入、軍隊、司法等等，上繳政府，交到天皇政府的手中，以建立一個強大的中央政府。」[20]文件中的「唯一權威」和使「名實合一」的提法，似乎證明帕克斯的判斷不假。

這個文件的含糊曖昧，可能是有意為之，因為這使大久保和岩倉可能摸著石頭過河，而不至於在保守主義過於強大之時失去妥協的機會。朝廷三月六日的答覆（這個答覆主要是大久保和岩倉的功勞）表明事實正是如此。該答覆說，四位大名所顯示的忠誠值得嘉許。但是，對於一件如此重要的問題的最終決定，必須在諮詢各方意見之後方可做出。諮詢的方便時間是在天皇於五月或六月到東京時。[21]換言之，領導層建議需要時間以評估反應。

大名對這一舉動的反應非常複雜。[22]到此為止一直與新政府保持密切合作關係的藩國，包括越前、鳥取和熊本，加緊追隨薩摩、長州、土佐和肥前的，向天皇呈交了自己的版籍返還文書。這樣一來，其他大多數藩也追隨其後。這樣，到七月底做出決定之時，僅有十四個藩國置之不理。事實上，幾乎沒有任何地方出現公開的反對。

但是，這並不意味著廢藩的觀點已廣泛贏得了支持。當問題於六月和七月被提交到公議所討論時，約有四十個藩國的代表，在越前代表的領導下，表態支持伊藤提出的方案，即縣由天皇的官員統治，但在「現在這一段時間」，從大名和高級武士中選拔這些官員。另外六十個藩國的代表贊同最終被採取的妥協方案：任命大名為原先他們自己所有的土地上的行政長官，並繼續實行武士領地制和俸祿制。但是，有超過一百個藩國要求以這種或那種形式保留「封建制」。有的論證道，現狀足夠好，相信土地只是在形式上上繳，然後再還複給藩國，僅接受最低限度的天皇監察。其他的藩國代表試圖僅僅以天皇取代將軍，而讓其他一切保持不變。事實上，一位武士告知密特福德，藩國能否「無需革命」即予以廢除值得懷疑，因為廢藩將「牽涉太多的既得利益」。這位武士說，甚至大名也不過是在嘴上說說廢藩而已，「他們並沒有把心思放在這件工作上。」[23]

一八六九年八月二日由公議所準備的一份文件（該文件主要是在熊本的推動下準備的，該藩現在的做法否定了早先其藩國代表的做法），為上述說法提供了證據。該文件認為，地方行政的兩種不同體系的共存——一以藩國為基礎，另一以郡縣為基礎，將導致混亂和動盪。而郡縣制度在中國沒能使它抵禦西方，這意味著出於軍事上的考慮，日本也不應該採取這一制度。進而言之，因為藩國的存在從來沒有阻礙朝廷命令的實施，現行的關係不應僅僅為了行政統一而受到干擾，不管在理論上行政統一是多麼值得追求。[24]

對這股反對暗流，明治領袖瞭若指掌。大久保在一八六九年四月寫給岩倉的信中注意到，「一種不安的和平籠罩著國家；大名陷於懷疑，大眾充滿迷惑。」[25]三條從東京報告說那裡的武士騷動使他害怕會出現新的對外國人的攻擊，從而導致「極其危險的局面」。他說，人們已經「開始在各個方面表達對前政府的思念，並就新政府的失敗表示他們的輕蔑」[26]。

正是在這一背景下，大久保、木戶和岩倉沒費什麼氣力就同意，在對藩國的未來進行公開的討論之前，他們必須採取措施保證首都的秩序。其中的一項，如大久保在七月指出的，是調整政府結構，改變它的人事安排，以提高效率、爭取人心。他說，照目前的狀況，政府遭帕克斯輕蔑（「他譏笑我們就像我們是孩子似的」），受武士侮辱（「他們

簡化武士階級結構和俸祿修正（蘊含著削減）的指示。在一八七〇年十月四日又有進一步的規定發佈，這些規定把在過去兩年裡發佈的規定整合在一起，並做了新的補充。[34]像往常一樣，這些規定提供了地方行政職務和術語的標準模式。它們要求知藩事（前封建領主）每三年到京城參加會議，在那裡停留三個月（參覲交代的變種）；設定了會計和地方貨幣控制的程式；重申了知藩事家族財務必須與公共支出相分離的規定；限定了地方官員在法律處罰以及發放俸祿等事務上的權力。十二月又有一項新規定，該規定將地方軍隊的規模控制在每一萬石高六十人的水準上，這些做法與幕府的做法如出一轍。

這一計畫在各個地方推行的效果差別巨大。例如，在譜代藩佐倉，新的行政機關的高級職位似乎仍由上層武士牢牢把持，但是各個層級的俸祿都有很大程度的削減，所以人們的經濟地位開始更大程度地取決於職位——在某種程度上也就是能力，特別是在中低級的職位上——而非世襲等級。這就加速了武士的官僚化，拉大了官員和普通人的距離，也迫使更多的家庭從農業和商業中尋找額外的收入。因此，這就使佐倉在摧毀武士作為一個階級所享有的特權的道路上取得進展，儘管權力結構幾乎沒有發生改變。[35]

與此形成鮮明對比的是，在熊本，中央政府的行動極大地壯大了低級武士改革者的力量。他們同他們在鄉士和富農中的同盟一同，一度控制決策，其力量之強，頗似一八六二和一八六三年間的志士。在他們的強力推動下，稅賦得以減免，眾多武士官員被免職，地方壟斷也被打破，甚至迫使大名辭職讓位給世子。[36]

可以預計的一點是，在明治參議會有代表的那些藩國的政策目的（如果不是政策效果）具有更大的一致性。肥田在江藤和副島的推動下，公開承諾它將通過選拔「有才之人」來降低地位的重要性，同時繼續它在維新前追求「富強」的政策。[37]在土佐，改革者（在某種意義上的）在山內容堂的支援下，一直長期執政；然而，板垣退助不斷提升的影響導致一八七〇年一系列前所未見、對傳統社會進行更激進攻擊的計畫出臺。因為一條於一八六九年十二月二十六日頒佈的政令，土佐的鄉士、步卒和許多鄉村領袖都屬於士族即士紳階層。而現在人們所希望的是廢除基於世襲職位所形成的階級差別；創立一支職業軍隊來取代武士；終止那些傾向於阻礙經濟選擇和競爭的特權和限制。[38]因此，土佐成為把武士變成符合社會團結和國家富強利益之生產者的試驗場。

薩摩的情況因大久保利通及其親信覺得必須把大部分時間花費在國家的首都而變得複雜起來。這削弱了鹿兒島的領導集團，這個集團被證明無法應對級別較低的武士積極分子（他們東北討伐歸來後要求獲得權力）和保守的上層武士（他們不願意放權）之間發生的爭鬥。大久保不得不於一八六九年春天為了解決這些問題回到薩摩。由於他的勸說，西鄉隆盛同意擔任地方官員與尊皇主義者共同致力於實施改革的計畫。他們首先做的是以才能提拔官員並使俸祿同職務的責任掛鉤，取代官位與地位掛鉤的規定。另外，整頓重組行政體系，以增加其專業化的功能；更加清晰地界定官職，削減官員數量。在這年末，殘留的武士領地被廢除，武士的俸祿遭削減。從此以後，島津家族俸祿被限制在最高不超過一千五百石，其他上層武士不得超過七百石，中級武士不得超過二百石。俸祿在二百石之下的不受影響。[39]

相似的發展模式也見於長州。在那裡，早在一八六八年十二月藩國就宣佈它的目標是「富強」，向才俊開放職位，改造官府結構。在第二年的十月，俸祿削減得以實現，其幅度之大為薩摩不及。它把最高的俸祿享有者（那些超過一千石的）削減至他們原先價值的百分之十，而對其餘的俸祿享有者則規定不得超過一百石。在這之後不久就進行了軍隊單位的重組，然後廢除了武士階級內部的地位細分。最後，在一八七〇年七月，武士家庭被准許從事農業或商業活動。[40]

一事顯而易見：貫穿於明治早期在藩國發生的重組，是利用中央政府的影響，保證地方政權掌握在那些願意實施中央政府計畫的人手中。如果藩國沒被廢除的話，它們也必須服從命令，藉此才有可能實現國家的統一。不幸的是，要達到這一服從，就必然產生兩種不同的變化，而無論哪一種變化都容易導致敵對。第一個變化是基於明治政府的同情者存在於中下級武士階級之中這一並非不合理的預期，它強調憑能力而非出身取得官職。這就為在那些「有才之人」尚未取得官職的地方，開闢了取得官職的道路；在那些他們已經取得官職的地方，為他們地位的鞏固添加砝碼。對世襲官職原則的攻擊很自然地會引起傳統優勢地位被剝奪的人們的反對。第二個變化是把新政策延伸到整個武士階級，其目的仍然是確保在未來通過個人努力獲得財富，而不是靠世襲。這個變化是第一個變化合乎邏輯的結果。兩個變化都蘊含著一種地位和官職的歸屬依功能主義（但非平等主義）而定的方式的傾向，目的是提高軍事和行政的效率。但是，第二個影響還使許多不屬於任何上層階級的普通武士家庭，喪失了任閒職小官獲得微薄收入的可能。而到此為止，儘管經濟走向對這些普通武士家庭不利，但這些收入曾一直保護他們免於不利的經濟走向可能給他們帶來的最壞結果。例如，俸祿在各地都遭到大幅削減，那些在內戰中被擊敗的藩國削減幅度更大，但在勝利的藩國那裡的削減幅度也很可觀，除了最低收入群體。[41] 結果，對政府政策進行抵抗的，不僅僅限於失去權位的少數人，還有大量的普通武士，他們遭受的地位和收入損失價值雖小，但卻直接影響了他們的生存。再者，傳統主義者和保守主義者（他們自己未必受到上述的影響）卻因被他們視為這些政策伴生物的偏重商業和崇洋媚外而被觸怒。[42]

在薩摩，島津久光和西鄉隆盛在一八七〇年中對政府的態度變得越來越具批判性。對明治政府的現代化計畫，他們都拒絕合作。這鼓勵了其他人站出來表示不滿。例如，在鹿兒島躁動不安的武士中，就有一個在八月公開自殺，以此表示他的悲憤。在他的絕命信中，他列出了自己的種種不滿。他首先抱怨的是官員任命問題。他說，官職落入了那些「沽名釣譽之徒手中」，「派別而非德行決定官職的歸屬」。接著，他抱怨高物價、高稅收、鐵路和通商條約，並對不講原則、只講權宜的風氣盛行痛心疾首，認為這些風氣使人們「把昨天還被斥為邪惡的事情在今天當作善舉來歌頌」[43]。在這裡，他相當全面地表達了武士的感覺，特別是那些曾帶著尊皇攘夷的樸素信念支持反幕運動，但卻在當下的政治中找不到尊皇攘夷空間的薩摩武士的感覺。唯有西鄉（或者看起來是如此）才能防止他們把那些在首都的大臣們當作洩憤的靶子，因為，他們把目前的局面歸罪於這些大臣。

其他地方則沒有這個約束。三位以改革者著稱的人士遭到攻擊並被刺殺：橫井小楠於一八六九年二月十五日；大村益次郎於同年年底；廣澤真臣於一八七一年初。在一八六九到一八七〇年的冬天，長州情況危急，直接起因是藩政試圖解散長州非正規部隊（諸隊），並把它們併入常備軍，但也反映了一種更普遍的、對外交政策和武士俸祿不滿的情緒。大約有二千人反叛，攻擊山內，迫使那些以前曾率領過他們的人——木戶、井上和品川（高杉已死於一八六七年）從東京返回，使用忠誠的武士軍隊鎮壓了反叛。[44]部分反叛者逃到了北九洲，在那裡加入熊本和真木和泉之前的領地久留米的其他反叛隊伍，使得這一帶在一八七一年春天之前始終處於動亂狀態。最終，來自薩摩、長州和熊本的軍隊平息了他們的反叛。

帕克斯在東京被告知，這些騷亂中的大部分都是由低級武士對明治政府索求藩國財政的不滿，加之農民「革命後就不必繳稅」這一天真的看法所致。[45]換言之，「被遣散的戰士」與「農業或勞動階級結成統一戰線」[46]。帕克斯的高級隨從亞當斯（F.O.Adams）後來就騷亂的情況寫道：「自維新以來，當愚蠢的農民因苦於官員製造的不公正而群起抗爭時，他們從不缺乏出自武士階級的人〔來領導他們〕。這些武士對自己地位的降低深感不滿，〔並且〕無法理解天皇的顧問們採取的對外國人友好的基本政策。」[47]

上述事實還表明，明治領袖繼承了幕府比較難以解決的問題。德川晚期日本的社會和經濟震盪，表現於武士、債務和農民起義。這些問題不會因政府的轉變而消失，一如權力的轉移並沒有使「不平等條約」突然變得可以接受。就這些困苦都被歸罪於「政府」而言，它們會像削弱舊政府一樣削弱新政府。再者，顯然，一直到此時為止，維新後修正藩國結構的嘗試對改進政治穩定毫無助益。誠然，這些嘗試是在追求統一的名下進行的，但它們實際上卻動搖了統一，即便是在那些被參議會理所當然地認定為是政府主要的支持者的藩國那裡也是如此。於是，儘管有版籍奉還以及以此為基礎的改革，在一八六九年，原本就有的三個政治問題依然存在，尚未解決：政府自身的目標的統一；在多大程度上依賴薩摩和長州支持；在多大程度上把權威加諸全國。

用另一種方式說，現在不僅僅是政府的政策瀕於破產，而且是政府本身也岌岌可危。

用木戶於一八六九年九月寫給大久保的信中的話來說：「除非政府在主要政策上做出堅定並一以貫之的決定，否則，毫無疑問，依靠它來拯救我們的國家無異於水中撈月。持續猶豫不決，造成人心混亂，只能導致災難性的結局。」[48]一年之後，他仍能夠說同樣的話。

這些困難部分與一群堅定的現代化論者有關，他們由大隈重信和伊藤博文領導，並在大藏省打下了根基。這些人在一八六九年夏天因大藏省與民部省合二為一而獲得了對地方政府的一定程度的許可權，他們抓住這個機會強制推行了一系列的藩政改革，尤其是那些與財政和俸祿相關的改革。這些改革在各地都引起保守主義者，包括他們某些同事的不快。如三條所評論的，儘管他們都很有能力，但卻欠缺謹慎：「他們沒有中庸的精神，也沒有容忍的度量，因此不可避免地遭到人們的譴責。」[49]木戶雖然基本上支持這個群體努力要做成的事情，但也曾在日記中這樣評論伊藤：「深謀遠慮，卻未深察我們自己國家之現狀。結果，他之所言在理論上都不錯，但在實踐中卻無法結合現實可能性來評估理論的優劣。」[50]

這些都不是大久保追求的特質。他更加關心的是維護政治基本盤不亂。在一八七〇年夏天，為了減輕大隈和他的朋友之間明顯的分歧所帶來的影響，他同前原和松方一起試圖拆分大藏省和民部省。他們成功地做到了這一點，不過是經歷了一場重大的衝突，且對重建參議會的團結毫無益處。[51]然後，在十月底和十一月初，大久保與木戶、三條和岩倉進行了一系列的討論，以尋求恢復早先的反幕聯盟；這時，這個聯盟已從遭到破壞滑向面臨崩潰。他們達成了兩項決定：第一，在中央政府內部，必須加強參議的權威，特別是他們對大藏、民部兩省的控制；第二，必須重新努力採取措施來確保他們與薩摩和長州的同事之間的合作關係。

廣而言之，這就是說進步主義和保守主義之間的平衡，必須為了政府的整體權威向保守主義傾斜。在實踐上，它變成岩倉領導的赴鹿兒島和山口的天皇使團的計畫，借此大久保和木戶可以進行必要的談話。他們的主張被證明是有說服力的。一八七一年二月初在薩摩，島津久光和西鄉隆盛都被勸服到東京任職。然後，在長州，毛利敬親也同意去首都表示對政府的支持。最後，當岩倉回到京都之時，其餘的人轉到土佐說服板垣加入他們的事業。到三月底，整個使團回到東京。

儘管有很豐富的文件，但要發現這些來來往往究竟是為了什麼是非常困難的（除了明擺著的一點，為了政治權力的事情）。相關者直接提到的只有兩件事：對核心藩國集團內部團結的再次公開強調，以及旨在提高東京政府效率的計畫。但是，我們有理由相信，在這一兩個月內明治政府做出了一個關鍵的特別決定，即廢除藩國。實際上，常常有人認為——我覺得是過於倉促了——上述往來的主要目的就是廢藩。[52]

有若干因素導致在一八七一年做出這個決定比在一八六九年更加容易。因素之一是許多藩國一方面受困於大藏省的財政要求，另一方面又苦於武士對削減俸祿的反對，因而要求變藩為縣，就像德川的領土一樣。它們當中的大多數都是小藩，受到的經濟壓力最大。不過，有少許幾個大藩——盛岡、名古屋和德島——也贊同這一方案。[53]然後，還有證據表明（這些證據主要見於眾議院中的辯論），許多武士發現早先就版籍奉還做出的妥協難以令人滿意，因為在這個妥協下，他們與知藩事的關係，無論在地位上，還是在個人忠誠上，都非常彆扭。另一個外在促進力量來自於哈里．帕克斯，他一直不停地提醒掌權者需要將日本「打造成一個堅實的、精巧的國家，由統一和正義的法律統治」，[54]不單因為這是通往文明的必經之路，而且因為它會給予參議會干預地方事務的手段，以懲罰那些攻擊外國人的武士。參議會的一些成員看到了這個論證的吸引力，卻是出於與帕克斯不盡相同的動機。

在政府聯盟內部，來自土佐的官員認為廢藩可以達到他們矢志不渝追求的目標。這個目的見於他們此前提出的建立封建大會的建議：稀釋他們來自薩摩和長州的同事以藩國為基礎的統治。[55]岩倉也被這個主張所吸引。在他寫於一八七〇年夏天的一封長信中，他基於兩點主張廢藩：第一，它是終止因內部分裂造成的軟弱政府並創造位於藩國之上，而非以分割的領土為基礎的政府的唯一途徑；第二，因為國防需要的是國家軍隊，而不是由各藩國提供的、組織和訓練形式各異的軍團。[56]

在原則上，這些主張對那些與大久保和木戶相近的人，對那些已經選擇了中央官僚生涯而非在本藩勤務、現在又難以折返的人，也頗具吸引力。事實上，自一八六九年以來，他們一直關心的，不是廢藩是否值得，而是是否出現了廢藩的適當時機。這一考慮使他們在一八七一年春天仍舊小心翼翼。

木戶早在幾個月前就贊同採取一條漸進主義路線，逐步推廣。他寫信給三條道，廢藩「應從那些受朝廷直接統治的地區開始，為那裡受苦已久的人民大眾鬆綁解壓，讓他們獲得自由之權。這樣，到了各藩發現它們無法維持舊有的習慣，因而和平地把自己置於朝廷控制之下的時候，朝廷之行政將自然而然地建立起來」[57]。大久保也反對不必要的倉促行事，因為他完全瞭解明治政府對保守主義者西鄉在薩摩影響力的依賴，一如它對進步主義者木戶操縱長州的依賴一樣。[58]他看到的一個危險是私人性的：損害統治核心權威的風險，這一權威部分系於他們作為藩國聯盟成員發言人的地位。另一個危險是全國性的：引起大範圍的武士暴動從而摧毀政權的風險。很重要的，當岩倉於一八七一年五月二十日跟帕克斯談論國內局勢時，他把三件事聯繫起來：廢除藩國，建設一支由不再受藩國控制的軍人組成的天皇軍隊。大幅度削減武士俸祿。[59]

所有這一切，一言以蔽之，在明治政府內部發生的爭論不關乎目的，只關乎手段，不關乎使國家強盛本身的政治目標，而關乎它的實施。在這場爭論中，一邊是如大隈和伊藤那樣的官員，認為不廢藩則無全國統一之可能；另一邊是如大久保和岩倉那樣的官員，認為斷無既廢藩而在廢藩過程中又不摧毀政府自身統一的可能。木戶則很不易地騎牆其中：他同情第一邊的主張，但接受第二邊的現實主義。就文獻所示，在這個時刻，這五個人所關心的除了時機和手段外別無其他（這可解釋為什麼在史料中基本上找不到相關決定的記錄）。

缺乏這樣的文獻記錄，我們只能斷定完成統一進程的決定可能是在一八七〇到一八七一年冬天做出的。毫無疑問，這個決定不會晚於一八七一年五月二十日，這天，岩倉告訴帕克斯政府已下定決心要達成這樣一種局面：「肥後不再是肥後，薩摩不再是薩摩。」[60]不過，在把這個決心轉化為法律之前，仍然有許多事情要做。雖然已經達成協議，在三月底來自薩摩、長州和土佐的軍隊進駐東京，以防對改革的抵抗，此後仍然發生了幾件使改革推遲的事情：島津久光最終明確表示不願意來東京；長州和薩摩對鎮壓北九州的動發髮生分歧；毛利敬親的離世迫使木戶回到山口重新安排長州政治。直到七月中旬這些事情才終告解決，政府的關鍵成員回到東京，得到了多支忠誠的部隊的支持。

他們首先關注的是職位調整，使決策權集中於他們自己的手中，這在一八七一年八月十一月的一次重組中完成。經過重組，木戶和西鄉成為僅有的參議，大久保為給他們讓路降格為大藏卿。一個月後，民部省再度被廢除，其職能轉移至大藏省也即大久保的手中。

其後兩年也一直是這樣：由武士來擔任主要省部的禮儀性首長，以取代那些到這時為止一直擔任這些職務的公卿和大名。更為直接地，這次重組向西鄉等保守主義者保證：激進的大隈派將得到控制。

幾乎就在同時，廢藩的最後措施得到實施。木戶在七月二十一日正式向太政官三條提出這個問題，主張把事業推進到超越一八六九年的所作所為的時機已經到來。大久保和西鄉表示支持。在政府重組之後，他們開始坐下來確定細節。[61]八月二十四日在由薩摩和長州領袖——他們決定不邀請土佐的領袖和公卿——出席的一次會議上，他們決定將以敕令而非諮詢的方式採取行動，而西鄉應做好鎮壓一切反抗的準備。這一點達成後，三條和岩倉被告知行動的計畫，大隈和板垣被定為參議，以確保肥前和土佐的合作。最後，在八月二十九日，天皇召見了二十九個身在東京的大名，最終宣佈郡縣制將推廣至整個日本。他們聆聽了完整的敕文。「為了保存日本國民的和平，為了讓日本能以平等身份立足於世界各國，」敕文解釋道，「……我們決定，有必要把國之政府統一於唯一的權威。」[62]

廢藩問題的解決方式清楚地體現了薩摩和長州明治領袖構成的核心武士統治集團的強勢。他們不僅願意拋開他們的大多數公家和大名同盟，甚至到了不與他們商量的地步，而且還敢冒與他們的武士同事中仍舊忠誠於藩國的人們發生正面衝突的風險。他們知道這是一場賭博，只消看看他們所做的軍事準備。而且，賭注非常之高。在大名這方面，同樣的危險因他們獲得了「可觀的貨幣利益」而大大減小。[63]他們被允許保留藩國原先財政收入的十分之一作為自己的收入。作為一個另加的利誘，他們都將成為國定貴族的一員，這將保證他們的社會聲望。這兩個措施合力促使大名無異議地接受變化，但也有少數例外，如島津久光就仍希望繼續享有權力。但是，如我們將看到的，許多武士的命運並沒有這般好。事實上，他們的不滿成為明治政府揮之不去的一大難題。

關於日本社會的變動這一更加廣泛的問題（廢藩決定是這個問題的一部分），我們將留待後面再談。在這一章的結束部分，讓我們來看看就這個決定所產生的狹義上的政治後果。在中央政府，它是現代官僚制以及以此為基礎的政治風格形成的關鍵階段。這首先是因為它改變了政策過程，把它從一個需要操縱中央和地方兩方面利益（朝廷、封建大名和藩國政府）的過程，轉變為一個那些殘存的封建和地域的忠誠必須通過中央內部派別鬥爭表現出來的過程。這些忠誠不再是政策操作的物件，而變成影響政策的因素。在這一情景之下，有才能且有足夠經驗但卻缺乏「封建」權力即無法駕馭一個藩國資源之人，就有可能依靠其官職或在官僚的追隨者而成為政府的關鍵人物，[64]與此同時，那些到此為止憑他們的世襲地位而在明治政府建立之初頗具重要性的改革型大名開始淡出舞臺。

就此而言，這一變化是反封建的。然而，它的反封建性不在於從外部，即從商人或農民的立場向封建社會發起了攻擊。恰恰相反，這一攻擊發自於封建社會內部的人（以看似傳統的形式發動），其攻擊的物件僅僅是那些妨礙了他們建設一個強大日本事業的封建制度。結果，他們所摒棄的僅僅是那些對政府性質具有決定性影響的封建因素，與這些因素相伴生的社會架構得以保留。在這個世紀的剩餘時間裡，絕大多數高級官員仍然出身武士。在一八七一到一八八五年之間擔任過參議職務的二十二個人，無一例外都曾是武士。而在一九〇〇年之前被任命為知縣的人之中（根據一個隨機抽樣），百分之八十六曾是武士。[65]同時，專業技術，特別是西式專業技術變得比家族地位甚至地區歸屬更為重要。[66]因此，武士出身所代表的特權背景仍然重要，但世襲地位本身已不再決定一個人的生涯發展模式。這是提拔「才子」政策邏輯上的結果。它還是一八六八和一八六九年政府重組中顯現出來的走向武士掌權趨勢的自然延伸。

同理，廢藩成為了告別封建分離主義的最後一幕，這一封建分離主義曾是改革的一部分，因此，與它的告別，就是與「公武合體」殘存的印跡以及封建大會的觀念告別。在一八七一年底之前，大名們已經接到命令必須住在東京，他們當中大多數的知縣職位都被武士取代，而這些武士通常來自其他地方。在其後的一月份，在被廢藩國基礎上建立的三〇二個縣被減至僅有七十二個縣，自此，藩國不但失去其名，而且失去其實。緊接著，縣又被劃分為市、區、町、村。在一八七三年底，它們都被置於新成立的、由大久保擔任長官的內務省的管理之下；這個省掌握了干預地方事務的廣泛權力。此後不久，政治家開始抱怨「集權之惡」，並視之為新政權不太理想的產物之一。[67] 這導致了一八七八年郡縣大會的成立，但這並沒有改變明治體制的特徵。對於作為一個整體的日本而言，地方自治和封建統治一同消失了。

## 註釋

1 Sansom, pp.338-339.

2 Norman, Japan's Emergence, p.91.

3 參見《明治維新史研究講座》，4 : 83-87。

4 大久保一八六八年五月二十三日信件，轉引自 Tanaka Sogoro, Meiji ishin, p.125。

5 大久保一八六八年二月十六日備忘錄對把首都轉移到大阪進行了論證，載於《大久保利通文書》，2 : 191-195，第一九三頁。Black, 2 : 184-187 中有英譯文，此處引用略有改動。

6 Black, 2 : 184-187，有意思的是，哈里．帕克斯爵士也和大久保一樣不喜歡京都，或許部分因為他曾在那裡受到攻擊吧。他說，京都是「第二個麥加」，朝廷公卿們必須除卻那裡的「偏見和狹隘之心」，然後才能接受「更為理性的觀念」（F.O.391/14, 帕克斯致哈蒙德，一八六八年八月八日）。

7 江戶是在一八六八年九月三日重新命名的。天皇從一八六九年中開始居住在那裡，但他在東京的住所，即前將軍的城堡，是到一七八三年才被宣佈為「皇居」的。在《維新史》5 : 447-471 中有關於這些決定的爭論的長篇討論。又見 Iwata, pp.117-119。

8 F.O.391/14, 帕克斯致哈蒙德，一八六八年十月七日。

9 該文本的英譯文見 McLaren, Japanese Government Documents, pp.26-27。又見 Asai, pp.84-86；Tanaka Sōgorō, Meiji Ishin, pp.132-134。

10 Asai, pp.109-110.

11 淺井清，《明治維新和郡縣思想》，第一一七頁，那裡引用了該文件（一八六八年三月四日）的內容。

12 一八六八年第二月〔二月二十三日到三月二十三日〕備忘錄，見《木戶孝允文書》，8 : 25-26。

13 一八六八年十二月／一八六九年一月備忘錄，載於 Ito Ko zenshu, 1 : Part 1, pp.165-168。

14 Mitford 提供的備忘錄，一八六八年八月六日，載於 F.O.410/12，pp.337-338。

15 木戶致三條和岩倉，一八六九年三月十三日，載於《木戶孝允文書》，3 : 237-243。岩倉似乎接受了這些說法，並在幾周後跟帕克斯的談話中略加變動地使用了這些說法。當時，他提到因每個大名自身都像「一個小天皇」一樣的事實所產生的困難（根據帕克斯的報告）。見 F.O.391/15, 帕克斯致哈蒙德，江戶，一八六九年六月七日。

16 伊藤致木戶，一八六九年五月五日，載於 Ito Hirobumi den, 1 : 438-440。

17 《木戶孝允日記》，1 : 99-100。

18 大久保致岩倉，一八六九年二月六日，見 Toyama, pp.265-266。

19 據《岩倉公實記》，2 : 671 所載文本翻譯。有若干對這一文件的當代翻譯，在細節上與我的翻譯有所不同，見 McLaren, Japanese Government Documents, pp.29-33；Gubbins, pp.313-315。

20 見 F.O.391/15, 帕克斯致哈蒙德，江戶，一八六九年四月六日。

21 《岩倉公實記》，2 : 672.

22 這個問題在 Asai（pp.159-171,190-199）和 Kimura and Sugimoto（pp.329-332）那裡得到了比較詳細的討論。

23 F.O.46/109, Mitford 提供的備忘錄，一八六九年五月二十日，帕克斯致克萊登，第一一四號，機密，一八六九年五月二十八日。

24 一八六九年八月二日公議所備忘錄，見 Higo-han, 10 : 31-33。

25 大久保致岩倉，一八六九年四月二十六日，見 Akita, p.6。

26 三條致岩倉，一八六九年五月十七日，載於《岩倉公實記》，2 : 706。

27 一八六九年六月六日備忘錄，載於《大久保利通文書》，3 : 161-194。

28 於七月十日公佈的最大的獎賞分給多位大名，包括長州和薩摩藩（各得十萬石），土佐、肥前、鳥取和備前藩。武士接受者包括西鄉隆盛（二千石）、大村益次郎（一千五百石）、板垣退助（一千石）。就此目的撥付資金的決定，儘管有來自對財政負責的官員的反對，是在這一年很早的時候做出的（Katsuda, Ōkubo, 2 : 683-688），所以，實際上宣佈的時機可能是很重要的。確實，直到十月三十日對政治服務（其對贏得支援的重要性被設想為低於軍事服務）的獎賞才宣佈。受賞人包括三條和岩倉（各得五千石）、木戶、大久保和廣澤（各得一千八百石）、後藤（一千石）。在《維新史》第五卷的附錄中有兩次受賞人的完整名單。

29 大久保致桂久武，一八六九年七月十二日，載 Katsuda, Ōkubo, 2 : 692-694。政府內部關於這個問題的討論見 Asai, pp.173-190。

30 岩倉備忘錄，一八六九年第五月（六月十日七月八日），載於《岩倉公實記》，2 : 728-730。參考，他的早期提議在第十二章（第三〇四到三〇五頁）得到了考察。

31 F.O.391/15, 帕克斯致哈蒙德，江戶，一八六九年八月二十八日。

32 見 Robert A. Wilson, pp.66-86，任命名單載於第一二〇到一二五頁。

33 Iwata, pp.132-133；Katsuda, Ōkubo, 2 : 702-708（該處提供了文件的文本）。該文件的前言是一段關於需要全國團結的話。這個前言是用「尊皇主義」的術語包裝的。

34 十月的法律總結於石井良助著作第九四到九五頁。

35 參見 Kimura and Sugimoto, pp.323-347。

36 參見 Ōe, pp.51-60。

37 參見芝原拓自，《明治維新的權力基盤》，第一一一到一一二頁。

38 這些改革在 Jansen 的《坂本龍馬》第三六一到三六八頁中得到了討論。板垣對世襲特權的批判體現於他在一八七〇年第 11 個月（一八七〇年十二月二十二日一八七一年一月）寫的一個備忘錄中，該文本收入《自由黨史》，1 : 79。

39 見《鹿兒島縣史》，3 : 522-550。

40 見《維新史》，5 : 727-731。

41 在 Niwa 的 Meiji 第一六到二二頁中有關於俸祿削減的詳細考察。

42 關於這一反抗的一般討論，特別見淺井清，《明治維新和郡縣思想》，pp.221-243。

43 橫山正太郎文書，一八七〇年八月二十一日；它的翻譯出現在帕克斯致格蘭維爾，第三十一號，一八七一年三月十七日。

44 《松菊木戶公傳》，2 : 1217-1243。又見 Tōyama, pp.272-274，那裡指出，在這個個案中的所帶的行為方式，不但有如尊皇攘夷的信徒，而且還具有典型的武士的特徵，儘管在他們的隊伍中有富農和富商的成分。

45 F.O.46/138，帕克斯致格蘭維爾的附件，第八號，機密，一八七一年三月二十五日。該附件報告了與外務省的伊達宗基和寺島宗則在三月八日和二十三日，就可能威脅到外國利益的騷亂問題的會談。

46 F.O.46/138，帕克斯致格蘭維爾的附件，第三號，機密，一八七一年三月十七日。

47 Adams, 2 : 246.

48 木戶致大隈，一八六九年九月五日，載 Ōkuma, 1 : 120。

49 三條致佐佐木，一八七〇年七月十一月，載《伊藤博文傳》，1 : 504。

50 木戶日記，一八七一年七月二十八日，載 Kido Kōin nikki,2 : 52。

51 這場衝突在 Sakata 的《明治維新史（一九六〇）》第二四五到二五七頁中得到了較為詳細的考察。

52 參見 Robert A. Wilson, pp.96-98，以及那裡引用的權威說法；又見 Asai, pp.272-278。

53 Asai, pp.245-258. 關於藩國的財政困難（這個問題在後一章中將得到更詳細的考察），特別參見 Niwa, Meiji, pp.947。

54 F.O.46/139，帕克斯致格蘭維爾，第七十二號，一八七一年五月二日，報告了他在五月十八日與天皇私人會面上他對天皇所談的內容。

55 Asai, pp.265-272.

56 一八七〇年大約第八月（八月二十七日到九月二十四日）備忘錄，載於《岩倉具視關係文書》，1：338-362。該文件據說是肥前的江藤新平撰寫的，但岩倉把它當作自己的文書，並在上面簽了名字。

57 木戶致三條，一八七〇年九月十五日，見《木戶孝允文書》，4：102-106，第一〇四頁。

58 這裡所涉及的困難表現於三人於一八七一年三月十五日在大阪的一次會面上，當時，他們正在從土佐去東京的途中。在三人中，木戶和西鄉之間發生了激烈的意見衝突，而大久保極其困難地避免了另一次公開的決裂。見 Shokiku Kido Ko, 2：1375-1376。

59 F.O.46/139，亞當斯致格蘭維爾，第七號，最高機密，一八七一年六月十二日。

60 F.O.46/139, 亞當斯致格蘭維爾，第七號，最高機密，一八七一年六月十二日。

61 Katsuda, Ōkubo, 2：856-859；《松菊木戶公傳》，2：1457-1460。該文件的調子顯示，廢藩的問題是一個被一度擱置而現在被重新啟動的問題，而非一個這個集團最近的行動才開始進行作業的目的。

62 天皇敕令，一八七一年八月二十九日，譯文見石井良助著作第717頁。

63 這個說法來自 McLaren, 他對整個事態的發展做了很好的描述。見他的 Political History，第八二頁。

64 陸奧宗光是個好例子。他出身於德川顯要藩國紀伊（和歌山）的一個中等富裕的武士之家，一八六四年後與土佐浪人一起加入軍隊，然後逐步上升為明治政府高官（最終擔任了外務卿）。但是，甚至他在一八六八年也覺得有必要恢復與和歌山的聯繫，以為自己提供某種藩國的「基礎」。見 Jansen,《陸奧宗光》一文，特別是第三一一到三二〇頁。

65 Silberman,「Bureaucratic Development,」pp.352-355.

66 Silberman（Minister's, Tabel 12, p.70）證明，被研究的在一八七五到一九〇〇年之間取得重要官職的六十九人之中，不低於四十七人有某種西式教育或專長。表十一（同上書，p.68）證明西式影響與低級武士出身之間具有相關性。Sidney Brown 在「Ōkubo Toshimichi」第二二一到二二三頁中注意到儘管在來自薩摩、長州、土佐和肥前的人在參議和大臣中占壓倒性優勢，他們的直接下屬卻未必符合這同一模式；在戰爭省最高階位的官員中超過三分之一來自這四個藩國，但在大久保領導的內務省五十一名高級官員中僅有五名來自薩摩或長州。

67 Steiner, pp.33-34.

# 第十四章
# 財富與國力

廢藩本身不是目的。對於明治政府的大多數人而言，廢藩是為了完成「復古」之任務，藉此形成一種使政府事務得以運作的政治結構。因此，廢藩是邁向政治統一的又一步，為強國所必需。但是，廢藩並不是靈丹妙藥；它不可能一舉解決所有與政策制定相關的問題。誠然，在最廣泛的意義上，明治政府的目標是依據新領袖於一八六八年前後，他們自己藩國的經驗來制定的：富國強兵，體現在採用西方軍事技術，採用新的經濟活動為引進西方軍事技術籌資；還體現在提拔「有才之人」，在這裡得到強調的是武士的職能基礎而非其世襲背景。儘管有這些相同點，但是，由於藩國的經歷各不相同，「富國強兵」的政策未必能在全國範圍內推行下去。同樣地，承擔這些責任的人，儘管在背景和人生履歷上大致相似，但在眼界和性情上大相徑庭——有的謹慎，有的熱情，有的保守，有的極端——結果，他們往往互相之間也難以達成一致。

在這樣的局面下，把口號轉化為政策的進展相當緩慢，延續於明治的大部分時間。這還帶來一些巨大的爭議。其中之一是文化傳承的問題：當日本引進那些似乎為建設強國必不可少的西方制度時，它能在多大程度上保持基於傳統文化之上的民族特質？在這裡，攘夷與開國的老問題以一種更加精緻的形式再次呈現。另一個問題是社會問題：追求新的目標，像統一和效率，是否會摧毀在過去二百年存續的日本社會？更具體地說，追求社會的統一（這與行政統一不同），是否會導致武士階層的毀滅，使得非武士即「平民百姓」能夠被動員起來成為政權的支持力量？所有這些問題都令當時的日本人三思而後行。結果，澄清政策的內涵過程，以及相應地必須做的確定改革方案的範圍，都帶來了巨大的爭議。唯有當這一過程完成——至少暫時地完成之後，才能說復古告終，明治時代的帷幕得以拉開。

## 制定政策

在考察早期明治政策制定的問題時，一個很有用的方法是檢討岩倉具視的思想發展歷程，因為他常常充當了明治政府核心圈的發言人角色。一八六七年春天，在京都就開放函館和懲罰長州明爭暗鬥之時，岩倉具視草擬的備忘錄預示明治國家許多特徵：通過地方行政長官控制大名的天皇統治形式；刺激經濟發展，特別是在農業和外貿領域；旨在教授實用技術和傳統道德的教育體系；在平等的地位上與列強重開外貿條約談判。[1]而在岩倉及其同事掌權之後，隨著對西方更加深入的瞭解，更多的西方元素得以採用。一八六九年一月，岩倉向英國公使諮詢「如何才能富有成效地把西方的制度移植到日本」，因為，「雖然日本有自己的文明，但是，我們必須承認……在許多方面，我們的文明不如你們的文明。」[2]帕克斯沒有錯失這個教導日本人的機會。其他人也沒有錯過這樣的機會，無論是那些身在日本的外國人，還是那些去過歐洲和美國的日本人。

結果，到一八七〇年的仲夏，當岩倉準備另一個關於一般政策的長篇論證時，他的思想更加具體了。首先，現在他建議立即廢藩，其理由是一個因封建主義而支離破碎的日本勢必是軟弱的，無力保衛其人民生活免於外國的威脅。「國家之安全就是個體之安全，國家之危機就是個體之危機。」[3]照此邏輯，他推論道，稅收必須統一於中央集權之下，藉此保證財政穩定和地區之間的負擔平等；武士特權必須終結，因為他們不再為國家提供軍事和行政服務，因此不該從公共資金那裡得到酬勞。同理，教育必須成為國家政策的工具，為國家富強做出貢獻。這就意味著教育不能以教育武士的儒教形式進行，必須採取一個全新的體系。在這個體系中，有以提高人民識字率為目的的小學；有因商業的重要性而設立的商業學校；還有女子學校，女子最終將作為母親，在家庭教育中塑造國民價值觀上扮演最重要的角色。

岩倉提出的關於新日本的此類藍圖，特別是對日本取得與西方平等地位的強調，獲得了明治領導層的廣泛支持。群馬藩主細川吉行作為一個典型的保守派大名，也在一八六九年六月的一封信中表達了許多相似的觀點（儘管很大程度上是用儒家的方式）。[4]而在那些與事物的核心更加接近的人之中，已經被認為是「進步」人士的肥前的大隈重信，在一八七〇年秋天就已力主日本必須在如下三個方面都統一行事：行政統一於內務部之下，軍隊統一於軍事部之下，稅收統一於財政部之下。[5]

大久保利通也接受了日本必須向「文明和啟蒙」的方向前進，雖然作為一個比大隈更加謹慎的政治家，他認識到任何可能觸犯根深蒂固的既有特權的改變，都必須小心謹慎對待。在一八六九年他就說道，「我們絕不能僅僅因為一件事物是新的就要看好它。我們必須循序漸進，三思而行，而不能急於求成，以免危及我們的目標。」[6]一八七〇年春天，他特別警告大隈，鑒於中央集權計畫必然激起動盪，改革者的行動過於超前了。[7]岩倉也有相似的保留。如帕克斯向倫敦的報告所透露的，明治政府參議會成員「很不幸地害怕反對黨，後者對前者決定的任何創新都予以激烈的攻擊」[8]。

這些發展的背景之一是到岩倉撰寫其政策建議的一八七〇年，在明治政府中已經形成了一個改革或者革新（維新）黨，它要求進行的「富國強兵」改革，其徹底西方化的程度，為一八六七年反幕府聯盟大多數成員所不能接受。[9]該黨的核心成員是那些以尊皇主義政治和對西方的直接瞭解而著稱的明治政府要員，包括大隈本人，他在擔任大藏省（財政部）次官期間（一八六九年八月到一八七〇年九月）把該部變成明治政府中的「啟蒙」中心；還包括伊藤博文和井上馨，兩人曾在大隈手下和內務省任職；以及薩摩的海軍和工業專家五代友厚，他曾於一八六八年與大隈在外務省共事。這一核心集團因一群西方事務「專家」的存在而得以強化，這群人，如西周、澀澤榮一和神田孝平，有的有曾服務於幕府的政治污點，但他們接受的西方訓練的完整性和全面性，在當時的日本很少有人能夠企及。根據帕克斯的看法，他們因有在外國生活的背景而常常被稱為「留學生黨」。[10]暫時在一八七一年接替帕克斯的英國代辦亞當斯報告了岩倉對這群人的評論：他們要「立即採用外國的發明，以電報的速度推進國家建設」。與他們形成鮮明對比的是保守派，他們對「突然而不加深思地做出眾多變革持反對態度」。岩倉補充道，他本人的觀點認為「真正的政策很可能就位於這兩個極端之間」[11]。

事實上，岩倉和大久保在隨後展開的辯論中扮演了至關重要的角色，因為他們一方面對冒犯保守派的激進變革保持警惕性，同時另一方面又保持足夠開放的心懷，使他們在那些他們被勸服相信必須徹底改革方能實現政府目標的事項上，能夠影響極端的變革行為。這就使得他們的意見成為衡量任何改革建議是否可行的試金石；而這就決定，在改革派和保守派的公開衝突於一八七三年到來時，他們支持前者的意願具有決定性的意義。

但是，在我們轉入討論這場爭論及其解決的方式之前，我們不妨先從一八七一到一八七三年之間提出的問題中，挑出若干問題加以仔細的觀察。這些問題與鐵路、教育和徵兵制相關。因為它們能夠充分地說明各種不同的建國方略，所以將在這裡予以考察。我們將把俸祿和土地稅改革等問題留給下一章討論，這些問題當然也能說明不同的建國方略，但在下一章中放在金融和社會變動的背景下討論更為合適。

改善交通是各派力量出於各種不同的理由督促明治政府要做的事。作為產業和商業增長的推進劑，交通發展得到了那些要日本進入「文明與啟蒙」的時代的人的支援。在政治上，改善交通能夠從有助於國家統一和提高行政效率的角度得到辯護；而在軍事上則是維持秩序和國防建設的手段。因此，改善交通以這種或那種方式，對許多不同觀點的人都有吸引力。同樣地，它也招致那些不喜新鮮事物的人的反對，招致那些帶著恐懼心理看待西式發明、認為幾乎每一種西式發明都必定有利於外國人甚於有利於日本人的人的反對。所以，考察交通改善的問題，可方便地幫助我們判定各派對引進技術的態度。

例如，所有的這些論斷都體現於關於電報系統的爭論上。日本最初的電報系統是在伊藤博文的影響下引進的，而伊藤博文在這件事上得到了一個英國工程師的指導。一八七〇年一月從東京到橫濱的電報線鋪設完畢，另一條從大阪到兵庫的電報線於次年十二月完成；在其後的五年裡，電報網路延伸至大多數主要縣郡中心城市；國際間的聯絡，即把長崎和上海、符拉迪沃斯托克連接起來的電報線，也於一八七一年建成。

儘管如此，電報網路的建設並沒有像鐵路建設那樣引起那麼多的爭議，這無疑部分可歸因於鐵路似乎更具文化變動的意味。十九世紀中葉畢竟是歐洲和美國的鐵路時代。按照西方自己的評價，鐵路意味著進步。這一事實在西方與日本打交道之初就已見端倪。培里於一八五四年帶給日本的禮物中，就有一個小型火車（以及一個電報裝置）。根據他關於這一正式展示的報告，小火車立刻造成轟動。實際上，有的幕府官員「為了不失去坐車的機會……直接爬到車頂上」。於是，展示現場就出現了這麼一幅滑稽的場面：「一位神色嚴肅的高官坐在小火車上，以每小時二十英里的速度在環形軌道上轉圈，寬大的長袍在風中飄揚。」[12]

不過，這個「新式玩具」很快就得到了足夠的重視。在德川統治的剩餘年份中，有關建設日本鐵路的一系列建議被提了出來。[13]在一八六五到一八六六年期間與比利時商人的交往使五代友厚提出了建設一條鐵路連接大阪和京都的薩摩計畫，以為西南強藩對朝廷首都可能進行的軍事干預改善通道（首先經由海路到達大阪），但這一計畫最終夭折。出於同樣的企圖，但站在相反的政治立場上，幕府的現代化論者在法國公使萊昂·羅切斯的支持下，於一八六六到一八六七年間，仔細地研討了江戶—京都間鐵路的建設計畫，其目的在於加強幕府在朝廷的地位。另外，幕府與美國方面就在江戶與橫濱之間修建鐵路的談判也無果而終。

幕府覆滅之後，這些方案中部分得以復活。一八六八年，新政府中來自肥前的成員，日本鑄造鐵炮領先的藩國的代表，提議在東京和京都之間修建鐵路，或可解決國家依靠兩個中心行政的問題。同時，美國外交家開始就他們早前與幕府官員商談過的專案向新政府施壓，要求後者認可之前的協議。這一舉動激起了哈里．帕克斯爵士回應。他向新政府提出，如果日本人自己承擔鐵路的修建計畫而不是讓美國人做的話，英國將提供工程和金融上的援助。他說，這樣做的話，建設一條鐵路只好不壞：它將是「一個日本的事業」，而非「對外國公司的妥協」；因此，它不會成為外國統治的象徵。如果修建鐵路的事業要得到日本人民的支持，就必須依此方式行事。[14]

帕克斯的計畫得到了英國工程師布倫頓（R.H.Brunton，他曾受日本政府雇用指導燈塔的建造）於一八六八年四月提出的詳細建議書的支持。這個建議書勾畫了一條連接東京和大阪的鐵路藍圖。這條鐵路將由國家管理，其建造費用由政府資金承擔，其中從東京到橫濱的一段將首先建成。這個提案得到了明治政府中的大多數改革派，特別是大隈和伊藤的支持。但是，很重要的一點是，考慮到帕克斯的動作，首先採取行動確保這個計畫被正式採納的部門，是曾擔任過島津齊彬蘭學顧問的前寺島宗則領導的外務省。在向參議會（太政官）提交的署名日期為一八六九年十一月十四日的一份文書中，外務省從國家富強的角度，對建設鐵路做了總的辯護。它宣稱：「鐵路將使抹平分配不平等成為可能，從而減緩因穀物稻米等商品短缺和價格上漲而帶來的危機（指一八六九年的歉收）。另外，鐵路還有一大好處，它使我們能夠在那些現在仍舊是空地和荒地的地方開墾種植；而在緊急危難之際，鐵路使軍隊的迅速調動成為可能。」[15]為了使建造這條鐵路的論證更為有力，外務省的信件聲稱建造這條鐵路的第一段即從東京到橫濱的一段的花費，幾乎可以肯定將由橫濱的商人承擔，鐵路的開通必將大大地增加城市的繁榮，商人自然會從中受益。

外務省的陳情信，加之於帕克斯進一步的公關工作，[16]使建造這條鐵路的原則性協議得以達成，緊隨其後的是就獲得英國貸款開始談判。然而，此時仍有一系列的障礙有待克服，圍繞著英國貸款而出現的種種困難（這些困難部分是由於個人之間的衝突而導致）使計畫遲遲得不到實施，這就給予反對派以充分的時間積聚反對力量。於是，在一八七〇年初，一群保守官員，包括吉井友實和海江田信義這兩位有影響的薩摩人，以及前備前藩主池田茂政，均試圖以為此花費的大量金錢不如用在國防和國內賑濟上為由，要求擱置原初的決定。對於開建東京橫濱線，還有來自兵部特別是兵部大輔前原一誠的反對，他和他的同事們論證道，這條鐵路的修建將導致那些被捲入這個地區交通的日本人貧困化，從而製造潛在的動亂根源；同時，它還會使保衛首都抵禦外國攻擊變得比沒有鐵路要困難得多，因為法國和英國在橫濱都有守衛使館的駐軍。如果一定要修鐵路的話，他們認為最好是修一條通往日本東北部的鐵路。這將有利於開發不發達的北海道地區，並使國人得以到達那些受到俄國威脅的前線。兵部的反對是如此之強烈，以至於它在好幾周內，拒絕交出計畫用作橫濱線東京站建設用地的地盤，那裡正好是兵部的一個兵營。

為了反擊此類動作，大藏省內擁護建設這條鐵路的官員們，尤其是澀澤榮一，在一八七〇年四月又撰寫了一封新的陳情信，並同外務省聯名提交給政府。[17]這封信首先重複了外務省提出的論據，即因交通落後導致的地方物價波動傷害了國家經濟，使日本無法有效地與西方世界競爭。然後，它談到了當日本在福利和國防之類事務上急需經費之時，鐵路花費是浪費的反對意見。這個意見，它寫道，與英國和法國的情況相左。英法兩國在鐵路上的花費，遠遠不是浪費，而是轉化為這兩個國家富強的主要源泉之一。實際上，東海道那樣傳統的交通所產生的成本才是浪費，因為那些居住在道路沿線的人們，每年必須為維持東海道的通行付出二百萬兩的代價，這只會使他們變得貧窮。五年消耗的成本，就可建造一條鐵路。再有五年節約的資金可用於救濟地方百姓，大大地改善他們的生活。與此同時，鐵路通過把國家的主要政治中心連接起來，使穩定和協調得到保證，而以其他方式花費財政資金則達不到這個目的。

儘管有前原的反對，這些主張仍然說服了議政會，使東京橫濱線的修建得以進行。它在英國的指導下修建，並於兩年半以後，即一八七二年九月竣工。與此同時，大阪神戶線於一八七〇年七月開始修建，並於一八七四年完工。在一八七〇年十二月，這些工程的責任都由新成立的工部省承擔。一旦這些事務的管轄權轉移到伊藤博文的手中（一八七一年），鐵路計畫不再就原則上的問題受到責難，儘管這些計畫有時會因資金短缺而停工。結果，到該世紀末，日本已經具有一條從北方港口城市青森經東京和大阪到達九州長崎的鐵路幹線，另有支線通往日本海岸。幾乎所有的線路，除了第一個例外，都是只用在日本國內籌措的資金建設而成。

由於鐵路是一種使用異國技術生產的異國產品，因此毫不奇怪許多日本人對它不抱好感。但是，教育則是一件相當不同的事情。根據儒家信條，教育是一項與仁和孝同等重要的德行，事實上，正是教育培養仁孝德行。為此，歷代大名都主張陪臣接受教育，並為陪臣設立學校。這樣做使他們留給了明治領袖一個幾乎無人質疑的信念：教育不但本身就是善，而且應當由國家來負責推行。如前所述，岩倉一直把設立新學校置於他明治新政府的任務清單中。

因此，維新之後人們爭論的問題不是是否要建立一個教育體系，而是應當建立一個什麼樣的教育體系。在德川統治之下，公卿和武士，以及眾多憑藉財富（如果不是憑藉其地位）而處於統治階級週邊的人，都接受過中國文化和思想的訓練，且往往是相當周詳的訓練。少數人，特別是德川統治較晚的時期，在接受上述訓練之外，又學習了另外一些不同於中國傳統文化和哲學價值的知識，即所謂「蘭學」；此外，還有一大批出身平民階層的人，除了熟知德川政府認可的儒教行為準則外，還具備基本的讀書認字能力，並掌握某些勞動技能。這一切使得日本成為一個識字率（和計算能力）相當高的社會。為創造一個現代國家提供了堅實基礎。甚至，在明治維新之前，就有了種種有關建立一個更加廣泛的教育體系的提議，以通過道德訓練和聚攬人才為國家服務，增強國家的權威。[18]這些都是典型的明治特徵。

從現代的、中央集權化的政府的觀點看，一個把實用的技能訓練和培養正確的公民道德結合起來的教育體制是值得追求的東西。然而，明治政府為達到這一目的做出的最初努力卻遠談不上成功。[19]幕府建立的三所分別專注於儒教、洋學和醫學訓練的學校，都延續下來，其招生物件範圍比以前擴大了許多。一八六九年七月它們被整合為一個被稱為大學校（Daigkkō）的單一機構，這個機構後來更名為大學（這個詞是university的現代譯名），並在下一年的三月被分為宗教、法學、科學、醫學和文學五個學部。除了培養精英，這個新機構在理論上還負責監督各縣的教育，但在實際上它哪件任務也沒有完成好。由於缺乏在直轄地以外的地方進行干預的權力，大學所能做的教育監督非常有限，從而使得既存的藩校和私校一切如舊。就是在東京本身，有關應當提供什麼樣的教育的爭執使得整個大學體系聲名掃地。這個體系裡內鬥不斷，先是中國傳統教育（漢學）和日本傳統（國學）擁護者之間的衝突，繼而兩者攜手攻擊「西學」學者。最終，在一八七〇年八月，該機構名義上的長官松平春嶽辭職，大學被廢除，留下其組成部分各行其是。

一如在許多其他事務上那樣，廢藩使教育體系改革得以重新啟動，因為廢藩把原先由封建大名履行的職責轉移至中央政府。這馬上導致肥前人大木喬任領導下的教育部（文部省）於一八七一年九月成立，接下了制定國家教育計畫的任務。重要的是，整個過程似乎完全由官僚主導。在決策過程中，政府內部似乎沒有出現明顯的爭論；而且決策是建立在研究外國教育模式的基礎上，這一研究發端於早先時候由大學派出的一批學者對歐洲的訪問。結果，一八七二年九月五日頒佈的《教育法》（《學制令》）主要體現了官員的西方化傾向。

《教育法》序言的性質表明新官僚的控制力是何等之強。該序言寫道，教育對於公民和國家大有裨益：

> 人之所以立其身、治其產、興其業，以遂其生者，無他，端賴修身、開智、長其才藝也，而修身、開智、長其才藝又非學不可。自為日常之用的語言、寫作和計算起，到為官、為農、為商、為匠、為工等各行各業必需之知識，到法律、政治、天文、醫學等等為止，事實上對於人類所有的職業而言，無一業無需求學……為此，知識乃是立身之本。[20]

除這些基本上是功利主義的觀念之外，《學制令》還批判了武士階級壟斷教育，這個批判，如我們將看到的，與官僚們在徵兵制上的論述有許多相同之處。該文件指出，因為日本學制有誤，「世人一直誤認為學習是那些位於武士階級之上的人的事情。」農民、工匠和商人，以及婦女，「對學習一無所知，視學習為超過自己本分的事。」這個局面必須結束。「自此要做到一村之中，（不分階級和性別），邑無不學之戶、家無不學之人。」[21]

除了闡發這些「現代的」原則外，《學制令》還設立了一個由大學、中學和小學組成的教育體系，在這個體系中，既有的機構被廢除，新的機構被創造。到一八八〇年，據估算，四十%的兒童都入讀小學，而在一九〇〇年幾乎所有的兒童都入讀小學。但是，在今天被我們視為明治教育體系的一些根本特徵——西方技能和日本倫理的結合，強調中央對課程教授內容的嚴密控制——只是在其後多年的發展中逐漸形成的。換言之，這些特徵是明治社會發展的產物，而非直接出自《學制令》。我們甚至可以說這些特徵是對《學制令》的回應，而《學制令》本身並不包括這些；這是因為，在一八七二年沒有出現關於教育的公開爭論，在當時，這給了文部省的現代化論者一個毫無阻力的操作空間，但與此同時，缺乏爭論不過是推遲了傳統主義者的反對，而在鐵路和徵兵制上，一開始就招致了傳統主義的反對。

毫無疑問，一八八〇年代出現的民族主義反應賦予官方宣揚的教育目的以一種非常不同的基調。因此，儘管一八九〇年明治天皇頒佈的《教育敕語》在年代上與我們所研究的年代相距較遠，但我們仍不妨從該敕語中引用一段話來結束對明治維新教育政策的討論，這樣做部分是為了顯示它與一八七二年文件的對比，而且也是為了說明在一八七二年保守主義態度只是被擱置而沒有被克服。「爾臣民孝於父母、友於兄弟、夫婦相和、朋友相信；恭儉持己，博愛及眾；修學習業以啟發智能，成就德器；進廣公益開世務，常重國憲遵國法。」一[22]顯然，到一八九〇年，教育政策的重點已經從功利主義轉移到塑造合格且守法之公民。

在這一點上，軍事改革和教育改革的遭遇非常相似：勿庸置疑，兩者都是武士願意為之奮鬥的事業，即便他們在如何界定這些事業的問題上，眾說紛紜，莫衷一是。軍隊應當如何裝備的問題也許最容易解決；儘管它會如我們所期待的那樣，引起我們在討論鐵路時所出現的同樣的對技術的偏見。這個問題不至於在明治政府的成員中造成分裂，或者在明治政府的成員和基層官員之間造成分裂。大多數早就決心日本必須與西方硬碰硬。因此，在武器的選擇問題上，明治政府提出的計畫，在本質上從未遭到嚴厲的質疑。

但是，在軍隊的組織問題上，情況就遠非如此，因為這涉及到重要的政治和社會問題。在有的藩國，如我們在此前的章節中所看到的，一八五八年後十年的經驗已經讓人們意識到武士階級結構，按照它既存的形式，已經不再是形成一支軍事力量最有效率的基礎了。吉田松陰呼喚招募出身卑微的英雄入伍；高杉晉作在長州組織非正規部隊的創舉；吉田東洋在土佐對傳統軍事技能的攻擊；薩摩試圖按照西方的方式組建陸軍和海軍建制的努力；幕府基於法國方式和建議的軍事改革——所有這些都是尋求新方法協調武士遺產和時代需求的例子。恢復天皇統治並沒有解決問題，因為武士繼續把自己視作國家的首要保護者。

對於一個在內戰中誕生並面臨如何將其權威加諸人民之上的政府而言，對軍事力量的控制必然是件大事，特別是考慮到這個政府的軍隊的大部分是由大名提供的現實。正是在這一背景下，岩倉在一八七〇年八到九月的備忘錄中設想由地方部隊創建的軍隊，堅持找到使他們脫離地方歸屬並完全服從政府指揮的方法，以確保它們真正地聽從政府的命令。[23]與此相似地，大久保利通主張應建立天皇檢閱軍隊的制度，「這樣，人們就會忘掉他們屬於藩國的事實，努力成為朝廷的戰士。」[24]有證據表明，實現軍隊統一成為廢藩的緣由之一。毫無疑問，廢藩終結了這個問題，至少以這種特殊的形式。

然而，廢藩並沒有就國家軍隊將是一支什麼樣的軍隊，特別是軍官如何產生、戰士如何招募的問題做出決定。而且由於它使整個武士階級的未來變得不明朗，便成為最高層的領導人所要爭論的問題。[25]例如，來自土佐的軍官谷干城力主所有的武士之子都需要接受一段時間的軍事訓練，由他們構成一支精英部隊，平民唯有在需要的時候方可加入。長州的前原一誠持有相似的觀點，他也要求以武士作為現代軍隊的核心。薩摩的島津久光和西鄉隆盛的部分追隨者也持同樣的看法。

許多其他明治領袖在依照歐洲的模式創建一支徵兵制軍隊上，持有同樣堅定的立場。兩位長州人領導了這個運動。第一個是大村益次郎，於一八六八到一八六九年任戰爭部次官，為此提出了一個詳細的計畫。這個計畫建議從藩國中——但並非必然從武士中——挑選男子為天皇服務，五年一期；在服役期間，他們的服裝和裝備應由中央政府出資解決；他們在服役結束之後將得到一筆退役金，以部分取代俸祿。這個計畫遭到了大久保的阻攔，他認為這尚不成熟，[26]而消息的走漏則導致大村在一八六九年底被一群憤憤不滿的武士暗殺。從此之後，繼續並完成大村未竟的事業的擔子落在山縣有朋的肩上。

一八六九年八月山縣與西鄉的弟弟從道主動提出離開日本到歐洲訪問。他們在那裡特別是在法國和德國所見到的一切，使他們深信，為了強兵，徵兵制一如現代武器一樣必要。結果，當他們於一八七〇年九月返回日本並立即被任命為戰爭部高官後，便成為改革集團的中堅。

在廢藩之前，他們的行動重點放在組織和訓練的技術細節上，這樣做的原因之一（但絕非唯一的原因）是恢復了在東京職位的西鄉隆盛，在明治政府權威即將受到檢驗的關鍵時刻，拒絕支持會帶來巨大變化的改革方案。然而，一旦藩國被廢除，這一約束即告解除。於是，在一八七二年二月二日，此時作為次官的山縣，和他的兩位來自薩摩的助手西鄉從道和川村純義一同，提出了建立徵兵制軍隊的建議。[27]該建議指出，戰爭部「當下的關切」是國內的安全，但它還必須為應對外國攻擊做長期的準備。兩個場合都需要一支常備的徵兵制軍隊和接受過訓練的預備役部隊。該建議以近期成功地與法國作戰的普魯士為例，建議徵召二十歲的男子，「而不問他們是武士還是平民」，按照西方的方式訓練兩年，然後投入預備役。[28]

來自諸如谷干城和前原一誠之類的人的反對使這個計畫未能馬上被接受，但是通過訴諸歐洲例證的權威，並通過強調高杉在長州領導的那支非武士武裝的成功，山縣最終如願以償。一八七二年十二月二十八日，政府發佈創立徵兵制的天皇敕令，附帶著獨立的對敕令的解釋。[29]緊接著在一八七三年一月十日《徵兵法》頒佈，該法規定三年的現役和四年的預備役，儘管附帶有非常寬大的豁免條款。

天皇敕令注意到，只是在封建制度下，日本才出現了戰士和農民的分野，因此，為了使徵兵制改革更易為人所接受，敕令力圖把它描述為過去狀態的復原，僅是由於對外國的做法的認知而有所修正，也僅僅是修正而已。與此相反，太政官的文件即《徵兵法》則利用這個機會對武士階級進行了猛烈抨擊。它說，在德川時代，武士桀驁不馴、惹是生非，依靠他人的勞動生存。如今，由於廢藩和徵兵制的引進，他們終於與平民被放在同一水平線上，「兩者都是天皇的子民」：「在遊手好閒地生活了好幾個世代之後，武士的俸祿被削減，其佩劍的特權被勒令取消，於是，出自各個階層的所有民眾終於獲得了自由選擇的權利。由於這個創新，統治者和被統治者被置於同一基礎之上，人民權利平等，通向兵農一體之路的障礙終被掃除。」[30]

在這些抨擊的背後，人們能看到若干勢力的作用：朝廷對武士統治的長期怨恨；出生低微的「有才之人」對憑其社會出身而成為他們上司的那類人的不滿（山縣有朋出身於步卒之家）；與封建偏見不相容的西方理性（該文件草稿大部是由在萊頓受過訓練的前幕府官員西周撰寫的）。[31]但是，文件未能顯現出來的一點是它宣導的措施含有壓制民主和平等的目的，儘管它使用了一些鼓吹民主的字眼。憑藉徵兵制，如後來的歷史所表明的，明治政府為自己打造了不僅可用於對外政策，而且可用於維持國內秩序即鎮壓武士叛亂和農民騷亂的工具。[32]因此，徵兵制是一項增強政府權威的措施，使之更少而非更多地依靠民眾的支持。而從歷史記錄來看，我們可以斷定改革者始終將這一目的掛在心上。對於他們來說，徵兵制構成了一個支撐明治國家生存的機器的一部分，使之能夠應對來自外部和內部的挑戰。就其原始意義而言，徵兵制並不是一項社會政策；但是，因為它牽涉到武士軍事功能的廢除，它迫使重新調整政治權力的階級基礎。因此，武士遭到打擊，但從這個打擊中獲益的是官僚，而非農民，不管官僚口頭上如何稱道人民的「權利」。

## 輕重緩急之辯

上述關於鐵路、教育和徵兵制的決策是如何做出的簡短論述，清楚地表明本章開頭提到的岩倉一八七〇年夏末備忘錄包含的方案並不是對已經達成的共識的陳述。在那時，無論是改革的內涵，還是改革的廣度，都沒有得到充分的辯論；而宣導了最終成為「現代」日本標誌的解決方案的那些人，此時仍需努力，以使方案被明治政府採納。武士俸祿改革和土地稅改革也是如此，對此，我們後面將加以考察。在所有這些問題上，每個改革方案都會引發偏見，這些偏見有時來自於傳統主義，有時則反映了階級或集團根深蒂固的利益；這些偏見在政府成員之中產生的分裂作用，一如它們區分政府成員與其共同敵人的作用一樣強。

結果是一場事關輕重緩急的爭論，而這一爭論，決定了在未來數年之中是哪些議題成為明治政府的核心政策問題，又是哪些人成為明治政府的核心人物。這是一場持續不斷的爭論，先是關於某個問題，然後關於另一個問題；但是，考慮到在此前十年之間發生的事情，我們可以推定，這場爭論必定觸及到國內政治和國際事務的關係問題。這裡提出的是一個熟悉的問題：日本在國內進行能夠使它立足於世界民族之林的改革的同時，在對外國人的妥協上還必須走多遠、走多久？對這個問題，如在一八六八年前一樣，有所謂「負責任的」和「不負責任的」兩種回答。但是，現在這個問題被置於一種不同的外交環境之下，爭論的焦點部分在於修訂條約以及對啟蒙的追求，這集中表現為岩倉率領的、於一八七一年底成行的赴歐洲和美國的使團；部分集中於與朝鮮關係的惡化，在岩倉使團一八七三年歸國前不久與朝鮮關係惡化到了危機的地步。

向海外派出一支天皇使團的最初提議實際上發生於明治維新之前，見於岩倉本人於一八六七年寫就的兩份文件。[33]他力主派出這樣一個使團，首先公開宣揚天皇的權威，以否定將軍締約的權力；其二使天皇的事業獲得國際承認的保護，從而使日本獲得免於外交壓力的喘息空間，以便於進行改革；其三是作為學習西方文明的機會，特別是學習那些可能使日本富強的東西的機會。在這些目的中的第一個目的，隨著幕府被推翻已經沒有意義。但其他兩個目的仍然存在，而且在一八六八到一八六九年的事變之後，似乎沒有其他什麼目的比這兩個目的更值得明治政府追求。

一八六八年初做出的肯定通商條約和給予外國代表面見天皇禮遇的決定，雖然是為了避免外國干預內戰的不得已之舉，但卻極大地冒犯了排外攘夷的勢力，以至於儘快爭取「平等」成為能在政治上加分的舉措。結果，岩倉最初派遣使團的想法逐漸與外務省在一八六九和一八七〇年獨立考慮的一個計畫聯繫起來。一八五八年與美國通商條約的第八款言明協議在一八七二年七月四日之後應可「加以修訂」，這給予使團成行的一個外交上的起點。

同時，向西方學習改造日本的觀念——這與六七世紀遣唐使的傳統相連——得到了現代化論者和他們西方或受過西方訓練的顧問的大力鼓吹。美國傳教士蓋得·富貝克（Guido Verbeck）在一八六九年夏天聽說有這麼一個計畫後，就給他以前的學生大隈重信去信，建議如果向外派遣使團的話，應當成立專門的小組，分別研究西方的法律、財政、教育和軍事。[34]這為他取得了在一八七一年底與岩倉多次會面的機會。在議政會之中，木戶支持這個計畫，雖然其目的與大隈不盡相同。與他許多年輕的同事一樣，木戶也希望親眼觀察歐洲，但在一八七〇年岩倉告訴他國內政治形勢使他不宜出國。現在，他在這個使團的計畫那裡看到了實現自己夙願的機會。[35]最後，任職於大藏省的大久保利通和井上馨，鑒於關稅改革成功與否從長期的觀點看取決於外國人是否願意接受日本是「文明的」（國家），而關稅改革對於稅收而言又非常重要，贊同了這個計畫。[36]

於是，很顯然地，岩倉使團是在多方影響下成行的。它在一八七一年十月被正式批准，此時的國內危機由於廢藩而稍加平息。這些影響中的大多數都反映在對使節的指示中。[37]該指示由太政官三條簽署。它首先就日本的國際地位與西方國家的國際地位做了比較。日本「已經喪失了平等的權利，一直處於他國的欺凌和侮辱之下」，所以，「在日本人與外國人之間的平等原則，在東方和西方之間的互惠原則，並沒有得到維持。」因此，政府的第一要務是必須終結這個不平等的局面。「我們必須恢復我國的權利，改正我們法律和制度中的缺點；拋棄過去武斷的習慣，恢復到清明質樸之治；努力重建人民的權利……努力爭取與列強平等的地位。」因此，使節應該負有兩項使命：就條約修訂進行探索性商談，為未來的談判做準備，這一談判應在適當的基礎已經奠定後再進行；為在日本實行西方政府視為修訂條約前提的改革，即那些使日本社會能為國際標準「所接受」的改革投石問路。

為了達到這個目的，指示接著寫道，使團當包括一支專業團隊，分成三個小組。一個小組將研究「大多數文明的歐洲和美洲國家實行的憲法、法律、規制」。另一小組將搜集經濟資訊：關於銀行、稅收、貨幣的資訊；關於工商貿易的資訊；關於鐵路、電報和郵政服務的資訊。第三個小組的任務是考察教育，包括課程設置和「官民學校」的行政以及商業和技術學校的資訊。所有這些都需要「本著在日本採用並加以建設的態度」加以學習。此外，使團的所有成員還須注意學習任何「將有利於我國」的知識，特別是那些有關陸海軍組織、武器和訓練以及與之相關的軍事基地、武器彈藥庫和船塢管理等方面的知識。

使團成員的決定上出現了某些延遲，這部分是因為派別內鬥，部分是因為明治政府中力量較弱的成員如三條，覺得在廢藩之後就讓多位政府高官離國是操之過急。但是，如下的主張消除了這一疑慮：使節必須具有足夠顯赫的地位，具有代表日本發言的足夠權威，能憑藉其政府高官的身份給他們欲訪問的對象留下深刻的印象。結果，大久保、木戶和伊藤都被任命為岩倉的副手。在使團出發之前，亞當斯在英國公使館招待了他們，並在寄往倫敦的信件中表明瞭對他們的看法。他寫到，伊藤是「一個聰明且能幹的傢伙，卻往往被外國人視為二流人才」[38]。不為外國人知曉的大久保「不擅言辭」。木戶言語不多，卻是「使團中最熱衷進步的成員之一」。作為正使的岩倉是「日本紳士」的典範，不但能力卓越、直言坦率，而且還具有足夠的保守精神，足夠「制衡明治政府中極端進步主義成員近乎共和主義的傾向」[39]。

在正式照會通商條約國公使之後，使團搭乘汽船於一八七一年十一月二十三日離開橫濱；使團共有一〇七個成員，其中有四十八位官員，五十九個學生（包括五名女生）。他們於一八七二年一月十五日抵達舊金山，然後從那裡乘火車前往華盛頓，於二月二十九日到達。在那裡他們的行程計畫有變，因為，在美國的首都他們發現了就條約修改進行實際談判的某些可能。大久保和伊藤為了取得必要的授權返回日本，而其餘的使團成員則滯留華盛頓。但是，東京對此持猶豫態度（其理由是在這個階段採取行動為之過早，他們尚沒有做好準備），其後美方也失去了興趣（這意味著在歐洲將會碰到更大的困難），因此，就修正條約進行談判的建議就此打住，在整個出訪期間再也沒被認真提及。當大久保在七月返回華盛頓之後，使團決定繼續前進到歐洲，並在八月六日從波士頓乘船去利物浦。這是一個長途旅行的開端：使團於秋季到達倫敦，十二月到達巴黎，於一八七三年二月到達布魯塞爾和海牙，三月到達柏林，整個行程包括與國王和國家首腦的見面，與政治家的晚宴，觀光和許多繁重的工作。

對於本書的目的而言，所有的這些活動所產生的最為重要的結果是對木戶和大久保的影響，他們分別作為長州和薩摩的高級代表，在日本政策的制定中發揮決定性作用。兩人的見解都因所見所聞而發生了很大改變。木戶在一八七二年從美國發出的信件中坦言，他此前從未意識到西方在文明開化上領先於日本如此之遠：「我們現今所有的文明不是真正的文明，我們現今所有的開化不是真正的開化。」[40]唯有教育，在「真正的學校」進行的教育，才能彌補差距。也是從這個時候起，木戶開始思考議會制度在日本的作用，相信它們也是更高級文明的標誌。[41]

與此相反，大久保思考更多的是國力而非啟蒙。俾斯麥給他留下了巨大的印象。他給在日本的西鄉寫信說，「我覺得這個人無所不能。」[42]英國的工業也給他以深刻的印象。在一封寫於一八七二年十二月二十日自倫敦寄給大山巖的信中，他寫道：

我們近來的旅行去了許多非常有趣和著名的地方，法院、監獄、商行、工廠——從船塢和鐵廠到製造製糖機器、造紙機器、毛紡廠、棉紡廠、銀質餐具廠、玻璃廠等等——以及煤礦、鹽礦，甚至還有教堂和城堡。我們幾乎無所不看。我們所到之處，盡是煤炭和鋼鐵，其他什麼也看不到……工廠的數目增加之多前所未聞，只見煙囪林立、黑煙滾滾……這些充分解釋了英國的財富和國力為什麼如此之強……而且，據說，英國城市裡貿易和工業這一巨大的增長都發生在過去的五十年間。[43]

對於木戶和大久保兩人而言，這些經驗改變了商業和工業在他們價值序列中的相對位置，一如更早與西方的接觸對一群現在被稱為「改革者」的人，特別是伊藤博文、井上馨、五代友厚、福澤諭吉。事實上，對於五代友厚和澀澤榮一來說，跟西方的接觸促使他們決心獻身商業而非政治，這反映為他們決定辭去官職投身商界。留學生井上省三於一八七三年自德國發出的一封信裡解釋了他為什麼從軍事轉向實業，這個解釋所提供的理由是大多數人都願意接受的。他寫道，雖然日本人人都說文明開化和富國強兵，甚至孩子也把它們掛在嘴上，但很少有人認識到，「如果國家要富裕，軍隊要強大，教育要興起，那麼，首先需要鼓勵人民從事生產，製造各種各樣的產品，出口海外，進口我國缺乏的物品」；因為這才是「歐洲文明與開化的根本」[44]。

木戶和大久保儘管沒有走這麼遠——確實他們沒有達到放棄政治的地步——但現在至

少完全接受這樣一種觀點：工業和商業的成長本身就是目的，而非僅僅作為軍事改革融資的手段。從這裡出發，最終產生了政府干預經濟事務的一套政策，而這正是在其後的幾個十年中明治工業化的一個顯著特徵。更為急迫的是，他們正是秉持這一觀點，在一場日本正在發生的危機中推進了改革的事業。

這場危機的產生有其複雜的根源。它部分出自東京改革派官員和其他官員於岩倉使團在外遊歷期間所出現的分歧。在使團於一八七一年底出發之前，就廢藩之後必須採取的措施已經達成幾項決定，包括對徵兵制和土地稅改革之類問題的原則性協議。顯然，即便在使節們不在的情況下，這些改革專案仍有必要繼續推進。同時，由於新的政府機器仍然沒有經過多少歷練，似乎不能讓它承載過多的壓力。於是，那些將隨使團出訪和那些留守東京的人在一八七一年十二月簽署了一份措辭精密的十二點文件，相當細緻地規定了「看守」政府擁有的許可權。十二點中包括誓言團結，即在所有重要事務上與參議會的出訪成員交流資訊的承諾，並對東京任命新高官或招募更多的外國人的自由予以限制。此外，它還包含了如下的承諾：「我們決意於在使團回國後，再實施國內事務上的重大改革，為此，在此期間應盡可能避免引入新的改革。」[45]

然而，粗略看一下在一八七二年和一八七三年初引入的改革措施——包括廢除德川對土地買賣的禁令，陸軍部和海軍部的分離，教育法和徵兵法的頒佈，採用西洋曆法，和與土地稅相關的幾項改革制度的建立——使人對上述約束的承諾能否得到履行生疑。而且，即便我們下結論說，嚴格而言，在這份清單中的改革措施沒有超出已經達成一致的原則，但在如何實施這些原則的方法方式上，仍有許多不確定性。尤其是大藏省的現代化論者，因為要求廢除武士俸祿，土地稅徵收標準化並以現金支付，以及一系列用以支持這些改革的「西化的」方法，而使問題變得異常尖銳。這是因為，他們的觀點在武士那裡激起敵意，在農民那裡引來震驚，並在政府內部這些集團的代言人那裡招致憎恨。

三條沒有岩倉能幹，也不像後者那樣靈活，無法把他的施政班子團結起來。西鄉作為武士在政府中的首要代表也是如此，況且他對正在發生的一切本來就持保留意見。結果，保守主義者和進步主義者之間的衝突日趨激烈，並在一八七三年五月井上馨和澀澤榮一以「以命令打造文明」的做法對國家的損害為國家目前的經濟狀況所無法承受為由辭去大藏省官職時達到高潮。有趣的是，他們也抱怨改革進展過快，使人民難以消化吸收，從而導致反抗，而非推動進步。他們說，「雖然我們的法律體系在改進，我們的人民卻筋疲力盡，」並警告「我國沒等到成功那一天就陷入貧窮之中了」。46

明治政府內部各個小圈子就改革步伐和深度的爭鬥，一直持續到木戶和大久保被從歐洲召回以控制局勢。然而，這些爭論並不是岩倉使團成員最終回國後面臨的危機的直接原因。它起自一個外交政策問題，具體而言，產生於朝鮮對明治政府試圖獲得它對日本新政權的承認（這是一個非常傳統的外交舉動，是中國的朝貢國之間的禮儀）的拒斥。一八六九年朝鮮曾拒絕了日本的示好，不講任何禮貌。[47]此後，在東京，義憤填膺的說辭層出不窮，間或也有一些外交舉動，並在一八七二年夏天派使團到釜山那裡達到高潮。但這次出使歸於失敗。

東京的許多人士視朝鮮的行動為對日本的尊嚴的打擊，它應當為此遭到懲罰。畢竟，日本沒有必要接受來自於一個亞洲鄰國的侮辱，即便它不得不咽下來自西方侮辱的惡氣。包括西鄉在內的另一些人則從另一個角度看待爭端——把它視作為武士階級找事做的一個機會，這個階級的特權，包括軍事特權，正在被迅速剝奪。對朝鮮的征討將使武士的能量和抱負得以施展，如西鄉在一八七三年對板垣所言，這是「一個意義深遠的計畫，將把那些希望發動內鬥之人的注意力引向國外」[48]。他是在重複木戶一八六九年的一些論調，當時，木戶認為強迫釜山開港以使朝鮮追隨日本，「可能不會給我們帶來物質上或金錢上的利益。其實，我相信我們會遭受損失。但是，這將使我國步入正軌，使人們的目光從國內事務轉向國外事務，並給予我們的陸軍和海軍以實戰經驗。唯有如此，我們才能確保我們的國家有朝一日將再次崛起，並永保強國之位。」[49]

事實上，從一八七三年春東京的觀點看，真正的問題不在於攻打朝鮮是否有必要，而僅僅在於這樣做是否明智。西鄉認為這樣做是明智的，只要朝鮮首先發起攻擊。因此（或許因為他試圖追求一項他覺得比管理政府更適合自己氣質的事業），他建議自己擔任特使以另闢蹊徑，並相信他的不免一死將為懲罰性遠征提供藉口。板垣主要出於對武士命運的關切，支持西鄉的這個建議。外務省卿副島也表示支持。後藤、江藤和大木也有回應，儘管他們似乎部分出於與大藏省官僚的鬥爭而採取這樣的行動，大藏省因戰費支付問題而反對攻打朝鮮。無論如何，不管主戰派成員出於何種動機——且戰費如何不菲——參議會於一八七三年八月十七日決定接受西鄉的計畫。這等於是決定與朝鮮開戰。唯因天皇堅持這個決定必須等待岩倉歸來確認，而岩倉歸來已經為期不遠，才沒有立即開戰。

到這時，木戶和大久保已經回到日本。大久保已於四月離開法國，自五月二十六日起一直身在日本。木戶堅持要先陪同岩倉訪問俄國，不管東京的爭鬥，但也於七月末回到了日本。因此，在朝鮮爭論的最後階段，兩人都在國內，儘管他們在歐洲時關係有所疏遠，此時也不能並肩作戰。大久保儘管身為大藏卿，卻不是參議會成員。實際上，他自認為他對影響事態發展無能為力——「像蚍蜉撼大樹」，他這樣向大山巖描述自己[50]——並小心地離開東京。與此相反，木戶則盡其所能約束蠢蠢欲動的主戰派，雖然他實際上沒有出席任何一次參議會會議。八月，他向朝廷提交了一封信，在信中他強烈認為日本尚不足以推行西鄉計畫的軍事行動。它「尚未開化」，「財富和國力都沒有得到發展」；「只有獨立之名，而無獨立之實」。在目前的發展階段，他說，沒有什麼比「搞好我們的財政經濟」

更加重要的了，確實不應該發動可能帶來巨大外交風險、危險而又出師無名的海外戰爭。最好「專注於我們自己的事情，打造我們國家的實力」，而把征韓之事待到改革項目有足夠的時間運作生效後再做不遲。[51]

木戶的主張，看來非常有可能得到了大久保私下操作的援助，因為當天皇做出等待岩倉歸來確認參議會計畫的重大決定時，他人在箱根，而大久保也在那裡（表面上他是在去攀登富士山的途中）。無論如何，天皇的猶豫——或者他的勇氣——使計畫擱置起來直到岩倉和伊藤於九月十三日歸來，緊隨其後的是一系列否決政府此前做出的有關朝鮮的行動。

第一步是使大久保再度擔任參議，這一點在十月十二日完成。兩天後，繼對大久保表示支持之後，三條和岩倉建議重開參議會討論朝鮮問題。岩倉首先在會議上發言，以對付北方俄國威脅和發展日本的國力更為急迫為由，要求放棄進攻朝鮮的計畫。對此板垣表示不同意，西鄉也不同意。木戶因病沒有出席會議，但此時大久保發言道出木戶八月信件中的主張，即大規模的軍事行動，必須等待國內「財富與力量」的基礎打好夯實之後方可進行。會議以僵局結束，一直休會到第二天。

在會議再度召開之前，西鄉以最強烈的言辭寫信給三條和岩倉，使兩人向他的立場有所靠攏。然而，當他們在其後的參議會會議上立場之改變已經非常明顯之時，大久保和木戶兩人當即表示辭職（十月十七日），顯然意在向西鄉施加壓力。這一招果然管用，即便不是以兩人意下的方式，因為十月十八日三條在重壓之下支撐不住，留下岩倉領導政府，導致競爭各方的天平再度發生變化。這時，岩倉果斷採取行動。儘管有來自西鄉、板垣、江藤和後藤辭職的威脅，他於十月二十三日召開參議會，宣佈他有意於建議天皇逆轉派遣使節到朝鮮的決定。「主戰派」成員隨即宣佈辭職。

毫無疑問，在這一切的下面，有多種暗流交匯：個人之見的好惡，封建和地方的爭鬥，真正的政策面的分歧。整個事件提供了一個關於日本政治中派系鬥爭以及廢藩後政治制度運作方式的極為精彩的案例。但是，我們這裡關注的是事件的結果，因為危機決定了明治政府的性質和它在此後二十年的政策。

首先，它標誌著由各級各地公卿、封建大名和武士基於復古形成的鬆散而廣泛的聯盟，走到了最終解體的階段，留下來的是一個對國家未來持有比較一致觀點的小核心集團。西鄉的辭職造成薩摩團隊的分裂，他們當中有一半以上的人撤回了鹿兒島。因為這些人中有許多是軍職人員，這就使明治軍隊比以往任何時候都更像一支長州人的隊伍。長州的分裂沒有那麼厲害，因為它沒有涉及到像西鄉和大久保那樣的個人衝突。但是，江藤退出政府則引來同一藩國多位官員（大多數為武士）的辭職，他們對那些損害其地位的改革頗為不滿。土佐的板垣和後藤轉向政黨政治，試圖聚合一類新的追隨者抗衡官僚力量。

換言之，所有無論是因為對過去抱有情感糾結，或者是由於對未來持有極端不同觀點，從而對明治政府走中庸之道的那些人的政策表示不滿的人，都選擇了其他的道路，從而使得大久保（現在牢固地掌握了新成立的內務省）在政府中的地位得到鞏固。岩倉仍然與他密切合作，大隈、松方正義、伊藤和山縣也是如此。木戶則不那麼可靠，但他從未作出公開決裂的舉動。他們共同訓練了一代官僚，這些官僚通過訓練獲得的習慣和觀念，構成了日本近代史上一個新的階段特徵。

在最後一章，我們將進一步考察他們創造的那個社會的某些方面，並同時考察他們的政策所引發的反抗。不過，為了更好地理解那些政策，這裡首先值得對大久保在這時表達的觀點予以更多的關注，因為他的地位使他能將自己的主張強加於其同事之上。敘述這些觀點最好的起點是從他就朝鮮危機寫的一則文字（顯然寫於一八七三年十月）談起。[52]該文字有七個要點，專門針對當下的問題進行議論；但是，作為一個能夠反映他更具普遍意義思想的文件，最好把它分作兩個部分加以理解，一則處理國際因素，另一則處理國內因素（不過我們必須記住他論證的本質是這兩類因素的聯繫）。

讓我們從第一類因素開始：大久保說，日本已經與歐洲的國家和美國以明顯不平等的條件簽署了通商條約，其不平等事實上竟然到了法國和英國能夠以日本政府無法對其公民提供適當的保護為藉口建立兵營的地步。他抱怨道，他們對待我們「好似對待他們的依附國」。於是，修訂那些使我們飽受屈辱的條約成為國家的當務之急。然而，能否成功完成這項任務，還要看我們的方法是否謹慎。在北方，俄國正伺機利用日本和朝鮮發生戰爭可能帶來的機會以分一杯羹。更危險的是，英國將因此獲得干預日本內政以確保其金融利益的藉口。眾所周知，在印度，英國首先創立了一家貿易公司，然後用公司利潤建立了一支殖民地陸軍和海軍，最終利用印度統治者之間的爭鬥，建立起一個陸上帝國。「我們日本必須對此深思，迅速採取措施刺激國內生產並增加出口，通過國家富強來彌補我們的不足。」

轉入國內問題，大久保承認，過去五年間發生的許多激進變化，包括廢藩，已經引起了太多不安，不利於社會統一。再者，它們還導致了大量政府支出，而這一點因對朝鮮的敵意有增無減。為此目的募集額外的收入，無論是通過重稅，國外借款，或發行紙幣，都將帶來動亂蔓延的危險，「導致日常用品流通的混亂和不暢，給人民帶來痛苦。」這「最終甚至可能導致叛亂」。就現在的局勢而言，等到國家收穫了那些「為我國富強而已實施的種種舉措」的果實之後，再發動戰爭亦為時不晚，而「不必要的敵意」無疑將迫使政府放棄這些舉措。事實上，戰爭將資源調離生產部門，並增加昂貴的海外武器的進口，其對經濟的損害將使國家回復到一八六八年的狀況：「進口和出口之間差額巨大，陷日本於無盡的困難之中。」

在某種意義上，這番言論是現實主義政治的一番作業，如它關於外交事務的現實主義開場白所表明的：「儘管是恥辱，有的事卻不得不忍；正因為它是恥辱，不會總對它安之若素。」但大久保這番言論的用意不止於此，他把整個明治政策置於民族主義的語境下。日本唯有通過放棄傳統方能被拯救，為了國家的未來，必須犧牲過去。藩國必須廢除，武士必須被徵兵制取代，經濟必須以新的方式發展。必須採取一系列在概念上全新、在內容上激進的改革。實際上，不但必須採取這些措施，而且甚至不得不（如果有必要的話通過武力）將之強加於那些認為因此而受損的人身上。為了避免叛亂的發生，任何可能的措施都必須採取，這一點絕沒有問題。但這僅僅是因為叛亂是國家在國際領域虛弱的根源，而不是因為它體現了社會的不公和人民的苦難。

## 註釋

1 一八六七年第三月（四月五日五月三日）備忘錄，載《岩倉具視關係文書》，1：288-300。
2 F.O.46/106，帕克斯致斯坦利，機密，第五號，一八六九年一月十三日。
3 一八七〇年大約第八個月（八月二十七日到九月二十四日）的備忘錄，載《岩倉具視關係文書》，1：338-362，第三四八頁。
4 一八六九年六月三日備忘錄，載 Higo-han，9：794-797。
5 Niwa, Meiji, pp.131-132，引用了大隈署名於一八七〇年第九月（九月二十五日到十月二十四日）的備忘錄。
6 一八六九年第一月（二月十一月三月十二日）備忘錄，載《大久保利通文書》，3：8-13，第十一頁。
7 Sidney Brown，p.203.
8 F.O.391/15, 帕克斯致哈蒙德，一八七〇年三月二十六日。
9 參見 Sakata, Meiji ishin shi（1960），pp.229-243；Toyama, pp.301-304；Sidney Brown，pp.199-202。
10 F.O.391/15，帕克斯致哈蒙德，一八七〇年三月二十六日。
11 F.O.46/139，亞當斯致格蘭維爾，第七號，最高機密，一八七一年六月十二日。
12 Hawks, 1：357-358.
13 我關於鐵路政治的敘述主要是基於田中時彥《明治維新的政局與鐵道建設》（明治維新の政局と鉄道建設）一書的精緻而細膩的研究。這個研究的大部分內容都在他由兩個部分組成的論文《明治維新與鐵路引進》中得到了概述。
14 F.O.391/14，帕克斯致哈蒙德，一八六八年十二月十八日。
15 該文書的內容載於《大日本外交文書》，2：3（第五卷），第七三到七六頁。
16 F.O.391/15，帕克斯致哈蒙德，一八七〇年四月二十二日報告說帕克斯曾與約二十位據信為反對這一鐵路計畫的日本企業家共進晚餐——而這是由日本官員安排的——意在勸說他們把資金投入到東京—橫濱鐵路線。他在更早的時候就同一問題與大隈和伊藤商談過。
17 一八七〇年四月十四日備忘錄，載於《明治前期財政》，2：83-84。
18 Dore, pp.249-251.
19 關於這些努力的討論，見《維新史》，5：600-610。
20 引自於 Kikuchi《日本教育》第六八到六九頁對該序言的全譯文。
21 引自於 Kikuchi《日本教育》第六八到六九頁對該序言的全譯文。

22 英文來自 Kikuchi《日本教育》第二十三頁。

23 《岩倉具視關係文書》，1：357-358.

24 大久保致岩倉，一八七〇年十月一日，載 Katsuda, Ōkubo, 2：777。

25 關於徵兵制的導入最好的論述見於 Hackett 的《現代日本興起中的山縣有朋》和他的論文《明治領導人與現代化：以山縣有朋為例》。

26 Katsuda, Ōkubo, 2：726-277.

27 該文本載於 Tokutomi, Kōshaku Yamagata, 2：183-187。

28 兩個文件的英譯文均可見於石井良助，pp.723-724；又見於 Tsunoda et al., pp.704-705（此處日期有誤）。日文文本載於 Tokutomi, Kōshaku Yamagata, 2：195-196。

29 詳細細節見 Hackett，Yamagata, pp.66-67；Ishii Ryosuke, pp.194-196。

30 Ishii Ryosuke, pp.723-724.

31 Havens, pp.194,196-197,207-208.

32 詳細討論見 Norman, Soldier, pp.4147。

33 一八六七年第三月〔四月五日五月三日〕，載於《岩倉具視關係文書》，1：288-300，第 290-292 頁；致中山和嵯峨，一八六七年五月二十九日，載於《岩倉公實記》，2：33-39，第 36-37 頁。關於使團及其起源最好的英文論述是 Mayo,「Rationality in the Meiji Restroation」。

34 Altman. 從富貝克的信中可以清楚地看到，他希望看到的這樣一類向西方學習的一個結果是日本將採取對寬容基督教有利的措施。

35 Shōkiku Kidō Ko, 2：1321-1324。

36 大久保和井上共同署名信件，一八七一年第八月〔九月十五日到十月十三日〕，見《大久保利通文書》，4：361-363。

37 該文本署名日期為一八六七年十月十六日，載於《岩倉公實記》，2：927-934。

38 F.O.46/143，亞當斯致哈蒙德，一八七一年十二月八日。

39 F.O.46/151，亞當斯致格蘭維爾，第十三號，機密，一八七二年一月十二日。

40 木戶一八七二年一月二十六日信，載於《木戶孝允文書》，4：319-321。

41 Pittau, pp.41-48.

42 自柏林發出的信件，一八七三年三月十二日，載於 Katsuda, Ōkubo, 3：54-55。

43 大久保致大山巖，一八七二年十二月二十日，載於《大久保利通文書》，4：476-470，第四六八頁。

44 Ienaga, p.260.

45 該文件簽署日期為一八七一年十一月十八日，載於 Katsuda, Ōkubo, 3：21-25。又見 Iwata, pp.150-154。文件的簽名者包括三條、岩倉、木戶、大久保、大隈、後藤、板垣、副島和伊藤。

46 井上和澀澤一八七三年五月七日辭職書，見於《世外井上公》 1：549-561，第五五三頁。辭職牽涉到的具體事件是所謂江藤為首的司法部和大木為首的文部省濫用財政資金。從兩人辭職後的事態發展來看，很重要的一點是須注意到大久保仍然擔任大藏卿，儘管當時不在位。

47 關於朝鮮事件最好的敘述是 Conroy,The Japanese Seizure of Korea, pp.17-77。又見 Iwata, pp.164-172。

48 西鄉在一八七三年八月的信，見 Tsunoda et al., p.657。

49 木戶致三條和岩倉，一八六九年三月十三日，載於《木戶孝允文書》，3：237-243，第二四一頁。

50 （自歐洲）致村田新八和大山巖，一八七三年八月十五日，載於《大久保利通文書》，4：521-523。

51 備忘錄，署名日期為一八七三年八月，載於《松菊木戶公》，2：1580-1584。

52 《大久保利通文書》，5：54-64。在 Tsunoda et al. 第 658-662 頁中有關鍵部分的翻譯。以及 Conroy 著作第 47-49 頁。前者更加忠於日語原文。

# 第十五章
# 財政與社會

從某個側面，可以用大久保在一八七三年末採取的立場，來結束對明治政策變遷的研究。富國強兵的口號，在經歷了從其傳統的農業社會和封建制背景轉向西式現代化背景之後，這時也成為明治政府的官方計畫，其目標在於使日本獲得抵抗西方的力量。

但是，這並非故事的全部。明治改革中還有另外一個要素，財政要素；它把政府政策與維新前的社會經濟變化即本書開頭談論的某些問題連接起來。它涉及到武士和農民——德川社會的兩大支柱；通過政變他們在社會結構中的地位，財政政策帶來了作為新的「絕對主義」國家一大特徵的權力再分配。對這個話題的討論所涉及的年份雖然超出了我們到目前為止所遵循的斷代，但它對於理解明治維新的重要性，再加上它的許多核心特徵均在一八七一到一八七三年之間已然成型，決定它成為一個我們必須現在加以探討的問題。

## 武士俸祿

廢藩不但給明治政府以政治上的收益，而且還給它財政上的責任。這些責任包括在全國各地徵收土地稅，並決定徵收稅率是多少，這個話題我們下文即將討論。更直接地，廢藩把償還封建債務和向武士支付俸祿的責任放在了政府而非大名的身上。一直有種說法認為這是為置換政治權力而必須向封建階級付出的代價。[1] 對於明治領袖來說，這確實是個很棘手的財政窘境。

在明治政權建立的前一兩年，其財政一直受困於內戰和政治上的不確定性，而國家的三千萬石土地中，僅有八百萬也即那些曾屬於德川家的領土被置於朝廷的控制之下的現實，又使明治窘迫的財政雪上加霜。[2] 從這八百萬石土地那裡獲得的收入相對較少，這一方面是因為在當時的局勢下稅收不易徵集，另一方面是因為幕府土地產出的稅收本來就低於全國平均水準。結果，巨額的軍事開支導致巨大的財政赤字。這些赤字只能通過大量借債——大部分來自於三井以及其他大阪和江戶的錢莊（利息百分之十八）——和發行沒有準備金的紙幣加以彌補，[3] 這些手段使明治政府從一開始便負債累累。到一八七〇和一八七一年雖然大局已定，但用於債務的開支依然龐大。在那些年份，收入和支出大致保持平衡（見表三），儘管這僅僅是通過不斷地借債和鈔票發行達到的，這顯然不能無限制地做下去。

在某些方面，廢藩改善了明治政府的財政狀況。使用新的貨幣單位即日圓（它取代了「兩」）測量，土地稅收入從一八七一年的一千一百三十萬日圓或總收入的百分之五十一，上升至一八七三年的六千零六十萬日圓或總收入的百分之七十一（請忽略一八七二年，當年從舊體系向新體系轉換所導致的問題歪曲了資料）。在這樣的收入背景下，行政成本上升了約二千萬日圓，俸祿等相關支出成本上升了約一千六百萬日圓，因此，通過接收藩國，明治政府在收入上的增加多於它在支出成本上的增長。換一個角度說，在一八七一年，它需要使用它的全部土地稅收入來滿足俸祿和行政支出成本——這一局面比與之前的幕府所面臨的局面相比沒有絲毫改善——而在一八七三年，這些支出成本所占比重下降到五分之四。即便我們把同時出現的軍事支出增長完全歸因於原先由藩國支出的項目，把這項支出加上上述兩項主要支出，我們得到的一八七三年支出總額仍然小於同年的土地稅收入。

從這些資料中並不必然推出新的局面是令人滿意的結論。畢竟，明治政府接收的藩債合計數目相當大：根據原始的記錄，大約欠國內債權人七千四百萬日圓，欠外國債權人四百萬日圓。[4]大藏省的一個特別部門從一八七二年初開始研究這個問題。在這項研究完成後，明治政府於一八七三年三月決定對產生於一八四四年前的債務不予賠償、全部取消。

**表三　政府收入和支出，一八七〇到一八七四年（百萬日圓）**

| 財年 | 收入 | | | 支出 | | | |
|---|---|---|---|---|---|---|---|
| | 合計 | 主要來源 | | 合計 | 主要領域 | | |
| | | 土地稅 | 紙幣和貸款 | | 行政（中央和地方） | 軍事 | 俸祿 |
| 1870 | 20.9 | 8.2 | 10.3 | 20.1 | 6.7 | 2.9 | 4.2 |
| 1871 | 22.1 | 11.3 | 6.5 | 20.0 | 5.8 | 3.3 | 5.5 |
| 1872 | 50.4 | 20.0 | 24.0 | 57.7 | 20.9 | 9.5 | 20.6 |
| 1873 | 85.5 | 60.6 | 12.5 | 62.7 | 25.8 | 9.7 | 21.7 |
| 1874 | 73.4 | 59.4 | 1.2 | 82.3 | 26.7 | 13.6 | 36.1[a] |

資料來源：關順也，《明治維新與地租改正》（明治維新と地租改正，京都，一九六七），第二一、五一頁所載表。

注：部分因為歷年制度的改變，會計時期因時而異。我在這裡使用的年份盡可能近地符合政府財年。「俸祿」項下的數位包括明治政府從幕府那裡接收的其他各種「封建」花費。

a 這個數量的約五分之一是對那些接收俸祿置換的人的全面性支付。

後來，主要通過利息調整，剩下的三千四百萬日圓債務又被削減至二千三百萬日圓。同樣地，通過談判，外債也被削減至二百八十萬日圓，於是，政府需要支付的最終的債務總數為二千六百萬日圓弱。但是，在這個數目之外，還需加上為兌付仍在流通中的大名紙幣的二千二百萬日圓，這就使國庫在若干年內需要支付的資金量，與它在一八七三年在俸祿和行政上的支出四千八百萬日圓相差無幾。

面對籌集這一總額資金的需要，加之西式改革特別是軍事改革不斷增長的花費，明治政府同藩國官員（明治政府繼承了這些藩國官員的責任）一樣，對每年經常性的俸祿支出消耗了大約三分之一的土地稅收入感到震驚，因為這項收入是明治政府的主要收入來源。如前所述，在最近的幾年中，在天皇政府的督促下，藩國已自行盡其可能地削減了俸祿。假如不這樣做的話，明治政府對俸祿的經常性支出規模，甚至還要比上面報告的規模大得多。在最近的幾年中，幾乎在每一個地方，最高的俸祿都被降至原先價值的十分之一；尤其是在許多中小型藩國，中下級武士的俸祿也被削減，有時被減至僅夠生存的水準。[5]這些事實意味著全國需要支付的俸祿總額（包括中央政府和藩國政府的支出），已經從維新前夕的估算額三千四百六十萬日圓減至一八七一年廢藩時的二千二百六十萬日圓。[6]這意味著在一八七二年及其後明治政府必須支付的俸祿，僅相當於一兩年前幕府和大名自己收入中應支付數額的五分之三左右；而且如果考慮到通貨膨脹的因素，實際價值還要少上許多。這些支出中的大部分是以小額的方式，支付給了數量龐大的武士家庭。[7]

這一事實的重要性，在於它幾乎沒有給進一步壓縮留下任何空間，哪怕僅僅是為了避免使占日本三千萬人口的百分之五或六，在政治上強勢的人口普遍陷於真正的困苦也不能這樣做。事實上，擺在明治政府面前的只有三條道路。它可以無所作為地沿用舊制，繼續支付俸祿，並接受由此帶來的對其經濟政策自由選擇的束縛。它可以尋求其他收入來源，依靠它們來滿足新的支出需求，而這實際上將使土地稅的很大部分變成俸祿的抵押。或者它可以廢除俸祿，承受動盪甚至反叛的風險。事態的發展表明，在這些道路中作出選擇漫長而艱難。

一系列因素促成了最終的決定。其中一些出於鼓勵「有才之人」的政策，這項政策以在等級體制以內選賢任能開始，卻又因以效率為名摧毀這個體制而告終。這個政策在一八七一年之前就已經在多個藩國實施。它們採取的形式往往是在增加文武官員薪酬的同時削減俸祿，這樣，決定武士收入高低的重點，就從出生轉向職能。例如，在保守的薩摩藩，所有俸祿二百石或更多的人的俸祿，在一八六九年都被大幅削減。而在此之後導入的是一個針對地方最高五級官員（從最低的兵隊長和區助理到最高的藩國參議）的五級薪酬制度，這五級中最低一級獲得五十石的收入，最高的獲得一千二百石的收入。[8]同樣的舉措也出現在其他的地方，有時更加激進。因此，在佐倉的崛田藩，到一八七一年，在將近五百個武士家庭中，只有三十三家仍然有三十石或更多的俸祿，而最高的俸祿是大名家系的二百石。但是，最高的薪水在六十到一百五十石之間，獲得這些薪水的人其所得跟他們在俸祿體制下一樣多（或者甚至更多）。[9]

這種做法的一個結果，是使每個武士階層中少數有才幹者和大多數平庸者之間的區別，在經濟上得到了體現。這個局面，在一八七一年後中央政府官僚隊伍的建設方式那裡，在採用徵兵製作為軍人募集的基礎那裡都得到了驗證。因為，現在已經成為事實的是：在全國的許多地方，武士階級已經無法控制——無論是依靠利益還是依靠感情——許多最活躍成員的忠誠，他們在為天皇政府的服務中找到了施展抱負的機會，也得到了可觀的報酬。他們放棄了地方的羈絆，如志士曾經做過的那樣，獻身於一個充滿機會和活力的世界。在這個過程中，他們中的一些人，或者直接通過自己的學習和經驗，或者間接通過他人的學習和經驗，形成了這樣一個信念：他們不但必須放棄而且要徹底摧毀他們出身的那個階級的特權。與這個信念相伴的是一種西方式的理性，一種用來辯護他們做什麼不做什麼的理性判斷。我們已經在徵兵制的出臺那裡考察了這一理性運用的一個好例。徵兵制的出臺是前長州低級武士山縣和一位出身較高（但接受西式訓練）的前幕府顧問西周共同努力的結果。

從這個觀點出發發表的最有遠見的言論出自於板垣退助之口，他（作為一個家境優越的中等武士家庭的家督）的階級忠誠，在這個問題上明確地讓位於他的現代化傾向。在一八七一年初向土佐當局提交的一封信中，他論證道，人類的技能是自然的稟賦：「沒有一項技能靠的是階級分隔，把人分作武士、農民、工匠和商人的分隔。」[10]因此，以往武士通過對政府官職的壟斷，先行占有了本該屬於全體人民的地位，「貶低了下面的階級。」改變這一切的時間已經到來，他寫道：「我們應當首先把迄今為止由武士壟斷的國家軍政職能向人民開放……從而使每個人都能發展知識和能力……都有成就其天生抱負的機會。」[11]

法國民眾抵抗普魯士的成功，板垣接著寫道，證明了設計一套能夠賦予人民這些權利的制度，對於國家的強盛來說是何等重要。「為了使我國自立於世界，成功實現國家富強，全體人民都必須培養珍惜愛國主義的感情，必須建立使得人人都得到平等待遇的制度。除此之外，別無它法……畢竟，人民富強，國家才能富強；人民貧弱，國家必然貧弱。」[12]這些思想，與板垣後來關於創設議會的主張一脈相承，這個主張認為，議會可以使人民的意志統一於國家行為。不過，他的近期目標是通過廢除把人分成三六九等的世襲標籤而實現社會的團結——作為富國強兵的一部分。

如果這一主張所要求的不過是願意把以前曾專門屬於武士的某些特權，也給予其他人的話，那麼，當時的明治政府已經接受了這一點。明治政府的成員們清晰地意識到他們掌握國家政權得益於非武士階級的幫助。板垣本人後來評論道「富農和商人」中曾「產生了一八六八年革命的領袖」，[13]因此，這些集團必須得到承認。於是，在一八六八年到一八七三年之間，一系列有關階級歸屬和特權的政令得以頒佈。[14]

在一八六八年八月二日，緊接在奉還版籍之後，有關武士的各種不同等級的稱呼正式被兩個新名稱取代：士族（適用於中級及以上的武士）和兵卒（適用於低級武士），藩國的官員們根據本地的實際情況把這些稱號授予各個武士。這就引發了一系列的地位階級身份的調整，並使某些鄉士和農村上層階級獲得與他們的影響力更為相稱的地位。例如，在土佐，奉還版籍後士族分為五等，鄉士被置於第四等，村長（大莊屋）被置於第五等。[15]此外，那些仍然包括許多板垣所言的富農和商人在內的平民，被給予具有家族之姓的權利（一八七〇年十月），與武士或貴族家族通婚的權利（一八七一年九月）。士族被允許不必佩劍（一八七一年九月），從事農業、商業和工業而不失去其地位（一八七二年一月）。特定社會集團須著特定的服裝和髮式的規定也被終結。

這些改革不可避免地在前武士中引起相當大的不滿；但只要改革局限於提高他人之地位而沒有直接降低其自身地位的話，不滿尚在可控的範圍之內。俸祿則是一件非常不同的事情。大多數士族依靠俸祿生活，而且知道他們要依靠俸祿來獲得維持其社會形象所需要的收入。因此，在藩國已經對俸祿所做的削減水準之上，任何進一步削減俸祿這一政府財政負擔的努力，都必須考慮到士族預期產生的不滿。[16]例如，儘管木戶相信政府有責任取消那些「不必要的」支出，而用於俸祿的支出正是問題的所在，他仍然認為拋棄幾個世紀以來一直作為國家保護者和支持者的那些人並使他們陷入貧困，是大錯特錯。他在寫於一八七三年底的一封充滿感情的長信中這樣寫道，這樣做就是背信棄義。[17]它將損害政府在國內和國際上的威信，甚至激起叛亂。他建議使用某種強制儲蓄方案來解決問題。根據這個方案，俸祿的持有者應將其收入的三分之一交給國庫，以此交換到政府的定期債券。通過這個方法，他們最終能夠積累足夠的資本，不必再依靠俸祿生活。

岩倉也深知，在受領人已經不再為國家服務的情況下，俸祿的存在已經不再合情理。但是，出於對動亂的恐懼，他對終止它們持有同樣謹慎的態度。他在一八七〇年夏天提出的一篇政策分析文章中提出了一個解決方法：使用證券（vouchers）來支付俸祿，這些證券是需要納稅的，但那些希望籌集資本購買土地或進入商業的人可以把它們賣掉。換言之，他要給政府尋求一個削減其承諾負擔的機會，通過逐漸地在市場上兌現證券，同時也鼓勵武士從事「體面的職業」。如該文件的其他許多建議一樣，這個提議與一八七三年底採取的政策已經很相近了。[18]

直接走向那一政策的第一步出現在一八七三年初，當時，大藏省中具有改革意識的官員們開始強調，政府財政必須改革。在大隈的支持下，井上馨（長州）和吉田清成（薩摩）力主日本舉借外債，並將其中的一部分（一千萬日圓）用於削減俸祿。具體而言，他們建議，在每一筆俸祿中三分之一不再支付，另外三分之二以可在市場上流通的債券償還。這些證券政府將分六年分期償還：即，每一筆俸祿都將以相當於六年分期付款的數量予以兌現，但用於這一目的的資金的年價值僅相當於俸祿年支付額的三分之二。這個方案比岩倉提出的計畫要極端得多；而且因為它屬於岩倉使團離國前未曾協商好的專案，因此必須徵詢那些不在崗位的參議會成員（當時在美國）的意見。

岩倉和木戶都反對這個方案，後者在日記中義憤填膺地寫道：「士族不是罪犯，他們是我們天皇土地上的人民。」[19]當大久保和伊藤在那年夏天因談判授權事宜暫時返回東京時，他們顯然也對此方案有所懷疑。無論如何，正是針對這些意見，大隈和井上在九月提出了一個修正方案：該方案提供了更長的分期支付時間（長達十六年，而非六年），並給予俸祿的持有者以立即支付價值相當於八年俸祿的一次性證券的選擇。

甚至這個方案也被證明爭議太大。這個問題在一八七三年十一月使團歸來和朝鮮危機解決之後才得以解決。那時，大藏省提出的一個方案建議對俸祿徵稅。該方案得到大久保的支持，但遭到木戶和伊藤的反對。大隈和前幕府官員勝海舟一同主張這一措施將極不得人心，為此，他們建議應允許武士用俸祿兌換現金，如果他們願意這樣做的話，世襲俸祿以相當於六年的分期支付償還，非世襲俸祿以相當於四年的分期支付償還。然而，儘管有木戶的反對，大久保仍然堅持俸祿也必須納稅的主張。最終，兩個決定同時頒佈（一八七三年十二月二十七日）。

中央政府對俸祿納稅設置的稅率非常懸殊，對五萬石的俸祿徵收百分之三十五，對五石的俸祿徵收百分之二，結果，對上層武士的懲罰甚於下級武士，一如藩國在一八七一年前削減俸祿時所做的一樣。據估算，對仍在支付的四百七十萬石俸祿，一年大約能產生五十萬石的稅收。對此政府提出的辯解是德川時代削減俸祿時慣用的說法：軍事改革成本。與此相反，不高於一百石的俸祿持有者可選擇把俸祿兌換為現金，但這個措施是為了給俸祿持有者提供經濟機會，而不是為了增加政府財政收入而提出來的。政府的通告宣稱，俸祿轉換政策的引入，是因為許多武士發現他們無法利用一年前獲得的從事農業或商業的許可，而這「極可能是因為缺乏必要的資本」。[20]

經過這番運作，對於大多數武士來說，就再也沒有什麼東西可以期待了。明治領袖中的改革者此時專注於財政，把財政問題放在對武士的歉意之上；政治家如板垣則繼續關注國家的團結，特別是不可忽視的非武士階級的利益；而在中央集權者如岩倉和大久保的意識中，一個職業的官僚和徵兵制軍隊意味著武士繼承制的終結，或者至少是這個制度的轉型。只有木戶繼續反對，但他的影響式微。在一八七四年十一月，可選擇的俸祿轉換被推廣到超過一百石的俸祿持有者；在一八七五年十一月所有的支付都被兌換為現金；在一八七六年三月，大隈提議對剩餘的俸祿做強制性轉換。這一措施在五月不顧木戶的進一步反對而達成協議，並在十月宣佈。

對那些價值在一千石或更多的世襲俸祿，發放的是利率百分之五的帶息且資本兌現價值為五到七年半的俸祿收入債券。俸祿的價值越小，相對的資本兌現價值越高，並以利息百分之七且十四年收入為最高限度。於是，對於居於最高水準、具有十萬石年俸祿的前封建藩主，現在發放給他的債券具有五十萬日圓的票面價值（即五年收入），利息百分之五，這樣，他的年收入為二萬五千日圓。而對於位於另一極端的一百石俸祿持有者而言，他得到的債券價值一千一百日圓（即十一年收入），利息百分之六，因此他每年能得到六十六日圓的收入。非世襲俸祿按照相當於世襲俸祿減半的待遇轉換。[21]最後，在這些規定下，總共有一億七千三百萬日圓的債券和七十三萬日圓現金支付給三十一萬三千人。這一政策的實施使政府用於俸祿的花費，在一八七七到一八八〇年之間降至一年一千五百萬日圓，大致相當於一八七三年支出的百分之七十。[22]考慮這些年持續的通貨膨脹，武士的損失甚至更大。

這個決定對日本經濟影響巨大。詹姆士．中村估算，截至一八七八到一八八二年，對債券的利息支付不超過農業收入的百分之二，不及德川時代用於支付俸祿的份額的十分之一。[23]因此，對武士的剝奪使更多的收入可用於地主和政府之間的分配，如果農民並沒有

題。準確地說，這些問題涉及到對明治社會而非維新政治的研究。但是，我們必須對這些問題稍加考察，即便是在本書比較狹窄的論題範圍之內。

我們或可從這樣一個觀察開始：一八七〇年統治日本的任何政府，不管是什麼性質，都將必定發現不得不處理鄉村問題，因為鄉村是最大的稅收來源，是明治政府統治的大多數人的家園。這些問題有兩類，或者更確切地說，是圍繞著兩類不滿的源泉產生的問題。這兩類問題都產生於德川時期的經濟變化。

首先，如我們在前面不時所提到的，武士和封建大名的財政窘境，使得各地農耕者的財政負擔只增不減，引起了巨大的民怨。其次，在比較發達的地區——那些靠近江戶的地區、北海道、京都附近的地方、瀨戶內海的沿岸地區、北九洲的某些部分——已經隨著地主經濟的出現和商業的發展，在鄉村之中出現了財富的再分配。這一變動，已經歪曲了稅負，給社區帶來分裂的威脅。

再者，在十九世紀中葉發生的一系列事件使財政狀況變得更加糟糕：戰爭賠款、國防備戰，最終還有內戰，這些都增加了政府對收入的需求；對外貿易的影響，外貿創造了對貨物的新的需求，從而給那些能夠利用這些新需求的人帶來新的機會。結果，農民反叛的頻率（該頻率反映了農民對上述事件造成的困苦的怨恨）僅因對維新的期待而略有下降。但就在幾個月內，反叛的頻率再度攀升：在一八六八到一八七三年之間有一百七十七起爆發，其中有六十六起與稅收相關。[28]而且，在熟知的對徵稅人和高利貸者的抗爭之外，現在又加上了對東京試圖實施的某些改革的具有傳統保守特徵的反應：鐵路冒犯了鄉村的神靈；徵兵制征走了鄉村的男人；教育要求鄉村出錢。

正是在這樣的背景下，明治政府不得不考慮財政收入的需要。甚至在廢藩之前，政府內部已經有人考慮在從德川家族中獲得的土地上進行土地稅改革了，其觀點之不同，足以反映政府內部對這個問題的意見分歧。對於政府需要而言年貢總是不足，又因通貨膨脹愈發不足，這是因為，許多年貢已經被用作現金支付。而且，年貢還因地而異，差距甚大。這一局勢，造成了明治政府各部門之間的衝突；大藏省關注的是收入的最大化，堅持必須維持，甚至增加年貢收入，而地方郡縣知事則因擔心農民暴動，都想方設法以負擔超重為由在本地搞稅負減免，以降低動亂的風險。

這兩類官員從他們不同的前提出發開始提出改革問題。[29]頗具戲劇性地，薩摩的松方正義在一八六九到一八七〇年間，以日田縣知事的身份呼籲減稅，並消除因地區差異帶來的不公正，藉此去除導致動亂的源泉。他的主張反映在一八七〇年八月內務省向太政官提交的一封信中，並在岩倉於幾個月之後寫就的關於政府的基本政策的文件中得到了回應。

在更早的時期，松方正義的同事、攝津縣（大阪）知事陸奥宗光提出了一個極為不同的方案：以全國一致的、不僅適用於天皇土地也適用於藩國的稅制標準化邁向行政統一；

所有的年貢均以現金支付；把更大的稅收負擔份額加諸商業。大致相似的計畫也見於曾服務於幕府的「西式」專家、現為大藏省官員的神田孝平提出的建議。在一八六九年初夏，而後又在一八七〇年七月，他提出了以土地估值為基礎的貨幣土地稅方案，初步可根據土地在過去二十或三十年產生的稅收收益記錄進行估算。他論證說，這樣的稅收將在行政上，比現行的各地的不同做法更加容易管理；將為中央政府提供一個穩定且可預測的收入；而且，由於它依據的是現期的土地價值，並根據市場價格的自由起落不斷調整，從長遠的觀點看，將比封建制下的調查（檢地）和定期穀物估算方法對農民更為公正。

像松方的方案一樣，孝平的方案也被提交至其上司特別是大隈重信，後者從一八七〇年底就開始全力推動財政統一。然而，當在此後一年進行的廢藩，把設計一個通用全國、而非僅僅用於此前東京管理的百分之二十五土地上的稅制的任務擺在明治政府面前時，這些官員的影響力更為直接。

大藏省此時非常清楚它現在背負著新的巨大責任，特別是需要為藩國債務和武士俸祿籌資。而此時它所處的背景是原先的藩國被重組為郡縣（縣）和城市地區（府）；由於從一八七二年一月起只有七十五個縣和府，與此形成比較的是以前有接近三百個藩國，許多新的單位包含了以前的好幾個單位（事實上，有二十九個縣或府整合了五個或更多的藩國）。鑒於在封建貢賦上地區實踐的既存差異，這一整合使縣府官員面對更大的農村動亂的風險，因為當村民瞭解到他們所得到的待遇與相鄰地區的居民不同時，就會向官府要求「公正」。政府的代表發現，在尚無現代軍隊或員警的支持下，無法對這些要求置之不理。同時，他們知道，大藏省也斷不會支持全面減稅至最低水準的做法，因為這勢將把收入降至危及穩定的水準。因此，稅制改革作為一種能夠避免這一困境的手段獲得了人們更大的關注。

最先將這個問題提到議事議程的是大藏省做出的。一八七一年底，時任租稅局副局長的松方就這個問題準備了一份重要的文件。[30]在這份文件中，他毫不含糊地道出如果未能將不同地區的稅負平等化，國家將面臨的危險。他還提請人們注意，對任何企圖改變或調整既有習慣的做法，農民會天生地懷疑它們可能不過是提高實際稅率的幌子；而鑒於人們對德川土地調查官的認識，這一懷疑似乎十分有必要。為此，他警告，如果想獲得任何意義上的地方合作，改革的每一步都必須謹慎，向農民解釋清楚。

以這個傳統主義開篇，松方在文件主體部分卻展現了關於稅收和經濟政策關係的完全非傳統主義的觀點，幾乎沒有向一般意義上的農村偏見做出什麼讓步。他說道，在封建統治者那裡，政策目標是實現地方的自給自足，並為壞的收成做好準備，即從安全和穩定的利益考慮對土地及其生長的穀物加以控制。因此，稅法被故意設計成限制性的，而不會刺激增長。在日本新的局勢下，這一做法必須改變，這樣生產才能增長以為國家和人民的財富積累服務。因此，那些限制性的規則必須廢除：包括禁止土地買賣的規則；限制農民種植穀物自有的規定；甚至那些禁止糧食進出口的規定。換言之，土地稅改革將是新農業政策天生的組成部分。

這一點在次月由井上馨和吉田清成簽署的另一份大藏省文件中得到了補充。他們認為，過時的種植實踐，無論是由限制性規定還是由農民的守舊習慣造成的，都必須予以終結，因為它們對稅收和國富有害無益。另外，必須建立一個旨在「減輕加諸土地之上的稅賦，從而鼓勵增加生產」的稅制。[31]英國代辦亞當斯在報告與岩倉談話時，記錄了對大藏省行動的一種解釋，即明治政府準備通過向商人階級徵稅以減輕農民的稅負。[32]

在岩倉使團臨行之前，大藏卿大隈重信和大藏大輔井上馨向參議會提出了土地稅改革計畫大綱。[33]他們在強調為了防範動亂須避免不同地區之間的差異之後，建議採取一種用貨幣繳付的土地稅，並按照事先同意的土地價值按比率納稅。他們注意到，做到這一點的一個前提是，必須解決持有權證書的發放問題，必須正式解除對土地出售的禁令（這個禁令已經被廣泛忽略了），唯如此才能創造土地市場，以此為基礎進行土地價值的估計。

這一普遍原則以及該文件所包含的特別建議很快被接受。為此，大藏省承擔了在岩倉使團外訪期間進行更加細緻的研究和準備工作。明治政府立即宣佈了自由種植穀物的政策。禁止土地銷售的命令也在一八七二年三月二十五日被撤銷，兩周之後關於土地持有易手後證書問題的規定得以頒佈。在八月份，這一規定的適用範圍推廣到所有的土地，不管它們有沒有被掛出銷售；而使用貨幣繳付稅收的權利（這項權利已在一八七一年賦予天皇領土上的居民）被推廣到曾經屬於藩國的那部分土地上。到土地稅規定本身於一八七三年七月發佈時，只有少數農民仍舊繳付實物租稅。

但是，這並不是說，從一項事關原則的決定到一個能夠完全運作的體制的進步，僅僅發生在官僚內部並且毫無爭議。誠然，大部分的工作都是在大藏省地租改正局中進行的。該局先後由陸奧宗光和松方正義擔任局長，兩人都是具有縣知事經驗從而能平衡財政利益和農村不滿風險的現代化論者。儘管如此，他們擬定的規制草案仍舊遭遇到了很大的阻力。相當大部分的阻力是技術性的，但是，對有關的討論的檢視將顯示有的反對意見更具廣泛意義，涉及到維持武士和地主各自的利益。

那些實際被採用的土地稅規定的最早的重要草稿（儘管大部分沒有標明撰寫日期），看來是一八七二年秋天的產物。[34]第一批規定關於土地價值評估，已經引起了一些問題，之所以這樣，不僅僅是因為民眾素來對政府的動機持懷疑態度，這些態度將導致人們歪曲或低估他們對土地產出的估計，而且還因為土地的出售價格不可避免地包含了對稅負負擔的考量成分。結果，大藏省建議採取如下步驟進行價值估計：由所有者首先進行估值；如果這一估計值被質疑，由鄉村會議加以核准；如果仍存有異議，由官員進行估算，如果是自耕農，便將土地所產作物的年淨值乘十，如果是佃農，則對租金進行相似計算。土地的所有者要麼接受最終的官方估值，要麼接受別人以他自己的（想必較低的）估值提出的任何購買要求。一份大致包含了這些內容的草案曾在地方官員中傳閱，徵求他們的意見。另一個草案也是如此。這個草案提議三%的稅收水準，即相當於作物淨值30%的稅賦水準。該草案稱，根據大藏省的記錄，該水準相當於以往全國各地貢賦繳付額的平均值，因而可以判斷較為合理。

在傳閱這些文件的過程中所產生的批評中，[35]有兩類值得特別注意。一類批評反映了富農的觀點，這些富農的財富與其持有土地所承擔的稅賦相對於其產出而言較低息息相關。他們的代言人試圖通過設立一個過渡期使向新體制的轉移變得容易一些；在這個過渡期，稅負的增加或減少，對於一個給定的個案而言，均不得超過百分之四十。另一派批評者從前武士的立場出發，認為俸祿的存在是封建階級對土地擁有法律權利的證據，因此，在發放土地證書時必須保護武士的利益。而做到這一點的一條路徑是堅持土地的「公共權益」——顯然指的是以前曾由幕府和藩國持有的貴族權利——必須出售給私人，而非徑直轉給土地占有者或地主。購買者需要以二十次同等金額分期付款的方式支付土地購置費。藉此籌得的資金，這些批評者聲言，不但可用於償付現代化（鐵路、學校等等）的成本，而且可為武士俸祿融資（而俸祿本身可用作購買土地的擔保）。而且，一旦土地以此方式轉為私有，就能以其價值的百分之四對其徵稅，這裡的價值由其交易價格決定。

為了解決這些主張所顯示的衝突，土地稅問題與俸祿問題一同，被提交到於一八七三年四月召開的地方官員會議上協商。井上馨主持了會議的前半段，大隈重信主持了會議的後半段。大約有包括陸奧在內的十位大藏省官員和六十五位來自縣和府的官員出席會議。會議沒有解決俸祿問題，因為地方官員和大藏省代表各執己見、互不讓步；前者繼續強調武士動亂的危險，後者堅持政府的財政需要。在土地稅方案問題上也出現了類似的分歧，這些方案於四月十三日在會議上討論，並受到嚴厲的批評。但是，在這個問題上，會議最終達成原則性協議。原則性協議達成後，會議設立了一個委員會，負責在諮詢大藏省的情況下，解決土地稅方案的細節問題。該委員會於四月十五日開始工作，並在一個月之內、實際上是五月十日，向全體會議提出它的建議。這些建議經過局部的修改於兩天後被接受。

在這幾周之內，出現過好幾個草案。第一個草案由大藏省提出，雖然它在制定過程中也向上述委員會和其他人進行了諮詢。這個草案建議採取百分之三的稅率，但同時表示有望於近期開徵商業稅，藉此使降低土地稅率成為可能。有關這個草案的討論帶來了多項修改。其中之一是剔除了可能降低土地稅的提法，這個修正顯然是在松方的要求下做出的，他認為對於一個已經深陷債務之中的政府來說，做出這樣的承諾實在危險。修正之二是

（在縣府官員的要求下）引入一項用於地方的附加稅，該稅按國稅稅率的三分之一徵收，這就使土地稅的總稅率達到百分之四。修正之三則是關於在與地方未能就土地價值達成一致的情況下，官方如何測算的問題，這一點成為後續爭論的一個焦點。[36]

致力於收入最大化的大藏省，終於使委員會接受了實際上對自耕農的稅收從穀物估值的百分之三十一．四增至百分之三十四（通過三個連續草案）的計算方法。這一點是通過如下方式達成的：在保持已經取得共識的百分之三的稅率不變的情況下，調整可計為成本的支出等款項。有關佃農的計算更為複雜，因為它涉及到有關租金水準的預估；然而，通過強調對不同類別的農民施以同等待遇的重要性，大藏省再次能夠增加自己的所得份額，從第一份草案的百分之二十六．三增至第三份草案的百分之三十四。由於地主的份額幾乎保持不變（僅從百分之三十三．七增至百分之三十四），結果，在最終的版本中，留在佃農手中的作物份額從百分之四十降至百分之三十二。

面對中央政府的要求，地方官員實際上在維護地主的利益上，比維護佃農的利益做得要成功得多。毫無疑問，他們在為地主而戰上做得更為努力，這或許是出於一種社會地位親近之情，或許是出於這樣一種信念：鄉村上層階級的不安，如武士的不安一樣，比通常出現的農民暴動更為可怕。而且，除了在土地稅率計算方式上占到便宜外，地主確實還在與官員發生土地估價爭端時，更有能力維護自己的利益。因此，這些補充規定實際上創造了鼓勵地主經濟的局面，而地主經濟已經開始推及到以前並不盛行的地方。

於一八七三年七月二十八日頒佈的地租改正法，強調了天皇「人民平等承擔稅負、不加歧視徵收租稅」的意願。[37]然而，該法的實際規定顯示了它對政府自身財政利益的關注，遠遠大於對任何稅賦平等原則的關注。在它的規定下，標準的租稅用現金支付，並給國家帶來既定數額的收入，該收入額大致上同改革前國家獲得的收入大致相當。這是大藏省一直努力追求的目標，而這基本上也是該省的實際所得。[38]此外，它也是農業和農業生產者所可能承受的方式，尤其因為新法驅使比以往任何時候都更多的農民出賣農作物換取現金。這是一項他們中很多人都缺乏技能的作業，這就導致了地稅改革的一個副作用：財務失敗致使佃農和失地農民增加。另一個副作用是惱人的所有權問題——由於地契的發放方式——不但是以有利於平民不利於武士的方式，而且是以有利於地主而不利於自耕農的方式解決的。在所有這些方面，地租改正法不啻是地主的權利法案。

但是，這些發展的大部分並不是寫成文字的地租改正法的產物，而是該法在此後幾年的實施方式帶來的結果。對可耕地地價估值和土地丈量於一八七六年完成，對森林和荒地的地價估值和土地丈量到一八八一年才完成。在這整個階段，明治政府以維持稅收為重，通過對各縣佈置總量目標等手段，對鄉村施加了相當大的壓力，迫使它們接受政府的土地價值估算。在這個過程中，政府的所作所為引發了不少民怨。實際上，民怨如此之大，以至於政府被迫於一八七七年一月把土地稅率降至百分之二．五。[39]

從長遠的觀點看，政府採取的上述決定，使得高地租的地主體制有利可圖，從而確定了日本農村社會朝佃農經濟發展的趨勢，同時抑制了租入土地的改良或合理化經營。[40]它們還肯定了德川晚期經濟變化給鄉村帶來的新的社會關係，因為它們給予村莊裡比較富裕的家庭以操縱土地估值的機會，一如他們以前也能操縱幕府和藩國的封建稅估一樣。例如，威廉．查布利斯（William Chambliss）曾證明，在血洗島，名義稅賦對小土地所有者的增長幅度，要遠遠大於對大土地所有者的增長幅度；大土地所有者還大大受益於強迫貸款（御用金）的封建要求的終止；儘管有中央官僚機器的創設，大土地所有者仍然對鄉村事務保持相當大的控制力。[41]但是，應當指出，拉大農村富人和窮人之間的距離，並非政府稅收政策的唯一後果。通過以這些方式偏袒地主，政府的決定還促成了資本集中於那些可能把它用於現代化目的的人手中；在這個意義上，它有助於現代經濟的發展。[42]

這些關於明治時期在農村社會發生的事情的評論雖然也算切題，但已把我們帶離我們的本初主題，即一八七一到一八七三年間政府政策決定的性質問題。在這裡，我傾向於接受關順也的主張：明治政府政策的初衷，不管它導致了什麼後果，是將收入首先用於現代化和俸祿支付的需要。[43]確實，在這個階段，我們難以看到武士或地主的階級利益對政策決定構成直接的、決定性的影響。武士的利益顯然從屬於國家富強的要求，正如他們在徵兵制和俸祿問題上所受到的待遇。武士對土地權利的聲稱，儘管曾拿到桌面討論，但從未被認真地考慮過。至於地主——或者更確切地說富農（豪農）——的利益，一八七三年討論的證據表明，他們的行動大致是防衛性的。這就是說，鄉村裡那些境遇較好的人們所關心的，與其說是如何推行他們自己設計的稅制，倒不如說面對政府的收入要求如何保護自己的利益。而就他們後來在土地稅改革中獲益而言，那也是因為他們能夠利用一個並非由他們自己有意識創造的機會。

## 反對

對維新社會（雖然未必是對其領袖意圖的）特徵的一種檢驗方式是考察它引起的反對力量，後者可以說是明治政府政策的一面鏡子。因為在我們這最後兩章討論的決策中，有的無可避免地是分裂性的，儘管關於團結就是力量的話題不斷地被提及。這裡的團結是大多數人心目中所有的特指的團結。木戶在一八七三年底反思他在歐洲得到的教訓時，把團結放在摧毀封建主義的背景下考慮：

> 一根木棍，哪怕是很粗的木棍，也可被小孩折斷。但是，要是把十根木棍，哪怕是很細的木棍，綁在一起，一個成年人也難以把它折斷……同理，如果一個

國家由多個小君王分治，各人在自己的地盤上具有完全的權威，……各個君王就將追求於己有利的目標，為他自己的收益出謀劃策。在這個體系下，國家強盛變得虛無縹緲……這樣的君王怎能抵抗一個能把各方力量團結起來的強敵呢？[44]

在其後的一年中著文主張日本創設代議制的板垣，則以相當不同的觀點看待團結：「怎樣才能做強政府？需要依靠帝國人民的同心協力……一個由人民選舉產生的國會，將在政府和人民之間創造一個感情共同體，它們相互結合成一個整體。那時，也唯有那時，國家才會強盛。」[45]

甚至大久保也承認政治形式對國家的統一和強大至關重要，雖然他在儘早頒佈憲法這一特定問題上反對板垣的觀點。他說，英國這個人口和面積均不及日本，卻「把它的權力延伸至海外，把許多土地置於其控制之下」的國家所樹立的樣板，證明了「國家的興衰取決於支持它的民眾所具備的素質以及培育這一素質的政府體制」。在日本，「當人民和政府團結一致時，」現代化就不會無果而終。[46]

這是一個視民族主義目標高於社會變革（除非社會變革僅限於作為達到更高的效率或消除民眾不滿的手段）的人所說的話。他的同事們大抵也是如此。甚至木戶在上面引用過的文件中也就他們的決定說道：「真相是我們所做的改變，沒有一個不是不可避免的。發生的改變，首先是因為我國的內部條件，但同時，雖然在較小的程度上，也與我們同外國的關係相關。」[47]這當然帶來一個問題：究竟什麼才是「不可避免的」。這個問題曾在明治領袖中多次引起爭論。但這並不意味著「改良」社會意義上的改革是政府政策的首要目標。那麼，在什麼意義上，明治政府的政策遭到反對了呢？

確定反對性質最容易的途徑是考察那些來自武士的反抗。大多數武士喪失了他們的特權，包括俸祿，而且發現自己被那些蔑視自己最珍貴信念的人所統治。毫不奇怪，考慮到他們尚武的傳統，許多武士以武力抗爭。更有甚者，當他們這樣做的時候，在很多場合下，是在那些心懷不滿的寡頭的領導下進行武裝抗爭的，而這些寡頭在上述問題上，每每與其在政府中的同事們爭執不休。於是，江藤新平於一八七四年初在肥前舉起反叛的旗幟，部分是因為有關朝鮮的決定，部分則與廢藩相關。有包括地方官員在內的三千餘人參加了叛亂。大久保本人親自指揮鎮壓了這次叛亂。[48]

一八七六年，有關強迫進行俸祿轉換的政策一經宣佈，又引來新的、更加廣泛的爭端。十月，武士攻擊了熊本的政府辦公室，殺死縣知縣。幾天之後，附近的秋月也發生騷亂。十一月，前原一誠領導了長州的一場叛亂。最後，在一八七七年一月，一些仇恨東京政策和大久保的薩摩武士（他們稱大久保為叛逆者），在西鄉隆盛的領導下起義了。[49]這場叛亂直到九月才被撲滅。那時，西鄉的軍隊（曾一度人數多達四萬）餘部被政府軍擊敗，而後者的規模又一次只及敵手的一半。西鄉在戰場上自盡。八個月後，在一八七八年五月十四日，西鄉的一些同情者（來自於前藩國加賀）刺殺了大久保，為西鄉報了仇。

大多數武士騷亂發生在「尊皇主義」藩國——薩摩、長州和肥前——這一事實告訴我們明治維新運動的某些特徵。那些為打倒德川幕府做出貢獻的普通武士，絕大多數在這樣做的時候，根本沒有想過採納他們領袖在一八七三年底所採取的政策。然而，同樣地，他們缺乏組織把他們的意願表達出來，一如一八六〇年代的「志士」同樣缺乏這樣的能力。結果，訴諸暴力（如果不屈服的話）就是他們唯一的出路。由於他們的暴力活動的失敗，武士從此不再是日本政治的決定性因素。不過，在幾乎所有的領域，武士的教育、家庭鏈結和遺留下來的聲望，仍然給予他們和他們的人數不相稱的影響力。再者，他們的態度和觀念樹立的規範，為其他人所嚮往，從而仍對社會行為具有廣泛的影響。一些情況下，他們把行為準則轉給了特別的繼承人，特別是軍官和員警；這些人中，許多以前就是武士。在另一些情況下，他們推動了社會中特定壓力的產生，尤其引人注目的是要求「強硬」外交政策的壓力，這個傳統源自「攘夷」。不過，我們不能說，在此之後，武士仍在古老的意義上「統治著」日本。他們對現代化的反抗，表明他們正確地認識到現代化對他們自己和他們的地位都構成了威脅。

不幸的是，即使我們能夠搞清楚武士抗爭與那些人離開明治政府的關係的話，我們也無法清楚地把日本社會中的「新」力量與留在明治政府中的人聯繫起來。如前所述，朝鮮之爭的一個後果，是有的寡頭為了組織意在削弱大久保及其同盟權力的立憲運動而離開了政府。這場運動首先由板垣、後藤以及其他土佐武士領導，後來大隈也加入領導層。它最終代表的是那些「資產家」，首先是地主和商人的利益，這些人雖然不再像在德川時代那樣被完全排擠於政治事務之外，但覺得自己在正在興起的官僚國家那裡沒有得到適當的代表。就此而言，明治中期的政黨與其說是維新動盪的表現，倒不如說直接體現了明治維新後長期的社會變動。

同時，我們應當明白他們反對明治政府的本質。因為提拔「有才之人」的原則已經給予他們有限的獲得權力的路徑——第二代領袖的武士背景就不如第一代那麼濃厚——因為追求「富強」的政策給予那些具有經濟專長（不管是在農業還是在工商方面的專長）的人以機會，地主和商人總的說來是能夠並且願意在體制內追求自己的目標，而無意於打破體制。我們甚至可以說，他們曾經享受過的與封建權威共生的關係，在本質上已被轉移至明治天皇政府那裡，不同之處僅在於他們的利益得到了新政權之政策更好的維護，因此，他們甚至連潛在意義上的顛覆者都談不上。

最後，農民的境遇如何？與維新使地主成為統治階級（在較廣的定義下）成員，從而給予他們前所未有的機會不同，村莊社會中最低階層的獲益微乎其微（如果有任何獲益的話），而在政治上他們無疑沒有獲得任何收益。農民像武士一樣，對許多改革（以及原先苦難的延續）進行了暴力抗爭。像武士的抗爭一樣，他們的抗爭也遭到了無情的鎮壓。實際上，得到電報和鐵路支援的現代軍隊和員警隊伍所具有的更高的效率，再加上那些處於鄉村結構上層的人，比過去更加願意支持當權者，最終，農民甚至連通過叛亂制約政府行為也不再可能。一八八〇年代的反叛被鎮壓後，農民變成政策制定的物件，而不是決策的參與者，甚至連投票權都沒有。這一局面，直到二十世紀，隨著工業社會在日本的興起，方才發生變化。

## 註釋

1 Seki, Meiji Ishin, pp.105106.

2 我的關於早期明治財政的討論主要是基於上書，第 2125 頁、105117 頁；以及 Niwa, Meiji Ishin, pp.930、1925、155160。

3 Tanaka Sogoro, Meiji ishin, pp.110115；Honjō，Social and Economic History，pp.323332，342344.

4 這些債務的地理分佈差異很大，但似乎與政治結盟的差異沒有任何顯著的關係。例如，土佐藩的債務，按債務比其石高計算，大致處於全國平均水準。長州也是如此，雖然它的債務顯然是一八六四年後與幕府作戰成本帶來的結果。薩摩藩遠遠低於全國平均水準，但某些親幕府藩國也是如此。最清晰的區別見於大藩和小藩，這無疑反映了因規模不同帶來的問題的重要性。丹羽邦男在《明治維新の土地変革—領主的土地所有の解体をめぐって》第一〇到一三頁中估算小於一萬石高的一百八十二個藩國中，只有六十二個或者三分之一，有低於全國平均水準的債務，而大於一萬石高的藩國中，超過一半（三十八個藩國中二十個）低於全國平均水準。在《日本近代史字典》第六四七到六五四頁中有一張表顯示了各藩的債務。

5 Niwa（Meiji Ishin, pp.16-26）把藩國分作五類，從那些（大多在內戰中屬於被擊敗的一方的）把所有的武士的俸祿，不管它們原先處於什麼水準，削減至接近生存水準的藩國，到那些僅把最高俸祿削減至十分之一而對其他僅作少許削減甚至不做任何變更的藩國。後一類藩國中包括薩摩、土佐和肥前。Fukuya 詳細地報告了俸祿削減在前幕府陪臣（pp.168-181）和若干藩國（pp.201-227）那裡的情況。我們還需注意到朝廷公卿的俸祿在一八七一年一月也得到了削減（普遍減少了百分之三十七．五），這一削減不僅適用於世襲的收入，而且適用於維新後對公卿的政治服務的獎賞。

6 這些資料來自於 Fukaya, Kashizoku, p.250。這本著作還徵引了另一不同的估算，而沒有試圖對兩個估算加以協調：一八六八年前俸祿總額為一千三百萬石高；一八六九年九百萬石高；一八七一年四百九十萬石高。稻穀價格的變動至少可部分解釋兩個估算之間的差別。

7 丹羽邦男在《明治維新的土地變革》第二四到二五頁中分析了一八七〇年福岡、一八七四年長州的俸祿構造。在前一個個案那裡，不到一百石的俸祿占支付俸祿全額的百分之八十一；在後一個個案那裡，低於二十五石的俸祿占百分之六十三的比重。

8 《鹿兒島縣史》，3：539-540，544-548。

9 Kimura and Sugimoto, pp.335-347.

10 板垣退助備忘錄，一八七〇年第十一月（一八七〇年十二月二十二日到一八七一年一月二十日），載於《自由黨史》，1 : 79。

11 板垣退助備忘錄，一八七〇年第十一月（一八七〇年十二月二十二日到一八七一年一月二十日），載於《自由黨史》，1 : 79。

12 板垣退助備忘錄，一八七〇年第十一月（一八七〇年十二月二十二日到一八七一年一月二十日），載於《自由黨史》，1 : 79。

13 備忘錄，一八七四年二月二十日，載於 McLaren，Japanese Government Documents, p.445。有趣的是，法國公使馬西姆．庫崔（Maxime Qutrey）顯然基於那些曾服務於他的前任羅切斯的人提供的地方知識，在於一八六八年七月九日日給巴黎的一個報告中評論道，「國家正在經歷一場最嚴重的危機，中產階級似乎企圖慢慢地取代至今為止還獨自把持著政治舞臺的上層階級。」

14 主要參看 Ishiii Ryosuke, pp.102-106；Fukuya，pp.145-151。

15 事實上，對士族範疇的稀釋程度最終比這裡所談的要大得多。部分由於這一轉變由地方執行而產生的變異是如此之多，明治政府在廢藩之後決定進一步簡化士族分類。它於一八七二年三月八日發佈了取消兵卒範疇的命令。具有永恆的兵卒地位的人都變成士族，而其餘的人，也即那些並非通過世襲方式獲得兵卒地位的人都成為平民。見 Fukaya, pp.154-157。

16 關於明治政府對俸祿問題的討論的最詳細的闡述是 Fukaya（pp.259397）。我在此的有關概述得益於該書甚多。

17 備忘錄，一八七三年十二月七日，載於《松菊木戶公》，2 : 16401648。木戶曾在兩年前的一次與英國代辦亞當斯的會談中談到過類似的想法。見 F.O.46/141，亞當斯致格蘭維爾，第 80 號，機密，一八七一年九月十八日。

18 《岩倉具視關係文書》，1 : 338362，第 349354 頁。

19 一八七二年五月十四日日記，《木戶孝允日記》，2 : 175。

20 該文件載於 McLaren，Japanese Government Documents, p.557。

21 這些安排的詳細見於同上書，第五六二到五六六頁。

22 參見丹羽邦男《明治維新的土地變革》第一五六到一五七頁中顯示政府財政各項收支的表。對那些債券的利息實際支付額為年一千一百六十萬日圓。

23 James Nakamuru，p.159.

24 Norman, Japan’s Emergence, pp.99-100.

25 Norman, Japan’s Emergence, p.97.

26 Seki, Meiji Ishin, pp.120-121.

27 關於他們的觀點的一個有益的總結，見於《明治維新史研究講座》，4：229-235。

28 Nihon kindaishi jiten，p.774. 又見 Seki, Meiji Ishin, pp.45-48，52-54；Norman, Japan’s Emergence, pp.72-77。

29 關於這些發生於一八七一年前的討論的下述資料主要基於 Fukushima，pp.16-62；Seki, Meiji Ishin, pp.17-20，25-34。

30 該文件的署名日期為一八七一年第九月〔十月四日到十一月十二日〕，見於《大久保利通文書》，4：394-399。

31 Seki, Meiji Ishin, pp.135-136.

32 F.O.46/141，亞當斯致格蘭維爾，第六十三號，機密，一八七一年九月八日。

33 致太政官書，一八七一年第九月〔十月十四日到十一月十二日〕，載於《大久保利通文書》，4：392-394。

34 關於導致一八七三年的土地稅最終決定的政府內部的討論的最詳盡的闡述是福島正夫，第八四到一〇五頁、一一三到一九八頁。又見 Seki, Meiji Ishin, pp.133-136，150-183；Niwa,「Jinushi-sei」，尤其是第二五〇到二五四頁、二五八到二七〇頁。

35 見福島正夫著作第 137-154 頁。

36 細節見於 Fukushima，pp.189-193；Niwa,「Jinushi-sei」，pp.266-268。

37 文本見於石井良助著作第 722 頁。

38 福島正夫（第 183184 頁）注意到大藏省曾預計由於土地稅改革土地稅收入將減少 5.4 百萬日圓。然而，隨著土地稅法的實施確認了用那些到此為止尚未被徵稅的可耕地彌補預期收入的做法，這甚至使收入略有增加。關於瞞報和低報的問題（到這時仍然存在），James Nakamura 在第 52104 頁做了長篇的探討。Niwa 在 Meiji Ishin 第 156-157 頁中報告的表提供了後來土地稅收入的資料，這些資料表明，土地稅收入從一八七三年的 6.06 千萬日圓的峰值下降至 18751876 年的 4.3 千萬日圓，到 18751876 年土地稅改革實施已大致完成。我們必須注意到這裡引用的最後一組資料應當沒有包括地方土地稅，把它們加進來土地稅還要增加三分之一。

39 Seki, Meiji Ishin, pp.186193；Ishii Ryosuke, pp.184186；James Nakamura，pp.185192。重要的是，這一決定是在武士對俸祿問題的不滿所造成的騷亂達到頂點時做出的。

該指望其能夠提供出放之四海而皆準的答案。它所能做的，也是本書的結束部分的評論真正想做的，是要以這樣一種方式來表述它的結論，即其他人可能使用本書的結論來思考上述普遍問題。不過，在我們表述結論之前，有必要用一種為詳細敘述所不及的概括的方式，複述一下這個故事。

＊　＊　＊

在德川統治下，日本社會因經濟變化而逐漸改變著，以至於到十九世紀，在當時的現實與傳統的理想之間出現了裂痕。大量現象——傳統秩序已經不見了蹤影——都表明了這一點：武士因為債務或是成為躊躇滿志的官員，或是窮困潦倒淪為制傘匠；農民拋棄實際的農業生產或是成為商業生產者和鄉村企業家，或是淪為苦力和半佃農；城市商人或是以與當局共生的形式享受著封建恩惠，或是躲進他們自己的城市次文化。

這些事情以不同的速率發生在不同的地方，打破了幕府與藩國力量之間的平衡，這種平衡最初依賴於精心計算過的土地分配。因為這些事情畢竟發生了，所以它們導致了一系列社會動盪：身份差別變得模糊，引發了武士的騷亂；經濟崩潰，導致農民暴動。這些動盪反過來又體現在許多疑惑「這世界怎麼了」的文學作品和「改革」的企圖上，而後者所追求的，要麼是重建理想的過去（重建封建權威和它的鄉村基礎），要麼是利用商業增長為統治階級的利益服務（儘管要在道德品質上付出代價）。其結果之一是使更多的武士得以在一定程度上參與政治。另一個結果是使人們更加熟悉「改革」的理念，並激發出一種相信這個社會正處於從內部毀滅的危險之中的情緒。

然而，這個國家的社會和政治制度被證明具有非常顯著的持久力：它們雖然受到威脅，卻仍然距離被摧毀非常遙遠；因此，在一八五〇年，它們怎麼看也不像是處在被消滅的邊緣。這尤其是因為那為了抑制武士和封建藩主可能出現的不滿而設計的制約與平衡體系，以及為同一目的而有意為之的地域上的碎片化，被證明也能夠對可能從武士階級外部挑戰現存秩序的「資產家」施加控制。

因此，他們中的大部分人都通過遵從，而不是反抗來獲得升遷的機會，他們通過婚姻或購買來獲取地位，但在政治上仍然保持消極。

正是在這種情形下，在一八五三到一八五八年這幾年間，有了西方要求建立貿易關係——這些要求最終導致了「不平等」條約的簽訂——的事件的介入。通過炮艦外交產生這些條約的方式，與條約的內容同樣重要，因為它煽動了日本人的情緒，使之猛然高漲，其程度之強，為任何國內問題引發的情緒所遠不能及。它的重要性，不僅在於對日本自尊的打擊導致了對「行動」（並不一定是某種特定類型的活動）的呼籲；而且還因為它在如下的意義上成為「國」恥：日本社會的各個領域、各個階層都能感知它的存在。因此，在它的衝擊下，構成德川權力基石之一的地域和社會的分隔開始被打破了。

此外，西方帶來的屈辱又引發了爭鬥和爭論。當人們質疑國家領導人的效率，特別是他們保衛日本的能力的時候，爭鬥就產生了；爭鬥促使人們發問，哪怕是隱約地發問，如果當政的領導人失敗了誰來替代他們的問題，從而使潛在的導致國家政體分裂的因素浮出表面。而爭論則既涉及到短期的外交事件，又涉及到長期的文化問題，但它有一條貫穿始終的中心線索：為了保存自己，首先在技術，或為達到特殊目的所需特殊的制度設施的層面上，然後更廣泛地在社會的激進變革層面上（如工業化給西方社會帶來的變化），日本必須拋棄它的傳統。

不得不首先應對這些問題的是德川幕府，因為它是外國人必須打交道的、自封的條約簽訂與執行的權威。幕府部分出於自身利益的考量，部分出於對西方列強優越的認知，而走向了妥協。然而，由於這樣做，它同時成為反外排外者和改革主義者宣洩情緒的目標。首先向它發起攻擊的是一群由水戶、薩摩和越前領導的封建藩主，他們贊成基於兩項主張的改革方案：即日本必須整合資源以抵禦西方的侵略，而為了使這一點成為可能，雄藩大名對將軍的某些義務必須解除。換句話說，他們把國家的生存與互相競爭中的各藩國的封建服務聯繫起來。由雄藩大名參與的有關條約以及德川繼承問題的爭端，把天皇朝廷和他們自己為數眾多的武士追隨者帶入了政治舞臺。從長期的觀點看更重要的是，他們的行動為一個新的反對運動鋪平了道路，這個運動由低級武士以及某些自稱武士但其實處於武士邊緣的人組成。他們堅持認為藩主和將軍一樣都不能挽救日本，為此轉而將天皇視作為忠誠的焦點，將「志士」作為實現他們理想的工具。

在一八五八年，井伊直弼不顧兩方面反對勢力，強力推行條約和幕府的權威，這一行動引發了一場持續了十年的三角鬥爭。在這一過程中，幕府和藩主都因為過於忌憚對外戰爭的危險而在行動上畏首畏尾。「志士們」依靠他們矢志不變的「尊皇攘夷」決心——其重要性在於它的情感號召力，而不在於作為一項政策——依靠著他們置生死於度外的熾熱情感，一度成功地占得行動的先機。尤其是他們促發了幕府和藩主都極力避免的與列強的爭端，導致了一八六三年和一八六四年對鹿兒島和下關的轟炸。然而，他們既沒有合適的組織使他們能夠利用他們創造出來的動盪局面，也沒有計劃使他們在普通大眾那裡獲得有效的「革命性」支持。實際上，他們到最後仍舊是反叛者，他們希望通過暴力達到的狀況，給他人創造了按照其意願塑造事態發展的機會。他們不是什麼極端的新鮮事物的謀劃者。正因為如此，當志士的極端主義使幕府和藩主團結一致對付他們的時候，他們就被迅速鎮壓下去了。

可以想見，在這個時點是有可能在封建階級的上層出現最低限度的權力再分配的——一種日本式的大憲章。這一權力的再分配可以因與外國人的妥協，以及軍事應用上對西方技術的有限引進，而得到鞏固，猶如在同一時期的中國所發生的事情一樣。中國畢竟與日本一樣，也面對著西方的威脅，其國內局勢的一觸即發毫不遜於日本。中國的官員提出的一系列應對危機的舉措，在種類和語調上與日本武士提出的方案並無二致。[1]從這些不同的提議中，中國的官員們形成了所謂的「自強」政策。這一政策儘管像日本的方案一樣，最終是為抵禦西方而設計的，但它首先強調的是國內重建秩序的任務，即重建儒教國家的權威。曾國藩在寫於一八六二年六月的日記中這樣描述了何為優先該做的事情：「如果我們希望找到一個自強的方法，那麼我們首先應視政務之改革、選賢任能為急務。」[2]大多數日本的改革藩主應該都會接受這種言論（如果是以封建語言來表述的話）。與此相似地，我們可以將芮瑪麗（Mary Wright）所描述的中國同治時代的領袖的特點用到改革的藩主身上：他們試圖改造其國家，使之在「不對傳統的……價值或體現了這些價值的制度進行革命性變革的情況下，」能夠在一個新的世界裡有效地發揮作用。[3]

我們的這一離題的目的並不是要表明中國和日本在這些事情上是完全一致的——兩者之間有很多重要的差異，我在這裡並沒有涉及——而是為了強調日本在一八六四年以後，與這一顯然屬於「中國」的模式分道揚鑣的重大意義。誠然，幕府在其剩下的歲月中依舊堅持自己版本的自強：對條約國的和解政策，佐之以西式改革，兩者的目的都是為了重建幕府對其國內對手的權威。然而，除此之外，「志士」——中國沒有對應的這樣一群人

——在很大程度上成功地改變了日本政治的特徵。

「志士」儘管失敗了，但他們卻揭示了十分有力的情感的存在，這些情感在其後的決策中是不能忽視的。「志士們」所造成的騷亂同樣不可忘記，特別是在當時眾所周知的農民暴動蜂起的背景下。結果，他們促成了反對運動焦點的兩次變化：從「尊皇」到「倒幕」，這是一個封建藩主和不滿的武士都贊同的目標；從「攘夷」到「富國強兵」，在後者的構想下，排外的偏見和現代化的努力走到了一起。此外，一八六三到一八六四年的事件——這些事件無可置疑地展示了西方的軍事力量，加之眾多雄藩大名重新強調了封建紀律——在一定程度上使德川的敵人團結起來，因為大名通過再度重申他們的目標，現在能夠招募殘存的「志士」加入他們的事業。

至少在表面上，這就是事情的發展脈絡。然而，在實際上，大名只能通過分享藩國的領導權，甚至失去藩國的領導權來做到這一點。在這些年間扮演關鍵角色的長州和薩摩藩，都出現中級武士官僚團體在一八六四和一八六五年掌權的情況，而這個集團既能在由上層武士構成的「當局」和下級武士積極分子之間調停斡旋，與此同時，他們自己還在很大的程度上控制（或修正）了政策。結果，長州這個「志士」避難所因其與江戶的爭端而成為倒幕的當然中心，並因此轉向接受「富強」學說。對於薩摩而言，「富強」學說乃是前藩主島津齊彬現代化活動的自然延伸。在它那裡所改變的是它與幕府的關係；它逐步認識到即使有朝廷的幫助，江戶仍舊不會被影響或被威逼接受足以讓薩摩「滿意的」政策；薩摩因此與長州逐步走向合作。這兩個藩國在一八六六年初的結盟完成了這一勢力重組。這一同盟標誌著倒幕與富國強兵的聯姻，標誌著反幕政治與追求國家強大的聯合。

由於德川（體現為一橋慶喜個人）也贊同上述的最後一個目標，因而此後的競爭便集中於誰能最好地實現這一目標的爭論上。幕府指責他的競爭對手在面對外來威脅的時候分裂國家。薩摩和長州領導人則聲稱幕府的一己之私扭曲了富國強兵，使之成為反對藩主而不是抵禦外國人的武器。在這兩種說法中，後一種被證明為更為可信。薩摩和長州同盟通過操作其他藩國以及他們自己藩國的封建分離主義情緒，促成了一個更加廣泛的反幕府聯盟，並通過這一聯盟成功地迫使將軍辭職。六個星期後（一八六八年一月三日），儘管有土佐調停的努力，這個聯盟還是成功摧毀了幕府。這就是王政復古，短暫的內戰中的勝利鞏固了王政復古的成果。

然而，人們很容易誇大這些事件的重要性。的確，它們關閉了日本過去一個方面的大門，即廢除了德川運行其權威並令其長存的核心制度。同樣，這些事件的實施者，是那些意識到迫切需要以非傳統方式增加日本財富與力量的人。不過，總的來講，他們對未來國家的形態為何模樣依舊模糊不清，這將首先取決於勝利者聯盟中的不同集團，在那些它們都已經贊同的口號的定義上，能在多大程度上達成一致，並將它強加於其他人。這就牽涉到設計一個幕府的替代品，來作為統治日本的機器；賦予有關「改革」的理念以內容，首先是在軍事和經濟方面賦予「改革」理念以內容；並以有助於穩定的方式調整社會結構。因此，所有這些都提出了更進一步的要求：不僅僅是在技術上，而且在那些被認為能夠決定「文明」性質並解釋西方力量優勢的基本問題上，日本領導人決定在多大程度上追隨西方模式。

因此，正是在這個建設階段，而不是之前的破壞階段，過去幾百年中社會經濟變化的重要性才完全顯現出來。新的統治者確信好的政府需要「有才之人」，而他們在出生高貴的人中很難尋覓；此外，他們還認識到在國內大部分地區，一個由富農、地主和鄉村官員組成的階級已經成功地在武士和土地之間形成勢力；這兩個認知促使新的統治者不但告別幕府，而且摒棄了封建主義。其結果之一便是廢藩，它標誌著把西方理性運用於日本現實，以達到創建一個集權的、官僚制國家的目的。另一個結果是徵兵制，在這裡，對德川武士「衰敗」的譴責，和對歐式軍事力量的概念一樣，形成了如下的認知：軍隊的有效性不但有賴於武器裝備，而且取決於組織形式。這兩個變化誘使明治政府採取了解除武士特權、以軍功取代世襲等級的政策。由此產生的合乎邏輯的結果是，政府的需要也導致了對鄉村社會既存現實的接受，儘管這個現實與儒教官員所希望看到的不一樣；這一發展意味著對中農—自耕農保護的終結，對鄉村精英業已獲得的地位的肯定。

並以此慶祝一八八九年明治憲法的頒佈。該報宣稱，它無意於「復活狹隘的排外主義」，因為「我們承認外國文化的優秀。我們珍視西方的權利、自由和平等的理論……首先，我們看重西方的科學、經濟和工業」。然而，它繼續寫道，這些事情「不應該僅僅因為它們是西方的而被採納；它們之所以被採納只能是因為它們能對日本的福祉做出貢獻」[6]。在一八八九年的東京，這是一個保守主義的警告，警告不要走得太快或走得太遠。而在同時期的北京，這已經算得上是改革的呼聲了。

人們一定會問，考慮到兩個國家都有著悠久的政治和文化統一的傳統，為什麼日本在一代人的時間內就形成了民族主義，而民族主義在中國的出現則要慢得多，效果也更弱？當然，地域大小的不同是一個因素。在領土狹小且海岸線漫長的日本，外國人以及他們船隊的出現很容易被大多數民眾發現，這使人們更容易相信他們帶來的威脅，也更加容易採取行動。而中國不僅遼闊，而且複雜——在口語、社會習俗甚至作物種類上，因此，在中國實現民族主義意義上的行政和經濟的統一，就會遇到更大的現實上的障礙，正如在印度和奧斯曼帝國發生的情況一樣。中國沒有做好轉變為一個「國家」的準備，而日本做到了。

然而，除了這些，兩國之間的歷史差別對研究明治維新也有特別的意義。一個是日本在文化選擇方面相對的自由：它不像中國那樣受制於一個視角看它的社會以及它在世界上的地位。日本早已引入了中國文化的元素，並與它自己的其他文化因素長期共存；因此，吸收歐洲文化的一部分，並不會損壞完整且獨特的日本文化實體，只不過是給現存的由兩種文化——其中就有一種無論如何也是「外國的」——增加了第三種可能性。例如，在前現代的日本，醫藥是一門中國學問，使用大量的中國藥物，因此接受西方方式並不會帶來多大的震動。武士的謀生手段，戰爭，也是學習中國的經典文本（儘管是體現在完全日本式的神秘色彩中），也在十七世紀得到了「荷蘭」的幫助。接受異域的模式不會受到什麼約束。正像阿禮國剛開始熟悉日本人的時候所做的評論那樣，「他們沒有中國人那種愚蠢的自負，這種自負使中國人忽視或否認了外國事物的優越性。」[7]這段話是作者對日本的經濟潛力進行估計時指出的。阿禮國評論道，隨著時間的進展，日本人很快就能從西方學到東西，並可望很快能夠出口「不輸於謝菲爾德製造的刀劍」，或能與英國和法國做的最好的絲質品相聘美的絲綢品。

政治制度也是如此。德川時代受過教育的日本人不會看不到他的國家的政治體制和中國是不同的，而中國的政治制度在他們所閱讀的哲學家眼裡是理想的模式。他的國家不僅有天皇還有將軍；它通過封建系統而不是官僚系統來治理。這不僅有助於提升他們的日本人意識，而這種意識也是民族主義的一個要素；而且，它還使日本人意識到，在所知和所能接受的界限範圍之內，仍有眾多差異存在的餘地。

換句話說，在摧毀幕府，重建天皇權威，建立中央集權的官僚國家的過程中，日本人認為他們自己是在他們歷史中已經包含的眾多變數（無論他們如何解釋這些變數）中，重新選擇一番新的組合。因此，維新能夠以一種不至於招致太大反對的方式與復古聯繫起來。這一點又因為統治階級的本質和道德而尤為如此。在中國，文官擁有官職靠的是他們擁有儒家的美德，即成為他們的整個社會賴以建立的信仰體系的模範。毀壞這個體系的部分結構，就是顛覆整個體系，削弱他們的力量。在日本卻不是這樣。的確，武士是接受了儒家的道德觀念以及與之相伴的一些官僚習性。不過，他們並不依賴這些獲得統治的合法性。作為封建藩主或陪臣，他們的地位靠的是出身，或者是因對過去軍功的獎勵而獲得的世襲地位。他們的原則，武士道，雖然能與儒學共存，卻強調了不同的美德，尤其是軍事方面的美德。因此，他們並不覺得有完全接受或拋棄儒學的必要。他們能夠——像明治社會所做的那樣——在個人和家庭的行為情景下運用儒學，而在政治和經濟生活上則轉向了其他理念：民族主義的理念，這個理念還能夠被抹上幾道神道的色彩；西方的理念，可用於解釋新的工業和商業現象。至於這個新的混合體並不是那麼具有邏輯的混合體這一事實，並不會給他們帶來多少煩惱，因為舊有的混合體也是同樣地不合理的。

最後，我們必須注意到，與中國不同，日本在一個軍事統治階級的領導下進入這個歷史階段的重要性。就士兵更傾向於保衛一國的領土而非保衛一套思想觀念、更傾向於保衛國家而非保衛文化而言，這一點與民族主義也有關聯。它也關係到現代化，因為它在人們對明治政府政策的輕重緩急眾說紛紜的情況下，對共識的形成做出了貢獻。確實，用一種軍事思維的習慣處理各種問題，可能是武士對明治社會——從而也是對現代日本國家建設，做出的最大貢獻。

綜上所述，我們可以斷定，民族主義在一八五三年後的20年裡有雙重功能：首先，它提供一個促使人們採取行動的動因；其次，它塑造了他們的目標及其輕重緩急。不幸的是，這一對已發生的事情令人愉快的簡單解釋並不完整。與民族主義和外來威脅的線索同步發生的，還有另一條線索，社會變革的線索；而轉向這一線索，我們就從對人們目的的討論，轉向了對他們所處的環境的討論。歷史就是在這兩者的互動中被塑造的。

這一「環境」的一方面是經濟增長給德川階級結構帶來的壓力。在最底層，農民暴動到一八五〇年已經成為日本社會的常見現象，而暴動正是對封建統治者的稅收要求和逐漸轉型的鄉村生活的反應。然而，暴動的政治作用是間接的，它們對國家領導人的影響力，遠不及暴動在中國對領導人的影響。農民暴動的存在——它們發生的幾率的增加——就像幽靈一樣在日本遊蕩，在許多情勢下出現。農民起義威脅到封建藩主的財政，而從儒家的角度看，它們意味著對封建藩主治理的批評。起義還引起人們的擔心，害怕在一個生死存亡的關鍵時刻，國家力量可能因此被嚴重削弱；因此，起義也是「內憂外患」這一公式的

為，很難被稱為「一個武士運動」，哪怕僅僅是因為武士們參與政治的方式是如此地多種多樣。那些具有合法地參與藩政的最低限度地位的人，與那些沒有這一地位的人參政的政治活動是如此地不同：前者成為官僚機構內的派系，後者卻只能冒著生命危險在官僚機構之外行動。

與此相似，由於幕府為了最大限度地減小大名挑戰其權力的可能，而對政治社會做的嚴格的垂直分層的制度安排，因此在藩國與藩國之間，我們看不到兩個必然相同的模式。在薩摩，一個有為的改革藩主的出現，在沒有打破適用於高級職務的等級體制的情況下，在決策過程中給予中級武士以間接的卻有效的發言權。結果，他們能夠推動避免產生大量背叛藩國「志士」的政策。在土佐，另一個改革藩主幫助中級武士獲得很高的職務和影響力；但這些武士所追求的路線，把他們與一個由鄉村武士和村長領導的尊皇主義運動分離開來，而在那些鄉村武士和村長中，有很多人逃離土佐參與了恐怖主義活動。在長州，中級武士尊皇主義者，在那些可勉強算作武士，甚至連武士都算不上的人的支持下，在與上級武士和保守分子的對抗中，最初通過官僚機構，繼而通過控制藩主，奪取了權力。這三個藩國的情況遠沒有窮盡各種變異。在許多藩國，改革者和尊皇主義者儘管有來自其他藩國的志同道合者的支持，但直到一八六八年都一直無法取得什麼進展。

事實上，從這個畫面中，我們所看到的，不是武士為自己利益而與社會其他集團相區隔，而是不同的武士集團在與封建權威和非封建壓力的不同關係下活動。結果證實了這一點：提拔「有才之人」的做法，最終成了創造真正依靠薪水的官僚體制的手段，而不是把武士階級官僚化的手段。不過，我們得承認，武士擁有的教育機會或家庭關係，往往使他們享有的獲得優勢地位的機會，要比嚴格按他們的能力所決定的要大得多，這就使前武士（ex-samurai）或武士後裔成為日本精英的一個重要成分；我們還得承認，一些武士，那些最有才幹的武士，還將在另一個世代統治日本的政治；但是，一八六八到一八七三年做出的那些決定，剝奪了武士作為一個集團享有世襲壟斷官職（包括文職和軍職）的權利，緊接著還剝奪了與這些官職相連的武士俸祿。

行文至此，我們不難看到，我們所考察的無法簡單地或完全地使用社會階級的概念來加以解釋，那麼，讓我們來看一看我們早前考慮過的民族主義政治的兩個特徵。首先，政治事務顯然只引起了少數人的關注。農民並沒有真正參與其中：他們的政治活動，就像他們的行動所表現的那樣，只事關鄉村社會問題，而不涉及國家的命運。此外，在數十萬個武士和鄉村精英家庭中，絕大多數人並沒有像尊皇主義者、愛國主義者甚至傳統主義者那樣積極地參與政治。[8]此時的民族主義還不是大眾運動。其次——這一點天然地存在於「民族主義者」這一稱號中——儘管像徵兵制和地稅改革那樣的政策都有重大的社會影響，維新政治並沒有直接把關於社會的衝突性觀念變成爭論的問題。因此，維新政治中的權力之爭並不是互相競爭的利益集團對「權利」的分配的公開競爭。它與「民主」無關。

9

讓我們離開這些基本上都是消極的結論，轉向考慮更加積極的結論。那麼，我們該如何確定政治鬥爭和社會變革相互之間的關係呢？我建議做如下的思考：

1. 在德川晚期，日本政治活躍的少數人的階級成分已經反映出經濟變化的結果，因為這一構成與正式的社會權威的分佈並不相符：少數大名、少數上層武士、相當大數量的中級武士、數量大得多的下級武士和位於武士階級之外的「資產家」。這一分佈與各個集團在人數上的分佈，在比例上互相吻合。然而，此時還沒有哪個日本人做好準備，主張決策的參與應該以這種方式與各集團人數成比例進行。根據傳統，政治事務幾乎是完全屬於藩主及其高級陪臣的特權。因此，這一方面與傳統規範的分離，就意味著在我們已經討論過的這一階段的起初，就有一個新的統治階級的輪廓，從舊的統治階級之中浮出。大多數的關鍵性論戰正是在這個階級裡發生的。

2. 在條約簽訂後各種治癒國家疾病的建議中，通常均有階級或團體利益的因素，儘管它們並不一定是決定性的因素。幕府和封建藩主儘管互為敵手，卻都主張在不擾亂社會的情況下保衛日本；中級武士鼓吹提拔「有才之人」，主要指的是提拔他們自己；而「志士」儘管在大部分情況下仍不能擺脫封建話語，但顯然抱有他們計畫的成功將會給他們帶來不曾有過的地位的期望。因此，公武合體即「朝廷和幕府團結」和勤王即「服侍天皇」的失敗，不但是某些特定的關於日本如何才能最好抵禦外敵的觀點的失敗，而且還分別是社會保守主義改革模式和政治激進主義改革模式的失敗。

3. 繼改革藩主和不滿武士之後攀升為領袖的那些人（大部分是在一八六四年以後），都是現實主義者、實用主義者和官僚型政客，他們的出身和扮演的角色正好吻合：即他們幾乎都是中下級武士，在封建等級制度中，他們的地位並沒有高到願意去維護制度的地步，但也沒有低到完全被排除在外而要不顧一切地將其摧毀的水準。再者，他們深信國家的防禦需要國家的團結。因此，他們對協調的信念，一如對改革的信念一樣強。為此，他們開始把能夠構成一個社會和政治聯盟的因素整合到一起。江戶的頑固分子和反叛的農民是他們不願容忍的，因為兩者均以不同的方式阻礙了秩序和統一的形成。但是，其餘的角色在他們統治的國家中，都有一席之地：朝廷公卿、封建藩主、武士、地主、有影響的商人，最後，甚至包括將軍的陪臣。為了獲得一席之地，只須擁護這個核心集團所定義的國家目標即可。

4. 對德川的勝利使這些人控制了政府，即負責在全國範圍實行那些將使日本走向「富強」的政策。但是，他們此後的眾多作為，仍然是沿著接受過儒家觀念訓練的武士—官僚的路子：操縱天皇，就像操縱他們的藩主一樣；在不影響到國家的稅收的前提下，關心人

了最實用的目的，〔而〕與舊有的遭到壓制的階級中的某些人（他們可能通過具有同樣的材質而能夠脫穎而出）聯起手來」。[10]

還有其他一些衡量標準。政治權力中心發生了以維新前的標準看是向下的轉移。總的來說，如果我們把觀察的時域拉得足夠長的話，可以看到明治之後的日本，在社會的組織原則上，出現了從封建主義向資本主義的轉變。在那裡，為了實現這一轉變，或者至少為了做出一些能夠導致這一轉變的特殊決定，在政治上使用暴力也在所不惜。

儘管有這些看法，我仍不願意將維新稱作完全意義上的革命。這部分是因為日本所發生的事情缺少公開的社會目標，而具有公開的社會目標正是歷史上「偉大」革命的共同特徵。但是，維新之所以不是完全意義上的革命，還因為它所產生的社會的性質；在這個社會裡，「封建主義」和「資本主義」元素，在為國家富強而奮鬥的旗號下共生共存。而催生這個社會的政治運動，無法合理地視作「資產階級」運動。這是因為，在這場運動中，武士扮演了統治角色，而且在運動結束之後，政權仍保留在他們的手中。考慮到農民暴動的結局，這場運動當然也不是「農民的」。如果這兩者意味著運動的最初刺激來自於對大眾暴動的恐懼的話，它也不是「絕對主義」或「右翼分子」運動。那麼，當這些標準的解釋種類無一適用時，還剩下什麼解釋呢？或許只好把它稱為一場民族主義革命。它不正是由民族主義的情感所推動的嗎？

## 註釋

1 參見例如鄧嗣禹和費正清翻譯的文章，特別是魏源、馮桂芬、曾國藩和李鴻章的文章。這些文章與如井伊直弼、堀田正睦、水野忠德和岩瀨忠震的言論具有很大的可比性（參見 Beasley, Select Documents, Section Ⅰ，Ⅱ and Ⅲ）。

2 Teng and Fairbank, p.62.

3 Wright，p.8。這本著作對中國一八六〇年代的自強運動做了最好的分析，特別見第二一〇頁及四三到六七頁。

4 參見 Levenson，特別是第一〇九到一二五頁對中國的文化主義和民族主義的分析。

5 Blacker, Japanese Enlightenment, p.134.

6 Pile，p.134.

7 Alcock，2 : 259-260.

8 Toyama 注意到有一千零七十名「志士」或其他人，後來因他們的尊皇主義行為而受到嘉獎，其中大約有三分之二屬於這種或那種武士。（Meiji ishin, pp.37-39）甚至假定這些武士中的大多數來自於少數政治上活躍的藩國（水戶、薩摩、土佐和長州），他們所占的比例仍然不大：一項關於那些政治最為活躍的藩國真實情況的研究表明，各藩在任何時候參與「政治」的人都不會超過幾百人。例如，在土佐，有一個武市瑞山的尊皇主義追隨者名單，上面所記載的人名僅有一百九十二個。無論是保守主義者還是改革者人數都不會很多。相反，該藩國報告在一八六九年士族和卒的家庭超過一萬戶（《藩制一覽》，1 : 152）。

9 板垣退助的政黨在一八八〇年代聲稱（回溯性地）維新「不僅僅是對天皇的政府權利的恢復，而且也是人民的自由的恢復」（《自由黨史》，1 : 4）。按照這個說法，維新是一場天皇和人民反對武士特權的未完成的鬥爭。鑒於板垣幾乎把「人民」這個詞作為「富農和商人」的同義詞使用的事實，如果這一聲稱指的是最終發生的事情（以及因此潛存於當時政治事件中的東西），那麼它確有幾分根據。但是，如果聲稱這就是在一八六八年前後的那些年人們所相信自己為之奮戰的東西的話，我們將很難給它找到站得住腳的依據。

10 Crane Brinton，The Anatomy of Revolution（New York，1957），p.257.

# 附錄A　日文術語詞彙

- **ashigaru**【足輕】步卒，走卒，隸屬於封建階級，最下級武士。
- **baishin**【陪臣】陪臣，如諸侯之臣。
- **bunmei-kaika**【文明開化】「文明開化」，通常指十九世紀下半葉西方社會所達到的發展水準。
- **Daikan**【代官】代表幕府將軍或大名執掌政地方行政權的官員。
- **daimyo**【大名】持有一萬石或更多領地、且並非陪臣的封建領主。參見【譜代大名】與【外樣大名】。
- **Dajōkan**【太政官】明治初期設置的最高官廳。
- **fu**【府】城市，明治政府設立的城市地方政治統治單位。
- **fudai daimyo**【譜代大名】德川家族世襲大名。
- **fukoku-kyōhei**【富國強兵】「富國強兵」。對封建農業政策的古典描述，後轉變為以西方方式增強日本以抵禦西方的口號。
- **Gijō**【議定】明治初年由皇族、公卿、諸侯中選任的官職。
- **gokenin**【御家人】直屬於將軍的下級武士，在地位上低於旗本。
- **gōshi**【鄉士】「鄉居武士」，地位低於平侍的武士，被允許居住於鄉村而不必住進城下町。
- **goyōkin**【御用金】「稅款」，幕府和大名加之於商人（通常）和農民（有時）之上的稅金。

- **gunken-seido**【郡縣制度】「郡縣制」，一種由中央政府任命官員統治地方的行政制度（尤指存在於中國的地方行政制度），與封建制相對立。
- **haihan-chiken**【廢藩置縣】廢藩置縣，明治政府於一八七一年實施的政策。
- **han**【藩】大名持有的領地。在本書中譯作「藩國」，也譯作「領地」，有時則譯為「封地」。
- **hanseki-hōkan**【版籍奉還】將大名持有的土地和人口返還於天皇。明治政府於一八六九年實行。
- **hatamoto**【旗本】德川陪臣，中上等武士，地位僅次於譜代大名，多依靠領地而非俸祿。
- **heimin**【平民】平民。通常指地位低於武士之人。
- **hirazamurai**【平侍】「中級武士」，持有完全的武士身份；地位顯著高於足輕，但不屬於與大名親近的一小群上層武士之列。
- **hōken-seido**【封建制度】「封建制」，即以領主制為基礎的政體，與郡縣制對立。
- **ishin**【維新】「革新」。指明治維新後採取的各種革新政策。
- **hondaka**【本高】見【石高】。
- **jōi**【攘夷】見【尊王攘夷】。
- **kaikoku**【開國】通常指在一八五八年前願意與西方簽訂協議、建立關係的狀態。
- **kamme**【貫目】重量度量，等於一千文目。標準化為一貫目等於八．二七磅，或三．七五公斤，一般用於測量大量的銅錢（文）。
- **kamon**【家門】德川系的大名家，家族姓氏為松平氏。
- **Kampaku**【關白】天皇宮廷高級官員，即便在天皇已經成人後仍具有攝政的權力。參看「攝政」。

- **Kanjō-bugyō**【勘定奉行】幕府負責財政的官員。這個職位的最高層級向旗本開放，僅低於保留給譜代大名的職位。
- **Karō**【家老】藩的高級官員，一般其在地方地位與老中相當。
- **kazoku**【華族】在明治早期，指由朝臣（公家）和大名構成的貴族。後指（一八八四年按西方規矩制定的）有爵位的家族。
- **ken**【縣】縣，明治政府設立的地方政府。
- **kōbu-gattai**【公武合體】「朝幕修睦，」一八五八年後一些致力於尋求調和朝廷和幕府關係基礎的人提出的口號。其宣導者曾力圖也同西方達成協議。與【尊王攘夷】相對。
- **koku**【石】對容量的度量衡，特別用於稻米。其標準化量度等於四．九六蒲式耳或一百八十升。關於其在測量土地上的用法，見【石高】。
- **kokudaka**【石高】土地測量度；用稻米石度量對糧作物年產量加以測量的表示方法。可用於測量藩、村和武士或農戶的個人財產。在藩的場合下，有兩類石高：（一）由幕府為記錄造冊用做的官方測量，通常表示的十六或十七世紀的資料，稱之為本高（「本初的」測量，或表高即「公家的」測量）；（二）稅收官的測量，該測量考慮到本初測量後發生的變化（稱之為實高，「實際的」測量，內高，「私人的」測量，或草高，總的測量）。
- **kokugaku**【國學】強調日本傳統特別是神道的學問。
- **kokutai**【國體】「國體」，一個帶有感情色彩指示日本政治的術語，含有把日本固有的制度與輸入的制度區別開來之意。在維新時期，這個詞越來越與由天皇統治的觀念相連。

- **kuge**【公家】天皇朝廷高級官員。
- **kusadaka** 見【石高】。
- **Kyōto Shoshidai**【京都所司代】幕府將軍在京都的代表，或京都的行政長官。該職通常由一個高級譜代大名擔任。
- **Kyōto Shugo**【京都守護】京都的軍事長官。該職位於一八六二年設立；地位高於京都所司代，由德川家族旁系擔任。
- **Metsuke**【目付】主要負責調查不端行政等行為的官員，因此又稱監視官。地位僅次於勘定奉行。
- **momme**【文目】重量，通常用於作為錢使用的銀的稱重。標準化為每文目等於三．七五克。參看【貫目】。
- **naiyū-gaikan**【內憂外患】「內憂外患」，用於表示國內動盪和外國入侵的同時發生。在中國被視作王朝之難。
- **Ometedaka**【表高】重量衡。見【石高】。
- **ōsei-fukko**【王政復古】「王政復古」，指推翻幕府、國家治權還複天皇。
- **Rangaku**【蘭學】「蘭學」，通過荷蘭的著作學習西方知識產生的學問。
- **Rōjū**【老中】幕府總理政府高級官員，通常從譜代大名中任命。
- **rōnin**【浪人】無地武士。在幕府末年，尤其指那些為從事尊王運動而放棄其領地的武士。
- **ryō**【兩】金幣。價值約相當於六十文目銀。維新後被円／圓取代。
- **samurai**【武士】大名之家臣。泛指任何封建階級成員。
- **Sangi**【參議】明治政府副大臣。替代以前的議定和參與。
- **sanke**【三家】德川家族的最高三支—紀伊、尾張和水戶。
- **sankin-kōtai**【參覲交代】「交替參覲」。要

求大名在江戶生活相當長的時間（通常為隔年）的制度。用於增強幕府對封建領主的控制。

- **Sanyo**【參與】早期明治政府階位較低參事。
- **Sesshō**【攝政】攝政；在天皇地位低時朝廷高級官員。參看【關白】。
- **shishi**【志士】「志士」。用於指稱一八六〇年代尊王攘夷運動中的積極分子。
- **shizoku**【士族】士族。明治早期用於取代「武士」一詞的官方用語。
- **Shogun**【將軍】將軍，征夷大將軍之簡稱。天皇的軍事助手。在這個稱號下，德川家族為事實上的日本統治者。將軍政府也被成為幕府。
- **Shosidai**【所司代】見【京都所司代】。
- **shotai**【諸隊】軍隊單位。通常指一八六三年後長州藩籌備的非正規軍。其中以奇兵隊最著名。
- **Shōya**【莊屋】村長（尤其用於西日本）。
- **sonnō-jōi**【尊王攘夷】「尊王攘夷」。與尊王運動相連的口號，特別流行於一八五八年後的十年。
- **sotsu**【卒】士兵。在明治早期，用於指原先的低級武士，即低於士族的武士。
- **tōbuku**【倒幕】「推翻幕府」。一八六〇年代末代表反幕府政府運動政治目的的口號；使用它的人一般要求實現比尊王口號表示的政治含義更加明確、更加直接的政治目的。
- **tozama daimyo**【外樣大名】不屬於德川家族陪臣的大名。常常稱為「外部」公卿。參看【譜代大名】。
- **uchidaka**【內高】參看【石高】。
- **yen**【円／圓】現代日本貨幣單位，首次啟用於一八七一年，與美元價值相等（不過很快即告貶值）。取代「兩」作為主要的徵稅記錄單位。

# 附錄B　人名注釋

以下為活躍於一八五三到一八七八年之間日本政治的人物小傳。姓氏以大寫方式表示，名（或相當於名）用小寫表示。

• **ABE Masahiro，阿部正弘（一八一九到一八五七）**
譜代大名（福山藩；十萬石；一八三五至到一八五七）。老中，一八四三到一八五七。培里談判時期的幕府老中會首席成員。

• **AIZAWA Seishisai，會澤正志齋（一七八一到一八六三）。字伯民**
水戶武士，著名的尊王攘夷派。《新論》的作者。德川齊昭的顧問。水戶中級武士黨派領袖。

• **ARIMA Shinshichi，有馬新七（一八二五到一八六二）**
薩摩鄉居武士之子，被一平侍武士收為養子。積極的尊王攘夷派；一八六二年京都起事的陰謀製造者；在寺田屋被殺。

• **AsahiKo, Prince，朝彥親王（一八二四到一八九一）。又稱久彌宮**
皇室親王；朝廷中公武合體政策的有力支持者。

• **DATE Muneki，伊達宗基（一八一九到一八九二）。又稱宗誠**
外樣大名（宇和島藩，十萬石，一八四四到一八五八）。改革藩主；一橋黨、公武合體黨成員。早期明治政府高級官員（議定）。

- **ENOMOTO Takeaki，榎本武揚（一八三六到一九〇八）**

鄉居武士之子，其父花錢買到御家人地位。先後在長崎和荷蘭（一八六二年起）在荷蘭教官指導下學習航海科學。一八六七年擔任幕府海軍高官。一八六八到一八六九年期間逃到北海道並在那裡抵抗維新政府。一八七二年得到大赦，並被任命為明治政府官員；官至內閣。

- **ETŌ Shimpei，江藤新平（一八三四到一八七四）**

肥前低級武士；一八六二年因忠王行為遭到懲罰。早期明治政府成員。一八七三年朝鮮之爭後在佐賀領導叛亂。後被處決。

- **FUJITA TōKo, 藤田東湖（一八〇六到一八五五）**

水戶平侍；德川齊昭的謀士；宣導尊王攘夷。

- **FUKUOKA Kōtei，福岡孝弟（一八三五到一九一九），又稱孝弟**

土佐平侍（五十六石）。與吉田東洋和後藤象二郎同在藩政府任職。早期明治政府高官。

- **GODAI Tomoatsu，五代友厚（一八三六到一八八五）**

薩摩武士（當是平侍）。在長崎荷蘭教官指導下學習航海科學，後成為薩摩航海和船艦專家。宣導富國強兵。一八六五到一八六六年間與寺島宗則出訪歐洲。早期明治政府的參事（參與）。後成為企業家，經營運輸、開礦和紡織。

- **GOTŌ Shōjiro，後藤象二郎（一八三八到一八九七）**

土佐藩平侍（一百五十石）。吉田東洋姻親。一八六四年後為土佐領袖；升至家老地位（一千五百石）。積極參與導致維新的密謀。早期明治政府的高官。後參與政黨政治和商業活動。

- **HASHIMOTO Sanai，橋本左內（一八三四到一八五九）**

越前藩醫（二十五石）之子。專長於西學。因是松平春嶽顧問而獲得武士地位。一八五八年為松平春嶽京都密謀之代理。被處決。

- **HIRANO Kuniomi，平野國臣（一八二八到一八六四）又稱次郎**

筑前武士（當是平侍）。尊王攘夷派；一八六二到一八六三年逃離筑前藩國捲入京都政治；真木和泉之友。一八六三年末在但馬反叛；被捕並處死。

- **HIROSAWA Saneomi，廣澤真臣（一八三四到一八六四）曾用名真蘊**

長州平侍。尊王攘夷派的同情者；一八六四年後為木戶孝允的同事；軍事改革家，早期民治政府的高級官員。被暗殺身亡。

- **HITOTSUBASHI Keiki，一橋慶喜，又見德川慶喜**

- **HOTTA Masayoshi，堀田正睦（一八一〇到一八六四）。又稱正篤**

譜代大名（佐賀；十一萬石，一八二五到一八五九年）。老中，一八五五到一八五八年。一八五七到一八五八年條約談判時期的幕府老中首座。

- **Iemochi, Shogun，家茂將軍，見德川家茂**

- **Iesada, Shogun，家定將軍，見德川家定**

- **II Naosuke，井伊直弼（一八一五到一八六〇）**

譜代大名（彥根藩；三十五萬石；一八五〇到一八六〇）。大老（攝政者），一八五八到一八六〇年。簽署一八五八年條約，發動「安政大獄」。櫻田門外之變遭暗殺。

- **IKEDA Nagaaki，池田長發（一八三七到一**

**八七九）。又稱長發**

旗本（一千二百石）。幕府官員；外國奉行，一八六三到一八六四年。幕府赴法國特使，一八六四年。

• **INOUE Kaoru，井上馨（一八三六到一九一五）。又稱聞多；幼名勇吉**

長州旗本（出生於一百石藩士家，過繼二百二十石家）。尊王攘夷派。一八六三到一八六四年在倫敦學習。一八六五年與高杉晉作活躍於奇兵隊。明治政府高官，後為財政專家，元老。與伊藤博文保持密切關係。

• **ITAGAKI Taisuke，板垣退助（一八三七到一九一九）。早年名豬之助**

土佐藩旗本出身（二百二十石）。尊王攘夷派和軍事改革者。吉田東洋和後藤象二郎之友。早期明治政府參事（參與，後任參議）。一八七三年因征韓問題辭職。後為政黨（自由黨）領袖。

• **ITAKURA Katsukiyo，板倉勝靜（一八二三到一八八九）**

譜代大名（松山藩，五萬石，一八四九到一八六八年）。老中，一八六二到一八六四年、一八六五到一八六八年。與德川慶喜過從甚密。

• **ITŌ Hirobumi，伊藤博文（一八四一到一九〇九）。又稱俊輔**

長州尊王攘夷派；出身於一個由農民轉化而來的城下町商人之家。吉田松陰的學生。一八六三年獲得武士身份。與井上馨同遊學於倫敦。一八六五年與高杉晉作共同領導諸隊。作為「西學」專家和木戶孝允的同事，在明治政府中逐步升遷，直到總理和元老。

• **IWAKURA Tomomi，岩倉具視（一八二五到一八八三）。又稱對嶽**

朝廷中級官員；一八六八年任朝廷次要官

職。公武合體的支持者。後與薩摩藩特別是大久保利通過從甚密。王政復古後為明治政府的關鍵官員；參議官（議定）；右大臣。一八七一到一八七三年率團訪問美洲和歐洲。

- **IWASE Tadanari，岩瀨忠震（一八一八到一八六一）**

旗本（七百石）。幕府官員；目付，一八五四到一八五八年；外國奉行，一八五八年。主張開港，開展外貿。

- **KATSU Awa，勝海舟（一八二三到一八久久）。又名海舟；麟太郎**

旗本（四十石）。在長崎於荷蘭教官指導下學習航海科學。一八六〇年代幕府首要海軍專家。主張富國強兵。與西鄉隆盛等尊王攘夷派過從。一八六八年參與江戶投降的談判。自一八六九年起，被任命為明治政府海軍等官職，最終官至內閣地位。

- **KATSURA Kogorō，桂小五郎，見木戶孝允**
- **Keiki, Shōgun，慶喜將軍，見德川慶喜**
- **KIDO Kōin，木戶孝允（一八三三到一八七七）。又名：孝允。曾用名：桂小五郎**

長州尊王攘夷派；藩醫之子（二十石）；被旗本領養（一百五十石，後為九十石）。吉田松陰的學生。自一八六二年起任官於長州藩。自一八六五年起與高杉晉作一同為長州事實上的領袖。早期明治政府的主要官員。

- **KAMATSU Tatewaki，小松帶刀（一八三五到一八七〇）**

薩摩藩高級武士。藩內政治鬥爭中為大久保利通的高官盟友。家老，一八六二年。早期明治政府的高級官員。

- **Kōmei, Emperor，孝明天皇（一八三一到一八六七）**

一八四六年繼位。公武合體的同情者。

- **KONOE Tadahiro，近衛忠熙（一八〇八到**

一八九八）

朝廷資深貴族，與薩摩藩島津過從甚密，關白，一八六二到一八六三。

- **KUJŌ Naotada，九條尚忠（一七九八到一八七一）**

朝廷資深貴族。關白，一八五六到一八六二年。

- **KURIMOTO Joun，栗本鋤雲（一八二二到一八九七），又名：賴兵衛**

幕府官醫之子。幕府官員；外國奉行，一八六五到一八六八年。幕府改革黨的成員。與法國公使羅切斯（Léon Roches）相近。

- **KUSAKA Genzui，久坂玄瑞（一八四〇到一八六四），又名：通武**

長州尊王攘夷派；藩醫之子（二十五石）。吉田松陰的學生。一八六二到一八六三年間活躍於京都政治。一八六四年死於長州攻占京都鬥爭之中。

- **MAEBARA Issei，前原一誠（一八三四到一八七六）。又稱：SASE，佐世**

長州尊王攘夷派；極可能為低級武士之子。吉田松陰的學生。晉升為官並獲得武士地位。高杉晉作戰友。在明治政府任高官，但於一八七一年隱退長州。領導了一次不成功的武士反叛，一八七六年。

- **MAKI Izumi，真木和泉（一八一三到一八六四）**

出身於久留米的尊王攘夷派。出身於具有中級武士地位的神官之家。主張尊王攘夷。一八六二到一八六三年間在京都的尊王攘夷派志士的領袖。一八六四年長州攻打京都失敗後自殺。

- **MATSUDAIRA Katamori，松平容保（一八三六到一八九三）**

家門大名（會津藩；二十三萬石；一八五二到一八六九）。幕府公武合體派成員。京都守護職（衛戍司令），一八六二到一八六四年、一八六四到一八六八年。一八六八年抵抗王政復古但在內戰中被擊敗。

• **MATSUDAIRA Sadaaki，松平定敬（一八四六到一九〇八），又稱真崎理**

譜代大名（桑名藩；十一萬石；一八五九到一八六八年）京都所司代（幕府駐京都大使），一八六四到一八六八年。一八六八年一月抵抗王政復古。在鳥羽伏見被擊敗。

• **MATSUDAIRA Shungaku，松平春嶽（一八二八到一八九〇），諱慶永，號春嶽**

家門大名（越前藩，或福井藩；三十二萬石；一八三八到一八五八）。一橋派領袖。後為公武合體領袖。早期明治政府高官；議定；大臣。

• **MATSUKATA Masayoshi, 松方正義（一八三五到一九二四）**

出生於薩摩鄉士轉化的商人之家（琉球貿易）。一八六八年前再在薩摩藩擔任中低級官職，一八六三年升為旗本。一八六八年後，任職於地方和中央政府；財經專家；最終成為總理大臣；元老。

• **MATSUKI Kōan，松木弘安，見寺島宗則**

• **Meiji, Emperor，明治天皇（一八五二到一九一二）又名：睦仁**

孝明之子，一八六七年二月十三日繼位。

MIZUNO Tadanori，水野忠德（一八一〇到一八六八）

旗本。幕府官員；勘定奉行，一八五五到一八五八年；外國奉行，一八五八到一八五九年、一八六一到一八六二年。參與貿易條約的談判者之一。

• **MŌRI Yoshichika，毛利敬親（一八一九到一八七一）又名：慶親**

外樣大名（長州藩；三十六萬九千石）。

• **MUTSUHITO, Emperor，睦仁天皇，見明**

治天皇

• **NABESHIMA Naomasa，鍋島直正（一八一四到一八七一）又名：閑叟**

外様大名（肥前藩或佐賀藩；三十五萬七千石；一八三〇到一八六一）。科學發明的保護人。公武合體的支持者，但在一八六八年前，刻意與政治鬥爭保持距離。早期明治政府中擔任高官；參議官（議定）

• **NAGAI Naomune，永井尚志（一八一六到一八九一）**

譜代大名的幼子，被一旗本（三千石）收為養子。幕府官員；目付，一八五三到一八五八年；外國奉行，一八五八到一八五九年、一八六五到一八六七年。為幕府末年江戶改革派成員。晉升為資歷較淺的參議（小輩顧問），一八六七到一八六八年。在榎本武揚領導下於北海道與討幕軍作戰，被赦免，一八七一年。被任命為明治政府官員。

• **NAGAI Uta，長井雅樂（一八一九到一八六三）**

長州旗本（一百五十石）。在長州藩官至高位；公武合體政策的塑造者，一八六二年；因尊王攘夷派攻擊而被解職。自殺。

• **NAKAOKA Shintarō，中岡慎太郎（一八三八到一八六七）**

土佐藩尊王攘夷派；出身於鄉士之家。一八六三年末逃往長州；與坂本龍馬合作，是薩摩—長州結盟。一八六七年十二月與坂本龍馬一同被幕府特務刺殺。

• **NAKAYAMA，Tadayasu，中山忠能（一八〇九到一八八八）**

朝廷貴族。明治天皇的外公。王政復古政變的共謀者。早期明治政府議定。

• **NARIAKI of Mito，水戶齊昭，見德川齊昭**

• **NARIAKIRA of Satsuma，薩摩藩齊彬，見島津齊彬**

• **NIJŌ Nariaki**，二條齊敬（一八一六到一八七八）

朝廷資深貴族。關白，一八六四到一八六七年；攝政，一八六七到一八六八年。

• **NISHI Amane**，西周（一八一六到一八七八）

津和野藩醫之子；蘭學學者。為幕府番書調所雇傭。被派遣到萊頓學習，一八六二到一八六五年；後任幕府參謀。晚年為明治政府官僚；西方法律軍事行政、哲學等的專家。

• **OGASAWARA Nagamichi**，小笠原長行（一八二二到一八九一）

譜代大名長男（唐津藩；六萬石；從未繼位）。幕府官員；老中，一八六五到一八六六年、一八六六到一八六八年。與德川慶喜過從甚密。加入榎本武揚領導的北海道抵抗，一八六八到一八六九年。

• **OGURI Tadamasa**，小栗忠順（一八二七到一八六八）

旗本（二千五百石）。幕府官員；外國奉行，一八六〇到一八六一年；勘定奉行，一八六三年、一八六四到一八六五年。幕府末年江戶改革派成員，尤其作為軍事和航海專家。一八六八年王政復古後被處決。

• **ŌHARA Shigenori**，大原重德（約一八一〇到一八七九）

朝廷貴族。與薩摩藩合作一八六二年任天皇駐江戶使節。早期明治政府的參議（參與；議定）

• **ŌKI Takatō**，大木喬任（一八三二到一八九九）

肥前武士（顯然是旗本）；與大隈重信過從。尊王攘夷的同情者。在明治政府中官居顯赫。

• **ŌKUBO Ichiō**，大久保一翁（一八一七到一八八八），又名：忠寬旗本、幕府官員；目付，勘定奉行，外國奉行。與岩瀨忠震和勝海舟等改革者相交。與後者一起參與安排了一八六八年江戶的投降。後為明治政府服務，特別是作為郡縣官員。

- **ŌKUBO Toshimichi，大久保利通（一八三〇到一八七八），又名：一藏**

薩摩旗本。尊王攘夷派和薩摩藩官員；一八六四年後與西鄉隆盛一同基本控制了藩政。明治維新後在明治政府中擔任要職；參議（參與；參議）；大臣。一八七三年征韓之爭後到一八七八年被刺殺之前具有壓倒性的政治影響力。

- **ŌKUMA Shigenobu，大隈重信（一八三八到一九二二）**

肥前旗本（四百石）。學習蘭學，後學習英文。一八六八年之前擔任與財政和外貿相關的藩國官職。早期明治政府的肥前高官；主張現代化官員群體之領袖。後為政黨領袖，總理大臣。

- **ŌMURA Masujirō，大村益次郎（一八二四到一八六九），又名：村田**

出身於長州藩醫之家。學習西方軍事科學，任宇和島藩主伊達宗基顧問。一八五六年回到長州；實行軍事改革；被授予旗本地位。維新後任職於戰爭部。一八六九年遭刺殺。

- **SAGA Sanenaru，嵯峨實愛；又名：正親町三條；實愛**

朝廷貴族；尊王攘夷派同情者。一八六〇到一八六八年間在朝廷擔任較重要官職。在早期明治政府內任參事（參與）。

- **SAIGŌ Takamori，西鄉隆盛（一八二八到一八七七）**

薩摩旗本。一八五八年，島津齊彬派駐江戶代表。被流放，一八六二年被召回；再度流放；一八六四年被饒恕。此後，與大久保利通同為薩摩的領袖。維新後任明治政府高官。一八七三年在征韓之爭中與其他領袖發生分岐。一八七七年領導武士反叛。在戰場上自殺。

• **SAITŌ Toshiyuki，齋藤利行**（一八二二到一八八一）**又名：渡邊彌久馬**

土佐旗本（五十石）。高級藩官；與吉田東洋和後藤象二郎相交。早期明治政府參議。

• **SAKATOMO Ryōme，坂本龍馬**（一八三五到一八六七）

土佐藩鄉士（商人的後裔）。尊王攘夷派。與武市瑞山交好。一八六二年逃往薩摩；組織成立了海援隊航運集團。薩長同盟的主要推手。與中岡慎太郎一樣於一八六七年十二月被幕府刺客暗殺。

• **SAKUMA Shōzan，佐久間象山**（一八一一到一八六四），**諱：國忠**

松代藩武士。研究蘭學；精於西方軍事科學；幕府顧問。主張開國和公武合體。被攘夷派刺客刺殺。

• **SANJŌ Sanetomi，三條實美**（一八三七到一八九一）**又稱實美**

朝廷貴族；山內容堂姻親。一八六二到一八六三年在朝廷擔任較重要官職。尊王攘夷派的同情者；一八六二年任天皇駐江戶特使。一八六三年逃往長州，後轉到九洲。維新後複歸在明治政府任高位大臣。

• **SASAKI Takayuki，佐佐木高行**（一八三〇到一八六三）**又名：三四郎**

土佐藩旗本（四十八石）。尊王攘夷派的同情者；後藤象二郎的同僚。明治政府高級官員；參議。

• **SHIMAZU Hisamitsu，島津久光**（一八一七到一八八七）**又名：又次郎**

島津齊彬同父異母兄弟；忠義之父，繼承齊彬的薩摩藩主位置；以此地位在一八六〇年代為薩摩之有能藩主。公武合體派的領袖；大久保利通和西鄉隆盛的保護人。一八六八年之後，為明治政府改革的保守主義反對派。

- **SHIMAZU Nariakira，島津齊彬（一八〇九到一八五八）又稱：又三郎**

外樣大名（薩摩藩，即鹿兒島；七十七萬石；一八五一到一八五八年）。改革者，特別是在引進西方技術上。一橋派的領袖。

- **SOEJIMA Taneomi，副島種臣（一八二八到一九〇五）**

肥前藩武士；家有國學淵源。與大隈重信一樣先學蘭學，後習英文。尊王攘夷派的同情者。作為肥前藩代表，在早期明治政府中任要職；外交家；晚年任大臣。

- **TAKASUGI Shinsaku，高杉晉作（一八三九到一八六七）**

長州旗本（一百五十石）。吉田松陰的學生。活躍於尊王攘夷運動，一八六二到一八六三。組建奇兵隊。一八六五年初率領尊王攘夷派奪取長州政權。一八六七年病逝。

- **TAKATSUKASA Masamichi，鷹司政通（一七八九到一八六八）**

朝廷顯赫貴族；德川齊昭的姐夫。關白，一八二三到一八五六年。

- **TAKATSUKASA Sukehiro，鷹司輔　（一八〇七到一八七八）**

朝廷顯赫貴族；政通之子，關白，一八六三到一八六四年。

- **TAKECHI Zuizan，武市瑞山（一八二九到一八六五）又名：半平太**

土佐藩鄉士；一八六一到一八六三年間土佐藩尊王攘夷派的領袖，一八六三年末在前大名山內容堂的命令下被捕並關押；後被命自殺。

- **TERAJIMA Munenori，寺島宗則（一八三**

二到一八九三）**早期用名：松木弘安**
出生於薩摩鄉士之家；過繼於旗本家。學習醫學和蘭學；島津齊彬的醫生和顧問。與五代友厚一同出訪歐洲，一八六五到一八六六年。明治政府高官，特別在外交事務上擔任重要職務。

- **TOKUGAWA Iemochi，德川家茂（一八四六到一八六六）曾用名慶福**

御三家家族之首（紀伊；五十五萬石；一八四九到一八五八）。一八五八年在繼位之爭中被提名為將軍。繼承家定成為德川第十四代將軍。

- **TOKUGAWA Iesada，德川家定（一八二四到一八五八）**

將軍，一八五三到一八五八年；德川第十三代將軍。

- **TOKUGAWA Keiki, 德川慶喜（一八三七到一九一三）早年用名：一橋，曾用名一橋慶喜。**

德川齊昭的第七子，被過繼給一橋家（御三卿；十萬石；一八四七到一八五九，一八六二到一八六七）。一八五八年繼位之爭將軍候選人之一，未果。一八六二年幕府公武合體領袖。一八六七年一月繼任將軍。德川第十五代也是最後一代將軍。

- **TOKUGAWA Nariaki，德川齊昭（一八〇〇到一八六〇）**

御三家藩主（水戶；三十五萬石；一八二九到一八四四）。主張軍事改革和攘夷。一八五八年之前為「改革藩主」之領袖。

- **YAMAGATA Aritomo，山縣有朋（一八三八到一九二二）**

長州足輕（下級武士）。續任騎兵隊司令官。一八六五年協助高杉晉作奪取長州藩政權。先後在長州藩和明治政府中任職；明治晚期成為傑出人物。總理大臣；元老。

- **YAMAUCHI Yōdō**，山內容堂（一八二七到一八七二）又名：豐信
外樣大名（土佐藩；二十四萬二千石；一八四九到一八五九）。一橋黨成員，一八五八年；然後為公武合體派成員。在早期明治政府中任高官。

- **YOKOI Shōnan**，橫井小楠（一八〇九到一八六九）又名：平四郎
熊本藩旗本（一百五十石）次子。在橋本左內的操作下，受邀為越前藩松平春嶽顧問。主張公武合體和幕府體制改革。對反幕府集團的思想產生了強烈的影響。早期明治政府參議（參與）。

- **YOSHIDA Shōin**，吉田松陰（一八三〇到一八五九）又名：虎次郎
長州低級武士。佐久間象山的學生，受水戶學者的影響。尊王攘夷派和教師。一八五九年因刺殺老中密謀而被處死。

- **YOSHIDA Tōyō**，吉田東洋（一八一六到一八六二）又名：源吉
土佐藩旗本（二百石）。因山內容堂重用而升至高官的改革者；追隨公武合體和溫和政策。一八六二年被尊王攘夷派暗殺。

- **YURI Kimimasa**，由利公正（一八二九到一九〇九）
越前藩旗本（一百石）。與橋本左內和橫井小楠一同做松平春嶽的顧問；財政專家；與反幕府領袖特別是來自薩摩的反幕領袖關係密切。早期明治政府高官，但在一八七一年後很少參與政治。

# 注釋性文獻目錄

本書幾乎完全是基於已經發表了的資料完成的，這些資料中的大多數為日文資料。除了相當多的現代學者的歷史著作、專著和論文外，這些資料包括了許多幕府末期、明治初期的人物就有關事件寫就的著作。幕府記錄的一部分已經出版了，特別是與外交事務相關的記錄（參見《大日本古文書：幕末外國關係文書》）。早期明治檔案的一部分也得出版（如《大日本外交文書》）。有少許藩國記錄得以出版（如松平春嶽的越前藩從《昨夢紀事》開始的記錄）。眾多維新政治的參與者的信件和文書都被印刷出來供使用，如大久保利通和木戶孝允的日記（主要見於日本史籍協會系列）。此外，還有一兩種被稱之為「實記」（jikki）的古舊合集，在那裡，相關文件被搜集在一起，並有最低限度的解說（如與岩倉具視和島津久光相關的文獻）；還有一些「權威的」傳記，儘管它們往往是對先輩表示崇敬的結果，但仍舊追隨中國的傳統提供了許多相關文獻的完整記錄。詳細的地方史也為數眾多：較早的有如關於長州的末松謙澄的（《防長開展史》）；較近的有如記述薩摩的（《鹿兒島縣史》）。

所有這些資料總計多達幾百冊，從中我只能使用一部分。這些著作中的一小部分我做了完全的閱讀。但是，對於其餘的部分，我採取了抽樣的方式加以利用：有時，我首先確認那些看來屬於關鍵的話題或事件，然後盡可能地尋找與它們相關的史料和資料；在另一些時候，我追隨日本學者的引證和參考文獻尋找資料，這一作業的覆蓋範圍達到實際可能的地步。我之所以能夠做到這一點，是因為可用的日文文獻非常完備，且覆蓋話題眾多，它們提供了詳細的記述（尤其是一九三九到一九四一年出版的「官修」六冊巨著《維新史》），並提供了在學者那裡經常可以看到的互相衝突的觀點（如岡義武、遠山茂樹、坂田吉雄和田中彰）。

我知道還有許多資料未被我使用，或者使用不當。專家無疑將從以下所列的著作名單中發現遺漏。不過，這個名單僅僅意在提供本書注釋中引用過的著作的詳細資訊，並佐之以最低限度的解釋性評論，而非提供與維新史相關的參考文獻。

本書文獻參考目錄使用如下所示的縮寫：

- BGKMDai Nihon Komonjo: Bakumatsu Gaikoku Kankei Monjo（《大日本古文書：幕末外國關係文書》）
- BSOASBulletin of the School of Oriental and African Studies,University of London（倫敦大學《東方和非洲學院記錄》）

- JASJournal of Asian Studies （《亞洲研究雜誌》，原為《遠東季刊》）
- TASJTransactions of the Asiatic Society of Japan （《日本亞洲學會會刊》）
- F.O.Foreign Office archives in the Public Record Office, London（藏於公共記錄辦公室的《外交事務檔案》，倫敦；在每一個 F.O. 引用中，均先提供相關的序列數——F.O.46,F.O.391 或 F.O.410 ——然後在豎劃線後提供相關冊數號，如 F.O.46/82。）
- Adams, F.O.The History of Japan. 2 vols., 2d ed. London, 1875. Includes an account of events during the period of his own diplomatic service in Japan; especially useful for the early years of Meiji.
- Akao Tōji. 「Perry torai zengo ni okeru taigai kokumin shisō no kōsatsu,」 Shirin（2 parts）, 22 （1937）: 529-554, 753-782.
- Akita, George. Foundations of Constitutional Government in Modern Japan,1868-1900. Cambridge, Mass., 1967.
- Alcock, Rutherford. The Capital of the Tycoon. A Narrative of a Three Years' Residence in Japan. 2 vols. London, 1863.
- Altman, A. 「Guido Verbeck and the Iwakura Embassy,」 Japan Quarterly, 13, 1（1966）: 54-62.
- Arima Seiho. Takashima Shūhan〔biography〕. Tokyo, 1958.
- ——. 「The Western Influence on Japanese Military Science, Shipbuilding, and Navigation,」 Monumenta Nipponica, 19（1964）: 352-379.
- Asai Kiyoshi. Meiji ishin to gunken shisō. Tokyo, 1939.
- Baba Bunei. Genji Yume Monogatari. 5 books. N.p.,〔1864〕. An account of events in Japan from 1853 to 1864, written from a loyalist and Kyōto viewpoint. Translated in 1905 by

E.M.Satow under the title Japan 18531864（q.v.）.

- Beasley, W.G.「Councillors of Samurai Origin in the Early Meiji Government, 18681869,」BSOAS, 20（1957）: 89-103.
- ——.「Feudal Revenue in Japan at the Time of the Meiji Restoration,」JAS, 19（1960）: 255-272.
- ——. Great Britain and the Opening of Japan, 1834-1858. London, 1951.
- ——.「Political Groups in Tosa, 1858-1868,」BSOAS, 30（1967）: 382-390.
- ——.「Politics and the Samurai Class in Satsuma, 1858-1868,」Modern Asian Studies, 1（1967）: 47-57.
- ——. Select Documents on Japanese Foreign Policy, 1853-1868. London, 1955.
- Beasley, W.G., and E.G.Pulleyblank, eds. Historians of China and Japan. London, 1961.
- Beckmann, G.M. The Making of the Meiji Constitution. The Oligarchs and the Constitutional Development of Japan, 18681891. Lawrence, Kens., 1957.
- Befu, Harumi.「Duty, Reward, Sanction, and Power: Four-Cornered Office of the Tokugawa Village Headman,」in Silberman and Harootunian, eds., listed below, pp.25-50.
- ——.「Village Autonomy and Articulation with the State: The Case of Tokugawa Japan,」JAS, 25（1965）: 1932. Reprinted in Hall and Jansen, eds., listed below, pp.301-314.
- Bellah, Robert N. Tokugawa Religion. The Values of Pre-industrial Japan. Glencoe, Ill., 1957.
- Black, J.R.Young Japan. Yohohama and Yedo. A Narrative of the Settlement and the City from the Signing of the Treaties in 1858 to the Close of the Year 1879. 2 vols. London, 1880-1881.

- Blacker, Carmen. The Japanese Enlightenment. A Study of the Writings of Fukuzawa Yukichi. Cambridge, Eng., 1964.
- ——.「Ōhashi Totsuan. A Study in Anti-Western Thought,」 TASJ, 3d Ser., vol 7（1959）: 147-168.
- Borton, Hugh.「Peasant Uprisings in Japan of the Tokugawa Period,」 TASJ, 2d Ser., vol.16（1938）: 12-19.
- Brown, Delmer M. Nationalism in Japan: An Introductory Historical Analysis. Berkeley, Calif., 1955.
- Brown, Sidney D.「Ōkubo Toshimichi and the First Home Ministry Bureaucracy: 18731878,」 in Silberman and Harootunian, eds., listed below, pp.195-232.
- Burks, Ardath W.「A『Sub-leader』in the Emergence of the Diplomatic Function: Ikeda Chōhatsu（Chikugo no Kami）, 1837-1879,」 in Silberman and Harootunian, eds., listed below, pp.289-322.
- Chambliss, W.J. Chiaraijima Village: Land Tenure, Taxation, and Local Trade, 1818-1884. Tucson, Ariz., 1965.
- Chang, Richard T. From Prejudice to Tolerance. A Study of the Japanese Image of the West, 1826-1864. Tokyo, 1970.
- Chihōshi kenkyū hikkei. Iwanami Zensho no.171. Tokyo, 1968〔1952〕.
- Conroy, Hilary. The Japanese Seizure of Korea: 1868-1910. A Study of Realism and Idealism in International Relations. Philadelphia, 1960.
- Craig, Albert. Chōshū in the Meiji Restoration. Cambridge, Mass., 1961.
- ——.「Kido Kōin and Ōkubo Toshimichi: A Psychohistorical Analysis,」 in Craig and Shively, eds., listed below, pp.264-308.
- ——.「The Restoration Movement in Chōshū,

」 in Hall and Jansen, eds., listed below, pp.363-373.

- ——.「Science and Confucianism in Tokugawa Japan,」 in Jansen, ed., Changing Japanese Attitudes, listed below, pp.133-160.
- Craig, A., and D. Shively, eds. Personality in Japanese History. Berkeley, Calif., 1970.
- Dai Nihon Gaikō Bunaho. Edited by Japanese Ministry of Foreign Affairs（Gaimushō）; multivolume work, in progress. Tokyo, 1936 to date. A valuable, though selective, edition of documents on Japanese foreign policy, starting in 1868, drawn from the archives of the Gaimushō. Later parts appear under the title Nihon Gaikō Bunsho.
- Dai Nihon Komonjo: Bakumatsu Gaikoku Kankei Monjo. Edited by Shiryō Hensanjo; multivolume work, in progress. Tokyo, 1911 to date. A very full collection of documents on Japanese foreign policy, drawn from various sources and starting from the Perry negotiations of 1853.
- Dai Saigō zenshū. 3 vols. Tokyo, 1926-1927. The standard edition of the collected works of Saigō Takamori; includes both letters and memorials, but is by no means complete.
- Date Muneki zaikyō nikki. Tokyo, 1916.
- 「Diary of an Official of the Bakufu,」 TASJ, 2d Ser., vol.7（1930）: 98-119. Translation of a Japanese account of negotiations with Perry in 1854.
- Dore, R.P.Education in Tokugawa Japan. London, 1965.
- Earl, D.M.Emperor and Nation in Japan: Political Thinkers of the Tokugawa Period. Seattle, 1964.
- Egashira Tsuneharu,「Saga-han ni okeru yōshiki kōgyō,」 in Honjō, ed., Bakumatsu

keizaishi kenkyū, listed below, pp.59-100.

- Foreign Office, Great Britain. Confidential Prints, Japan （F.O.410）. Public Record Office, London. Foreign Office correspondence printed for the information of the Cabinet （chiefly from F.O.46, below）.
- ——. General Correspondence, Japan （F.O.46）. Public Record Office, London. Archive of the British Foreign Office, including correspondence with its representatives in Japan, starting from 1859.
- ——. Hammond Papers （F.O.391）. Public Record Office, London. Manuscript correspondence of Edmund Hammond, Permanent Under-Secretary at the British Foreign Office. Includes most of his semiprivate correspondence with British representatives in Japan （the rest being in F.O.46, above）.
- Fox, Grace. Britain and Japan, 1858-1883. Oxford, Eng., 1969.
- Fukaya Hakaji （Hiroharu）. Kashizoku chitsuroku shobun no kenkyū. Tokyo, 1941.
- Fukuchi Genichirō. Bakufu suibō ron. Tokyo, 1926〔1892〕.
- Fukushima Masao. Chiso kaisei no kenkyū. Tokyo, 1962.
- Fukushima Nariyuki. Yoshida Tōyō〔biography〕. Tokyo, 1926.
- Fukuzawa Yukichi. The Autobiography of Fukuzawa Yukichi. Translated by E.Kiyooka. Tokyo, 1934.
- Furushima Toshio.「Seiritsu-ki kisei jinushi-sei no seikaku,」in Meiji ishin to jinushi-sei, listed below, pp.327.
- Godai Tomoatsu den〔biography〕. Edited by Godai Ryūsaku. Tokyo, 1936〔1933〕.
- Goodman, G.K.The Dutch Impact on Japan （1640-1853）. Leiden, 1967.

- Gubbins, J.H.The Progress of Japan, 1853-1871. Oxford, Eng., 1911.
- van Gulik, R.H.「Kakkaron, a Japanese Echo of the Opium War,」Monumenta Serica, 4（1939-1940）: 478-545.
- Hackett, Roger F.「The Meiji Leaders and Modernization: The Case of Yamagata Aritomo,」in Jansen, ed., Changing Japanese Attitudes, listed below, pp.243-273.
- ——. Yamagata Aritomo in the Rise of Modern Japan, 1838-1922. Cambridge, Mass., 1971.
- Haga Noboru. Bakumatsu shishi no seikatsu. Tokyo, 1965.
- Hall, John W.「The Castle Town and Japan's Modern Urbanization,」Far Eastern Quarterly, 15（1955）: 37-56. Reprinted in Hall and Jansen, eds., listed below, pp.169188.
- ——.「Feudalism in Japan—a Reassessment,」Comparative Studies in Society and History, 5, 1（1962）: 1551. Reprinted in Hall and Jansen, eds., listed below, pp.15-51.
- ——. Government and Local Power in Japan, 500 to 1700. A Study Based on Bizen Province. Princeton, N.J., 1966.
- ——.「A Monarch for Modern Japan,」in Robert Ward, ed., listed below, pp.11-64.
- Hall, J. W., and M. B. Jansen, eds. Studies in the Institutional History of Early Modern Japan. Princeton, N.J., 1968.
- Hani Gorō.「Meiji ishin kaishaku no hensen,」in Meiji ishin-shi kenkyū, listed below, pp.772-792.
- Hansei ichiran. 2 vols. Tokyo, 19281929. Returns of revenue, population, etc., made to the Meiji Government, c.1869.
- Hara Heizō.「Tenchūgumi kyohei shimatsu-Kō,」Shigaku zasshi（2 parts）, 48（1937）, 9: 1115-1151; and 10: 1223-1251.

- Harootunian, Harry D. 「Jinsei, Jinzai, and Jitsugaku: Social Values and Leadership in Late Tokugawa Thought,」 in Silberman and Harootunian, eds., listed below, pp.83-119.
- ——. Toward Restoration. The Growth of Political Consciousness in Tokugawa Japan. Berkeley, Calif., 1970.
- Harris, Townsend. The Complete Journal of Townsend Harris, First American Consul General and Minister to Japan. Edited by M. E. Cosenza. New York, 1930.
- Havens, T.R.H.Nishi Amane and Modern Japanese Thought. Princeton, N.J., 1970.
- Hawks, F.L.Narrative of an Expedition of an American Squadron to the China Seas and Japan, Performed in the Years 1852, 1853, and 1854, Under the Command of Commodore M.C.Perry. 3 vols., Washington, D.C., 1856.
- Hayashi Yoshihiko. Sappan no kyōiku to zaisei narabi gumbi. Kagoshima, 1939.
- Heusken, Henry. Japan Journal: 1855-1861. Edited by J.C.van der Corput and R.A.Wilson. New Brunswick, N.J., 1964.
- Higo-han kokuji shiryō, 10 vols., Kumamoto, 1932. Records of the Kumamoto domain.
- Hirano Yoshitarō. Nihon shihonshugi shakai no kikō. Rev. ed. Tokyo, 1950.
- Hirao Michio. 「Bakumatsu rōnin to sono hogo oyobi tōsei,」 in Meiji ishin-shi kenkyū, listed below, pp.527-578.
- ——Yamauchi Yōdō 〔biography〕. Tokyo, 1961.
- ——Yoshida Tōyō 〔biography〕. Tokyo, 1959.
- Honjō Eijirō, Economic Theory and History of Japan in the Tokugawa Period. Reprint. New York, 1965 〔1943〕.
- ——. 「Léon Roches to Bakumatsu no shosei

kaikaku,」 in Honjō, ed., Bakumatsu no shin-seisaku, listed below, pp.178-214.

- ——. The Social and Economic History of Japan. Kyoto, 1935.
- ——.「Tempō no kaikaku,」 in Honjō, ed., Kinsei Nihon, listed below, pp.161186.
- ——, ed. Bakumatsu keizaishi kenkyū. Tokyo, 1935.
- ——. Bakumatsu no shin-seisaku. Tokyo, 1935.
- ——. Kinsei Nihon no san dai-kaikaku. Tokyo, 1944.
- Horie Hideichi, ed. Hansei kaikaku no kenkyū. Tokyo, 1955.
- Horie Yasuzō.「San dai-kaikaku to zaisei,」 in Honjō, ed., Kinsei Nihon, listed above, pp.51-82.
- ——. Waga kuni kinsei no sembai seido. Tokyo, 1933.
- ——.「Yamaguchi-han ni okeru yōshiki kōgyō,」 in Honjō, ed., Bakumatsu keizaishi kenkyū, listed above, pp.133-152.
- Hsü, Immanuel C.Y.China's Entrance into the Family of Nations. The Diplomatic Phase, 18581880. Cambridge, Mass., 1960.
- Ienaga Saburō. Gairai bunka sesshu shiron. Tokyo, 1948.
- Inada Masatsugu. Meiji kempō seiritsu-shi, 2 vols. Tokyo, 1960-1962.
- Inobe Shigeo.「Ansei jōyaku chokkyo sōsei ni kansuru ichi-kōsatsu,」 Shigaku zasshi, 42（1931）: 469-490.
- ——.「Bakumatsu shishi no shisō-teki haikei,」 in Bakumatsu kinnō shisō no kenkyū（Tokyo, 1937）, pp.83-100.
- ——.「Mito gaku-ha no jōi-ron,」 Shirin, 5（1920）: 125-153.
- ——.「Perry torai no sai ni okeru kokuron no kisū,」 Shirin, 13（1928）: 343-370.

- ——.「Sakuma Shōzan no taigai iken,」Kokugakuin zasshi（2 parts）, 30（1924）: 455-486, 608-637.
- ——.「Seijishi-jō yori mitaru Meiji ishin,」in Meiji ishin-shi kenkyū, listed below, pp.48-75.
- Irimajiri Yoshinaga. Hōkensei hōkai katei no kenkyū. Tokyo, 1948.
- Ishii Ryosuke. Japanese Legislation in the Meiji Era. Translated by W.J.Chambliss. Tokyo, 1958.
- Ishii Takashi. Bakumatsu bōeki shi no kenkyū. Tokyo, 1942.
- ——. Gakusetsu hihan Meiji ishin ron. Tokyo, 1961.
- ——.〔Zōtei〕Meiji ishin no kokusaiteki kankyō. Tokyo, 1966.
- Ishin-shi. Edited by Ishin Shiryō Hensan Jimukyoku.6 vols. Tokyo, 1939-1941.
- The standard political history; traditional in methodology.
- Ishin shiryō kōyō. 10 vols. Tokyo, 1937-1939. A guide to historical materials, which are listed under events, arranged chronologically.
- Itō Hirobumi den〔biography〕. Edited by Shumpo Kō Tsuishōkai. 3 vols. Tokyo, 1940.
- Itō Kō zenshū. 3 vols. Tokyo, 1927. An early and very incomplete collection of the papers of Itō Hirobumi.
- Iwakura Kō jikki. 3 vols. Tokyo, 1927. A valuable collection of Iwakura Tomomi's papers and materials concerned especially with the Court. First published in 2 vols. in 1906.
- Iwakura Tomomi kankei monjo. Edited by Nihon Shiseki Kyōkai. 8 vols. Tokyo, 1927-1935. Iwakura's letters, memorials, and related papers.
- Iwata Masakazu. Ōkubo Toshimichi: The Bismarck of Japan. Berkeley, Calif., 1964.
- Jansen, Marius B.「Mutsu Munemitsu,」in

Craig and Shively, eds., listed above, pp.309-334.

- ——. 「New Materials for the Intellectual History of Nineteenth-Century Japan,」 Harvard Journal of Asiatic Studies, 20（1957）: 567-597.
- ——. Sakamoto Ryōma and the Meiji Restoration. Princeton, N.J., 1961.
- ——. 「Takechi Zuizan and the Tosa Loyalist Party,」 JAS, 18（1959）: 199-212.
- ——. 「Tosa During the Last Century of Tokugawa Rule」 in Hall and Jansen, eds., listed above, pp.331-347.
- ——, ed. Changing Japanese Attitudes Toward Modernization. Princeton, N.J., 1965.
- Jiyūtō-shi. Edited by Uda Yūi and Wada Saburō. 2 vols. Tokyo, 1910. The party's 「official」 history, prepared under the direction of Itagaki Taisuke.
- Junnan rokkō. Edited by Kunaishō. 3 vols. Tokyo, 1933. Collection of short biographies of loyalists 「martyred」 in the Restoration movement.
- Kaeda Nobuyoshi. Ishin zengo jitsu rekishi den〔autobiography〕.10 vols. Tokyo,
- 1891-1892.
- Kagoshima-ken shi. 5 vols. Kagoshima, 1939-1943. Includes a detailed history of Satsuma for this period.
- Kanai Madoka. Hansei. Tokyo, 1962.
- Kanno Kazutarō. 「Shokō to gaikoku bōeki,」 in Honjō, ed., Bakumatsu keizaishi kenkyū, listed above, pp.375-419.
- Katsuda Magoya. Ōkubo Toshimichi den. 3 vols. Tokyo, 1910-1911. The standard biography, if old-fashioned. Gives the complete text of many relevant documents.
- Kawabata Tahei. Matsudaira Shungaku

〔biography〕. Tokyo, 1967.
- Kawakatsu-ke monjo. Edited by Nihon Shiseki Kyōkai. Tokyo, 1930. The papers of a Bakufu official family.
- Keene, Donald. The Japanese Discovery of Europe: Honda Toshiaki and Other Discoverers, 1720-1798. London, 1952; also rev. ed., Stanford, Calif., 1969.
- The 1969 edition adds some new material but also omits some. Hence the pagination of the two editions differs.
- Kido Kōin monjo. Edited by Nihon Shiseki Kyōkai. 8 vols. Tokyo, 1929-1931. The only modern edition of Kido's papers.
- Kido Kōin nikki 〔diary〕. Edited by Nihon Shiseki Kyōkai. 3 vols. Tokyo, 1932-1933.
- Kikuchi Dairoku. Japanese Education. London, 1909.
- Kimura Motoi. 「Hagi-han no baishin ni tsuite,」 Rekishigaku kenkyū, 220（June 1958）: 110.
- Kimura Motoi and Sugimoto Toshio, eds. Fudai hansei no tenkai to Meiji ishin: Shimōsa Sakura-han. Tokyo, 1963.
- Kinnō resshi den. Tokyo, 1906. A collection of short biographies of Restoration loyalists, arranged by provinces.
- Kōchi-ken shiyō. Kōchi, 1924.
- Lensen, George A. The Russian Push Toward Japan. Russo-Japanese Relations, 16971875. Princeton, N.J., 1959.
- Levenson, Joseph R. Liang Ch'i-ch'ao and the Mind of Modern China. Rev. ed. Berkeley, Calif., 1967.
- Lockwood, William W., ed. The State and Economic Enterprise in Modern Japan. Princeton, N.J., 1965.
- McEwan, J.R.The Political Writings of Ogyū

Sorai. Cambridge, Eng., 1962.
- McLaren, W.W.A Political History of Japan During the Meiji Era: 1867-1912. London, 1916.
- ——, ed. Japanese Government Documents（TASJ, vol.42, Part 1）, Tokyo,1914.
- Matsuyoshi Sadao. Tosa-han keizaishi kenkyū. Tokyo, 1930.
- Mayo, Marlene.「Rationality in the Meiji Restoration: The Iwakura Embassy,」 in Silberman and Harootunian, eds., listed below, pp.323-369.
- Meiji ishin-shi kenkyū. Edited by Shigakkai. Tokyo, 1929. An important collection of articles.
- Meiji ishin-shi kenkyū kōza. Edited by Rekishigaku Kenkyūkai. 6 vols. Tokyo, 19581959. Plus an additional volume, 1969.
- Meiji ishin to jinushi-sei. Edited by Rekishigaku Kenkyūkai. Tokyo, 1956.
- Meiji zenki zaisei heizai shiryō shūsei. Edited by Ōuchi Hyōe and Tsuchiya Takao.21 vols. Tokyo, 1931-1936. A major collection of materials on Meiji economic history.
- Michie, A. The Englishman in China During the Victorian Era as Illustrated in the Career of Sir Rutherford Alcock. 2 vols. Edinburgh and London, 1900.
- Miyamoto Matatsugu.「Mito-han ni okeru Bakumatsu no shin-jigyō,」 in Honjō, ed., Bakumatsu keizaishi kenkyū, listed above, pp.153-192.
- ——.「Tempō kaikaku to kabu-nakama,」 in Honjō, ed., Kinsei Nihon, listed above, pp.187-233.
- Moore, Barrington. Social Origins of Dictatorship and Democracy. Lord and Peasant in the Making of the Modern World. London,

1967.

- Mounsey, A.H.The Satsuma Rebellion, an Episode of Modern Japanese History. London, 1879.
- Nagakura Tamotsu.「Aizu-han ni okeru hansei kaikaku,」in Horie Hideichi, ed., listed above, pp.61-117.
- Naitō Seichū.「Bakusei kaikaku no shakaiteki kiban: II, Bitchū tenryō Kurashiki-mura,」in Horie Hideichi, ed., listed above, pp.281-340.
- Najita Tetsuo.「Ōshio Heihachirō（1793-1837）,」in Craig and Shively, eds. listed above, pp.155-179.
- Nakamura, James. Agricultural Production and the Economic Development of Japan, 1873-1922. Princeton, N.J., 1966.
- Nakamura Naomi. Ōkuma Shigenobu〔biography〕. Tokyo, 1961.
- Naramoto Tatsuya. Kinsei hōken shakai shiron. Tokyo, 1952.
- ——, ed. Meiji ishin jimbutsu jiten: Bakumatsu-hen. Tokyo, 1966.
- Nihon Gaikō Bunsho. See Dai Nihon Gaikō Bunsho.
- Nihon kindaishi jiten. Edited by Kyōto Daigaku Kokushi Kenkyūshitsu. Tokyo, 1958. Particularly useful for its statistical and other tables.
- Niwa Kunio.「Jinushi-sei sōshutsu no seiji katei ni tsuite,」in Meiji ishin to jinushi-sei, listed above, pp.247-291.
- ——. Meiji ishin no tochi henkaku: ryōshuteki tochi shoyū no kaitai wo megutte. Tokyo, 1968〔1962〕.
- Norman, E.H.Andō Shōeki and the Anatomy of Japanese Feudalism（TASJ, 3d Ser., vol.2）. 2 vols. Tokyo, 1949.
- ——. Japan's Emergence as a Modern State.

New York, 1940.

- ——. Soldier and Peasant in Japan: The Origins of Conscription. New York, 1943.
- Numata Jirō. Bakumatsu yōgaku shi. Tokyo, 1950.
- Ōe Shinobu.「Kumamoto-han ni okeru hansei kaikaku,」in Horie Hideichi, ed., listed above, pp.15-60.
- Oka Yoshitake. Kindai Nihon no keisei. Tokyo, 1947.
- Ōkubo Toshimichi monjo. Edited by Nihon Shiseki Kyōkai. 10 vols. Tokyo, 1927-1929. The standard edition of Ōkubo's papers, supplementing the material in Katsuda's biography.
- Ōkubo Toshimichi nikki〔diary〕. Edited by Nihon Shiseki Kyōkai. 2 vols. Tokyo, 1927.
- Ōkuma Shigenobu kankei monjo. Edited by Nihon Shiseki Kyōkai. 6 vols. Tokyo, 19321935. This edition of Ōkuma's papers is now being superseded by a much fuller one（which I have not used）.
- Oliphant, Laurence. Narrative of the Earl of Elgin's Mission to China and Japan in the Years 1857, '58, '59. 2 vols. Edinburgh and London, 1859.
- Ono Takeo. Gōshi seido no kenkyū. Tokyo, 1925.
- Osatake Takeshi. Ishin zengo ni okeru rikken shisō. Rev. ed. 2 vols. Tokyo, 1929〔1925〕.
- Ōtsuka Takematsu.「Fukkoku kōshi Léon Roches no seisaku kōdō ni tsuite,」Shigaku zasshi（2 parts）, 46（1935）: 809-850, 982-1001.
- Ōyama Shikitarō.「Bakumatsu ni okeru denso oyobi jōnōkin,」in Honjō, ed., Bakumatsu keizaishi kenkyū, listed above, pp.298-374.
- Pittau, Joseph. Political Thought in Early Meiji

Japan, 1868-1889. Cambridge, Mass., 1967.
• Pyle, Kenneth B. The New Generation in Meiji Japan. Problems of Cultural Identity, 1885-1895, Stanford, Calif., 1969.
• Redesdale, Lord 〔A. Mitford〕. Memories. 2 vols. London, 1915.
• Saimu kiji. Edited by Nihon Shiseki Kyōkai. Tokyo, 1922. The records of Matsudaira Shungaku of Echizen for the period May to Sept.1862, with a brief narrative of events from Aug.1858 to May 1862. Cf. Sakumu kiji and Zoku saimu kiji.
• Sakai, Robert K.「Shimazu Nariakira and the Emergence of National Leadership in Satsuma,」 in Craig and Shively, eds., listed above, pp.209-233.
• Sakamaki, S. Japan and the United States, 1790-1853（TASJ, 2d Ser., vol.18）. Tokyo, 1939.
• Sakata Yoshio. Meiji ishin shi. Tokyo, 1960.
• ——, ed. Meiji ishin-shi no mondai-ten. Tokyo, 1962.
• —— and John W. Hall.「The Motivation of Political Leadership in the Meiji Restoration,」 JAS, 16（1956）: 3150.
• Sakumu kiji. Edited by Nihon Shiseki Kyōkai. 4 vols. Tokyo, 1920-1921. The records of Matsudaira Shungaku of Echizen for the period July 1853 to Aug. 1858, Cf. Saimu kiji and Zoku saimu kiji.
• Sansom, G. B. The Western World and Japan. A Study in the Interaction of European and Asiatic Cultures. New York, 1950.
• Sappan seiyō roku（Kagoshima-ken shiryō-shū, vol.1）. Kagoshima, 1960. Reprint of the 1826 text.
• Sasaki Takayuki. Kinnō hishi: Sasaki rōkō sekijitsu dan. Tokyo, 1915. Memoirs of one of the Tosa men; a useful commentary independent

of the Satsuma-Chōshū viewpoint.
- Satow, E.M.A Diplomat in Japan. The Inner History of the Critical Years in the Evolution of Japan When the Ports Were Opened and the Monarchy Restored. London, 1921.
- ——.「The Revival of Pure Shintau,」TASJ, vol.3（1875）, App.pp.187.
- ——, trans. Japan 1853-1864, or Genji Yume Monogatari. Tokyo, 1905. A translation of Baba Bunei's work.
- Segai Inoue Kō den. 5 vols. Tokyo, 1933-1934. The standard biography of Inoue Kaoru.
- Seki Junya. Hansei kaikaku to Meiji ishin: han taisei no kiki to nōmin bunka. Tokyo, 1956.
- ——. Meiji ishin to chiso kaisei. Kyoto, 1967.
- Sheldon, Charles D. The Rise of the Merchant Class in Tokugawa Japan, 16001868. An Introductory Survey. Locust Valley, N.Y., 1958.
- Shibahara Takuji. Meiji ishin no kenryoku kiban. Tokyo, 1965.
- Shibusawa Eiichi, Tokugawa Keiki Kō den. 8 vols. Tokyo, 1918. The standard biography, to which are appended some volumes of Documents, including extracts from Keiki's memoirs.
- Shimazu Hisamitsu Kō jikki. 8 vols. Tokyo, 1910. An important collection of Shimazu's papers, chiefly memorials and political correspondence.
- Shimazu Nariakira genkōroku. Compiled by Ichiki Shirō. Tokyo, 1944〔1884〕. A collection of Nariakira's「conversations,」compiled after his death by one of his retainers.
- Shimmi Kichiji. Kakyū shizoku no kenkyū. Tokyo, 1953.
- Shimonaka Yasaburō. Dai Saigō seiden. 3 vols. Tokyo, 1939-1940. The fullest biography of Saigō Takamori, but a traditionalist and not very

satisfactory one.

- Shōkiku Kido Kō den. Edited by Kido Kō Denki Hensanjo. 2 vols. Tokyo, 1927. The standard biography of Kido Kōin, including texts of many useful documents.
- Silberman, Bernard S.「Bureaucratic Development and the Structure of Decision-making in Japan, 1868-1925,」JAS, 29（1970）: 347-362.
- ——.「Elite Transformation in the Meiji Restoration: The Upper Civil Service, 18681873,」in Silberman and Harootunian, eds., listed below, pp.233259.
- ——. Ministers of Modernization. Elite Mobility in the Meiji Restoration, 18681873. Tucson, Ariz., 1964.
- ——, and Harry D. Harootunian, eds. Modern Japanese Leadership: Transition and Change. Tucson, Ariz., 1966.
- Sims, R. L. French Policy Towards Japan, 1854-1894. Unpublished Ph.D.thesis. London, 1968.
- Smith, Thomas C. The Agrarian Origins of Modern Japan. Stanford, Calif., 1959.
- ——.「The Japanese Village in the Seventeenth Century,」reprinted（from Journal of Economic History, 1952）in Hall and Jansen, eds., listed above, pp.263-282.
- ——.「Land Tax in the Tokugawa Village,」JAS, 18（1958）: 319. Reprinted in Hall and Jansen, eds., listed above, pp.283-299.
- ——.「Ōkura Nagatsune and the Technologists,」in Craig and Shively, eds., listed above, pp.127-154.
- ——. Political Change and Industrial Development in Japan: Government Enterprise, 1868-1880. Stanford, Calif., 1955.
- Steiner, Kurt. Local Government in Japan. Stanford, Calif., 1965.

- Strayer, Joseph R. 「The Tokugawa Period and Japanese Feudalism,」 in Hall and Jansen, eds., listed above, pp.314.
- Suematsu Kenchō. Bōchō kaiten shi. 12 vols. Tokyo, 1911-1920. An account of the part played by Chōshū in Japanese politics from the 1830's to 1871.
- Sugitani Akira. Etō Shimpei 〔biography〕. Tokyo, 1962.
- Tabohashi Kiyoshi. Kindai Nihon gaikoku kankei shi. Rev. ed. Tokyo, 1943.
- Taguchi Ukichi. Nihon kaika shōshi. Tokyo, 1934 〔1877-1882〕.
- Takahashi Kamekichi. 「Keizaishi-jō ni okeru Meiji ishin,」 in Meiji ishin-shi kenkyū, listed above, pp.112-148.
- Takechi Zuizan kankei monjo. Edited by Nihon Shiseki Kyōkai. 2 vols. Tokyo, 1916. Takechi's letters, memorials, and related papers.
- Tanaka Akira. Meiji ishin seiji-shi kenkyū. Tokyo, 1965 〔1963〕.
- Tanaka Sōgorō. Kindai Nihon kanryō shi. Tokyo, 1941.
- ——. Meiji ishin taiseishi. Tokyo, 1941.
- Tanaka Tokihiko. 「Meiji Government and the Introduction of Railways,」 Contemporary Japan （2 parts） 28 （1966-1967）: 567-588, 750-788. A fairly full summary in English of the author's 1963 book on this subject （below）.
- ——. Meiji ishin no seikyoku to tetsudō kensetsu. Tokyo, 1963.
- Teng Ssu-yu and J.K.Fairbank, eds. China's Response to the West: A Docu-mentary Survey, 1839-1923. Cambridge, Mass., 1954.
- Tokushi biyō. Edited by Shiryō Hensanjo. Tokyo, 1933. A useful compilation of factual data about Japanese history.
- Tokutomi Iichirō, ed. Kōshaku Matsukata

Masayoshi den. 2 vols. Tokyo, 1935. The standard biography of Matsukata.

- ——, ed. Kōshaku Yamagata Aritomo den. 3 vols. Tokyo, 1933. The standard biography of Yamagata.
- Tosa-han gōshi chōsha-sho（Tosa Shiryō Sōsho, no.3）. Kōchi, 1958. Lists of gōshi landholdings in Tosa in the late-Tokugawa period.
- Totman, Conrad.「Political Reconciliation in the Tokugawa Bakufu: Abe Masahiro and Tokugawa Nariaki, 1844-1852,」in Craig and Shively, eds., listed above, pp.180-208.
- ——. Politics in the Tokugawa Bakufu, 1600-1843. Cambridge, Mass., 1967.
- Tōyama Shigeki. Meiji ishin. Tokyo, 1951.
- Tsuchiya Takao.「Bakumatsu dōranki no keizaiteki bunSeki,」Chūō Kōron, 47, 11（Oct.1932）: 75-91.
- ——.「Bakumatsu shishi no mita Shina mondai,」Kaizō, 20, 7（July 1938）: 154167.
- ——. Hōken shakai hōkai katei no kenkyū. Kyōto, 1927.
- ——. Ishin keizai-shi. Tokyo, 1942.
- Tsukahira, T. G. Feudal Control in Tokugawa Japan: The Sankin-Kōtai System. Cambridge, Mass., 1966.
- Tsunoda Ryusaku et al. Sources of Japanese Tradition. New York, 1958.
- Umetani Noboru.「Meiji ishin-shi ni okeru Chōshū-han no seiji-teki dōKō,」in Sakata, ed., Meiji ishin-shi no mondai-ten, listed above, pp.307-354.
- Ward, Robert, ed. Political Development in Modern Japan. Princeton, N.J., 1968.
- Webb, Herschel.「The Development of an Orthodox Attitude Toward the Imperial

Institution in the Nineteenth Century,」 in Jansen, ed., Changing Japanese Attitudes, listed above, pp.167-191.

- ——. The Japanese Imperial Institution in the Tokugawa Period. New York, 1968.
- Wilson, George M. 「The Bakumatsu Intellectual in Action: Hashimoto Sanai in the Political Crisis of 1858,」 in Craig and Shively, eds., listed above, pp.234-263.
- Wilson, Robert A. Genesis of the Meiji Government in Japan, 1868-1871. Berkeley, Calif., 1957.
- Wright, Mary C. The Last Stand of Chinese Conservatism. The T'ung-chih Restoration, 1862-1874. Stanford, Calif., 1957.
- Yamaguchi Muneyuki. Hashimoto Sanai〔biography〕. Tokyo, 1962.
- Yodo Inaba-ke monjo. Edited by Nihon Shiseki Kyōkai. Tokyo, 1926. The papers of a senior Bakufu official at the time of the Restoration.
- Yoshida Tōyō ikō. Edited by Nihon Shiseki Kyōkai. Tokyo, 1929. Some memorials and other papers of Yoshida Tōyō.
- Yoshida Tsunekichi. Ii Naosuke〔biography〕. Tokyo, 1963.
- Zōi shoken den. 2 vols. Tokyo, 1927. A collection of short biographies of participants in the Restoration movement.Zoku saimu kiji. Edited by Nihon Shiseki Kyōkai.6 vols. Tokyo, 1921-1922. Records of Matsudaira Shungaku of Echizen for the period Sept.1862 to Oct. 1867. Cf. Sakumu kiji and Saimu kiji.
- Zoku Tosa ijin den. Kōchi, 1923. A collection of short biographies of Tosa men, mostly related to the Restoration.

國家圖書館出版品預行編目(CIP)資料

明治維新 / 威廉．比斯利 (William G. Beasley) 著；
張光．湯金旭譯．──初版．──新北市：遠足文化，
2018.04．──(大河；25)
譯自：The Meiji restoration
ISBN 978-957-8630-25-3 (平裝)
1. 明治維新 2. 日本史

731.272　　107004086

大河 25

# 明治維新

The Meiji Restoration

作者──威廉．比斯利 William G.Beasley
譯者──張光、湯金旭
出版總監──陳蕙慧
總編輯──郭昕詠
編輯──徐昉驊、陳柔君
資深通路行銷──張元慧
封面設計──霧室
排版──簡單瑛設

社長──郭重興
發行人兼
出版總監──曾大福
出版者──遠足文化事業股份有限公司
地址──231 新北市新店區民權路 108-2 號 9 樓
電話──(02)2218-1417
傳真──(02)2218-0727
郵撥帳號──19504465
客服專線──0800-221-029
網址──http://www.bookrep.com.tw
Facebook──日本文化觀察局 (https://www.facebook.com/saikounippon/)
法律顧問──華洋法律事務所 蘇文生律師
印製──呈靖彩藝有限公司

初版一刷 2018 年 4 月
Printed in Taiwan